Informatik-Fachberichte

Herausgegeben von W. Brauer
im Auftrag der Gesellschaft für Informatik (GI)

41

Messung, Modellierung und Bewertung von Rechensystemen

GI-NTG Fachtagung
Jülich, 23. – 25. Februar 1981

Herausgegeben von B. Mertens

Springer-Verlag
Berlin Heidelberg New York 1981

Herausgeber

Dr. Burkhard Mertens
Zentralinstitut für
Angewandte Mathematik der
Kernforschungsanlage Jülich GmbH
Postfach 1913
5170 Jülich

AMS Subject Classifications (1979): 68-02, 68 A 99, 94 A 20
CR Subject Classifications (1979): 4.35, 4.6

ISBN 3-540-10619-7 Springer-Verlag Berlin Heidelberg New York
ISBN 0-387-10619-7 Springer-Verlag New York Heidelberg Berlin

CIP-Kurztitelaufnahme der Deutschen Bibliothek
Messung, Modellierung und Bewertung von Rechensystemen : GI-NTG-Fachtagung,
Jülich, 23. – 25. Februar 1981 / hrsg. von B. Mertens. –
Berlin ; Heidelberg ; New York : Springer, 1981.
(Informatik-Fachberichte ; 41)
ISBN 3-540-10619-7 (Berlin, Heidelberg, New York)
ISBN 0-387-10619-7 (New York, Heidelberg, Berlin)
NE: Mertens, Burkhard [Hrsg.]; Gesellschaft für Informatik; GI

This work is subject to copyright. All rights are reserved, whether the whole or part
of the material is concerned, specifically those of translation, reprinting, re-use of
illustrations, broadcasting, reproduction by photocopying machine or similar means, and
storage in data banks. Further, storage or utilization of the described programs on date
processing installations is forbidden without the written permission of the author.
Under § 54 of the German Copyright Law where copies are made for other than private
use, a fee ist payable to "Verwertungsgesellschaft Wort", Munich.

© by Springer-Verlag Berlin Heidelberg 1981
Printed in Germany

Druck- und Bindearbeiten: fotokop wilhelm weihert KG, Darmstadt
2145/3140 - 5 4 3 2 1 0

VORWORT DES HERAUSGEBERS

Dieser Band enthält die Beiträge zur Fachtagung "Messung, Modellierung und Bewertung von Rechensystemen", die vom 23. bis 25. Februar 1981 in der Kernforschungsanlage Jülich stattfindet. Veranstaltet wird diese Fachtagung vom Fachausschuß 3/4 (Rechnerorganisation/ Betriebssysteme) der Gesellschaft für Informatik und vom Fachausschuß 6 (Technische Informatik) der Nachrichtentechnischen Gesellschaft, vertreten durch die Interessengruppe "Messung, Modellierung und Bewertung von Rechensystemen".

Das große Interesse an der Thematik der Fachtagung spiegelte sich in zahlreichen Vortragsanmeldungen wieder, von denen etwa 40 % nicht berücksichtigt werden konnten. Bei der Auswahl der Vorträge war der Bezug zur Praxis ein wichtiges Kriterium. Bemerkenswert ist auch die starke Beteiligung der Industrie, die fast die Hälfte der Beiträge beigesteuert hat. Aus dem Bereich der Rechenzentren und Betreiber von Rechensystemen waren nur relativ wenige Vortragsanmeldungen zu verzeichnen. Da aus diesem Kreis jedoch etwa ein Viertel der Voranmeldungen zur Tagung einging, mag der Schluß erlaubt sein, daß hier zwar ein Nachholbedarf beim Einsatz und bei der Fortentwicklung der Verfahren zur Bewertung von Rechensystemen besteht, daß ein Interesse an diesem Themenkreis jedoch prinzipiell vorhanden ist.

Bei den Themen der eingereichten Vorträge zeigt sich augenfällig die besondere Bedeutung der Modellierungstechniken; etwa 60 % der Beiträge haben hier ihren Schwerpunkt. Dies war auch einer der Gründe, das Tagungsprogramm stärker vom Methodischen her zu gliedern und zwar in

- Messungen
- Modelle: Methodische Aspekte
- Modelle: Aspekte des Einsatzes.

Zu erwähnen ist noch, daß sich fast keiner der eingereichten Vorträge mit der Messung, Modellierung oder Bewertung von Programmen und Algorithmen befaßt - obwohl dieses im Aufruf zu Vortragsanmeldungen explizit aufgeführt war. Ein Zufall?

An dieser Stelle sei allen denjenigen gedankt, die beim Zustandekommen dieses Tagungsbandes mitgewirkt und zum Gelingen der Tagung beigetragen haben, insbesondere

- den Vortragenden und Autoren
- den Rezensenten der eingereichten Vorträge
- den Mitgliedern des Programmausschusses
- den Sitzungsleitern
- allen Förderern der Tagung.

Der Kernforschungsanlage Jülich, vertreten durch das Vorstandsmitglied Herrn Dr. R. Theenhaus, und dem Direktor des Zentralinstituts für Angewandte Mathematik, Herrn Dr. F. Hoßfeld, gilt mein besonderer Dank für die Bereitstellung von Ressourcen für die Organisation und die Durchführung dieser Tagung in Jülich. Frau M. Schmitz sei für die hervorragende Erledigung der vielfältigen Korrespondenz herzlich gedankt.

Jülich, den 17. Dezember 1980   Burkhard Mertens

Programmausschuß

H. Beilner, Dortmund
B. Mertens, Jülich (Vorsitzender)
K. M. Roehr, Böblingen
A. L. Schoute, Enschede
P. P. Spies, Bonn
B. Walke, Ulm

Förderer

AEG-TELEFUNKEN AG
Allgemeine Deutsche Philips Industrie GmbH
Digital Equipment GmbH
IBM Deutschland GmbH
Kreissparkasse Düren
Nixdorf Computer AG
Siemens AG
Tesdata GmbH

VORWORT DES SPRECHERS DER INTERESSENGRUPPE

Die Fachtagung "Messung, Modellierung und Bewertung von Rechensystemen" ist die erste große Veranstaltung der gleichnamigen Interessengruppe und hat zum Ziel, den Austausch von Erfahrungen, Methoden und Ergebnissen von Fachleuten - insbesondere des deutschsprachigen Raumes - zu ermöglichen. Damit ergänzt sie die Reihe bereits eingeführter internationaler Veranstaltungen, die den gleichen Themenkreis als Schwerpunkt oder Programmpunkt aufweisen. Die Resonanz auf den Aufruf zu Vortragsmeldungen kann als Rechtfertigung für die Tagung gewertet werden - nur etwa 60 % der eingereichten Vorträge konnten angenommen werden.

Die Interessengruppe MESSUNG, MODELLIERUNG UND BEWERTUNG VON RECHENSYSTEMEN wurde vom Fachausschuß 3/4 -Rechnerorganisation/Betriebssysteme- der Gesellschaft für Informatik (GI) und vom Fachausschuß 6 -Technische Informatik- der Nachrichtentechnischen Gesellschaft (NTG) 1978 gegründet mit den Zielen

- die Kräfte für das genannte Fachgebiet zusammenzulegen
- interessierte Fachleute möglichst unmittelbar die Arbeit der Gesellschaften auf diesem Fachgebiet gestalten zu lassen
- für die internationale Zusammenarbeit eine deutsche Partnergruppe zu haben.

Die Interessengruppe hat heute 185 eingeschriebene Mitglieder und ist auch offen für Personen, die nicht Mitglied der GI oder NTG sind. Es wird kein Mitgliedsbeitrag erhoben.

Bis zu je 3 Mitglieder des zehnköpfigen (für vier Jahre amtierenden) Leitungsgremiums werden von den Dachgesellschaften GI und NTG bestimmt; die übrigen werden direkt von den Mitgliedern der Interessengruppe gewählt. Seit Juni 1979 hat das Leitungsgremium folgende Zusammensetzung:

H. Beilner, Universität Dortmund	U. Herzog, Universität Erlangen
L. Hieber, Landesamt f. DV u. Statistik, Stuttgart	R. Klar, Universität Erlangen
B. Mertens, Kernforschungsanlage, Jülich	K. M. Roehr, IBM-Deutschland, Böblingen
O. Spaniol, Universität Bonn	P. P. Spies, Universität Bonn
B. Walke, AEG-TELEFUNKEN Ulm (Sprecher)	W. Zorn, Universität Karlsruhe

In den regelmäßig erscheinenden Mitteilungen der Interessengruppe wird über Arbeiten der Mitglieder, geplante Vorhaben und fachbezogene Veranstaltungen berichtet.

Erwähnenswert ist, daß die Interessengruppe mit großem Erfolg eine neue Form des Ideen-, Gedanken- und Erfahrungsaustausches praktiziert:
Über die Mitteilungen und insbesondere auch durch persönliches Schreiben - unter Nutzung der von jedem Mitglied bei seinem Eintritt erfragten Tätigkeitsfelder - wird zu ARBEITSGESPRÄCHEN eingeladen. Ein Arbeitsgespräch hat ein eng eingegrenztes Thema, zu dem jeder der maximal 20 Teilnehmer einen eigenen Kurzbeitrag (ca. 10 Minuten) leisten und Diskussionsbereitschaft mitbringen muß. Jedem Teilnehmer ist die Chance geboten, aus seinem laufenden Projekt zu berichten und Anregungen sowie Erfahrungen der übrigen Gesprächsteilnehmer aufzugreifen. Die Beiträge werden generell _nicht_ veröffentlicht. Bisher wurden folgende Arbeitsgespräche durchgeführt:

1) Hard- und Software-Messungen; Werkzeuge und Erfahrungen mit ihren Anwendungen (Nov. '79 Roehr, IBM Böblingen)

2) Messung, Darstellung und Modellierung von Systemlast (März '80 Lehmann, Universität Karlsruhe)

3) Simulationsmodelle von Rechensystemen (März '80, Beilner, Universität Dortmund)

4) Leistungsbewertung mit Hilfe von Warteschlangennetzen (Mai '80, Herzog, Universität Erlangen)

5) Methoden zur Beschreibung von DV-Lasten (Sept. '80, Schultze-Bohl, Universität Darmstadt)

6) Entwurf von verteilten Systemen (Nov. '80, Walke, AEG-TELEFUNKEN Ulm).

Die bisher gemachten guten Erfahrungen der (durchschnittlich pro Gespräch 11) Teilnehmer ermutigen zur Fortsetzung. Weitere vier Arbeitsgespräche sind für '81 geplant. Interessierte wenden sich an B. Walke, AEG-TELEFUNKEN (NE3), Postfach 1730, 7900 Ulm.

Diese 1. Fachtagung wird von der GI finanziell getragen und von der Interessengruppe, vertreten durch Herrn Mertens sowie seinen Programmausschuß, ausgerichtet. Eine mögliche Nachfolgetagung würde gegebenenfalls von der NTG getragen werden.

Im Namen der Interessengruppe möchte ich hier Herrn Mertens für seine umsichtige Organisation der Tagung und der Kernforschungsanlage Jülich für ihre freundliche Gastgeberrolle herzlich danken!

Ulm, den 4. Dezember 1980   Bernhard Walke

INHALTSVERZEICHNIS

MESSUNGEN

Leistungsmessung in Rechnernetzen
K. Terplan 1

Messung und Bewertung von Betriebssystem-Komponenten
R. Bordewisch 14

A Test Bed for Operating Systems Performance Evaluation
P. Silberbusch, W. Schulz 29

Mikroprogrammiertes Messen an Rechenanlagen - Ein Überblick mit besonderer Berücksichtigung eines Firmware-Monitors für die SIEMENS 7.760
H. Andresen, J. Flöthe 44

Messung von SVC-Ausführungszeiten mit Hilfe eines Software-Monitors
W. Rosenbohm 58

Konstruktion einer Lastbeschreibung auf der Basis von SMF-Daten
K. Bergmann, M. Heim 73

Leistungsmessung von Datenbanksystemen - Meßmethoden und Meßumgebung -
W. Effelsberg, T. Härder, A. Reuter, J. Schultze-Bohl 87

MODELLE: METHODISCHE ASPEKTE

CQNA-2: Closed Queueing Network Analyzer
M. Brizzi, D. Grillo 103

Numerische Lösung von Warteschlangennetzwerken durch Kombination von Iterations- und Aggregierungsverfahren
B. Müller 118

FORECASD - Ein FORTRAN-orientiertes Programmsystem zur Modellbildung und Simulation
N. Dahmen 133

Extensions of Operational Analysis
W. Kowalk 148

Generalized Queueing Approximation Techniques for Analysis of Computer Systems *)
D.A. Protopapas 339

Ein Modell zur Konstruktion optimaler Konfigurationen von Rechensystemen
W. Schröck 163

*) wegen verspäteten Eingangs am Ende des Tagungsbandes

Model-based Load Scheduling Algorithms for Real-Time Distributed
Microcomputer Systems
    A. Soceanu 179

Zur Berechnung von Antwortzeiten symmetrischer Mehrprozessoranlagen bei
prioritätsgesteuerter Abarbeitungsreihenfolge
    G. Bolch 197

Modellierung und Analyse der Speicherinterferenz in hierarchisch organisierten
Multiprozessorsystemen
    H.-J. Fromm 212

Ein mathematisches Modell zur nutzerorientierten Bewertung von
interaktiven Rechensystemen
    W. Seiler 227

Virtuelle Bediener in Warteschlangennetzwerken
    B. Daum 240

An Analysis of Message Buffering in Multiprocessor Computer Systems *)
    J. Martyna 354

MODELLE: ASPEKTE DES EINSATZES

Modellierung des Paging-Verhaltens im Teilnehmerbetrieb
    H. Mühlenbein 249

Influence of Channel Loading on Computer System Performance
    R.-U. Müller, K.M. Roehr 263

Leistungsmessung von Datenbanksystemen - Modellbildung, Interpretation
und Bewertung -
    W. Effelsberg, T. Härder, A. Reuter, J. Schultze-Bohl 279

Modellierung und Leistungsbewertung eines Betriebssystems durch Simulation
    S. Trosch 294

Parametrisiertes Simulationsmodell BS 2000
    K.U. Hellmold 309

Realistische Warteschlangenmodelle für Großrechner der Type CYBER-70 und -170
    K. Kostro 322

*) wegen verspäteten Eingangs am Ende des Tagungsbandes

LEISTUNGSMESSUNG IN RECHNERNETZEN

Dr.-Ing. Kornel Terplan
Computer Sciences International Deutschland GmbH
8000 München 70, Germany

1.   EINFÜHRUNG UND KLASSIFIZIERUNG

Die überwiegende Mehrheit aller Rechenzentren wird in den achtziger Jahren etwas mit irgendeiner Form der Datenfernverarbeitung zu tun haben. Es herrschen immer noch keine einheitlichen Definitionen über Teleprocessing, Distributed Data Processing und Rechnerverbund. Daher ist es vorteilhaft, eine mögliche Klassifizierung anzugeben:

1. Private Netzwerke, wo Terminals an ein System angeschlossen werden (Teilnehmersysteme, Flugreservierungssysteme, usw.).

2. Distributed Data Processing innerhalb einer Corporation (Anwendung eines Systems mit verteilten 8100-Rechnern).

3. Private Netzwerke, wo mehrere Systeme innerhalb einer Corporation verbunden werden (Verbund separater Teilnehmersysteme).

4. Private Netzwerke, wo mehrere Systeme mehrerer Organisationen verbunden werden (Netz von Servicerechenzentren mit Resource- und Datenbanksharing).

5. Öffentliche nationale Netzwerke (z.B. DATRAN, EDS, usw.).

6. Internationale Netzwerke (z.B. S.W.I.F.T. für Bankgesellschaften, INFONET, usw.).

2.   LEISTUNGSPARAMETER UND ERFASSUNGSSTELLEN

Bild 1 zeigt eine mögliche Netzstruktur in stark vereinfachter Darstellungsweise. Es wird dabei versucht, alle drei Erscheinungsformen (TP, DDP und Verbund) gleichzeitig darzustellen.

Vor der eigentlichen Behandlung der einsetzbaren Instrumente sollen die wichtigsten Leistungsparameter diskutiert werden:

ANTWORTZEIT   Verweilzeit zwischen der Eingabe des letzten Zeichens und der Ausgabe des ersten Zeichens; manchmal wird diese Definition nach Gegebenheiten des Anwenders modifiziert.

LEITUNGSAUSNUT-   Wie sind die einzelnen Leitungen durch-
ZUNG   schnittlich belastet? Wann existieren Spitzenlastperioden? Sind die Leitungen richtig bemessen? Verhältnis der Eingabe zu Ausgabe, gemessen durch das Nachrichten- und/oder

	Übertragungsfehler. Bestimmung der Anzahl der Nachrichten und der Zeichen pro Leitung, pro Intervall, pro Anwendung.
AUSLASTUNG VON VORRECHNERN	Auslastung in vorgegebenen Zeitperioden? Inwieweit wird die Antwortzeit durch die Prozeduren innerhalb von FEP-s beeinflußt? Messung der Hardwarezuverlässigkeit?
UMSCHALTZEIT	Im Half-Duplex-Betrieb ist es vom großen Interesse, wie schnell die Leitungen in die entgegengesetzte Richtung geschaltet werden können. Welche Auswirkungen haben diese Verzögerungen für das Gesamtverhalten?
QUALITÄT DER NACHRICHTEN	Ist es für Modems schwierig, die Nachrichten zu empfangen? Welche Auswirkungen hat das Leitungsrauschen? Läßt sich eine Korrelation zwischen der Nachrichtenqualität und dem Rauschen, bzw. dem Auslastungsgrad feststellen?
ANALYSE DER NACHRICHTEN	Bestimmung der Häufigkeitsverteilung der einzelnen Nachrichten und deren Längen. Untersuchung der Zusammensetzung der Nachrichten (Zeichen für Information, für Kontrolle, bzw. Leerzeichen), Analyse der Wiederholung der Nachrichtenübertragung wegen der Leitungsqualität.
INTERAKTIVE DURCHLAUFZEIT	Verweilzeit zwischen der Eingabe des letzten Zeichens und Ausgabe des letzten Zeichens.
DURCHSATZRATE	Sie wird in Anzahl der Nachrichten/Minute (von Quelle nach Bestimmungsort) gemessen; sie drückt die Übertragungseigenschaft des Systems aus.
INTERAKTIONSRATE	Sie wird durch die Anzahl der Konversationen für gegebene Zeitperioden berechnet.
VERFÜGBARKEIT	Sie wird durch das Verhältnis der Summe der mittleren Zeit zwischen Ausfällen und der Summe der Reaktionszeit der mittleren Reparaturdauer und der Summe der mittleren Zeit zwischen Ausfällen ausgedrückt. Sie kann global oder komponentenweise berechnet werden.
SYSTEMMESSUNGEN	Um die Ausgewogenheit des Gesamtsystems beurteilen zu können, sollen an verschiedenen Systemkomponenten (CPU, Kanäle, Platten, Steuereinheiten, usw.) an HOST-s im Verbund und an DDP-Rechnern gleichzeitig Messungen durchgeführt werden. Dadurch ist man in der

Lage Schwachstellen (z.B. gegenseitige Behinderungen, ungenügende Überlappung) einzugrenzen, die das TP-Verhalten mittelbar oder unmittelbar beeinträchtigen können.

3. MEßEINRICHTUNGEN

Zur Vermessung der Systemleistung stehen grundsätzlich Hardware-, Software- und Netzwerkmonitore zur Verfügung. Bild 2 zeigt die möglichen Erfassungsstellen der einzelnen Monitore. Wie es der Fachliteratur entnommen werden kann [2], [3], sind die Möglichkeiten der Hardware- und Softwaremonitore zur kontinuierlichen Überwachung der DFÜ-Aktivitäten begrenzt. Gerade die Beschränkugen bezüglich

- Zugänglichkeit der Informationen,
- Overhead an Vorrechner und zentrale CPU-s,
- Erfassung und verzögerungsfreie Weiterleitung dezentraler Informationen

geben die Beschleunigungsimpulse zur Entwicklung der Netzwerkmonitore. Diese Instrumente sind noch ziemlich neu, daher hat man noch keine einheitlichen Klassifizierungsmerkmale. Ohne Anspruch auf die Allgemeingültigkeit scheint es zweckmäßig zu sein, nach den Zielen wie folgt zu klassifizieren:

1. Geräte der technischen Überwachung einzelner Komponenten
2. Geräte der kontinuierlichen technischen Überwachung
3. Leistungsanalyse einzelner Komponenten
4. Kontinuierliche Leistungsanalyse ausgedehnter Netzwerke.

Bild 3 faßt die wichtigsten Instrumente der ersten und zweiten Gruppe zusammen. Der eigentliche Unterschied zwischen Gruppe 3 und Gruppe 4 besteht in der Quantität der Daten, die kontinuierlich erfaßt und verarbeitet werden sollen. Die zu überwachenden und analysierenden Leistungsparameter (s. Kapitel 2) können, aber müssen nicht die gleichen sein.

3.1 LEISTUNGSANALYSE EINZELNER KOMPONENTEN

Es handelt sich in dieser Gruppe um Instrumente, die die Meßlücke schließen, die von den Hardware- und Softwaremonitoren noch offengelassen werden. Die wichtigsten Messungen beziehen sich auf die Messung der echten Antwortzeit, der Vorrechnerbelastung und der Leitungslast.

Messung der Antwortzeit

Alle Instrumente versuchen die echte Antwortzeit: "Verweilzeit zwischen der Eingabe des letzten Zeichen der Anforderung (Stimulus) und Ausgabe des ersten Zeichen der Antwort" zu erfassen und auszugeben. Die wichtigsten Produkte werden im Bild 4 tabellarisch zusammengefaßt. Bei den tabellarisch zusammengefaßten Monitoren wird die Antwortzeit jeder Transaktion gemessen. Weiterhin wird auch der Durchschnittswert gebildet, der minimale und der maximale Wert gespeichert und auch die Anzahl der Transaktionen für die Meßperiode ausgegeben. Bei jeder Transaktion wird der Durchschnittswert neu berechnet.

Es können wahlweise drei verschiedenen (bei Monitoren mit Drukker) Auswertungen generiert werden:

- Standard: Antwortzeit, Standardabzeichnung und Anzahl der Transaktionen.

- Erweiterte-Ausgaben: minimale und maximale Antwortzeit, Gesamtzeit, Anzahl der Transaktionen mit Zeitüberschreitung, Zeiten über die Kontrollgrenze, Ausgabe der Kontrollgrenze.

- Histogramm: das Histogramm enthält 11 Gruppen mit einer Schrittweite von 2 Sekunden.

Die Auswahl der einzelnen Alternativen erfolgt durch einfache Programmierung.

Die Datenerfassung und -verarbeitung erfolgt in Abhängigkeit der Protokolle, wenn die Daten an der V.24-Schnittstelle erfaßt werden. Fertige Lösungen hat man schon für IBM oder kompatible Protokolle, wie

- BSC
- SDLC und
- Asynchronenprotokolle (Start/Stop, Polled Asynchron).

Da MSV sich BSC und HDLC sich SDLC ähneln, rechnet man mit einem vertretbaren Modifikationsaufwand für die Siemens-Protokolle.

Bei der Messung der Antwortzeit an der V.24-Schnittstelle wird öfters die Genauigkeit der Messung diskutiert. Da man nicht genau weiß, wann die ENTER-Taste zwischen zwei Polling-s gedrückt wird, wird sicherlich ein Unsicherheitsfaktor vorhanden sein. Die in der Tabelle (Bild 4) erfaßten Monitore berücksichtigen diese Polling-Verzögerung nicht. Die intelligenten Monitore (s. Kapitel 3.2) rechnen einen Anteil jedoch dazu. Das Problem wird im Bild 5 grafisch dargestellt.

Messung des Durchsatzes von Vorrechnern

Man hat noch relativ wenig Kenntnisse über die inneren Vorgänge in Vorrechnern. In der Vergangenheit wurden vor allem Messungen mit Hardwaremonitoren ausgeführt. Die wichtigsten Messungen sind:

- Vorrechnerauslastung in den einzelnen Zuständen

    IBM 3705

        PROGRAMM LEVEL 1, 2, 3, 4 und 5

        z.B.   3705 BUSY PRL 1 oder 2 oder 3 oder 4 oder 5
                3705 SCANNER BUSY PRL 3
                3705 EMULATOR PRL 4 oder 5

    SIEMENS DUET

        P1, P2 und DUET RUN   *20000 Unterbr/s sind Grenze*

- Erfassung der Unterbrechungsrate
  Für die Belastbarkeit des Vorrechners ist die Anzahl der Unterbrechungen ein wichtiger Maßstab. Durch Vergleich mit einem Schwellenwert (bei der DUET z.B. 18000) erhält man die Leistungsreserve des Vorrechners.

- Erfassung der Leitungslast
  Im begrenzten Maße (begrenzt durch die Anzahl der Kollektore eines Hardwaremonitors) ist es möglich, durch Anschluß der Leitungssteuertabellen die relative Leitungslast - ohne Anwendungsidentifizierung jedoch - zu ermitteln.

Neuerdings werden auch einige Softwaremeßmittel angeboten:

- NPA (Network Performance Analyser) für IBM
- ARTEMIS für Siemens und
- GMF (Generalized Monitoring Facility) für Honeywell.

NPA läuft nur unter NCP und benötigt Speicher sowohl in Vorrechnern als auch in HOST-Rechnern. Die folgenden leistungsbezogene Informationen sind durch NPA zugänglich:

- 3705-Auslastung

- NCP-Statistik
    ° Pufferausnutzung
    ° Free Cycle Count
    ° NCP-Slow-Down

- Nachrichtenverkehr
    ° Anzahl aller Nachrichten
    ° Anzahl der gesendeten und empfangenen Nachrichten

- Leitungssteuerung
    ° Leitungsausnutzung
    ° Byterate
    ° Anzahl POLLS
    ° Vorübergehende Störungen
    ° Nachrichtenwiederholungen
    ° Anzahl der gesendeten und empfangenen Bytes und
    ° negative Pollingrate.

Zur Zeit liegen noch wenig Anwendungserfahrungen über NPA vor.

Messung der Leitungslast

Bis auf Einzelfälle - wie Leitungssteuertabelle in Vorrechnern - kann die Leitungslast an der V.24-Schnittstelle erfaßt werden. Die Messung erfolgt mit Modell 500.

Der Ort der Erfassung (Terminalende, Computerende oder dazwischen) ist frei wählbar. Es ist möglich, den Übertragungszustand in Echtzeit zu beobachten: RECEIVE, TRANSMIT, POLLING und WAIT. Die erfaßten Auslastungsdaten werden mit Hilfe des Drukker-Moduls ausgegeben. Auch die NAK-s werden sowohl zahlenmäßig als auch mit Zeitangabe ausgegeben. Der Druckermodul wurde so komzipiert, daß man mit minimalen Operationseingriffen die gewünschten Ergebnisse erhalten kann. Die Einstellung der Parameter für einen gegebenen Modul erfolgt auf dem Druckermodul. Bezüglich Protokolle kann dasselbe gesagt werden, wie bei der Antwortzeitmessung.

3.2 KONTINUIERLICHE LEISTUNGSANALYSE AUSGEDEHNTER NETZWERKE

Ähnlich dem Kapitel 3.1 handelt es um die Messung und Überwachung gewählter Parameter, aber kontinuierlich an mehreren (hun- dert) Leitungen und an mehreren (tausend) Terminals. Zur derartig großen Erfassungsaufgabe eignet sich heutzutage nur die digitale Seite der Datenfernübertragung, die V.24-Schnittstelle (s. Bild 2). Bei der Entwicklung derartiger Monitore hatte man folgende Kriterien als besonders wichtig beachtet:

- vollständige Erfassung der Teleprocessing-Aktivitäten
- modularer Aufbau
- Flexibilität der Konfiguration
- Flexibilität bei der Wahl der Lokation der V.24-Schnittstelle
- wirksames Alarmsystem
- einfache Handhabung des Gerätes.

Das verallgemeinerte Blockschaltbild eines derartigen Monitors wird im Bild 6 gezeigt.

Der Modul der Datenerfassung verfügt über Mikroprozessore (ZILOG, MOTOROLA, INTEL usw.), lokale Speicher und intelligente Leitungsschnittstellen. Jede zu überwachende Leitung wird dem Modul angeschlossen. Je nach der maximalen Bandbreite des Moduls wird die Anzahl der anschließbaren Leitungen bestimmt. Diese Anzahl ist jedoch momentan nicht höher als 8.

Die Arbeit der Datenerfassungsmodul wird vom Verarbeitungsprozessor (-prozessore) gesteuert. Sie verfügen meistens über ein einfaches Betriebssystem, dessen Hauptaufgaben sind:

- Datenreduzierung,
- Empfang von Status- und Leitungsnachrichten von den Erfassungsmoduln,
- Laden des MICROCODE für die einzelnen Erfassungsmodul,
- Verarbeitung der Konsolinformation,
- Analyse der Nachrichten,

- Zusammenstellung der Ausgabenachrichten,
- Koordinierung der Erfassungsmoduln,
- Steuerung der E/A-Vorgänge.

Die meisten Zustandsinformationen erscheinen in Echtzeit am Bildschirm. Bei einigen Produkten heben verschiedene Farben die unterschiedlichen Nachrichten noch zusätzlich aus. Auch eine akustische Verstärkung ist anschließbar, wenn besonders empfindliche Situationen auftreten. Die dafür maßgebenden Bedingungen werden vom Anwender selbst definiert. Die Schirmgestaltung ist hierarchisch und meistens zur Beschleunigung der Informationsgenerierung vorprogrammiert. Mögliche hierarchische Stufen sind:

- Netzwerk
- Leitung
- Terminal.

Innerhalb der einzelnen Stufen können die Informationen nach

- Antwortzeit
- HOST-Verzögerung
- Transaktionsrate und Zeichenrate
- Komponentenausnutzung

weiterunterteilt werden.

Bei einigen Geräten besteht die Möglichkeit der Verbindung mit einem zentralen Hardwaremonitor. Dadurch kann der Anwender die zentrale Datenbank benutzen und die DFÜ-orientierten Daten mit sonstigen Leistungsdaten sehr einfach korrelieren. Aus preislichen Gründen wäre jedoch der Weg einer hardwaremonitorabhängigen Datenbanklösung [12] günstiger. Öfters ist es vorteilhaft, die Echtzeitinformationen auf einem Leinwand zur Erleichterung der Operatorenarbeit anzuzeigen. Es besteht weiterhin die Möglichkeit, SLAVE-Bildschirme zur Informationsvervielfältigung zu installieren.

4. WIRTSCHAFTLICHKEIT UND AUSBLICK

Durch den Einsatz von Netzwerkmonitoren kann der Anwender mit folgenden Effekten rechnen:

- Erhöhung der Netzwerk-Verfügbarkeit
- Rechtzeitige Warnung vor Engpaßsituationen
- Reduzierung der Verlustzeiten
- Verbesserung der Antwortzeit
- Transparenz im Netzwerk-Bereich
- Objektivere Planung der TP-Leistung
- Aufdeckung und Eliminierung von Engpässen
- Richtige Dimensionierung von Netzen
- Entscheidungsgrundlage für Einführung der DDP.

Von der künftigen Entwicklung erwartet man folgende Ergebnisse:

- Erweiterung, bzw. Integrierung der Vermessung von DDP-Komponenten,
- Automatische Verbindung zu Geräten der technischen Überwachung,
- Zuleitung der Informationen in zentrale Datenbanken (z.B. Statistical Analysis System),
- Ausarbeitung der bestgeeigneten Überwachungsmöglichkeiten für Netzwerkkonzeptionen der Hersteller (z.B. SNA und TRANSDATA) und
- Integrierung von Software- und Hardwarenetzmitteln.

Literaturhinweise

[1] Terplan, K.   Measuring and Improving the Performance of Teleprocessing Systems, ECOMA 80, London, S. 91-108

[2] Terplan, K.   Hardwaremonitore, Handbuch der modernen Datenverarbeitung, Mai 1979

[3] Terplan, K.   Softwaremonitore, Handbuch der modernen Datenverarbeitung, Mai 1979

[4] Terplan, K.   Messungen in TP-orientierten Systemen, Das Rechenzentrum, 2. Jahrgang, 1979, H.2, S. 101-113

[5] NET/ALERT   Product Overview, Avant-Garde Inc., USA, 1980

[6] MS-109   AMS Overview, Tesdata Corp., USA, 1980

[7] CTX-100   Product Overview, Commtex Inc., USA, 1980

[8] TLSA   Product Overview, TITN, Frankreich, 1980

[9] M 500   Product Overview, Questronics Inc., USA, 1979

[10] Terplan, K.   Leistungsmessung von Computernetzen, Angewandte Informatik 8 (1979), S. 329-333

[11] NPA   Product Overview, IBM Corp., USA, 1979

[12] SAS   Computer Performance Evaluation, SAS Institute Inc., USA, 1980

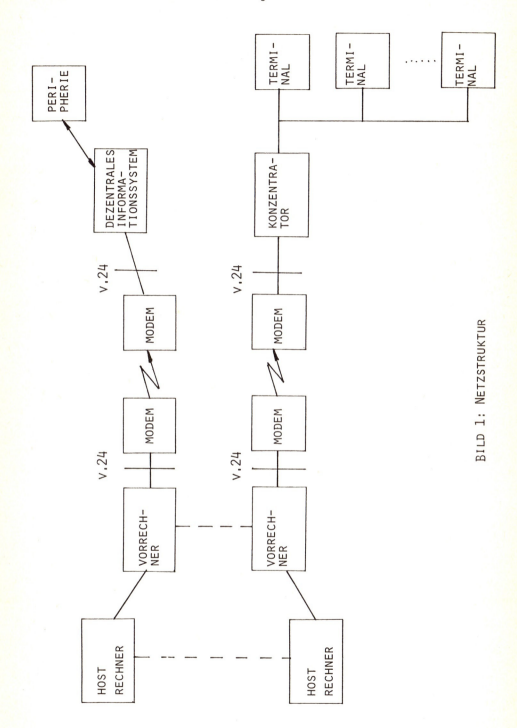

BILD 1: NETZSTRUKTUR

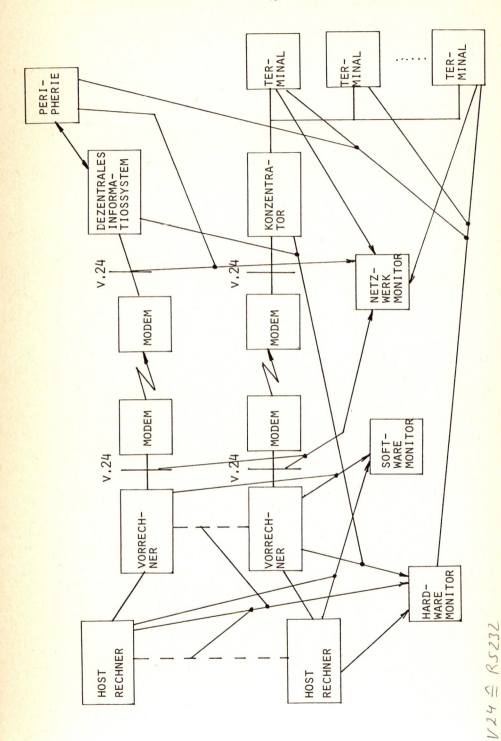

BILD 2: ERFASSUNG DER LEISTUNGSBEZOGENEN INFORMATIONEN

$V24 \triangleq RS232$

GRUPPE 1

    Pacer Scope
    Encore 100
    Minichek
    uFox
    Datenleitungsmeßgerät
    Datenanalysater
    Digitaler Schleifenschalter
    Interface Tester
    Datalok
    EMS
    Data Communication Test Set
    Netcon-5
    HP-1640A, HP 1645, HP 3551A, HP 4943A
    Codex

GRUPPE 2

    System 180 von Racal Milgo
    Distributed Network Control System
    Paradyne.

Bild 3: Instrumente der technischen Überwachung

Produkte	Erfassungsstelle	Erfassungsart	Ausgabe
TRTM	Datenstation	optisch	LED-Display
M300	Datenstation	optisch und elektronisch	LED-Display
PRTM	Datenstation	optisch	Drucker
M500	Datenübertragungsschnittstelle V.24	elektronisch	Anzeige und Drucker
TEMCO	Datenstation	elektronisch	LED-Display
Micromeasure	Datenstation	optisch und elektronisch	Drucker

Bild 4: Meßeinrichtungen zur Antwortzeit

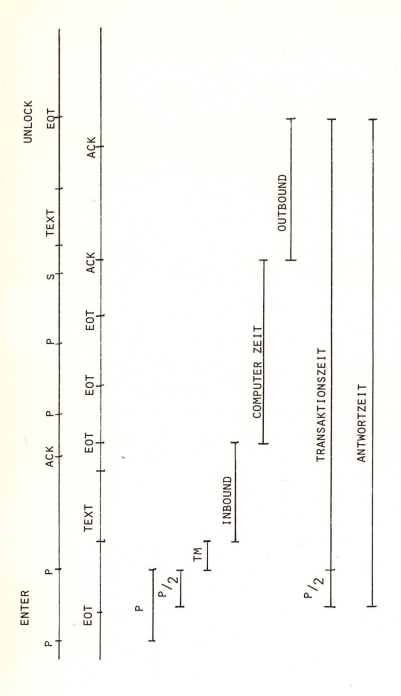

Bild 5: Antwortzeitmessung mit Netzwerkmonitoren

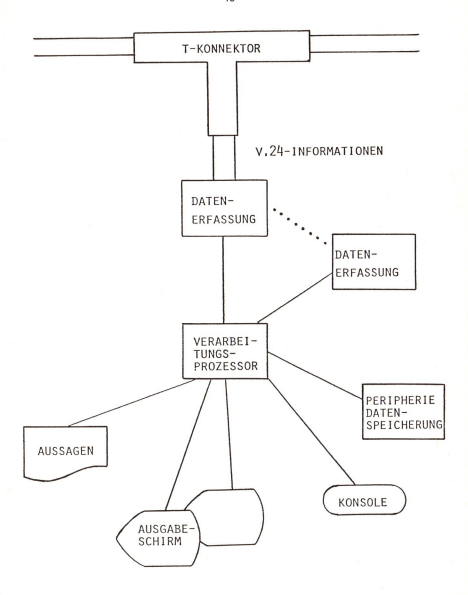

BILD 6: BLOCKSCHALTBILD EINES NETZWERKMONITORS

Messung und Bewertung von Betriebssystem-Komponenten
Reinhard Bordewisch
Nixdorf Computer AG, ES 11
D-4790 Paderborn

Kurzfassung:

Zur Leistungsanalyse von Timesharing-Systemen im Realzeitbetrieb ist es wegen des hohen Komplexitätsgrades und aufgrund des stochastischen Systemverhaltens unumgänglich, die internen Systemabläufe zu erfassen, i. e. vor allem die Ausführungs- und Wartezeiten in den einzelnen Betriebssystem-Komponenten unter verschiedenen Anwender-Belastungsfällen zu messen und zu analysieren. Im Rahmen der Entwicklung des Informationssystems Nixdorf 8860 wurde ein parametergesteuertes synthetisches Anwender-Programmpaket erstellt, um das Systemverhalten bei unterschiedlichen Belastungsprofilen mit Hilfe des Hardware-Monitorsystems CPI-DSP 190-3 zu erfassen und zu bewerten. Da Hardware-Monitore in der Regel kaum Zugriff zu internen Systemabläufen haben, wurde unter Ausnutzung des Adreß- und Informationsvergleichs und durch unterstützende Software-Monitoring-Routinen Information über interne Systemabläufe dem Hardware-Monitor verfügbar gemacht, um so eine umfassende Betriebssystem-Analyse zu ermöglichen. Es wird ausführlich über diese Ansätze des Hybrid-Monitorings sowie über Vorgehensweise und Ergebnisse der Leistungsanalyse zur Entwicklung der Systemfamilie 8860 berichtet.

1. Einleitung

Die Compumetrie (Messung und Bewertung von Rechensystemen) ist in den letzten Jahren zu einem zentralen Thema der Computerwissenschaften geworden. Gründe wie
- stark ansteigende Kosten bei der Herstellung und beim Betrieb von Hardware- und Softwaresystemen,
- wachsende Komplexität dieser Systeme,
- zunehmende Schwierigkeiten bei Entwurf, Implementierung und Betrieb der DV-Systeme

zwingen Hersteller und Anwender, das Leistungsvermögen ihrer Systeme zu messen, zu analysieren und zu bewerten.

Die Systemfamilie 8860 /1/ ist für Anwendungen im Distributed Systems Market (DS-Markt) konzipiert; dabei sind die Systeme vornehmlich für den Einsatz im Netzverbund vorgesehen. Mit den 8860-Systemen steht eine software-kompatible, durchgängige Produktlinie vom Einzelplatz- bis zum Mehrplatzsystem zur Verfügung. Diese Systeme arbeiten sowohl im Teilnehmer- als auch im Teilhaberbetrieb und decken so alle Anwendungsgebiete des DS-Marktes ab.

Im folgenden werden die typischen Untersuchungsziele, die speziellen Anforderungen an Meß- und Bewertungstechniken und die bei der System-Leistungsanalyse zur Entwicklung des Nixdorf-Systems 8860 gewonnenen Erfahrungen und Ergebnisse dargestellt.

2. Leistungsanalyse in der System-Entwicklung

Lange Zeit lag der Schwerpunkt der Bemühungen bei den Systementwicklern auf der Erreichung des Zieles, neue Hardware- und Software-Systeme erst einmal zum Laufen zu bringen, wobei dem Effizienzgesichtspunkt lediglich eine nachgeordnete Bedeutung zukam. Diese Einstellung hat sich in den letzten Jahren geändert; denn der Hersteller von Computersystemen steht vor der Aufgabe, aufgrund von Anforderungen seiner Kunden oder aus Konkurrenzgründen gegenüber anderen Herstellern bestehende Systeme leistungsmäßig zu verbessern oder neue leistungsfähigere Systeme zu konzipieren.

Wirkungsvolle Entscheidungen zur Leistungsverbesserung der Systeme können nur getroffen werden, wenn möglichst gut dargelegt wird, was tatsächlich innerhalb des Systems abläuft. Dies setzt die Ermittlung von Zeitmeßwerten voraus, i. e. die Bestimmung der Zeiten, die zur Ausführung verschiedener Funktionen erforderlich sind bzw. die vergehen, bevor diese Funktionen ausgeführt werden können; denn erst quantitative Daten über das Leistungsvermögen des vorliegenden Systems ermöglichen die Bewertung des Systemverhaltens und untermauern die Vorschläge zur Verbesserung des Leistungsvermögens.

Mit wachsendem Komplexitätsgrad der Rechensysteme wächst nicht nur die Notwendigkeit, sondern auch die Schwierigkeit, die Systeme zu messen und zu bewerten. Immer kompliziertere Systemarchitekturen erhöhen die Undurchsichtigkeit des Zusammenspiels der einzelnen Komponenten in einem solchen Maße, daß es erforderlich wird, das

Leistungsvermögen der einzelnen Komponenten detailliert zu bestimmen und das Verhalten des Gesamtsystems anhand des Zusammenspiels der einzelnen Systemteile zu analysieren.

3. Auswahl der Meß- und Bewertungsverfahren

Da der Hersteller von Computersystemen daran interessiert ist, Schwachstellen seiner Systeme schon frühzeitig zu erkennen und zu beseitigen und so seine Produkte zu verbessern, ergibt sich in allen System-Entwicklungsphasen die Notwendigkeit einer umfassenden System-Leistungsanalyse. Deshalb ist fortlaufend eine Kontroll- und Verbesserungsbewertung des System-Leistungsvermögens durchzuführen, die auf Daten über das aktuelle Systemverhalten basiert und folgende Arbeitsschritte beinhaltet:

1. im ersten Schritt ist zu untersuchen und zu sichern, daß die Zeitanforderungen bei der Bewältigung des jeweiligen Arbeitsvolumens eingehalten werden bzw. werden können;
2. daran schließt sich eine Analyse der durch Messungen gewonnenen Daten an, um System-Engpässe zu lokalisieren und Leistungsreserven im System zu ermitteln;
3. eine gründliche Analyse sollte schließlich die Ursachen für diese System-Schwachstellen untersuchen und den Einfluß von Systemveränderungen auf das Leistungsvermögen vorhersagen.

Die Bewertung der Systemleistungsfähigkeit kann nur im Zusammenhang mit dem jeweiligen Anwendungsfall erfolgen; denn der Wert eines Systems für den speziellen Benutzer hängt sehr stark davon ab, welcher Art und welchen Umfangs der Aufgabenkomplex ist, den der Benutzer durch die Anlage verarbeiten lassen will. Deshalb ist es erforderlich, das jeweilige repräsentative Belastungsprofil zu kennen und für die Messung und Bewertung des Systemverhaltens heranzuziehen.

Teilhaber- und Teilnehmerrechensysteme haben ein komplexes Aufgabengebiet zu bearbeiten; so muß für die Messung und Bewertung ihres Betriebsverhaltens ein möglichst breites Anwendungsspektrum mit in die Betrachtung einbezogen werden. Dazu sind modifizierbare und reproduzierbare Anwender-Belastungsfälle zu erzeugen, die dann als Randbedingungen zu den gewonnenen Leistungsaussagen bezüglich Systemverhalten und Eigenschaften von Systemkomponenten gelten.

Um Engpässe bei den Systembetriebsmitteln aufzudecken, benötigt man die Auslastungsgrade der einzelnen Systemkomponenten. Diese Auslastungsfaktoren ergeben sich aus der Summation über die jeweiligen Nutzungszeiten in einem definierten Betrachtungszeitraum. Mit Hilfe von Hardware- und/oder Software-Monitoren ist es möglich, die entsprechenden Nutzungszeiten zu ermitteln und so die jeweiligen Ausnutzungsgrade zu bestimmen, die zu einem System-Zeitprofil zusammengefaßt ein einfaches aussagekräftiges Bild über das Systemverhalten liefern und somit Möglichkeiten zur Steigerung der Leistungsfähigkeit aufzeigen.

Bei Timesharing-Systemen verlangt die Vielfalt von parallel ablaufenden Programmen, die außerdem mit verschiedenen Prioritäten versehen sind, einen komplizierten zentralen Steuerungsmechanismus. Für den Dialogbetrieb und die Datenfernverarbeitung muß das System Mechanismen bereitstellen, die eine stete Aufnahmebereitschaft des Systems für ankommende Nachrichten und die Fähigkeiten der Datenaufbereitung zum Senden gewährleisten. Die Organisation, die Steuerung und Überwachung dieses komplizierten Betriebsablaufs unter Einhaltung der rechtzeitigen und gleichzeitigen Aufgabenerfüllungen sind die zentralen Aufgaben des Betriebssystems, das somit zum bestimmenden Faktor für das Leistungsverhalten von Teilhaber- und Teilnehmerrechensystemen wird.

Eine Leistungsanalyse von Timesharing-Systemen bedeutet deshalb in erster Linie eine Leistungsanalyse des Betriebssystems, nämlich anhand der Auslastungsgrade der einzelnen Systemkomponenten die Effektivität der Betriebsmittelzuteilung und der Verteiler- und Planungsalgorithmen zu untersuchen.

Daten über das Betriebsverhalten installierter Rechensysteme werden mit Hilfe von Hardware- und Softwaremonitoren aufgezeichnet und ausgewertet. Da ein Software-Monitor in der Regel Bestandteil der speicher-residenten Software ist und damit in der Lage ist, alle Zustandsänderungen und ablaufenden Prozesse zu registrieren und anfallende Information abzuspeichern, stört er das Zeitverhalten des zu prüfenden Systems durch einen erheblichen Meß-Overhead (zusätzliche CPU-Last von 2% bis 40%, vgl. /2/). Weiterhin kann es aufgrund des enormen Meßdatenvolumens zu Speicherplatz-Problemen kommen.

Der Hauptvorteil von Hardware-Monitoren resultiert daher, daß sie beim zu messenden System keine Störungen des Zeitgefüges hervorrufen und eine Verdichtung der anfallenden Meßdaten schon während des Meßvorganges ermöglichen. Ein Hardware-Monitor hat aber kaum Zugang zu internen Systemvorgängen und ist somit nicht in der Lage, wie ein Software-Monitor auftretende Ereignisse den Programmen zuzuordnen, die diese Ereignisse auslösen. Deshalb ist mittels Hardware-Monitoring eine Leistungsanalyse des Betriebssystems kaum möglich.

Die Lösung dieser Probleme ist nicht, den Hardware-Monitor durch einen Software-Monitor zu ersetzen, sondern einen kombinierten Einsatz beider Verfahren anzustreben. In der Literatur (vgl./3/;/4/)wird die Möglichkeit eines solchen Hybrid-Monitorings aufgezeigt, das die Vorteile beider Techniken nutzen und gleichzeitig die Nachteile mindern würde. Dabei kann der Hybrid-Monitor über eine Kanalschnittstelle wie ein intelligentes Peripheriegerät an das zu messende System angeschlossen werden und hat so neben den positiven Eigenschaften des Hardware-Monitors auch wie ein Software-Monitor Zugriff zu internen Systemabläufen und -strukturen (vgl./5/;/6/).

4. Realisierung der Meß- und Bewertungsverfahren

Zur Messung und Bewertung des Leistungsvermögens des Informationssystems Nixdorf 8860 ist es erforderlich, das jeweilige repräsentative Anwender-Belastungsprofil zu kennen und für die Leistungsanalyse nachzubilden. Neben den Problemen der Festlegung und Nachbildung von repräsentativen Lastprofilen sind noch zusätzliche Anforderungen zu erfüllen, wie:

- Inanspruchnahme aller Systemfunktionen und -ressourcen
- Unabhängigkeit vom Systemstand
- Variierbarkeit und Reproduzierbarkeit der Belastungsfälle
- Modularer Aufbau zwecks Funktionserweiterungen

Da Benchmarks in erster Linie zur Ermittlung der Systemleistungsfähigkeit im Batchbetrieb geeignet sind und da sie aus realen Anwenderprogrammen hervorgehen, lassen sich mit ihnen die Belastungsfälle nicht variieren. Vor allem für dialogorientierte Anwendungen ist ein größerer Grad der Abstraktion erforderlich. Synthetische Jobs erfüllen die oben definierten Anforderungen, indem sie die reale Anwendung durch einfache synthetische Programme nachbilden. Durch ihren parametrisierten Aufbau weisen diese eine hohe Flexibilität bezüglich Variierbarkeit der Belastungsfälle und der Inanspruchnahme aller vom System angebotenen Leistungen auf.

Deshalb wurde zur Leistungsanalyse der 8860 ein synthetisches Anwender-Programmpaket entwickelt und eingesetzt, das parametergesteuert alle Systemkomponenten anspricht, deren Funktionen beansprucht und somit ein breites Anwendungsspektrum nachbildet. Die Parameter legen Art, Häufigkeit und Reihenfolge der Betriebsmittelanforderungen fest und gewährleisten so die Variierbarkeit der unterschiedlichen Belastungsfälle. Die Erstellung des Programmpaketes in der problemorientierten Sprache COBOL sichert die Einsetzbarkeit des Paketes auf unterschiedlichen Systemständen. Durch Festlegung eindeutiger Start- und Endekriterien wird die Reproduzierbarkeit der Belastungsfälle erreicht. Der Aufbau der synthetischen Programme aus Rahmenprogramm und funktionsspezifischen Unterprogrammen ermöglicht Erweiterungen des Funktionsumfangs.

Um das Systemverhalten unter den verschiedenen Belastungsfällen zu erfassen und zu analysieren, werden die Verfahren des Monitorings eingesetzt. Mit Hilfe des HW-Monitorings können die meisten Parameter des Systemverhaltens anhand von Spannungsschwankungen der digitalen Schaltkreise des Computersystems gemessen werden (vgl./7/). Dabei wird zwischen

- Zustandssignalen, die direkt Auskunft über die zu messende Funktion geben,
- Basissignalen, die zur Erzeugung von Zustandssignalen mittels logischer Module verknüpft werden müssen, und
- Codierten Signalen, die nur im Zusammenhang mit anderen Signalen Bedeutung haben,

unterschieden.

Sensoren, die an Meßpunktvorrichtungen auf der Rückwand der Zentraleinheit (Bus, Steuerleitung, etc.) oder an den peripheren Geräten des zu messenden Systems angeschlossen werden, führen die Zustands- und Basissignale zu den Meßerfassungsvorrichtungen des Hardware-Monitor-Systems. Dabei ist es möglich, unterschiedliche Signale mittels logischer Module zu verknüpfen und neue Zustandssignale zu erzeugen.

Zur Leistungsanalyse des Systems 8860 wird das Hardware-Monitorsystem CPI-DSP 190-3 eingesetzt (vgl. Fig. 1). Dieses Monitorsystem weist folgende Erfassungs- und Kontrolleinheiten auf:

* Meß-Erfassungseinheiten

Die DSP 190-3 besitzt als Meßerfassungseinheiten 2 "front end processors" (FOP) und 2 "system configuration panels" (SCP).

Ein SCP weist 64 Hardwarezähler (48 Zeit- und 16 Ereigniszähler) auf. Die Zeitzähler akkumulieren aufgrund einer vorgegebenen Stichprobenrate (wählbar von 10 bis 100.000 Stichproben/sec.) die Zeitintervalle, in denen ein ausgewähltes Signal ansteht, und die Ereigniszähler zählen mit einer Stichprobenrate von 10.000.000 Stichproben/sec. definierte Ereignisse.

Die Ergebnisse solcher Messungen in Form von kumulierten Zeiten und Ereigniszahlen werden zur Ermittlung von durchschnittlichen Verweildauern verwertet. So werden die Auslastungsgrade der einzelnen Systemkomponenten ermittelt, die in einem System-Zeitprofil ausgegeben werden.

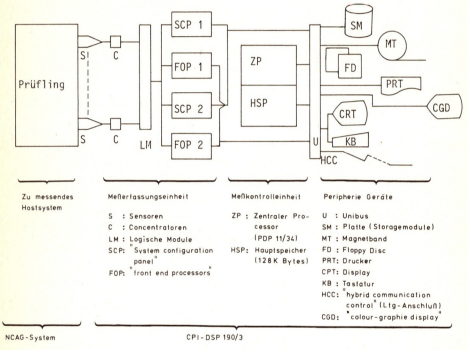

Fig. 1: Konfiguration des Hardware-Monitor-Systems CPI-DSP 190-3

Die FOP's besitzen eigene Mikroprozessoren und Hochgeschwindigkeitsspeicher und können so als eigenständige Einheiten mit sehr hoher Geschwindigkeit (3 MHz) Daten erfassen und zwischenspeichern. Mit dem FOP sind Messungen in folgenden Meß-Erfassungsarten möglich:

1. "event mode"   (= "event timing")
2. "mapping mode" (= "address mapping")
3. "store mode"   (= "tracing")

- "event timing"
  Anhand eines vorgegebenen Zeitrasters werden die unterschiedlichen Verweildauern eines ausgewählten Signals ermittelt und eine Häufigkeitsverteilung des spezifizierten Ereignisses über das definierte Zeitraster (in 256 Klassen) erzeugt. Die Verteilungsfunktion gibt Auskunft über die mittlere Verweildauer und den Grad der Streuung.

- "address mapping"
  Unter Vorgabe einer Basisadresse und durch Festlegung einer Klassenbreite werden die Häufigkeiten des Ansprechens der Speicheradressen in 256 Klassen erfaßt und so eine Häufigkeitsverteilung über den ausgewählten Adreßraum erstellt. Aufgrund dieser Verteilung kann eine gründliche Ursachenanalyse erkannter Systemschwachstellen durchgeführt werden.

- "store mode"
  Diese Meßerfassungsart entspricht einem echten Tracing, wobei die jeweils letzten 256 12-Bit breiten Worte abgespeichert werden.

* Meß-Kontrolleinheit

Diese Einheit besitzt einen Minicomputer vom Typ PDP 11/34 mit einem Hauptspeicher von 128 K Bytes. Die PDP übernimmt die Steuerung der Datenerfassung sowie teilweise die Steuerung der Datenreduzierung während des Meßvorganges, der Zwischenspeicherung und Ausgabe der Meßergebnisse.
Für die Analyse und Bewertung des Betriebssystems bietet sich das Software-Monitoring an. Um den Hauptnachteil dieses Verfahrens (erhebliche Störung des Zeitgefüges) zu vermeiden, wird bei der Nixdorf Computer AG der kombinierte Einsatz des Hardware- und Software-Monitorings (Hybrid-Monitoring) betrieben. Dazu ist es erforderlich, Softwareinformation in Signale umzuformen und so abzuspeichern, daß sie vom Hardware-Monitor erfaßt und ausgewertet werden kann. Zur Realisierung dieser Aufgabe wurde eine Adaption entwickelt, die auf der Rechnerrückwand der Systeme 8860 eingesetzt wird.

Dieser Adaptionseinschub hat folgende Funktionen zu erfüllen:
- Übertragung von Zustands- und Basissignalen sowie von Adressen und Informationen, die auf Bus und Steuerleitung der Rechnerrückwand direkt anstehen, zum Monitor

- Umformung von codierten Signalen in Zustands- und Basissignale und Übertragung zum Monitor
- Vorauswertung der Daten und Steuerung des Meßdatenflusses vom Prüfling zum Monitor

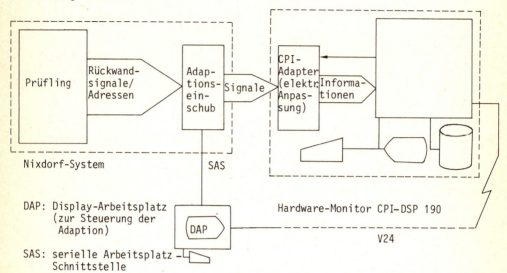

Fig. 2: Anschluß des HW-Monitors CPI-DSP 190 an Nixdorf-Systeme

Die für die Betriebssystemanalyse relevanten Signale sind überwiegend codierte Signale, die aufgrund von Adreß- und Informationsvergleich in Basissignale umgeformt werden müssen. Mit Hilfe eines Assoziativspeichers (CAM), der eine an seinen Dateneingängen anstehende Information mit seinem Inhalt vergleicht, werden vom Adaptionseinschub Basissignale erzeugt, die wiederum durch logische Verknüpfungen in Zustandssignale umgeformt werden.

Informations-Sollwert- Register des Adaptionseinschubs überprüfen die auf dem Bus anstehende Information bezüglich ihrer Relationen auf vorgegebene Sollwerte und bilden entsprechende Basissignale. Weiterhin ist es erforderlich, Informationen aus dem Betriebssystemkern (wie z. B. aktuelle Partition-Nummer) für den Hardware-Monitor zugänglich zu machen. Mit Hilfe von kleinen Software-Monitoring-Routinen und mittels logischer Verknüpfungen der unterschiedlichen Signale ist es möglich, eine Zuordnung von auftretenden Ereignissen zu den verursachenden Programmen herzustellen. Da weiterhin der Einsatz dieser Adaption dem Hardware-Monitor den Zugang zu Registern, internen Tabellen, Operationscode und dergleichen ermöglicht, wird somit ein erster Schritt in Richtung Hybrid-Monitoring unternommen.

5. Erfahrungen und Ergebnisse

Zur Verdeutlichung der Effektivität dieser Meß- und Bewertungsverfahren sei hier exemplarisch über die Erfahrungen und Ergebnisse berichtet, die bei der Leistungsanalyse während der Entwicklung des Systems 8860 gewonnen wurden. Um die Eignung der 8860 für einen Einsatz im DS-Markt zu untersuchen, wurde ein Leistungstest dieses Systems bezüglich der für den DS-Markt typischen Leistungsanforderungen (Datenerfassungs-, Datenverarbeitungs-, Datenfernverarbeitungs-Eigenschaften) durchgeführt mit den Zielsetzungen:

- Erkennen der Belastungsgrenzen des Systems
- Lokalisierung und Analyse von Systemengpässen
- Unterbreitung von Vorschlägen zur System-Weiterentwicklung (Verbesserung des System-Leistungsvermögens)
- Prognostizieren der Auswirkungen von Systemerweiterungen auf das Systemverhalten.

5.1 Leistungsbestimmende Komponenten der 8860

Das Leistungsvermögen des Systems 8860 wird auf der Hardware-Seite im wesentlichen durch das Zeitverhalten der Komponenten CPU, Magnetplatten und DFÜ-Leitungen zu den Arbeitsplätzen bzw. zu anderen Systemen bestimmt.

Das Betriebssystem unterstützt eine feste Anzahl Partitions verschiedener Größe, die bei der Systemgenerierung angelegt werden. Die hinsichtlich ihrer Priorität und Unterbrechbarkeit unterschiedlichen System- und Anwenderprogramme lassen sich zu folgenden globalen Gruppen zusammenfassen:

- Simultan-Programme,
- Programme der zentralablaufenden BS-Komponenten,
- Anwender-Programme.

Die Simultanprogramme laufen mit höchster Priorität auf der Interruptebene ab und behandeln die Interrupts sowie die Ansteuerung der Zentralperipherie und Leitungen durch Kanalprogramme. Zu den zentrallaufenden BS-Komponenten zählen die Programme der Gerätesteuerungs (GST)- und Timesharing-Steuerungs (sog. BS-Overhead)-Ebene sowie die in den System-Partitions für die Nachrichtensteuerung (NST) und für die indexsequentielle Dateiverarbeitung (SKAM = "sequential keyed access method") ablaufenden Programme.

Auf dieser Systemebene treten einerseits Grundbelastungen (aufgrund von Verwaltungsaufgaben für Systemkomponenten und Peripheriegeräte) auf, und andererseits fallen hier auftragsbezogene Belastungen (Bearbeitung der Aufträge aus den Anwender-Programmen an BS-Komponenten und I/O-Geräte) an. Die Anwender-Programme laufen in eigenen Partitions ab und sind stark I/O-intensiv; die durch diese Programme hervorgerufenen CPU-Belastungen sind als "Netto-Größen" zu verstehen, i.e. die Unterbrechungszeiten durch Systemprogramme höherer Priorität sind bei der Auslastungsermittlung eliminiert worden.

5.2 Konfiguration und Belastungsprofil

Das synthetische Anwender-Programmpaket in COBOL ermöglicht die Nachbildung von für den DS-Markt typischen Anwendungen, um unterschiedliche Belastungsprofile zu erzeugen. Exemplarisch sei hier ein Belastungsfall aufgeführt, der das Leistungsvermögen des ersten System-Releases der 8860 widerspiegelt:

- intensive Auftragserfassung im Dialog an 12 Bildschirmarbeitsplätzen (BSA's)
- ständige Auskunftsabfrage ("Blättern" auf 2000-Zeichen-Display) an 2 BSA's
- Fakturierung an 4 Arbeitsplätzen mit Spooling und Druck
- Datenfernverarbeitung (DFV) im Batch mit Senden/Empfangen mit einem Fremdsystem sowie gleichzeitiger Plattenverarbeitung und Zeilendrucker-Ausgabe der DFV-Daten.

Dabei waren die Arbeitsplätze und Nadeldrucker über 5 DFÜ-Leitungen (9,6 KBd) angeschlossen, und die DFV erfolgte über DFÜ-Leitung (9,6 KBd). Als Zentralperipherie waren 2 Platten (storage module 88 MB) und ein Zeilendrucker (72.000 lph) angeschlossen. Das Arbeitsvolumen konnte unter Einhaltung der Zeitanforderungen einer 90%igen Responsezeit von 3 sec an den BSA's bearbeitet werden.

5.3 Leistungsanalyse des ersten System-Releases

Mit dem im Kap. 4 vorgestellten Verfahren wurde für den obigen Belastungsfall ein System-Zeitprofil für die globalen Systemkomponenten Magnetplatten (SM) und CPU (aufgegliedert nach den BS-Ebenen simultan, zentral, Anwender) erzeugt (vgl. Fig. 3).

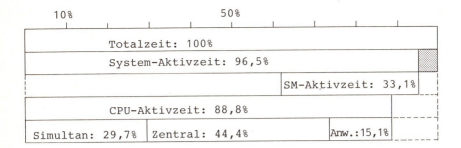

Fig. 3: System-Zeitprofil: Globale Komponenten

Aus diesem Zeitprofil werden die System-Engpässe sofort ersichtlich. Während der Auslastungsgrad der Magnetplatten mit 33% unkritisch für das Zeitverhalten des Gesamtsystems ist, bestimmt die CPU mit einer Aktivzeit von fast 90% der Gesamtzeit das Leistungsvermögen des Systems. Dabei wird nahezu die Hälfte der CPU-Aktivzeit (nämlich 44% der Gesamtzeit) von den zentralanlaufenden BS-Komponenten verbraucht.

Um eine detaillierte Aufteilung der CPU-Aktivzeit und somit Hinweise über die leistungsbegrenzenden BS-Komponenten zu erhalten, wurde ein System-Zeitprofil der einzelnen BS-Module auf der Basis der CPU-Aktivzeit erstellt (vgl. Fig. 4). Mit Hilfe des Hybrid-Monitorings ist es möglich, die Nutzungszeiten aller BS-Komponenten und Anwenderprogramme und somit deren CPU-Belastungen zu ermitteln.

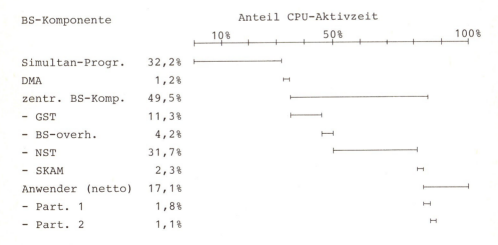

Fig. 4: System-Zeitprofil: CPU-Aktivzeit

Die obigen CPU-Belastungsgrößen weisen eindeutig die Simultanprogramme (32,2%) und die BS-Komponente NST (31,7%) als die leistungsbestimmenden Faktoren des Betriebssystems aus und deuten darauf hin, daß Maßnahmen zur Verbesserung der Systemleistung bei der Weiterentwicklung dieser Komponenten ansetzen müssen.

5.4 Auswirkungen auf das Leistungsvermögen durch Systemweiterentwicklung

Aufgrund der Ergebnisse der Leistungsmessungen wurde zur Verbesserung der Systemleistung vorgeschlagen, den Anschluß der DFÜ-Leitungen für den DFV-Betrieb und zu den Arbeitsplätzen über Front-End-Prozessoren zu realisieren. Diese handeln für den Leitungsverkehr die Protokolle des Transport-Service ab, der die vier transportorientierten Ebenen des ISO-Referenzmodelles umfaßt. Dadurch wird die CPU erheblich entlastet; einerseits auf der Ebene der Simultanprogramme von 30% auf 15% (da die physikalische Leitungsansteuerung im Front-End-Prozessor erfolgt) und andererseits auch auf der Ebene der zentralen BS-Komponenten von 44% auf 35% (vgl. Fig. 5; Spalte 2).

Die Komponente NST hat neben den Aufgaben des Sendens und Empfangens von Nachrichten durch Bearbeitung der I/O-Aufträge zur DFV auch die Abwicklung aller Aufträge zwischen Zentralsystem und Arbeitsplätzen zu erledigen. Zur Analyse der hohen CPU-Belastung durch die NST wurden mit Hilfe des "event timings" Mittelwert und Streuung der Verweilzeiten von I/O-Aufträgen an die Arbeitsplatzperipherie ermittelt, z. B. beim ersten System-Release für Bildschirm-Aufträge eine mittlere CPU-Verweilzeit von 30 msec. Diese Verweilzeit beinhaltet auch die Wartezeiten in den einzelnen BS-Komponenten.

Das verbesserte Zeitverhalten des weiterentwickelten Systems wird durch das "event timing" bestätigt, das jetzt für die Bildschirm-Aufträge eine mittlere CPU-Verweilzeit von 24msec ausweist. Jedoch ergibt das System-Zeitprofil, daß die NST mit 23% der Gesamtzeit mehr als ein Drittel der CPU-Aktivzeit verbraucht und damit weiterhin einen System-Engpaß darstellt.

Eine Analyse der Ursachen dieser System-Schwachstelle ist mit Hilfe des "Address mapping" möglich, indem eine Häufigkeitsverteilung über den physikalischen Adreßraum der NST erstellt wurde. Die Analyse des Histogramms zeigt, daß über 50% der angesprochenen Adressen innerhalb dieser Komponente in den Modulen der Bildschirm-

und Tastaturzeichen-Bearbeitung liegen. Es bietet sich an, diese
Programmteile zu optimieren, indem die entsprechenden Routinen mikroprogrammiert in den Rechner-RAM verlegt werden bzw. die jeweiligen
Algorithmen modifiziert werden. Diese Modifikationen würden die Abarbeitung der entsprechenden Module um einen Faktor 12-15 beschleunigen. Analytische Berechnungen ergaben, daß dann die CPU-Last
durch die NST von 25% auf ca. 13% sinken würde. Damit wäre eine
Entlastung der CPU möglich (vgl. Fig. 5; Spalte 3)

System-Komponente \ Auslastungsgrad	erstes System -Release	System mit Front-End-Proz.	System mit modif. NST (incl. Front-End)
SM aktiv	33%	33%	33%
CPU aktiv	89%	65%	53%
- simultan	30%	15%	15%
- zentral	44%	35%	23%
- Anwender	15%	15%	15%

Fig. 5: Übersicht: Auslastungsgrade globaler Systemkomponenten
bei gleichem Lastprofil

Aufgrund dieser neuen Auslastungsgrade wurde mit Hilfe modelltheoretischer Untersuchungen das Systemgrenzverhalten ermittelt.
Dabei zeigte sich, daß aufgrund der erwähnten Systemerweiterungen
für den obigen Anwenderbelastungsfall das Leistungsvermögen um
100% gesteigert werden könnte.
Somit wäre es möglich, das doppelte Arbeitsvolumen unter den geforderten Zeitbedingungen zu verarbeiten.

Literatur:

/1/: Nixdorf Computer AG, 8860, Systembeschreibung;
Best.-Nr. 27058.00.0.93, Paderborn, 1980

/2/: Carlson, G.:
Practical Economics of Computer Monitoring, in IFIP-IAG
Computer Management '72, Conferencebook, IFIP Administrative Data
Processing Group, Amsterdam, 1972

/3/: Nutt, G.J.:
Tutorial: Computer System Monitors, in: Computer,
Vol. 8, No. 11, Nov. 1975

/4/: Boulaye, G. et al.:
A Computer Measurement and Control System, in:
Modelling and Performance Evaluation of Computer Systems;
North Holland 1977

/5/: Hughes, J.; Cronshaw, D.:
On Using a Hardware Monitor as an Intelligent Peripheral,
in: ACM SIGMETRICS Performance Evaluation Review; Vol. 2,
No. 4; Dec. 1973

/6/: Schmitt, N.:
Monitoring in der Prozeßrechentechnik, in:
GI-NTG Fachtagung Struktur und Betrieb von Rechensystemen;
Berlin-Heidelberg-New York; 1980

/7/: Sinnott, M.R.; Bytheway, A.J.:
What is Going on Inside the Machine?
(The effectiveness of hardware monitoring as a measurement tool);
Computer Performance Evaluation, Online; Uxbridge; 1976

A TEST BED FOR OPERATING SYSTEMS PERFORMANCE EVALUATION

P. Silberbusch, W. Schulz
IBM Deutschland GmbH
Heidelberg Scientific Center
Tiergartenstrasse 15
D-6900 Heidelberg

ABSTRACT

A description is given of the design, implementation and operating experience of a test bed for operating systems which permits very detailed observation and measurements. The hardware is simulated with the help of the Virtual Machine Emulator. By selecting processor and I/O device timing characteristics a wide range of /370 compatible systems can be simulated. A special trace facility allows tracing and activity measurements at any desired level of granularity. An artificial workload simulates the activity of a DB/DC System.

1. INTRODUCTION

The accelerated development of faster and cheaper electronic components faces the software designer with new challenges. One of them is to predict the viability of current architecture and the performance of current operating systems on CPUs able to operate at instruction-per-second rates about one order of magnitude higher than those available today. For this task we need to understand not only the principle of such an operating system but also the detailed mechanics and the scenario of actions determined by the random occurence of asynchronous events. Also we want to understand how this scenario changes with varying CPU and I/O device speed.

One can realise that existing tools are only of limited help in pursuing this goal. For IBM/370 MVS systems there are several software monitors available e.g. the System Activity Measurement Facility (MF/1 /4/), the Resource Measurement Facility (RMF /5/) or traces like the Generalised Trace Facility (GTF /6/) and hardware monitors like the System Measurement Instrument (SMI) which all address mainly the aspect of system tuning. Software monitors can efficiently observe length of queues and resource utilisation percentages but will unavoidably distort the time scale by absorbing resources for their own execution. Hardware monitors do not distort the time scale but have only limited possibilities of observing the logic of operations. Their best use is in counting occurences of a limited number of well specified events.

Moreover, none of these tools will permit the simulation of processor speeds that differ from the real processor speed.

Recently a tool became available for simulating - in a /370 environment - various CPU and I/O device speeds: The Virtual Machine Emulator (VM-Emulator /1/). Using this tool we have developed at the Heidelberg Scientific Center a test bed for evaluating the performance of operating systems.

An operating system can be seen as an interface between hardware and application program. Accordingly the test bed consists of two major components (fig. 1):
    1. The Virtual Machine Emulator which simulates the hardware.
    2. The artificial workload which simulates the application program.

The Virtual Machine Emulator /1/ is an enhanced version of IBM's Virtual Machine Facility (VM/370 /7/), that extends the System/370 Virtual Machine environment to include timing simulation in addition to the existing simulation of the /370 architecture. For the reader not familiar with reference /1/ a short description is provided in section 2 of this paper.

A special trace facility has been added to the Virtual Machine Emulator. This trace facility uses the Program Event Recording (PER) /9/ facility of the System /370 to trace the activity of specific components of the operating system. For a detailed description of the trace facility see section 3 of this paper.

The second component of the test bed has the function of generating the workload for the operating system. For this purpose a sample jobstream or a real-life application can be used. In our specific case we needed a workload which would be easy to reconfigure for a wide range of machine execution speeds and configurations. Our assumption being that fast machines in a commercial environment would mainly be used for applications of DB/DC type, the decision was made to create an artificial workload called the DB/DC Prototype (see section 4 of this paper).

The DB/DC Prototype sets up its own configuration based on input parameters, collects data about the operating system and generates a constant mix of units of work (transactions).

The reduction and analysis of the data collected by PERTRACE and the artificial workload is performed by interactive reduction programs written mainly in APL, and by the Integrated Data Analysis and Mangement System (IDAMS /2/) developed at the Heidelberg Scientific Center.

The data reduction can be performed in parallel with the simulation run, as shown in fig.1, or after the completion of the simulation run. Long simulation runs can be set up to run unattendedly over night. The measurement data accumulates on the spool files of the Virtual Machine Emulator until reduction is started.

We would like to mention here that a similar framework has been used already for the evaluation of a data base system /3/.

The first series of measurements addressed the problems related to the utilisation of IBM's MVS operating system for commercially used systems, where MVS would be used as a base for running a large DB/DC type system. Our aim was to explore which elements determine the path length in MVS and what happens to the system overhead, to contention on serially reusable resources and to throughput on processors considerably faster than those available today.

2. THE VIRTUAL MACHINE EMULATOR /1/

The Virtual Machine Emulator is an enhancement of IBM's VM/370 Control Program (CP) /7/. The IBM VM/370 is an operating system which controls the real hardware resources and maps them to virtual machines. Each virtual machine is a logical replica of an IBM System /370 consisting of virtual processor, memory, channels, devices, clocks, etc. To a program executing in a virtual machine the execution environment appears to be a complete, dedicated computer system.

VM/370 can be used for interactive time-sharing, system development and testing, and for obtaining the services of more than one operating system from a single real /370 machine. But VM/370 is normally not suitable for performance evaluations of operating systems because - due to system overhead and resources consumed by other virtual machines - the timing observed by a program running in a virtual machine is unpredictable.

The Virtual Machine Emulator extends the virtual machine environment by establishing a consistent virtual time base and by deriving all virtual clock values and the timing of all asynchronous events (e.g. I/O interrupts) from this virtual time. By varying the scale for the computation of virtual time, different processor speeds can be simulated.

An Emulator user selects not only the memory, channel and device configuration of a virtual machine, but also the timing characteristics of the virtual processor and certain virtual devices. These values are used to compute the virtual time of day (VTOD) as observed by the operating system executing in the virtual machine.

In structuring the test bed we took largely advantage of the facilities inherent to VM/370. While the measurement run is proceeding on one virtual machine other virtual machines can be started to supply input or process the output. Communication between the virtual machines is made possible with the help of spool files.

The stable configuration parameters of the test machine are defined via the VM/370 directory. Parameters changing for each experiment are entered dynamically by the workload program which can communicate directly with the VM-Emulator and modify some configuration parameters (see section 4). The goal of this design was a high degree of automation comprising a reasonably fast setup and unattended operation over night. Measurement data accumulates in spool files during the run and the interactive reduction programs can be started at any convenient time in another virtual machine.

3. THE SPECIAL TRACE FACILITY

The special trace facility, called PERTRACE, is a tool for analysing what is happening inside the operating system.

It should be mentioned that a trace facility down to machine-instruction level is available as a standard feature of VM/370 and as such also of the Virtual Machine Emulator. The output of such a trace at machine instruction level is not particularly well suited to our goal. The individual instructions executed at some point of time have to be put into a semantic relationship to meaningful actions executed by the operating system.

For this reason PERTRACE does not observe individual instructions but sets of instructions called "kernels". The kernels are defined such that they describe logically meaningfull pieces of code such as modules, control sections, etc. which perform specific actions like handling certain types of interrupts or setting a lock.

The kernel table is created by a program from a module address map of the operating system. If necessary, this table is edited manually for better granularity in specific system areas under study.

PERTRACE uses a feature of the System /370 called Program Event Recording (PER) /9/. This feature permits the monitoring of virtual address ranges for instruction fetch or alteration of the content of main storage. To enable PER the program has to load the definition of the address range and the action to be monitored into control registers. When the monitored action takes place a special interrupt is presented.

PERTRACE makes use of this feature by loading the start-end addresses of a kernel (in reverse sequence) so that an interrupt is presented as soon an instruction outside the "kernel" is fetched for execution. The interrupt is accepted by the VM-Emulator and passed to PERTRACE which time-stamps it and loads the address range of the next kernel.

The code for loading the control registers and for handling the resulting interrupt is part of the Virtual Machine Emulator and completely transparent for the operating system under observation. This is an important advantage over other tracing methods: The overhead for performing the trace does not distort the time scale of events because it is accomplished outside the virtual time observed by the traced system.

The output of PERTRACE is a list of kernel-identifiers in the sequence of their execution with time-stamps marking the transition points. Additionally, PERTRACE presents a summary showing for each kernel the number of times it has been executed, the total processor time used for executing this kernel, and the sum of the squares of individual execution times.

The data reduction programs relate the internal kernel-identifiers to the kernel name and the function performed by the kernel. Using the time sums and the execution count it is possible to evaluate the path length and the weight of a function. From the trace stream a detailed scenario of actions and events can be derived.

4. THE ARTIFICIAL WORKLOAD

Given the multitude of the factors which influence the behaviour of an operating system the selection of a workload for performance measurements is a difficult problem.

One alternative would be to obtain some real jobstream from a real user. But what would be a typical user? For a general purpose operating system like MVS practical experience shows significant differences between workload profiles and utilisation strategies at different users.

Secondly, it would be very cumbersome to reorganise a real jobstream to fit the many different hardware configurations we wanted to try out.

The selected alternative was to create an artificial workload.

Here are some considerations for favouring an artificial workload:

- The ability to activate a well defined set of operating system functions. During our first experiments we wanted to observe only the basic functions of the operating system: task dispatching, I/O processing and inter-task communication. In a second set of experiments we wanted to activate other operating system functions like paging, swapping and virtual memory management.

- The ability to reconfigure the work load quickly for various processor speeds and I/O device configurations. This would be an allmost impossible goal when using a real workload.

- The ability to observe the operating system under test from the point of view of the application program and collect measurement data.

The next problem was to decide how the artificial workload should look like. We assume that in a commercial environment and on fast processors - as envisioned for the next decade - an important use for MVS would be as a base for running DB/DC software. This assumption is backed-up by the observation that already today the commercial users of high-speed processors are extensively using DB/DC software.

As a consequence we had to ask ourselves how could a DB/DC system possibly look like in the future. Requirements and problems of data base systems being pretty well known in the meantime, we concluded that a DB/DC system will always be organized as a set of communicating sequential processes set up in multiple address spaces for protection and using some locking or serializing scheme for organizing the access to serially reusable resources such as buffers and specific data records.

We also assumed that data will be stored on non-temporary storage like todays electromagnetic disks and drums and that the speed of this type of devices will not increase as dramatically as the speed of electronic devices used for processors and main memories. The consequence of this assumption is that the level of multiprogramming will increase substantially. Based on these considerations we designed a "DB/DC Prototype" as shown in fig.2.

4.1 Description of the DB/DC Prototype

The structure of the DB/DC Prototype is similar to the structure of IBM's Information Management System IMS/VS. It consists of several comunicating programs running in distinct address spaces (see figure 2)

For the comunication between the address spaces the standard MVS facilities have been used. Event Control Blocks (ECB's) and data are placed in the Common Service Area (CSA) /8/ which is an address range common for all virtual address spaces of MVS. Synchronisation is achieved with the help of the "Cross Memory Post" and the "Wait" macros operating on the Event Control Blocks.

The first program called "DRIVER" handles the startup and initialisation of the DB/DC Prototype, generates user terminal input and collects data about the operating system as seen from the user's point of view. The DRIVER communicates with the Virtual Machine Emulator by using a special System /370 instruction called "Diagnose" and sets the performance characteristics for the simulated CPU and Direct Acces Storage Devices. Optionally it starts the special trace facility.

The second program called "VLSVTAM" provides the function of the Teleprocessing Access Method. It transmits the transaction between the DRIVER and VLSIMS with the help of a set of subtasks operating in the same address space.

The third program, "VLSIMS", simulates the function of the IMS/VS Control Region. It receives the transactions from VLSVTAM and tries to find a free Message Processing Program (MPP) address space for scheduling the corresponding application programs. The application programs executing in the MPP address spaces generate data base requests and pass them to the Control Region (VLSIMS) where they are handled by a set of subtasks called DLISUBT and transformed into real input/output operations. The goal of this design is overlapped processing in the Control Region and is similar to the technique used in IMS/VS for handling data base requests called "Paralell DL/I".

To simulate the large number of Direct Access Storage Devices (DASD) required for a fast processor the "Minidisk" facility of VM/370 /7/ has been used. The I/O requests generated by the DB/DC Prototype result in real input/output operations on the artificial data base.

Finally, there are the Message Processing Programs (MPPs) which represent the user application programs running in individual address spaces as it is the case in a real DB/DC system. The number of Message Processing Program address spaces is variable and determines the level of multiprogramming in the system. In the DB/DC Prototype a set of distinct application programs are defined via input parameters calles "MPP Profiles". The application programs generate data base requests (Get, Get-hold, Rewrite) and present them to the Control Region.

5. PREPARING THE OPERATING SYSTEM

The operating system we used for our first experiments was an IBM MVS/SE2 rel 3.8. The system was practically unmodified. Some minor modifications were necessary due to the fact that the developers did not anticipate processors of such a high performance as we were able to simulate.

There are some time-dependent routines in MVS in the area of resource management and paging algorithms. We had to modify the constants and tables used by these routines to set up their time slices based on the CPU model number and re-establish the correct relationship between the event driven and the timer driven routines.

Another problem was related to the very high levels of multiprogramming reached during some of our experiments. Some system algorithms use cell pools for obtaining quickly main storage for the control blocks to be created dynamically. If the cell pools are too small the system is able to recover correctly from this situation, but certain additional actions are performed like allocating additional cell pools and extending the System Queue Area (SQA, /8/). These additional actions tend to distort the measurements, so we had to increase the initial size of the cell pools and of the SQA.

Tuning MVS was not a major problem during our first experiments. As the DB/DC Prototype requires (like IMS) non-swapable address spaces, the Resource Manager parameters were easy to set up. The balance of load on the various direct access devices which is very cumbersome under real workload was no problem with the DB/DC Protoype.

6. EXPERIENCE AND SOME RESULTS OBTAINED WITH THE TEST BED

As mentioned above, first experiments aimed at finding the behaviour of the MVS/SE operating system for running large DB/DC systems on fast processors. For this purpose consecutive runs were made with increasing processor speed. For each run the number of Direct Access Storage Devices was adjusted so that input/output operations would not appear as a bottleneck. The performance of the individual direct access devices was kept constant and comparable to today's IBM 3330 disk drives. Swapping was eliminated completelly and paging was low, so that no unoverlapped paging occured.

For each processor speed we tuned the DB/DC Prototype by varying the number of Message Processing Program (MPP) address spaces until the maximum throughput for a given response time was achieved. Measurements were made for the "tuned" case only.

The addressing range of 16 megabytes proved to be too low for the real storage of fast CPUs and would have been a serious limitation for experiments with a "real" workload. We were able to bypass this problem by writing reenterant code and loading our modules into the Link Pack Area of MVS so that only one copy of the executable code existed, no matter how many address spaces were started.

The simulation of fast processors takes much time. If we consider that the hardware available is an IBM 370/158 which runs at about .98 MIPS with our instruction mix (and even slower with the PER option turned on), the intervals of time we are able to simulate in a night run is in the order of magnitude of 30 seconds for processors in the 50-60 MIPS range.

Given the time limitation, it was a major problem to obtain a steady state in our transaction driven system. It turned out that even with a working set fitting into real storage, high paging activity was caused by the replacement of the working set which occurs in the starting phase of the run. The paging devices (in our case IBM 3330 disk drives) appear very slow for a fast CPU, so the paging operations seem to be very sluggish.

To overcome this difficulty we did the following:
- Define an initial phase of the run before any measurement starts. We convened to take the average terminal think time as the length of time for this phase. Though a really steady state is not achieved after this time interval, it is an approximation acceptable for our purpose.
- During this phase define the paging devices as extremly fast drums.
- After the end of the initial phase redefine the paging devices to their correct performance values and start the measurement and trace activity. To do this, the DB/DC Prototype communicates with the VM-Emulator via "Diagnose" instructions.
- After the end of the measurement phase redefine the paging devices again as "fast" devices and allow the system to complete the data collection and output.

Using this concept we were able to eliminate the paging related to working set replacement from the measurement phase.

So far measurements have been made to determine the increase of system overhead on increasing processor speeds. We were able to determine the variation of the path length of MVS modules and components as a function of the level of multiprogramming, which in turn is a function of processor speed.

7. CONCLUSIONS AND FURTHER RESEARCH:

The experiments described above have proved that the test bed can be used for evaluating and predicting the performance of a real-life operating system. The activity of individual components has been observed and evaluated in detail even for hardware which does not exist.

The major applications of the test bed are in the operating system research area. It permits the evaluation of new algorithms and architecture changes and helps finding the limits for the efficiency of an algorithm. Other applications could be the analysis of problems related to tuning or to the interaction between an application program and the operating system.

The development of the test bed is continuing. A new series of measurements is being implemented for evaluating operating system functions related to the management of real and virtual memory. There are plans to use the trace facility for a graphical representation of the internal processing of an operating system. The test bed will take advantage of new features becoming available for the Virtual Machine Emulator, like multiprocessing support.

Acknowledgements

H. Eberle and K. F. Finkemeyer collaborated with the autors at the implementation of the test bed. Thanks are due to H. Schmutz for valuable technical discussions.

8. REFERENCES

1. Canon M.D. et al. A Virtual Machine Emulator for Performance Evaluation, Communications of the ACM, February 1980, Vol. 23, No.2.

2. Erbe R. et al. Integrated Data Analysis and Management, APL 80, International Conference on APL, North-Holland Publishing Company, Amsterdam 1980.

3. Rodriguez-Rossel J. and Hildebrand D. A Framework for Evaluation of Data Base Systems, Proc. of ACM European Chapters International Computing Symposium 1975.

4. MVS: Initialisation and Tuning Guide. No.GC28-0681, IBM Systems Reference Library, May 1979.

5. MVS: Resource Measurement Facility (RMF). No.GC28-0922, IBM Systems Refence Library, Sept 1978.

6. MVS: Service Aids, No.GC28-0674, IBM System Reference Library, June 1978.

7. IBM Virtual Machine Facility/370: Introduction, No.GC20-1800, IBM System Reference Library, Dec 1977.

8. MVS: Overview, No.GC28-0984, IBM System Reference Library, June 1978.

9. IBM System /370: Principles of Operation, No.GA22-7000, IBM System Reference Library, March 1980.

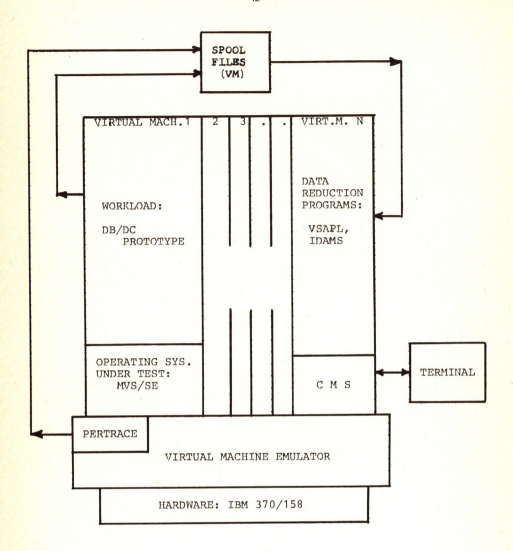

FIGURE 1: OVERVIEW

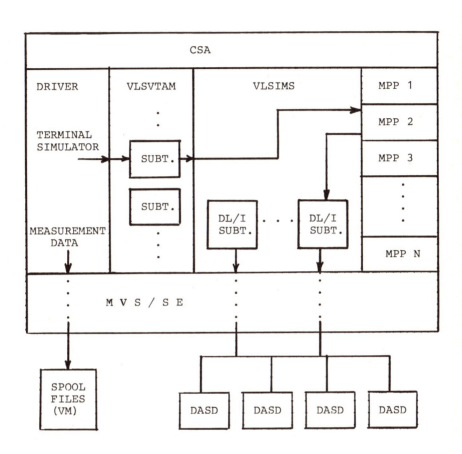

FIGURE 2: THE DB/DC PROTOTYPE

Mikroprogrammiertes Messen an Rechenanlagen
-Ein Überblick mit besonderer Berücksichtigung
eines Firmwaremonitors für die SIEMENS 7.760 -

Harald Andresen und Joachim Flöthe
Institut für Informatik
und Praktische Mathematik
Christian-Albrechts-Universität Kiel

Zusammenfassung

Hardware- und Softwaremonitore sind bei der Messung von Rechensystemen seit langem im Einsatz. Mit dem Aufkommen mikroprogrammierter Rechner und ladbarer Mikroprogrammspeicher nimmt das Interesse an ganz oder teilweise in Microcode implementierten Meßwerkzeugen zu. Die Vorteile solcher Firmwaremonitore sind Flexibilität, Schnelligkeit und unbeschränkter Zugriff zu allen Daten im Rechner. Wir beschreiben einige Ansätze auf diesem Gebiet. Den größten Raum nimmt dabei die Vorstellung eines Firmwaremonitors zur Messung von Befehlsstatistiken an einer SIEMENS 7.760 ein, der an der Universität Kiel entwickelt wurde.

1 Einleitung

Zum Messen von Rechensystemen werden seit langem Hardware- und Softwaremonitore eingesetzt, die wegen ihrer spezifischen Vor- und Nachteile für unterschiedliche Fragestellungen unterschiedlich gut geeignet sind. Hardwaremonitore sind externe Geräte, die mit mehr oder weniger Intelligenz ausgestattet sind. Die Datenerfassung erfolgt über Meßsonden, die an den Rechner angeschlossen werden. Hardwaremonitore sind systemunabhängig und auch an peripheren Geräten einsetzbar. Sie erzeugen weder Overhead noch Verzerrung und ermöglichen simultanes Aufzeichnen verschiedener Aktivitäten. Der Einsatzbereich ist beschränkt, die Zahl der unterschiedlichen Ereignisse, die erfaßt werden können, gering. Softwaremonitore sind Programmsysteme, welche in das Betriebssystem integriert werden. Die Daten werden durch Auslesen von Tabellen, aus dem Programmstatuswort etc. gewonnen. Softwaremonitore sind ein flexibles Werkzeug zur Erfassung von Systemaktivitäten. Es können theoretisch beliebig viele unterschiedliche Ereignisse gemessen werden. Die Nachteile der Softwaremonitore liegen in der Systemabhängigkeit, der Verzerrung des Ergebnisses sowie dem oft erheblichen Meßoverhead. Eine Literaturübersicht über Hardware- und Softwaremonitore findet man in [SVOBODOVA 76].

Seit geraumer Zeit gibt es Firmwaremonitore, d.h. Meßsysteme, die ganz oder teilweise in Microcode implementiert sind. Neben einigen konkreten Realisierungen werden wir in dieser Arbeit einige Vor- und Nachteile von Firmwaremonitoren aufzeigen.

2 Einige Anmerkungen zum Begriff Firmware

Der Begriff "Firmware" wurde 1967 von A.Opler wie folgt definiert: "Firmware bezeichnet die Menge der Mikroprogramme, die im Kontrollspeicher eines Computers residieren und das logische Design des Rechners für eine Aufgabe spezialisieren" [OPLER 67]. Der heutige Gebrauch des Begriffs ist allgemeiner; Firmware bezeichnet meistens die Menge der Mikroprogramme in einem Rechner. Betrachtet man das Schichtenmodell eines Rechners, so bildet die Firmware die Schicht zwischen Hardware und Software.

Traditionell diente die Firmware zur Implementierung von Instruktionssätzen auf einer Hardware. Bei Aufruf eines so realisierten Maschinenbefehls läuft ein Mikroprogramm ab, welches die Funktionen des Maschinenbefehls ausführt. Dem Hersteller bietet sich die Möglichkeit, gleiche Instruktionssätze auf unterschiedlicher Hardware zu realisieren (Systemfamilie). Andererseits können auf derselben Hardware unterschiedliche Architekturen nachgebildet werden (Emulation).

Mittlerweile hat sich die Bedeutung von Firmware über ihre ursprüngliche Aufgabenstellung hinaus ausgeweitet. Dies dokumentieren auch drei Fachtagungen, die zu diesem Thema seit 1978 im deutschsprachigen Raum veranstaltet wurden [BERG 79, GILOI 80, CHROUST/MÜHLBACHER 80]. So wird Firmware in zunehmendem Maße eingesetzt, um Rechner an eine Problemstellung anzupassen, indem wichtige Funktionen in die Firmware verlagert werden ("vertical migration"). Diese Entwicklung wird durch das Aufkommen ladbarer Mikroprogrammspeicher begünstigt, die im Gegensatz zu den bisher üblichen Festwertspeichern einen leichten Austausch der Mikroprogramme ermöglichen. Mikroprogramme sind dadurch ähnlich flexibel wie Softwareprogramme. Sie bieten programmierten und schnellen Zugriff auf alle Daten im Rechner sowie auf Hardwareressourcen, die für Maschinenbefehle nicht erreichbar sind. Sie sind daher zur Implementierung von Meßwerkzeugen gut geeignet.

3 Bisherige Arbeiten auf dem Gebiet Firmwaremonitoring

Bereits frühzeitig wurde erkannt, daß ein Firmwaremonitor den üblichen Hardware- oder Softwaremonitoren in vielen Anwendungen überlegen ist. So beschreiben Saal und Shustek ein mikroprogrammiertes Meßsystem als flexibles, kostengünstiges, verläßliches und schnelles Instrument für das Messen von Leistungscharakteristika einer Rechenanlage [SAAL/SHUSTEK 72]. Unseres Wissens ist dies die erste Veröffentlichung, die grundsätzliche Aspekte des Firmwaremonitorings erörtert und in der auch eine Implementierung vorgestellt wird. Bei diesem Thema ist allerdings anzunehmen, daß eine Reihe von Forschungsergebnissen von Herstellerfirmen nicht veröffentlicht worden sind. Saal und Shustek beschreiben eine Implementierung auf einer IC7000, bei der sie zwei unterschiedliche Ansätze zum Ermitteln von Daten verfolgen, das mikroprogrammierte Erstellen eines Trace-Bandes (Ablaufverfolger) und das Akkumulieren unterschiedlicher

Ereignisse in einem Zählerbereich im Speicher.

Beim Erstellen eines Trace-Bandes, siehe auch [HALBACH 71], ist zu beachten, daß das fortwährende Ausgeben von Befehlsprotokollen nicht nur ein E/A-Gerät - meist ein Magnetband - für andere Anwendungen blockiert, sondern auch das Systemverhalten erheblich verändern kann. Beim Akkumulieren von Ereignissen im Speicher ist zu fragen, wieviele Seiten des Arbeitsspeichers man dem System ohne allzu große Störung entziehen kann. Der durch die zusätzlich auszuführenden Mikroprogrammschritte entstehende Leistungsverlust muß in beiden Fällen berücksichtigt werden.

Mehrere Autoren beschreiben Firmwaremonitore für den Rechner HP2100. Karlgaard setzt ein mikroprogrammiertes Trace-System als Grundlage für "heuristisches Tuning" ein [KARLGAARD 74]. Ma und Wear werten die dynamische Häufigkeit von Maschinenbefehlen aus [MA/WEAR 74]. Barnes und Wear beschreiben einen mikroprogrammierten Ablaufverfolger als Testhilfe bei der Entwicklung von Systemprogrammen [BARNES/WEAR 74].

DeBlasi et al. messen mit einem Firmwaremonitor das Profil von Programmen. Dabei setzen sie einen in der Hardware vorhandenen Zähler ein, um durch Sampling einen geringeren Leistungsverlust zu erreichen [DeBLASI et al. 77].

Partridge und Card [PARTRIDGE/CARD 74] beschreiben den Rechner Hughes SSP, der über ein "performance evaluation interface" verfügt. Dieses kann durch Mikroprogramme mit beliebigen Informationen versorgt werden, die von einem Hardwaremonitor abgegriffen und weiter verarbeitet werden. Hier handelt es sich also um eine Mischform aus Firmware und Hardwaremonitor.

Denny beschreibt das Meßsystem für die Rechnersysteme B1700 und B1800 von Burroughs [DENNY 75 und 77]. Bei diesen Rechnern existiert ein auf jeder Sprachebene - höhere Sprache, S-Sprache, Mikro-Sprache - programmierbarer Befehl MONITOR, dessen 8-bit-Operand auf einen externen Hardwaremonitor ausgegeben werden kann. Dort können die maximal 256 unterschiedlichen Ereignisse registriert und weiterverarbeitet werden. Wie auch das System, welches Partridge und Card beschreiben, muß die B1700 als Grenzfall des Firmwaremonitorings angesehen werden; Denny selbst spricht von einem "hybriden Hardware/Software Ansatz". Weiterhin muß beachtet werden, daß die Maximalzahl von 256 unterschiedlichen "Roh"-Ereignissen die Anwendbarkeit dieses Monitors einschränkt. An der Universität Karlsruhe wurde eine verbesserte Fassung dieses Systems mit Erfolg eingesetzt, um besonders häufig benutzte Programmteile zu ermitteln. Diese waren erste Kandidaten für eine Optimierung durch vertikale Verlagerung [ALBRICH 79 u. 80, GAUGER 77, MEINKE 79, KESSLER et al. 80].

Prechtl und Schneider beschreiben einen Firmwaremonitor, mit dem auf dem Rechner SIEMENS 7.740 für ein hypothetisches Befehlsfließband mit variabler Stufenzahl die Häufigkeit unterschiedlicher leistungshemmender Fließbandkonflikte gemessen wird. Durch einige Änderungen der Hardware sowie durch den enormen Leistungsverlust, der zu etwa 25-fachen Laufzeiten führte, bleibt der Einsatz jedoch auf Forschungslabors beschränkt. Ähnliches gilt für einen Firmwaremonitor zur Ermittlung von Befehlsstatistiken [SCHNEIDER 77, PRECHTL/SCHNEIDER 78].

Armbruster beschreibt einen Firmwaremonitor, mit dem das Profil von Programmen gemessen werden kann. Er nutzt aus, daß bei der IBM/370 in Abständen von 3.33 ms ein Intervallzeitgeber aktualisiert werden muß. In die entsprechende Mikroroutine wird ein Meßprogramm eingeschoben, das den Befehlszähler auswertet und die zugehörigen Zähler im Hauptspeicher verwaltet. Es entsteht auch praktisch kein Leistungsverlust. Prinzipiell können auch andere Ereignisse als das Vorkommen bestimmter Befehlsadressen erfaßt werden [ARMBRUSTER 79].

Auf einer Rechenanlage des Systems IBM/370 wird an der Universität Linz Firmwaremonitoring eingesetzt, um den Einfluß verschiedener Programmiertechniken auf das Seitenwechselverhalten des Rechners zu beobachten. Hierbei handelt es sich um ein ereignisgesteuertes Meßsystem, bei dem beim Einsprung in die mikroprogrammierte Unterbrechungsbehandlung für Seitenfehler ein zusätzliches Meßmikroprogramm eingefügt wird [CHROUST et al. 80].

In allen genannten Arbeiten wird recht einhellig die Auffassung vertreten, daß ein Firmwaremonitor für die gegebenen Aufgabenstellungen die beste Meßmethode darstellt. Der Anschluß eines Hardwaremonitors wäre in den meisten Fällen erheblich komplizierter gewesen, abgesehen von den Messungen an den Rechnern von Burroughs, wo der Hardwaremonitor durch den programmierbaren Befehl MONITOR gezielt angesprochen werden kann. Der Einsatz eines Softwaremonitors hätte in allen Fällen zu einer wesentlich größeren Leistungseinbuße geführt. In einigen Fällen wäre der Einsatz eines Softwaremonitors sogar ausgeschlossen, da die Möglichkeiten des interpretativen Ausführens von Programmen beschränkt sind.

4 Der Firmwaremonitor für die SIEMENS 7.760

Im Rahmen eines Forschungsprojekts arbeiten wir an der Universität Kiel seit Mitte 1979 an der Entwicklung eines Firmwaremonitorsystems für die SIEMENS 7.760 (FWM 7.760) [ANDRESEN/FLÖTHE 80]. Es handelt sich dabei um eine Kooperation mit der SIEMENS AG, die vom BMFT gefördert wird (Förderkennzeichen 081 2106).

Maschinenbefehle werden auf der SIEMENS 7.760 von zwei parallelen Prozessoren, dem Befehlsaufbereitungsprozessor und dem Befehlsausführungsprozessor, bearbeitet (siehe Abbildung 1). Jeder Maschinenbefehl ist durch ein Mikroprogramm realisiert. Die erste Mikroinstruktion, die der Ausführungsprozessor ausführen soll, wird mit Hilfe des Operationscodes aus einer Sprungtabelle ausgewählt. Danach läuft das befehlsspezifische Mikroprogramm ab.

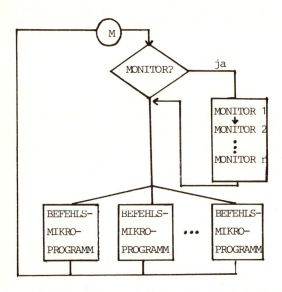

Abbildung 1: Vereinfachter Maschinenbefehlszyklus. Zum Zeitpunkt M stehen alle Befehlsdaten (Opcode, Speicheroperandenadressen, Registeroperanden) zur Verfügung. Alle Interrupts sind behandelt.

Im normalen Fall wird die Vorbereitung eines Befehls parallel zur Ausführung des Vorgängers durchgeführt. Wenn der Monitormodus eingeschaltet ist, wird zu einer festen Adresse im Mikroprogrammspeicher verzweigt, bei der ein Monitormikroprogramm beginnt. Dieses kann auf alle den Befehl betreffenden Daten und die Umgebungsdaten unbeschränkt zugreifen; an seinem Ende steht ein spezieller Sprungbefehl, der ein normales Weiterarbeiten, beginnend mit der Sprungtabelleninstruktion, einleitet.

Im Rahmen unseres Projekts haben wir bisher Monitore zur Ermittlung von Befehlsstatistiken entwickelt. Wichtigste Forderung an das Meßsystem ist eine möglichst geringe Leistungseinbuße. Um den Einsatz beim Kunden zu ermöglichen, darf sie 20 % nicht überschreiten, soll aber nach Möglichkeit deutlich darunter liegen. Das System hat eine modulare Struktur, die ein beliebiges Verbinden der Einzelmonitore zu einem Gesamtmonitor erlaubt. Dieser Bindevorgang erfolgt parametergesteuert bei der Aktivierung des Monitors.

Die geforderte Höchstbelastung von 20 % kann nur durch das Messen von Stichproben erreicht werden, dies wird durch eine geringfügig modifizierte CPU-Baugruppe unterstützt. An ihr sind die Stichprobenrate r und die Stichprobenweite w einstellbar. Nach der Ausführung von r - w Befehlen werden dann w aufeinanderfolgende Befehle gemessen. Für die Rate sind die Werte 1,8,16,...,2048, für die Weite die Werte 1,2,4,8,16 einstellbar. Es können somit auch Ereignisse erfaßt werden, die mehrere aufeinanderfolgende Befehle betreffen, wie z.B. das Auftreten von Fließbandkonflikten.

Vergleichende Untersuchungen haben ergeben, daß die Befehlsstatistiken, die durch vollständige Überwachung und durch Stichprobenerhebung mit der Rate 1024 und der Weite 1 ermittelt wurden, bereits bei einer Gesamtzahl von ca. 2 Millionen ausgeführten Befehlen keine statistisch signifikanten Unterschiede aufwiesen. Die Genauigkeit der Messungen wird durch das Sampling also kaum beeinträchtigt. Andererseits läßt sich durch die Sampling-Methode der Leistungsverlust weit unter die 20 % Grenze drücken. So ist z.B. für einen unserer Monitore (Ermittlung einer einfachen Befehlsstatistik) der Overhead bei der Erfassung jedes 128-ten Befehls nicht mehr signifikant! Folgende Tabelle zeigt die Leistungseinbußen durch Einsatz der Monitore SIM, DET, DIV, LEN (s.u.) bei der Übersetzung eines Pascalprogramms:

r	w	CPU-Zeit	Overhead
0	0	10.178 s	0 %
1	1	93.076 s	814 %
32	1	12.754 s	25,3 %
1024	16	11.608 s	14 %
1024	2	10.347 s	1,6 %

Im einzelnen besteht der FWM 7.760 aus folgenden Teilmonitoren:

SIM   Einfache Opcodestatistik.

DET   Detaillierte Befehlsstatistik. Abhängig vom Befehlsformat wird eine sehr umfangreiche Statistik erstellt. Alle Daten werden abhängig vom Prozessorzustand ermittelt.

Im einzelnen:

- Opcodestatistik
- mittlere Operandenlänge von Speicheroperanden
- Überlappung von Speicheroperanden
- Durchschnittliche Anzahl benutzter Register
- Ausnutzung der indizierten Adressierung
- Anteil erfüllter und nicht erfüllter Sprungbedingungen
- Benutzung trivialer Sprungbedingungen
    (springe immer / springe nie)
- Statistik der Subfunktionen

LEN   Ermittlung der Längen von Speicheroperanden.

DIV   Ermittlung der Anzahl führender Nullen der Operanden von Festpunkt-Divisionsbefehlen.

JDIST   Ermittlung der Anzahl von Befehlen, die zwischen zwei Sprungbefehlen ausgeführt werden.

JSUC Registrierung der Nachfolger von Sprungbefehlen.
PIP   Registrierung von Konflikten, die an einem 5-stufigen
      Befehlsfließband auftreten.
UNIT Registrierung von Registerkonflikten, die bei einer Befehlsverarbeitung
      in verschiedenen Ausführungswerken (Gleitpunktwerk, Festpunktwerk,
      Sprungwerk etc.) auftreten.
PSC   Registrierung von Zustandswechseln des Prozessors und deren Ursachen.
ATM   Messung der Auslastung des "address translation memory" für die Übersetzung virtueller in reale Adressen.

Zum FWM 7.760 gehören neben den Monitormikroprogrammen zwei Softwareprogramme, die die Benutzerschnittstelle bilden. Ein Verwaltungsprogramm stellt die Zählerbereiche bereit, kombiniert den Gesamtmonitor gemäß Parameterangaben und aktiviert ihn. Nach der Deaktivierung - sie erfolgt von der Konsole aus - werden die Ergebnisse auf eine Datei ausgegeben. Das zweite Programm bereitet diese Ergebnisse zum Druck auf. Das gesamte Monitorsystem ist sowohl unter BS1000 als auch unter BS2000 ablauffähig.

Der FWM 7.760 wird von der Firma SIEMENS im eigenen Rechenzentrum und bei Kunden eingesetzt. Die Ergebnisse der Messungen fließen in die Prozessorentwicklung ein. Bisher wurden folgende Ergebnisse erzielt:

* Es lohnt sich, SS-Befehle mit kurzen Operanden durch eine
  Sonderbehandlung zu unterstützen.
* Programmzustandsspezifische Tabellen, die die Übersetzung virtueller
  in reale Adressen unterstützen, brauchen nicht ständig im Prozessor
  gespeichert zu werden. Zustandswechsel erfolgen selten genug, so daß
  ein Umladen dieser Tabellen bei jedem Zustandswechsel vertretbar ist.
* Bisherige Annahmen bzw. Ergebnisse über die Häufigkeitsverteilung
  der Befehle wurden weitgehend bestätigt.
* Für einige bekannte Sonderfälle ergab sich, daß sie eher die Regel
  bilden:
  - XC (XOR Character) mit gleichen Adressen wird zum Löschen
    von Speicherfeldern benutzt.
  - BCTR (Branch and Count, RR-Format) mit Adreßregister 0 wird
    benutzt, um ein Register zu dekrementieren.
  - OC (OR Character) mit gleichen Adressen dient zum Abfragen
    eines Speicherfeldes auf den Wert 0.
  * Einige Ungereimtheiten:
    - MVC (Move Character) kommt mit gleichen Adressen vor.
    - LM/STM (Load/Store Multiple Registers) werden benutzt, um ein (!)
      Register zu laden bzw. zu speichern.

Einige Meßergebnisse, die am Rechenzentrum der Universität Kiel gewonnen wurden, findet man im Anhang.

5 Weitere Einsatzbereiche für Firmwaremonitore

Die bisher von uns implementierten Monitore erfassen alle rechnenden Prozesse gleichermaßen; d.h. prozeßspezifische Messungen sind nicht möglich. Für viele Fragestellungen ist es aber interessant, prozeßspezifisch zu messen, etwa, wenn man Befehlsstatistiken für einen speziellen Compiler anfertigen will, wenn man sich für bestimmte Aktivitäten des Betriebssystems interessiert oder die Lokalität von Programmen bzw. Betriebssystemmoduln messen möchte. Firmwaremonitore können prinzipiell alle Daten im Rechner erreichen; will man die Messung auf einzelne Prozesse beschränken, so erhöht sich allerdings die Komplexität der Zugriffe, wodurch die Vorteile des Firmwaremonitorings gegenüber anderen Methoden etwas abgeschwächt werden. Für prozeßspezifisches Firmwaremonitoring gibt es folgende Möglichkeiten:

5.1 Vergleich der Prozeßnummern

Am Beginn des Monitorprogramms wird die aktuelle interne Prozeßnummer mit einem Parameter verglichen. Falls für diesen Prozeß nicht gemessen werden soll, verzweigt das Mikroprogramm zurück zur Befehlsausführung, andernfalls wird die Messung vorgenommen. Diese Methode hat den Nachteil, daß alle Prozesse mit einem gewissen Overhead belastet werden. Dieser würde bei Messung jedes Befehls 100 % betragen.

5.2 Monitoraktivierung durch Scheduler

Der Monitor wird nicht von der Konsole aus aktiviert. Diese Aufgabe übernimmt der Scheduler. Für alle zu überwachenden Prozesse schaltet er den Monitormodus ein, für alle anderen Prozesse schaltet er ihn aus. Diese Methode erzeugt einen geringeren Overhead, der in diesem Falle auch nur den gemessenen Prozessen zukommt. Es sind allerdings Eingriffe in das Betriebssystem nötig und es ergibt sich eine gewisse Unschärfe, da die Aktivitäten des Betriebssystems zwischen Deaktivierung des einen und Aktivierung des nächsten Prozesses zwangsläufig mitgemessen werden.

5.3 Ereignisgesteuertes Messen

Eine dritte Möglichkeit bietet die ereignisgesteuerte Messung. Hierzu muß ein Befehl bereitgestellt werden, der den Aufruf von Monitormikroprogrammen ermöglicht. Solche Befehle können dann an beliebiger Stelle in das zu überwachende Programm eingefügt werden. (Beispiel: MONITOR-Befehl bei Burroughs [ALBRICH 79, DENNY 75]).

Alle beschriebenen Wege erscheinen uns gangbar. Wir werden uns in Zukunft mit prozeßspezifischen Firmwaremonitoring beschäftigen, z.B. um Lokalität im BS2000 zu messen. Trotz der etwas komplizierteren Datenauswahl sind auch für prozeßspezifische Messungen, gerade bei Kundeninstallationen, Firmwaremonitore eine interessante Alternative zu herkömmlichen Meßwerkzeugen.

6 Vergleich von Firmwaremonitoren mit Hardware- und Softwaremonitoren

6.1 Einsatzbereich

Der Einsatzbereich von Firmwaremonitoren ist zwischen dem von Hardwaremonitoren und Softwaremonitoren anzusiedeln. Firmwaremonitore können sehr viele hardwarenahe Daten erfassen, auf die man mit herkömmlichen Maschinenbefehlen keinen Zugriff hat. Auch das Auslesen von Systemtabellen etc. ist möglich, besonders dann, wenn diese speicherresident verwaltet werden. Firmwaremonitore sind wie Softwaremonitore systemabhängig.

6.2 Flexibilität, Bedienungsfreundlichkeit

Firmwaremonitore sind meistens in eine Software-Umgebung eingebettet und daher in der Regel einfach zu bedienen. Falls der Rechner über einen ladbaren Mikroprogrammspeicher verfügt, bereitet auch die Installation eines Firmwaremonitors keine Schwierigkeiten. Hier liegt sicher ein Nachteil von Hardwaremonitoren. Ladbare Mikroprogrammspeicher ermöglichen ebenfalls ein einfaches Ändern der Meßprogramme und ein Anpassen an neue Aufgaben. Die Programmierung von Firmwaremonitoren bereitet zum Teil noch Schwierigkeiten, da Hilfsmittel zur Produktion von Microcode oft noch nicht in ausreichendem Maße zur Verfügung stehen.

6.3 Leistungseinbußen, Verzerrung des Ergebnisses

Hardwaremonitore haben in der Regel keinen Einfluß auf die Leistung des überwachten Systems. Ebensowenig wird das Meßergebnis durch die Messung beeinflußt. Bei manchen Anwendungen kann es jedoch sehr schwierig sein, aus den zur Verfügung stehenden Signalen Rückschlüsse auf die Ereignisse zu ziehen, an denen man eigentlich interessiert ist. Bei Softwaremonitoren treten Leistungseinbußen auf. Sie lassen sich nur durch Sampling in einem vertretbaren Rahmen halten. Dadurch, daß der Monitor mit den anderen Prozessen um Betriebsmittel konkurriert (Speicher, Platte, Magnetband), kann eine erhebliche Verzerrung des Meßergebnisses erfolgen. Bei den bisherigen Firmwaremonitoren treten ebenfalls Leistungsverluste auf, so daß zumindest bei komplizierteren Messungen Sampling erforderlich wird. Dieses Problem kann gemildert werden, indem man eine schnellere Monitoraktivierung und zusätzliche Register für einen Firmwaremonitor zur Verfügung stellt. Auch beim Firmwaremonitoring kommt es zu Verzerrungen der Ergebnisse, allerdings in kleinerem Umfang als dies bei Softwaremonitoren mit ähnlicher Aufgabenstellung möglich ist. So beanspruchen die Zählerbereiche FWM 7.760 residenten Speicherbereich, der damit dem System nicht mehr zur Verfügung steht. Die Zentraleinheit wird bei eingeschaltetem Monitormodus langsamer, wodurch das sorgsam ausbalancierte System von Zeitscheiben und Mikrozeitscheiben gestört wird. Weiterhin kann die Tatsache, daß die CPU im Verhältnis zu den E/A-Geräten langsamer wird, das Meßergebnis verzerren.

7 Schlußbemerkungen

Firmwaremonitoring bietet sich als Ergänzung der Meßmethoden für Rechensysteme an. Die Anwendung setzt neben der Mikroprogrammierbarkeit auch eine gewisse Unterstützung durch die Hardware voraus, wie es sie z.B. an der SIEMENS 7.760 gibt. Gute Chancen hat sicher eine Mischform aus Firmware- und Softwaremonitor. Dabei könnten zeitkritische Aufgaben eines Softwaremonitors durch Mikroprogramme übernommen werden. Ebenso kann ein Softwaremonitor durch den Aufruf von Firmwareroutinen Zugriff zu bisher unerrreichbaren Daten erlangen. Auch eine Mischung aus Firmware- und Hardwaremonitor erscheint sinnvoll, wie die oben genannten Beispiele zeigen [PARTRIDGE/CARD 74, DENNY 75]. Noch ist die Erstellung von Firmwaremonitoren komplizierter und aufwendiger als die von Softwaremonitoren. Dies hat hauptsächlich seine Ursache im Fehlen geeigneter Hilfsmittel zur Produktion und Verifikation von Microcode wie z.B. höhere Mikroprogrammiersprachen, Simulatoren usw. Die Entwicklung der Disziplin "Firmware Engineering" [BERG et al. 79, GILOI 80] die sich ähnlich wie das Software Engineering unter anderem mit der Bereitstellung von Hilfsmitteln und Methoden für die Mikroprogrammerstellung befaßt, wird auch zur Konsequenz haben, daß die Vorteile des Firmwaremonitorings mehr genutzt werden.

8 Literatur

ALBRICH 79
    P. Albrich: Verlagerung von Betriebssystemfunktionen in Mikroprogramme
    -- Voraussetzungen, Kriterien und Entscheidungshilfen --;
    in: [BERG 79], S. 23 - 39.

ALBRICH 80
    P. Albrich: Vertikale Verlagerung -- Verfahren, Voraussetzungen, Anwendung;
    in: [GILOI 80], S. 242 - 272.

ANDRESEN/FLÖTHE 80
    H. Andresen and J. Flöthe: A Firmware Monitor for the SIEMENS 7.760
    -- an Intermediate Report --; Institut für Informatik, Universität Kiel,
    Bericht 3/80, Juni 1980.

ARMBRUSTER 79
    C.E. Armbruster: A Microcoded Tool to Sample the Software Instruction Address;
    in: ACM SIGMICRO Newsletter, Vol. 10 (Micro-12 Proceedings), S. 68 - 72, Dec.
    1979.

BARNES/WEAR 74
    D.H. Barnes and L.L. Wear: Instruction Tracing via Microprogramming ;
    in: ACM 7th Annual Workshop on Microprogramming (Preprints), S. 25 - 27,
    Oct. 1974.

BERG 79
    H.K. Berg (Hrsg.): Fachgespräch Mikroprogrammierung anläßlich der 8. Jahrestagung der GI in Berlin 1978, März 1979.

BERG et al. 79
    H.K. Berg, W.R. Franta, W.K. Giloi: Vorschlag einer Firmware Engineering
    Disziplin; in:[BERG 79], S. 40 - 92.

DeBLASI et al. 77
   M. deBlasi, N. Fanelli, G. Gianelli and G. Degli Antoni: PROFILE FINDER,
   a Firmware Instrument for Program Measurement; in: EUROMICRO, S. 27 - 33, 1977.

CHROUST et al. 80
   G. Chroust, A. Kreuzer, K. Stadler: A Microprogrammed Page Fault Monitor,
   Johannes Kepler Universität Linz, Informatik-Bericht SYSPRO 12/80, March 1980.

CHROUST/MÜHLBACHER 80
   G. Chroust and J. Mühlbacher (Hrsg.): IFIP Working Conference on Firmware,
   Microprogramming, and Restructurable Hardware, North Holland, Amsterdam 1980.

DENNY 75
   W.M. Denny: Micro-Programming Measurement Techniques for the Burroughs B1700;
   in: D. Siefkes (Hrsg.): GI 4. Jahrestagung, Berlin 1974, Lecture Notes in
   Computer Science Vol. 26, S. 453 - 462, 1975.

DENNY 77
   W.M. Denny: The Burroughs B1800 Microprogrammed Measurement System:
   A Hybrid Hardware/Software Approach, in: ACM SIGMICRO Newsletter, Vol. 8:3
   (MICRO-10 Proceedings), S. 66 - 70, Sept. 1977.

GAUGER 77
   R. Gauger: Systemanalyse mit Firmware Monitoring - am Beispiel Hauptspeicher-
   verwaltung der B1726, Diplomarbeit, Institut für Informatik, Universität
   Karlsruhe, 1977.

GILOI 80
   W.K. Giloi (Hrsg.): Firmware Engineering, Informatik Fachberichte Vol. 31,
   Springer Verlag, Berlin 1980.

HALBACH 71
   L.A. Halbach: Microprogrammed Tracing Method; in: IBM Technical Disclosure
   Bulletin, Vol. 14:7, S. 2164 - 2165, Dec. 1971.

KARLGAARD 74
   D.C. Karlgaard: The Heuristic Tuning of virtual Architectures for Global System
   Optimization; Dissertation, George Washington University, 1974.

KESSLER et al. 80
   K.O. Kessler, A. Lehmann, P. Meinke: Laufzeitoptimierung durch vertikale Ver-
   lagerung von Software-Funktionen im System Burroughs B1700; in: K.H. Hauer,
   C. Seeger (Hrsg.): Hardware für Software, Berichte des German Chapter of the
   ACM 6, Teubner Verlag, Stuttgart 1980.

MA/WEAR 74
   S.K.S. Ma and L.L. Wear: Dynamic Instruction Set Evaluation; in: ACM 7th Annual
   Workshop on Microprogramming (Preprints), S. 9 - 11, Sept. 1974.

MEINKE 79
   P. Meinke: Verlagerung von Softwarefunktionen in Mikroprogramme, Diplomarbeit,
   Institut für Informatik, Universität Karlsruhe, 1979.

PARTRIDGE/CARD 76
   D.R. Partridge and R.E. Card: Hardware Monitoring of Real-Time Aerospace
   Computer Systems. in: International Symposium on Computer Performance Modelling,
   Measurement and Evaluation, March 1976.

PRECHTL/SCHNEIDER 78
   H. Prechtl und A. Schneider: Firmware-Monitor zur Ermittlung von Hemmnissen
   bei der Fließbandverarbeitung; in: NTG Fachberichte 62, S. 94 - 102, VDE-Verlag,
   Berlin 1978.

SAAL/SHUSTEK 72
   H.J. Saal and L.J. Shustek: Microprogrammed Implementation of Computer Measurement
   Techniques; in: ACM 5th Annual Workshop on Microprogramming (Preprints), S. 42-48
   Sept. 1972.

SCHNEIDER 77
 A. Schneider: Entwicklung eines Meßsystems bestehend aus Firmware-Monitoren zur Ermittlung von Befehlsstatistiken und Fließbandkonflikten, Diplomarbeit, Institut für Datenverarbeitung, TU München, 1977.

SVOBODOVA 76
 L. Svobodova: Computer Performance Measurement and Evaluation Methods: Analysis and Application, Computer Design and Architecture Series 2, Elsevier Verlag, New York 1976.

9 Anhang

Befehlsverteilung, sortiert nach Häufigkeiten

Programmzustand P1

Befehl	Anteil (%)	kumuliert (%)
BC	16.91	16.91
L	14.89	31.81
ST	8.85	40.66
LA	7.49	48.16
BCR	4.43	52.60
LR	4.14	56.74
BALR	3.66	60.41
CLI	3.19	63.60
SR	2.92	66.52
LH	2.82	69.34
MVI	2.54	71.89
TM	2.39	74.28
C	2.37	76.66
A	2.34	79.01
MVC	1.67	80.68

Programmzustand P2

Befehl	Anteil (%)	kumuliert (%)
BC	24.40	24.40
L	9.05	33.45
LA	7.87	41.33
TM	5.85	47.18
LR	4.16	51.34
LTR	2.99	54.33
MVC	2.82	57.16
BCR	2.74	59.90
CLI	2.61	62.51
ST	2.60	65.12
CH	1.91	67.03
LH	1.74	68.78
CLR	1.49	70.28
C	1.46	71.74
CLC	1.45	73.19

Programmzustand P3

Befehl	Anteil (%)	kumuliert (%)
BC	22.48	22.48
L	13.40	35.89
TM	6.71	42.60
ST	5.46	48.07
BCR	3.33	51.41
LTR	3.19	54.60
MVC	2.91	57.52
LH	2.80	60.32
BALR	2.52	62.84
CLI	2.21	65.06
LA	2.07	67.12
LM	1.85	68.97
MVI	1.72	70.69
STC	1.68	72.38
STM	1.68	74.06

Programmzustand P1:
 Anwenderzustand

Programmzustand P2:
 Systemzustand, Dienstleistungen

Programmzustand P3:
 Systemzustand, Analyse von Unterbrechungen

Durchschnittliche Operandenlängen (in Byte)

logische SS-Befehle		dezimale SS-Befehle	
MVN	1.00	MVO	10.54
MVC	8.60	PACK	8.27
MVZ	1.00	UNPK	7.95
NC	1.66	ZAP	5.39
CLC	3.62	CP	3.78
OC	6.92	AP	6.12
XC	21.21	SP	4.90
TR	2.68	MP	8.53
TRT	67.61	DP	6.81
ED	7.92		
EDMK	12.10		

SS-Befehle sind Befehle mit zwei Speicheroperanden variabler Länge

Bedingte Sprungbefehle

Befehl	ausgeführt (%)	nicht ausgeführt (%)
BALR	69.41	30.58
BCTR	1.64	98.35
BCR	80.71	19.27
BCT	88.52	11.47
BC	59.19	40.79
BXH	81.23	18.76
BXLE	94.30	5.70

Indizierte Adressierung

Bei den Befehlen, bei denen indizierte Adressierung möglich ist, wurde dies nur in 6.87 % der Fälle ausgenutzt.

Operandenüberlappung bei logischen SS-Befehlen

Befehl	Operanden disjunkt (%)	Operanden identisch (%)	Operanden überlappt (%)
MVN	100.00	0.00	0.00
MVC	96.47	0.13	3.40
MVZ	100.00	0.00	0.00
NC	91.76	8.23	0.00
CLC	99.92	0.07	0.00
OC	28.94	71.05	0.00
XC	2.61	97.38	0.00

Erläuterung der Befehlsbezeichnungen

Befehl	Bedeutung
A	Addieren Wort
AP	Addieren dezimal
BALR	Springen und Speichern Rücksprungadresse
BC	Springen bedingt
BCR	Springen bedingt
BCT	Springen nach Zählen
BCTR	Springen nach Zählen
BXH	Springen wenn Index größer
BXLE	Springen wenn Index kleiner oder gleich
C	Vergleichen Wort
CH	Vergleichen Halbwort
CLC	Vergleichen logisch
CLI	Vergleichen logisch
CLR	Vergleichen logisch
CP	Vergleichen dezimal
DP	Dividieren dezimal
ED	Aufbereiten
EDMK	Aufbereiten und Markieren
L	Laden Wort
LA	Laden Adresse
LH	Laden Halbwort
LM	Laden mehrfach
LR	Laden Wort
LTR	Laden und Testen
MP	Multiplizieren dezimal
MVC	Übertragen Zeichenfolge
MVI	Übertragen Zeichen
MVN	Übertragen numerisch
MVO	Übertragen mit Versetzen
MVZ	Übertragen Zonen
NC	UND
OC	ODER
PACK	Packen
SP	Subtrahieren dezimal
SR	Subtrahieren Wort
ST	Speichern Wort
STC	Speichern Zeichen
STM	Speichern mehrfach
TM	Testen mit Maske
TR	Umsetzen Code
TRT	Umsetzen und Testen
UNPK	Entpacken
XC	Ausschließendes ODER
ZAP	Löschen und Addieren

Messung von SVC-Ausführungszeiten mit Hilfe eines Software-Monitors

W. Rosenbohm
AEG-TELEFUNKEN, Forschungsinstitut Ulm

1. <u>Einleitung</u>

Bei Realzeitprogrammen ist es oft wichtig, genaue Vorstellungen über deren zeitliches Verhalten zu haben. Ein Anwendungsprogrammierer ist nur in der Lage, Aussagen über seine eigenen Programme abzugeben. Es werden aber in der Regel auch Dienstleistungen des Betriebssystems benutzt. Für das zeitliche Gesamtverhalten müssen deshalb die Ausführungszeiten für Betriebssystemaufrufe (SVC-Befehl; Supervisor Call) bekannt sein. Über die Ermittlung dieser Ausführungszeiten soll hier berichtet werden.

Es sollen hier Messungen vorgestellt werden, die Aussagen über den Zeitbedarf von SVC-Befehlen machen, welche das Betriebssystem MARTOS dem Benutzer des Rechners AEG 80-60 zur Verfügung stellt. Auf Probleme, die beim Ermitteln dieser Meßwerte entstanden, wird im letzten Abschnitt näher eingegangen.

Stellen wir uns den Aufbau des Softwaremeßsystems als Schalenmodell vor, so begrenzt die SVC-Schnittstelle den Systemkern. Außerhalb des Systemkerns befindet sich die Schale für Anwenderprogramme. Aus dieser Anwenderschale heraus produzieren wir SVC-Aufrufe und messen deren Ausführungszeit. Es ist bekannt, mit welchen Parametern jeder SVC-Aufruf versorgt werden muß.
Die notwendigen Bearbeitungsschritte im Systemkern sind nicht bekannt. Es wird jedoch erwartet, daß Systemleistungen sowohl auf der der Ebene des aufgerufenen Prozesses als auch auf betriebssystemeigenen Prozessen abgewickelt werden.
Als Hilfsmittel für Messungen stehen zur Verfügung:
- Software-Meßsystem
- Systemuhr
- Prozeßuhren

Das Software-Meßsystem wurde in / 1 / vorgestellt. Es bietet eine
starke Unterstützung bei Messungen in beliebigen Programmen. Die
Systemuhr wird softwaremäßig vom Betriebssystem geführt. Sie liefert
ein Maß für die kontinuierlich fortlaufende Tageszeit. Im Gegensatz
dazu geben die Prozeßuhren die aufakkumulierte Prozessorbelegungszeit
für zugehörige Prozesse an. Bei der Unterbrechung eines Prozesses wird
seine Prozeßuhr solange angehalten, bis die Unterbrechung beendet ist.

2. Meßanordnung

Die Genauigkeit der zur Verfügung stehenden Uhren ist im allgemeinen
nicht so groß, daß entstehende Ablesefehler vernachlässigt werden können.
Uhren, die eine Größenordnung genauer gehen, als die kürzeste Befehls-
ausführungszeit, sind zu aufwendig. Solche Uhren sind auch nur für Messungen angebracht. Die vorgestellte Meßanordnung hat dehalb allgemeine Bedeutung. Für unsere Meßzwecke wird eine Systemuhr mit einer Ablesegenauigkeit von 1 Sekunde verwendet, während die Prozeßuhren im 50 μs-
Takt inkrementiert werden. Bei den erwarteten Meßwerten wird davon ausgegangen, daß in der Regel nicht ganzzahlig Vielfache des Prozeßtaktes
vorkommen. In Bild 1 sind 2 unterschiedliche Startzeitpunkte für den
Aufruf eines SVC-Befehls eingetragen. Wird die Prozeßuhr am Anfang und
am Ende ausgelesen, so ergeben sich für die Ausführungszeit unterschiedliche Werte. Die Einzelmeßwerte können um eine Zeiteinheit schwanken, je
nach Startzeitpunkt innerhalb eines Uhrentaktes. Werden genügend viele
Einzelmeßwerte registriert, so läßt sich hieraus eine hinreichend genaue
Schätzung ableiten (Mittelwert der Einzelmeßwerte).

2.1 Verwendete Prozesse

In der verwendeten Meßanordnung werden folgende Teile unterschieden:
- Leerlaufprozeß
- Quellprozeß für SVC-Aufrufe
- Betriebssystem

Der Leerlaufprozeß wird als endlose Schleife auf niedrigster Priorität
eingerichtet. Die zugehörige Prozeßuhr registriert alle Zeiten, in denen
weder vom Betriebssystem noch von Anwendern ein Rechenbedarf existiert.

Wir dieser Prozeß nicht eingerichtet, so verweilt der Prozessor während
des Leerlaufs in einem Mikroprogrammzustand. Hierfür würde keine Zeit
registriert werden.

Der Quellprozeß stellt den Rahmen für eine Schleife dar, in der die
gewünschten SVC-Aufrufe eingetragen sind (Bild 3). Diese Schleife enthält mehrere unterschiedliche SVC-Befehle. Für jeden SVC-Befehl haben
wir eine Befehlsfolge, wie in Bild 2 dargestellt. Die Ausführungszeit
eines SVC-Befehls wird vom Meßprogramm festgestellt. Es handelt sich
dabei nur um solche Zeiten, um die die Prozeßuhr des Quellprozeses verändert wurde. Hierfür sind 2 Unterprogrammaufrufe notwendig, die vor und
nach dem SVC-Befehl eingefügt werden. Der Zeitaufwand zum Registrieren
eines Zeitmeßwertes beträgt 150 µsec.

Die Tätigkeiten auf betriebssystemeigenen Prozessen können vom Standpunkt
des Anwenders nur indirekt beobachtet werden. Einmal ist festzuhalten,
welchen Zeitanteil ein Betriebssystemaufruf dem aufrufenden Prozeß verrechnet und zum anderen sind Veränderungen bei der Prozeßuhr des Leer-
laufprozesses meßbar. Als weiteres Zeitkriterium wird die Zeit zwischen
Start und Ende des Systemaufrufes mit Hilfe der Systemuhr ermittelt.

2.2 Meßwerte aus einer Stichprobe

Das Ziel dieser Messungen ist, eine Aussage über die Ausführungszeit
eines jeden SVC-Befehls zu machen. Bei der Ausführung einiger SVC-Befehle entstehen nicht nur Arbeiten, die auf der Ebene des aufrufenden
Quellprozesses laufen, sondern auch solche, die von betriebssystemeigenen Prozessen ausgeführt werden.

Alle Ausführungszeiten, die nicht unter dem aufrufenden Prozeß ablaufen,
wollen wir Overheadzeiten nennen. Leerlaufzeiten gehören weden zu den
Ausführungs- noch zu den Overheadzeiten eines SVC-Befehls. Damit setzt
sich die gesamte Ausführungszeit eines SVC-Befehls aus Benutzer- und
Overheadanteil zusammen, wobei der letzte Anteil auch Null sein kann.

Den Overheadanteil können wir bei dieser Meßanordnung nicht direkt ermitteln. Mit Hilfe der Systemzeit läßt sich aber der Zeitanteil TBS des Betriebssystems berechnen.

Die Systemzeit ergibt sich aus den aufgenommenen Rechenzeiten aller aktiven Prozesse. Bei unserer Messung existieren neben den Prozessen des Betriebssystems (durch TBS ausgedrückt) nur der Quellprozeß (Zeit TQP) und Leerlaufprozeß (Zeit TLEER).
Somit setzt sich die Systemzeit aus folgenden Anteilen zusammen:

$$TSYS = TLEER + TQP + TBS \qquad (1)$$

Es wird dabei angenommen, daß nur solche Prozeßzustände auftreten, in denen immer eine Prozeßuhr verändert wird. Ein Ablaufbeispiel für die Ausführungen einer Stichprobe ist in Bild 4 dargestellt.

Bei genügender Genauigkeit der Uhren ließe sich bereits aus Gl. (1) die gesamte Ausführungszeit für einen SVC-Aufruf (TG) ermitteln.

$$TG = TQP + TBS = TSYS - TLEER$$

Da die Systemuhr in ihrer Ablesegenauigkeit um 3 Größenordnungen geringer ist, als das erwartete Ergebnis, wird ein anderer Weg eingeschlagen. Es werden gleichartige Stichproben mit jeweils n Einzelmeßwerten für jeden SVC-Befehl ermittelt. Diese Eizelmeßwerte stellen den Zeitanteil dar, der dem aufrufenden Prozeß verrechnet wird. Als Ablesegenauigkeit haben wir Einheiten von 50 μsec. Der Mittelwert dieser Einzelmeßwerte ergibt den Meßwert einer Stichprobe. Aus den Meßwerten mehrerer Stichproben ermitteln wir ein Meßergebnis, das aus Mittelwert und Vertrauensintervall besteht.

Neben den Mittelwerten für SVC-Ausführungszeiten erstellen wir zusätzlich 3 Einzelmeßwerte, die für die Beurteilung der gesamten Stichprobe maßgebend sind. Es handelt sich um die Systemzeit TSYS, die Leerlaufzeit TLEER und die gesamte aufgenommene Zeit des Quellprozesses TQP

(siehe Bild 4). Diese Zeiten umfassen den gesamten Ablauf einer
Stichprobe. Sie sollen deshalb Globalzeiten genannt werden.

Damit stehen uns nach Ausführung einer Stichprobe folgende Zeiten zur
Verfügung:

- Ausführungszeiten aller beteiligten SVC's, die auf der
  Priorität des Quellprozesses entstehen.
- Gesamte aufgenommene Rechenzeit des Quellprozesses TQP. Hier-
  in sind die Ausführungszeiten aller SVC-Aufrufe enthalten.
- Gesamte Leerlaufzeit TLEER, die bei einer Messung anfällt.
- Systemzeit TSYS. Dieser Wert stellt die absolute Zeit
  zwischen Beginn und Ende einer Stichprobe dar.

Die Ablesegenauigkeit der Systemuhr führt hier zu kleinen relativen
Fehlern, weil die Ausführungszeit einer Stichprobe, im Vergleich zur
Ablesegenauigkeit, sehr groß ist, z.B. kleiner als 1 %, wenn pro Stich-
probe mehr als 100 Sekunden aufgewendet werden.

2.3 Meßergebnis für einen SVC-Aufruf

Gl. (1) enthält nur Globalmeßwerte für eine Stichprobe, d.h. die dort
ermittelte Ausführungszeit betriebssystemeigener Prozesse TBS gilt für
alle SVC's, die während einer Stichprobe angesprochen wurden. Wird nur
ein SVC aufgerufen, so stellt TBS den Overheadanteil dieses SVC's plus
den Grundoverhead dar. In der Regel werden pro Stichprobe mehrere SVC-
Befehle aufgerufen, deren Wirkungen sich gegenseitig aufheben, z.B. Botschaft senden und Botschaft empfangen. Damit kann von einer einzigen
Messung noch nicht auf den Overheadanteil eines einzelnen SVC-Befehls
geschlossen werden.

Zur Ermittlung von Overheadzeiten werden deshalb 2 Messungen ausgeführt.
Ohne Einschränkung der Allgemeinheit legen wir fest, daß in der 1. Messung der zu betrachtende SVC-Befehl enthalten ist, während eine 2. Messung,
bei sonst gleichen Bedingungen, diesen SVC-Befehl nicht enthält. Tritt
für diesen SVC-Befehl eine Overheadzeit auf, so müssen die aufgenommenen

Betriebssystemzeiten TBS_1 und TBS_2 unterschiedlich sein. Die Differenz dieser Zeiten stellt den Overheadanteil des betrachteten SVC-Befehls dar. Der Grundoverhead ist bei beiden Messungen gleich, so daß er bei dieser Ermittlung herausfällt.

Zur Unterscheidung der Meßwerte wird in den nachfolgenden Gleichungen mit der Nummer der Messung indiziert (1 oder 2).
Die gesamte Ausführungszeit TGi eines SVC-Befehls i teilt sich auf in die Zeit für den aufrufenden Prozeß TAi und die Overheadzeit $TOHi$

$$TGi = TAi + TOHi \qquad (2)$$

$$i = 0,\ldots,255 \text{ alle SVC-Nummern.}$$

Die Zeit TAi wird während einer Messung direkt ermittelt. Aus 2 Messungen, die sich nur um den SVC-Befehl i unterscheiden, ermitteln wir die Overheadzeit für diesen Befehl aus

$$TOHi = \frac{TBS_1 - TBS_2}{n} ,$$

wobei n die Anzahl der SVC-Aufrufe in einer Stichprobe darstellt. Setzen wir hierin die Gl. (1) ein, so ergibt sich folgender Ausdruck:

$$TOHi = \frac{(TSYS_1 - TSYS_2) - (TLEER_1 - TLEER_2) - (TQP_1 - TQP_2)}{n} \qquad (3)$$

In dieser Gleichung treten nur solche Meßwerte auf, die als Globalzeiten in beiden Messungen anfallen.

Es ist nicht immer möglich, einen einzelnen SVC-Befehl getrennt zu behandeln. In diesen Fällen wird die Overheadzeit für ein SVC-Paar ermittelt. Die Wirkung des SVC-Paares ist zur Umgebung neutral, z.B. ein Speichersegment anfordern und wieder freigeben. Hierbei verteilen wir die ermittelte Overheadzeit gleichmäßig auf beide SVC-Befehle. Eine andere Aufteilung ist möglich. Sie kann aber nur festgestellt werden, wenn gleichzeitig alle Prozeßuhren des Betriebssystem kontrolliert werden.

Somit läßt sich die Ausführungszeit für einen SVC-Befehl nach Gl. (2) mit Hilfe von Gl. (3) bestimmen. Der während einer Stichprobe direkt ermittelte Zeitanzeil TAi_{GES} für den aufrufenden Prozeß enthält zusätzlich den Zeitbedarf, der für die Meßwertregistrierung notwendig ist (TAi_{MES}). Diese Registrierungszeit wird ebenfalls ermittelt, so daß sich die geforderte Zeit TAi daraus errechnen läßt.

$$TAi = TAi_{GES} - TAi_{MES} \qquad (4)$$

3. Ermittelte SVC-Ausführungszeiten

In Tabelle 1 wurden alle gemessenen Betriebssystemaufrufe zusammengestellt. Das sind ungefähr 60 % der möglichen SVC-Aufrufe. Für weitere Systemdienste, insbesondere zur Prozeßführung und Prozeßperipherie, müßten zusätzlich Testprogramme erstellt werden.

Die angegebene gesamte Ausführungszeit für einen SVC-Aufruf wird unterteilt in den Anteil, der dem aufrufenden Prozeß verrechnet wird und den Zeitanteil, der in betriebssystemeigenen Prozessen anfällt. Der letzte Anteil ist vielfach Null.

Vertrauensintervalle mit einer statistischen Sicherheit von 95 % wurden für diese Meßwerte nicht aufgeführt. Ihr Wert liegt immer unterhalb von 1%, in den meisten Fällen aber noch bedeutend niedriger. Es existieren jedoch genügend andere Einflußfaktoren, deren Wirkung weitaus größer ist, als zufällige Meßfehler. Aus diesem Grund wird davon abgesehen, eine Genauigkeit vorzutäuschen, die nicht existiert. Als Einflußgrößen kommen besonders in Betracht: Anlagenkonfiguration, Betriebssystemversion, gleichzeitige Benutzer, Häufigkeiten und Ausführungsdauern von externen Unterbrechungen.

Bei den hier vorgestellten Meßwerten war kein weiterer Benutzer am Rechner. Abweichungen von $\pm 20 \mu sec$ wurden bei einigen SVC's festgestellt, wobei sehr unterschiedliche Rechnerkonfigurationen zur Verfügung standen.

Bei SVC's, deren Ausführungszeiten von den eingestellten Parametern abhängen, z.B. Kopieren von Speicherbereichen, müßten die ermittelten Zeiten in Abhängigkeit von diesen Parametern dargestellt werden. Eine genaue Abhängigkeit erfordert somit entsprechend mehr Meßaufwand. Ähnlich verhält es sich bei Dienstleistungen der Dateiverwaltung. Suchaufträge durch den gesamten Dateien-Katalog erfordern eine Zeit, die vom Umfang der angelegten Dateien abhängt. Die hier dargestellten Meßwerte sind für solche Dienstleistungen nur als grobe Richtwerte zu verstehen.

Neben den Systemaufrufen mit definierter Dienstleistung wurde ein Aufruf für einen nicht existierenden Systembefehl vorgenommen (SVC (190)). Hierbei werden nur solche Teile des Betriebssystems durchlaufen, die die Zuverlässigkeit von SVC-Befehlen überprüfen. Bei einem nicht zulässigen SVC-Befehl wird mit Fehlermeldung unverzüglich zurückgekehrt. Dieser Meßwert stellt ein Maß für den Organisationsaufwand dar, der zum Überwinden der SVC-Schnittstelle notwendig ist.

Der Systemaufruf PZNORM (Sonderbehandlung) hat keine zugeordnete SVC-NR. Es handelt sich hierbei um den Rücksprung vom Systemmodus in den Normalmodus. Diese Dienstleistung wird durch einen Unterprogrammaufruf realisiert.

4. <u>Probleme beim Messen</u>

Üblicherweise wird von einem Digitalrechner verlangt, daß die gleiche Aufgabe immer zu den gleichen Ergebnissen führt, zumal die verwendeten Uhren ebenfalls vom Grundtakt der Maschine abgeleitet sind. Beim wiederholten Messen der gleichen Aufgabe auf der gleichen Rechenanlage zu unterschiedlichen Zeiten ergaben sich jedoch leicht unterschiedliche Meßwerte. Hierfür sind zufällig Einflüsse vorhanden und vorstellbar, z.B. Routinekontrollen über die Zeitverwaltung, jedoch deren Zeitabhängigkeit ist schwer zu erklären.
Bei der Messung von 15 Stichproben mit sehr häufigen Zugriffen zum Hintergrundspeicher verlängerte sich die Ausführungszeit einer Stichprobe langsam, wobei zwischen erster und letzter Stichprobe ein Zeitunterschied von

1 % zustande kam. Existieren für eine Messung hinreichend genaue
Uhren, so kann dieser Zeitunterschied nicht mehr als zufälliger
Fehler betrachtet werden. Zeitabhängige Einflüsse erreichen damit
eine Größenordnung, die ein Mehrfahres der üblichen Meßgenauigkeit
betragen.

Bei den vorhandenen Ergebnissen fehlt der Einfluß von gleichzeitig
arbeitenden Benutzern. Hierbei kann nicht mehr leicht auf Overheadzeiten des Betriebssystems geschlossen werden. Alle Prozeßuhren müßten
gleichzeitig beobachtet werden. Genauere Kenntnis über betriebssystem-
eigene Prozesse wären unerläßlich.

Ein weiterer Einfluß auf Meßergebnisse ist gegeben durch Rückwirkungen
vorausgegangener Systemaufrufe. An einem Beispiel soll dieser Einfluß
verdeutlicht werden. Folgende 2 Messungen stehen sich gegenüber:

Messung	a	b	Differenz (a-b)
Reihenfolge der ausgeführten SVC's	RESERV LKGEN OPEN CLOSE LKEND FREIGABE	RESERV LKGEN LKEND FREIGABE	OPEN CLOSE
TLEER/Takte	-	-	-
TQP/Takte	664 307	447 778	216 529
TSYS/sec	34,600	25,600	180 000 Takte
Stichproben	15	15	-
n	1000	1000	-
TBS/Takte	27 693	64 222	-36 529

Messung a unterscheidet sich von Messung b durch Hinzunahme der SVC-
Befehle OPEN und CLOSE. Es wird erwartet, daß sich die Globalzeiten
in Messung a erhöhen und der vorhandene Systemoverhead durch die hinzu-
kommenden Befehle steigt. Tatsächlich nimmt aber der Systemoverhead ab,
was bei unabhängigen SVC-Aufrufen unmöglich ist. Es ist also eine gegenseitige Beeinflussung festzustellen.

Abweichend von den normalen Vorstellungen ist auch festzustellen, daß die aufgenommene Rechenzeit für den Quellprozeß um einen größeren Anteil zunimmt, als die Systemzeit (gesamte Zeit für Stichproben). Bei näherem Hinsehen kann festgestellt werden, daß sich der Quellprozeß um den Anteil der Systemzeit erhöht plus einem zusätzlichen Anteil, der vorher in betriebssystemeigenen Prozessen verrechnet wurde (Overhead). Hier treten Wechselwirkungen auf, die ohne Kenntnis von Betriebssystemabläufen nicht mehr zu deuten sind. In diesem Beispiel reduzieren sich die Ausführungszeiten für SVC LKEND bedeutend, wenn vorher SVC CLOSE ausgeführt wurde.

Das sehr grobe Zeitraster der Systemuhr erfordert lange Meßzeiten, um vernünftige Aussagen machen zu können. Zu einem späteren Zeitpunk wurde hierfür ebenfalls eine Uhr mit einer Meßgenauigkeit von 50 μsec verwendet. Der zeitliche Aufwand am Rechner reduziert sich hierdurch stark. Diese Genauigkeit der Systemuhr ist besonders dann erforderlich, wenn der Ablauf von Aufträgen innerhalb des Rechners verfolgt werden soll.

Literatur:

/ 1 /   W. Rosenbohm
         Ein Software-Meßsystem für Prozeßrechner.
         GMD-GI-GfK Fachtagung Prozeßrechner 1977,
         Springer Verlag

Tabelle 1: Meßwerte aller ermittelten SVC-Ausführungszeiten

				Ausführungszeit/μsec		
				AP	BS	Gesamt
Prozeßsynchronisation und -Koordination						
SVC PZBOTS	(4)	Botschaft senden		260	–	260
SCV PZBOTE	(5)	Botschaft empfangen		250	–	250
SCV PZBOTN	(53)	Botschaft nachfragen		215	–	215
SVC SVAEND	(13)	Synchronisationsvariable verändern		220	–	220
SVC SVGEN	(23)	Synchronisationsvariable generieren		210	–	210
SVC SVLO	(24)	Synchronisationsvariable löschen		230	–	230
SVC PZVZ	(8)	Prozeß verzögern		410	500	910
Zeitgebundene Dienste						
SVC PZWKL	(12)	Weckaufträge des eigenen Prozeß löschen		200	–	200
Sonderbehandlungen						
SVC SPRALAD	(59)	Sprung auf Alarmadresse		190	–	190
SVC ZEALAD	(252)	Zentrale Alarmadresse einstellen		190	–	190
SVC PZSYST	(253)	Prozeß in System-Modus setzen		160	–	160
PZNORM		Prozeß in Normalmodus zurückführen		140	–	140
SVC WAHLSCH	(36)	Wahlschalter verändern		165	–	165
SVC TEST	(54)	Test aus		160	–	160
SVC TEST	(54)	Test ein		360	–	360
	(190)	Kein Systemdienst zugeordnet		105	–	105
Speicherverwaltung						
SVC SGZUG	(35)	Segment-Zugriff festlegen		300	–	300
SVC SGGEN	(33)	Variablen-Segment generieren		890	–	890
SVC SGFREI	(34)	Segment freigeben		855	–	855
SVC SGKACH	(42)	Segment mit Kacheln abdecken		500	–	500
SVC SGRESID	(43)	Segment resident setzen		450	–	450
SVC SGRESIDW	(49)	Segment resident setzen mit Warten		450	–	450
SVC SGAUFD	(40)	Segment aufdecken		500	–	500
SVC SGRESLO	(41)	Segment-Residenz löschen		550	–	550
SVC INHAFREI	(39)	Inhalt freigeben		350	–	350
SVC SEITKOPI	(44)	Seitenbereich kopieren		2505	680	4125
SVC SEITKOPIW	(50)	Seitenbereich kopieren mit Warten		2520	680	4200
SVC SPGEN	(29)	Speicherstrecke generieren		235	–	235
SVC SPLO	(30)	Speicherstrecke löschen		175	–	175
SVC SPTRANS	(32)	In Speicherstrecke transferieren		445	–	445
SVC SPAEND	(31)	Speicherstrecken-Eintrag ändern		160	–	160
EA-Transfer						
SVC WRITEW	(100)	Nächsten Satz ausgeben und abwarten		1800	3365	5165
SVC WRITERW	(102)	(wahlfrei) Satz ausgeben und abwarten		2305	3000	5305
EA-Koordination						
SVC LOCK	(114)	(Gerät) verriegeln		895	908	1803
SVC UNLOCK	(115)	(Gerät) entriegeln		895	908	1803

				Ausführungszeit/usec		
				AP	BS	Gesamt
Kanalorganisation						
SVC LKGEN	(116)	Log. Kanal für Gerät einrichten		6810	725	7535
SVC LKGENF	(162)	Log. Kanal für Datei einrichten		4590	80	4670
SVC LKEND	(117)	Log. Kanal löschen		4175	725	4900
SVC OPEN	(118)	Log. Kanal eröffnen		10420	26163	36243
SVC CLOSE	(119)	Log. Kanal schließen		10080	26163	36243
Geräteorganisation						
SVC RESERV	(120)	Gerät reservieren		5430	–	5430
SVC FREIGABE	(121)	Gerät freigeben		4265	–	4265
Dateiverwaltung						
Dateiorganisation						
SVC FILE	(164)	Datei kreieren		11315	40040	51355
SVC DELETES	(167)	Datei löschen		11240	40040	51280
Datenbasisorganisation						
SVC FILESET	(143)	Datenbasis kreieren		10395	17650	28045
SVC FSDELETE	(144)	Datenbasis löschen		10345	17650	27995
SVC LINK	(150)	Datei in Datenbasis einschleusen		10410	26850	37250
SVC RELEASE	(151)	Datei aus Datenbasis ausschleusen		10350	26850	37200
SVC CARRY	(152)	Datei übereignen		10365	23850	34215
SVC CATALOG	(153)	Datei in Katalog aufnehmen		10350	51608	61958
SVC ELEMINATE	(154)	Datei aus Katalog entfernen		10330	51608	61938

AP = Aufrufender Prozeß

BS = Betriebssystem

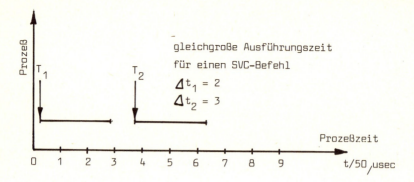

Bild 1: Ausführungszeiten im Zeitraster der Prozeßuhren

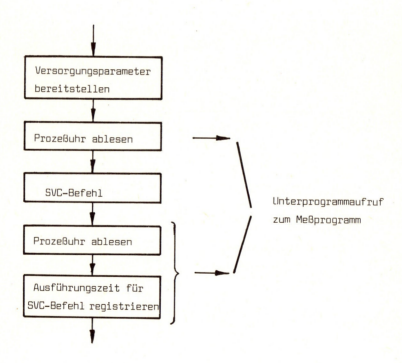

Bild 2: Ablauf bei Ermittlung einer SVC-Ausführungszeit

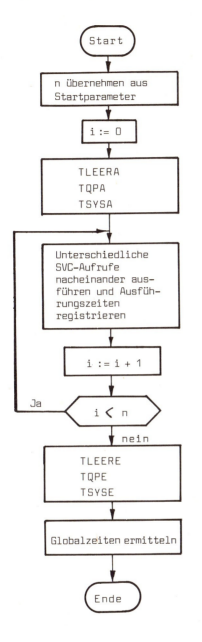

Bild 3: Ablauf im Quellprozeß

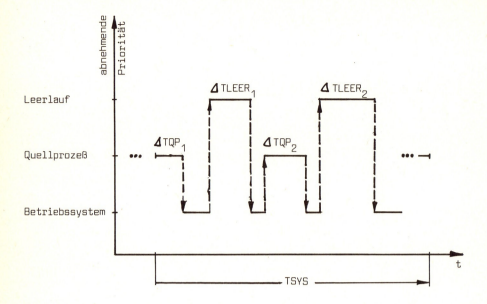

Bild 4: Prozessorarbeit auf unterschiedlichen Prioritäten bei der Abarbeitung eines Meßauftrages.

$$TLEER = \sum_{i=1}^{m} \Delta TLEERi$$

$$TQP = \sum_{i=1}^{k} \Delta TQPi$$

TSYS = Zeit zur Ermittlung einer Stichprobe

m,k = Anzahl der Prozessorzuteilungen während der Systemzeit TSYS.

Konstruktion einer Lastbeschreibung
auf der Basis von SMF-Daten
von
K. Bergmann und M. Heim
Institut für Informatik der Universität Bonn
Abteilung II

1. Kurzfassung

Die Arbeiten basieren auf der Auswertung von Daten einer IBM-Installation. Demnach entspricht einem Auftrag an ein Rechensystem ein Job. Jobs bestehen aus einer Folge von Steps. Zunächst wird der Begriff Last erklärt und gegenüber dem Begriff der Belastung abgegrenzt. Es folgt eine Beschreibung der benutzten Beobachtungsdaten. Für Jobs werden die Phasenfolge einer Ausführung und charakteristische Phasenfolgen mit ihren Häufigkeiten angegeben. Für Steps sind die Lastparameter, quantitative Charakteristika ihrer Wertebereiche und einige Zusammenhänge zwischen verschiedenen Parametern angegeben. Die Ergebnisse beruhen auf der Auswertung von etwa 6000 Jobs mit etwa 13000 Steps.

2. Einleitung

Für die Bewertung und Vorhersage der Leistung von Rechensystemen benutzt man häufig Modelle. Die Modellbildung erfolgt durch eine Abbildung der Betriebsmittel des Rechensystems auf die diese Betriebsmittel simulierenden Komponenten des Modells, einer Zuordnung zwischen Betriebsmittel-Zuständen und den Zuständen der Modellkomponenten, sowie durch die Nachbildung des Zusammenwirkens der Betriebsmittel mittels einer Modellsteuerfunktion, welche die Interaktionen der Modellkomponenten lenkt. Das Modell muß ein realitätsgetreues Abbild des Rechensystems sein, wenn sichergestellt werden soll, daß Ergebnisse der Analyse des Modells als Aussagen über die Leistung eines realen Systems interpretiert werden können. Desweiteren sind diese Ergebnisse wesentlich davon abhängig, daß die Anforderungen an das Rechensystem auf eine Modell-Last abgebildet werden.

Demnach ergibt sich als Teilproblem der Modellierung von Rechensystemen die Aufgabe, eine Modell-Last zu konstruieren, welche die relevanten Eigenschaften der realen Anforderungen widerspiegelt. Hierzu

---

Die vorliegenden Arbeiten werden in Kooperation mit der
KFA-Jülich durchgeführt und von dieser gefördert.

ist zunächst eine genaue Beschreibung der realen Anforderungen erforderlich. Während das Modell des Rechensystems ein hinreichend genaues Abbild zahlreicher verschiedener realer Rechensysteme sein kann, ist die Modell-Last in der Regel installationsspezifisch. Das Ziel der Arbeiten ist die Charakterisierung dieser realen Anforderungen in Form einer Lastbeschreibung.

Die Untersuchungen basieren auf der Betrachtung eines Rechensystems vom Typ IBM/370-3033 unter dem Betriebssystem OS/VS2-MVS. Diese Rechenanlage wird als Stapelverarbeitungsanlage in der Kernforschungsanlage (KFA) Jülich eingesetzt. Lastbeschreibende Daten werden von einem Teil des Betriebssystems, System Management Facilities (SMF) genannt, gesammelt.

Unter dem angegebenen Betriebssystem wird ein Auftrag an das Rechensystem als Job bezeichnet. Dieser setzt sich aus Teilaufgaben, Steps genannt, zusammen. Ein Step entspricht genau der Benutzeranforderung, ein Programm auszuführen. Eine Lastbeschreibung wird unter zwei Aspekten vorgenommen. Zum einen erscheint ein Job im System als Verwaltungseinheit, wohingegen die ihn konstituierenden Steps Ausführungseinheiten sind. Bezüglich der Steps sind in den Daten Angaben über Betriebsmittel-Verbrauch vorhanden. Entsprechend wird in Abschnitt 3 ein Modell für die Beschreibung von Jobs vorgestellt und ab Abschnitt 4 werden Steps als elementare Einheiten einer Lastbeschreibung betrachtet.

2. Der Rahmen für die Konstruktion einer Lastbeschreibung

2.1 Die Begriffe 'Last' und 'Belastung'

Die Anforderungen an ein Rechensystem lassen sich unter zwei Gesichtspunkten betrachten. Einerseits stellt die Benutzergemeinschaft die direkten Anforderungen an das Rechensystem, eine Menge von Jobs auszuführen. Mit dem Begriff 'Last' (oder auch: Arbeitslast, Jobprofil) wird genau diese Menge von Jobs bezeichnet.

Beispiele für Last-Größen:

Für einen vorgegebenen Zeitraum (t_1, t_2)
- Anzahl der eingelesenen Jobs
- Ressourcenverbrauchs-Vektoren der Jobs bzw. Steps bezüglich job- oder stepspezifischer Parameter, z.B.: CPU-Zeit, Anzahl der benutzten Dateien, Anzahl der ausgeführten Kanalprogramme.

Andererseits werden an das Rechensystem für die Steuerung und Kontrolle der Ausführung der Aufträge aller Benutzer Anforderungen gestellt. Die Maßnahmen bezüglich dieser Anforderungen zielen darauf ab, die Menge aller vorliegenden Jobs (und Steps) zu verwalten, sowie

strategische Entscheidungen bezüglich der Arbeit des gesamten Rechensystems (oder Teilen davon) zu treffen und demgemäß zu reagieren. Diese Maßnahmen, die wir als 'Belastung' bezeichnen wollen, sind also eine Reaktion des Rechensystems auf die zu bearbeitende Last. Die Belastung einer Rechenanlage wird beschrieben durch Parameter, die die Durchführung der Arbeit durch das Rechensystem beschreiben. Beispiele für Belastungs-Größen sind:
- Auslastungsgrad (Geräte, Kanäle, Hauptspeicher, Prozessor)
- Paging-Verhalten (System, Programm)
- Multiprogrammierungs-Grad
- Warte- und Verweilzeiten.

Insgesamt ergibt sich: Eine vorgegebene Arbeitslast führt zu einer gewissen Belastung des Rechensystems. Anhand von Messungen dieser Last und der resultierenden Belastung läßt sich die Leistung eines Rechensystems (z.B. anhand des Parameters 'Durchsatz') bewerten.

2.2 Die Basisdaten

2.2.1 Datengewinnung und -aufbereitung

SMF ist ein Bestandteil des Betriebssystems OS/VS2-MVS mit der Aufgabe, Daten zu sammeln für
- Abrechnung
- Systemverhalten
- Job- und Stepverhalten.

SMF ist also ein Mittel, um einen gewissen Einblick in das Rechensystem und eine Übersicht über die Ereignisse im System zu erlangen. Die uns zur Verfügung stehenden SMF-Daten beziehen sich nur auf das Verhalten von Jobs und Steps, die über einen Leser in das System gelangt sind, nicht aber auf Betriebssystem-Prozesse, von denen einige einen nicht unerheblichen Ressourcenverbrauch verursachen; für von der Konsole aus gestartete Aufträge liegen ebenfalls keine Daten vor. Eine Arbeitslastbeschreibung ist nur innerhalb dieses Rahmens möglich.

Die während des Rechenbetriebes anfallenden SMF-Daten werden in einer System-Datei gesammelt und von Zeit zu Zeit mittels Jobs des Rechenzentrums auf Magnetband übertragen. Es sollen folgende Datenstrukturen übertragen werden:
- Je Job genau eine ihn beschreibende Datenstruktur: 'Job-Record'.
- Je Step eines Jobs eine diesen Step beschreibende Datenstruktur: 'Step-Record'.

Bei der Sichtung der SMF-Daten stellten wir fest, daß diese keineswegs

vollständig und konsistent sind. Als wesentliche Defekte treten auf:
1. Es kommt vor, daß mehr als ein Job-Record für einen Job vorliegt, wobei die den Job beschreibenden Informationen in diesen Teilen verstreut oder überhaupt nicht vorhanden sind.
2. Manche Step-Records bzw. Job-Records sind nicht vorhanden.

Ein großer Teil der anfänglichen Arbeiten wurde darauf verwendet, diesbezügliche 'Datendefekte' zu beheben und festzuhalten, welche Informationen als verloren anzusehen sind und für welche Zeiträume. Diese Korrektur der fehlerhaften SMF-Daten basiert in erster Linie auf Plausibilitätsbetrachtungen und im Laufe der Arbeit gesammelten Erfahrungen. Sie konnte nicht für alle Fehler automatisiert werden, so daß an gewissen Stellen ein Anschauen der Daten und, soweit möglich, eine Verbesserung 'per Hand' notwendig war. Andere Arbeiten auf der Grundlage von SMF-Daten verzeichnen einen sogenannten 'Datenverlust' in Höhe von z.B. 10% des Datenumfangs. Diese Zahl ließ sich durch unsere Maßnahmen auf unter 1% reduzieren.

Die Größenordnung der anfallenden Datenmenge ist: ca. 5 Megabytes, das entspricht etwa 7000 Jobs mit insgesamt 15000 Steps je Betriebswoche.

2.2.2 Beschreibung der Daten

Ein Job-Record enthält im wesentlichen folgende Angaben:
- Zeitangaben für die Ereignisse:
  Einlesen, Einreihen in Warteschlange, Beginn und Ende der Ausführung, Bereitstellung der Ausgabe, Ende von Druck/Stanz/Film -Ausgabe, Ende der Job-Bearbeitung;
- Jobname, -klasse, -priorität;
- Anzahl der Steps des Jobs;
- Ausgabe-Menge für Drucker/Stanzer/Filmplotter;
- Beanspruchter virtueller Speicherplatz (Maximum über alle Steps);
- Summe der Ressourcen-Verbrauche aller Steps des Jobs bezüglich:
  CPU-Zeit
  Anzahl der Kanalprogramme für Platte, Band
  Anzahl der Kanalprogramme für virtuelle Dateien (Das Vorhandensein 'virtueller' Dateien auf Hintergrundspeichern wird im Hauptspeicher simuliert. Die Kanalprogramme für diese Dateien werden ebenfalls simuliert.)
  Anzahl der Karten im Eingabestrom ('Input-Cards').

Ein Step-Record beinhaltet Zeitangaben für die Ereignisse Step-Auswahl, Beginn der Geräte-Zuordnung, Beginn der Programm-Ausführung, Ende der Step-Bearbeitung, sowie folgende lastbeschreibende Parameter (auf die

voranstehenden Abkürzungen wird später Bezug genommen):
- Qualitative Step-beschreibende Parameter:
  SNR: Step-Nummer in der Folge von Steps, die einen Job konstituieren
  PGMN: Name des auszuführenden Programms
  ERF: Indikator, ob Programm ausgeführt wurde
- Beanspruchter virtueller Speicherplatz:
  TOP: Speicherplatz für Programm-Verwaltung
  BOT: Vom Programm benötigter Speicherplatz
- Verbrauchte CPU-Zeit:
  SRB: CPU-Zeit für nicht explizit angeforderte Systemdienste
  TCB: CPU-Zeit für Programm-Ausführung und explizit angeforderte Systemdienste
- E/A - Anforderungen:
  GTP: Anzahl der zugewiesenen Bandgeräte
  DTP: Anzahl der Banddateien
  T: Anzahl der ausgeführten Kanalprogramme für Banddateien
  DDSK: Anzahl der Plattendateien
  DSK: Anzahl der Kanalprogramme für Plattendateien
  DVIO: Anzahl der virtuellen Dateien
  V: Anzahl der Kanalprogramme für virtuelle Dateien
  ICD: Anzahl der gelesenen Karten im Eingabestrom

In den SMF-Daten existieren keine Angaben über die Blockgrößen von Dateien. Deshalb sind Aussagen über die Menge der zwischen Haupt- und Hintergrundspeicher transferierten Daten nur in beschränktem Umfang möglich.

3. Analyse der Job-Charakteristika

3.1 Die Phasenfolge einer Job-Ausführung

Der erste Schritt für die Konstruktion einer Lastbeschreibung besteht darin, die Schritte der Ausführung eines Jobs zu beschreiben. Die Ausführung eines Jobs besteht aus einer Folge von Phasen, die in Abb. 1 skizziert ist.
Ein Job erscheint erstmalig im System, wenn er eingelesen wird (1). Ein MVS-Teilsystem, genannt Job Entry Subsystem 2 (JES2), erstellt eine Jobbeschreibung und ordnet diese in eine Warteschlange ein. Als Initiators bezeichnet man die MVS-Teilsysteme, deren Aufgabe darin besteht, Jobs zur Ausführung zu bringen. In der Phase (2) entnimmt ein Initiator einen Auftrag aus einer Warteschlange und beginnt mit dessen Ausführung, indem er die Steps des Jobs sequentiell abarbeitet. Dies geschieht wie folgt: Der nächste zur Bearbeitung anstehende Step wird ausgewählt und die für seine Ausführung benötigten

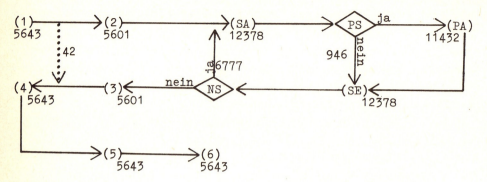

```
(1) Einlesen                        ..... Keine Job-Ausführung
(2) Übergabe an Initiator            (3) Ende der Job-Ausführung
(SA) Step-Auswahl                    (4) Ausgabe-Bereitstellung
 PS  Abfrage: Programm-Start?        (5) Ausgabe
(PA) Programm-Ausführung             (6) Ende der Job-Bearbeitung
(SE) Step-Ende                        NS  Abfrage: Nächster Step?
```

Abb. 1: Die Phasenfolge eines Jobs

Betriebsmittel belegt (SA). Falls dem Beginn der Ausführung des Steps nichts entgegensteht (Abfrage: PS?), erfolgt diese nun (PA), anderenfalls - wie auch nach Ende der Step-Ausführung - werden die Step-Bearbeitung abschließende Tätigkeiten vorgenommen (SE), und es wird abgefragt (NS), ob ein nächster Step folgt. Ist dies der Fall, so erfolgt die Bearbeitung des nächsten Steps wie beschrieben. Nach dem letzten Step wird die Job-Ausführung abgeschlossen (3) und dies dem Teilsystem JES2 gemeldet. Der Initiator kann nun mit der Ausführung eines nächsten Jobs beginnen, während JES2 die Ausgabe-Dateien des gerade ausgeführten Jobs in Ausgabe-Warteschlangen bereitstellt (4). Zu einem späteren Zeitpunkt werden diese Dateien auf den vorgesehenen Geräten (Drucker, Stanzer, ...) ausgegeben (5). Unmittelbar danach werden die restlichen noch vorhandenen Teile der Job-Beschreibung von JES2 aus dem System entfernt (6).
Unter gewissen Bedingungen kann oder soll ein Job nicht zur Ausführung gelangen. Der Phasenfolge derartiger Jobs wird durch den in Abb. 1 eingetragenen unterbrochenen Pfeil Rechnung getragen.

3.2 Auswertungen bezüglich der Phasenfolge

Die folgenden Auswertungen beziehen sich auf Daten im Umfang von ca. einer Woche.
Zunächst wurde festgestellt, wie oft die verschiedenen Phasen und Wege im Phasendiagramm durchlaufen wurden. Dies ist ebenfalls aus Abb. 1 ersichtlich.

Als nächstes war von Interesse, welche Phasenfolgen feststellbar sind und mit welchen Häufigkeiten. Im folgenden wird die Phasenfolge eines Jobs angegeben als Konkatenation der Phasensymbole, die in Abb. 1 verwendet wurden. Desweiteren werden die Symbole 'X', 'E', 'N' mit folgender Bedeutung verwendet:

E := (SA) PS (PA) (SE) NS; (in diesem Fall wurde mit der Ausführung des Programms begonnen)

N := (SA) PS (SE) NS; (in diesem Fall wurde nicht mit der Ausführung des Programms begonnen)

X := Folge von 'E' und 'N', deren Länge der Anzahl der Steps eines Jobs entspricht.

In Tabelle 1 sind die Ergebnisse vorgestellt. Die meisten Jobs haben ausnahmslos Steps, für die mit der Programm-Ausführung begonnen wurde. Fast die Hälfte aller Jobs (47.95 %) umfaßt genau einen Step.

Phasenfolge	Rel. Häufigkeit (%)	
(1) (4) (5) (6)	0.74	
(1) X (3) (4) (5) (6)	99.26	
Aufteilung wie folgt:		
X = E	47.88	
X = N	0.07	47.95
X = EE	18.96	
X = EN,NE,NN	2.72	21.68
X = EEE	14.74	
X = EEN,ENE,ENN,NEE,NEN,NNE,NNN	1.75	16.49
X = EEEE	3.77	
X = EEEEE	1.86	
X = ENNEEE	1.35	6.98
X = Sonst	je unter 1.00	
	Rest insgesamt:	6.16

Tabelle 1: Relative Häufigkeiten von Phasenfolgen

Somit ist nun für eine Lastbeschreibung ein Modell für einen Job in Form einer Phasenfolge vorgestellt. Wesentliches Element einer Phasenfolge ist die Teilfolge, welche die Step-Abfolge eines Jobs beschreibt. Es werden keine Aussagen über Betriebsmittel-Verbrauch gemacht. Die Informationen in den Daten hierüber sind programm- und somit stepspezifischer Art. Untersuchungen dazu sind im folgenden beschrieben.

4. Analyse der Step-Charakteristika

Das Step-Attribut SNR (Step-Nummer) wurde in einigen Auswertungen ersetzt durch die dem Programm-Namen zuzuordnende Klassen-Nummer (KLS) gemäß der folgenden Klassifizierung der Programm-Namen:

Klasse 1: Anwendungssysteme (z.B. SPSS)
Klasse 2: Benutzergeschriebene Programme
Klasse 3: Sprachübersetzer
Klasse 4: Linkage Editor, Loader
Klasse 5: Rahmenprogramme, Aufruf eines Benutzer-Programm-Moduls
Klasse 6: Dienstprogramme, für den KFA-Rechenbetrieb notwendig
Klasse 7: Dienstprogramme, den Rechenbetrieb unterstützend
Klasse 8: IBM-Dienstprogramme
Klasse 9: Sonstiges

Es wurden insgesamt 129 verschiedene Programm-Namen festgestellt. Tabelle 2 gibt an, mit welcher Häufigkeit Programm-Namen den einzelnen Klassen zuzuordnen waren.

KLS	Rel. Häufigk. (%)	KLS	Rel. Häufigk. (%)
1	3.83	6	9.60
2	13.66	7	8.11
3	21.14	8	7.35
4	21.71	9	0.76
5	13.80		

Tabelle 2: Aufteilung der Programm-Namen auf die Klassen

Betrachtet man nun die Häufigkeiten einzelner Programm-Namen (Tabelle 3), so stellt man fest, daß bereits sechs verschiedene Programme die Hälfte aller Ausführungen ausmachen. In Tabelle 3 bedeutet z.B. 'IEWL(4)', daß das Programm mit dem Namen 'IEWL', zur Klasse 4 gehörend, mit der nebenstehenden Häufigkeit anzutreffen war ('IEWL' = Linkage Editor).

PGMN(KLS)	Rel. Häufigk. (%)	PGMN(KLS)	Rel. Häufigk. (%)
IEWL(4)	14.16	LOADER(4)	7.56
IFEAAB(3)	9.04	PUTOS(7)	6.08
KFTSTLDF(5)	7.80	IELOAA(3)	4.65

Tabelle 3: Die häufigsten Programm-Namen

Das weitere Interesse galt der Frage, ob sich gewisse charakteristische Folgen von Programm-Namen, beziehungsweise Folgen von Klassen-Nummern, identifizieren lassen. Hierzu wurde die Stepfolge eines jeden Jobs abgebildet auf die Folge der Klassen-Nummern der in den Steps spezifizierten Programm-Namen. In Tabelle 4 sind einige Klassen-Nummern-Folgen mit ihren Häufigkeiten angegeben.

KLS-Folge	Rel. Häufigk. (%)	KLS-Folge	Rel. Häufigk. (%)
8	14.81	1	2.36
6	14.32	9	1.90
3,4	14.04	6,7	1.49
3,4,2	12.16	3,4,2,8	1.12
3	7.19	3,4,7	1.10
7	6.43	6,6,9,3,4,2	1.08
4,2	2.85	4,2,4,2,7	1.08

Tabelle 4: Die häufigsten Klassen-Nummern-Folgen

Bei der Abbildung jeder Step-Folge auf die ihr entsprechende Programm-Namen-Folge erschienen ebenfalls einige Programm-Namen-Folgen mit großer relativer Häufigkeit.

Die sich anschließenden Ergebnisse beziehen sich auf den Betriebsmittel-Verbrauch der Steps.

Einige wenige Programme verursachten einen sehr großen Teil des gesamten registrierten Betriebsmittel-Verbrauchs. Beispiele hierfür sind:

5.0 % aller Steps führten 95 % aller Band-Kanalprogramme aus.
5.0 % aller Steps führten 78 % aller Platten-Kanalprogramme aus.
7.3 % aller Steps führten 79 % aller Kanalprogramme für virtuelle Dateien aus.
4.5 % aller Steps verbrauchten 86 % der insgesamt benötigten TCB-Zeit.

Betriebsmittel-Verbrauchs-Statistiken je Programm-Klasse (KLS) zeigten für jeden der lastbeschreibenden Step-Parameter ein stark heterogenes Bild. Es ergibt sich kein offensichtliches klassendiskriminierendes Merkmal. Genaue Aussagen können nur durch erheblich weiter reichende Untersuchungen erfolgen.

Im folgenden werden für die Werte der Parameter GTP, DTP, DDSK, DVIO Häufigkeiten angegeben. Tabelle 5 zeigt, daß 86.91 % aller Steps kein Bandgerät benötigten und maximal drei Bandgeräte in einem Step benötigt wurden. Die Einträge in den folgenden drei Spalten der Tabelle 5 zeigen Statistiken über die Anzahl benutzter Dateien auf Magnetband, die Anzahl benutzter Platten-Dateien beziehungsweise die Anzahl benutzter virtueller Dateien.

Wert	GTP	DTP	DDSK	DVIO
0	86.91	88.05	43.95	54.72
1	11.00	8.55	25.66	24.80
2	2.02	2.74	22.55	15.40
3	0.07	0.32	3.82	4.31
4	-	0.17	1.56	0.67
4	-	0.17	2.46	0.10

Tabelle 5: Relative Häufigkeiten der Werte der Parameter GTP, DTP, DDSK, DVIO

Die recht großen Häufigkeiten der O-Werte in der Tabelle (insbesondere bezüglich 'GTP' und 'DTP') werden Untersuchungen zur Folge haben, die aufzeigen sollen, in welcher Beziehung die Parameter 'GTP' und 'DTP' stehen und welchen Zusammenhang 'DTP', 'DDSK' und 'DVIO' aufweisen, unter besonderer Berücksichtigung der Eigenschaft 'Parameter-Wert größer als Null' (Bedingte Verteilungen).
Bezüglich der Parameter TCB, SRB, BOT, TOP, DSK, T, V wurden empirische Dichtefunktionen erstellt, von denen einige in den Abbildungen 2 bis 7 zu sehen sind. Die Skalierung der Abszissen erfolgte bezüglich des natürlichen Logarithmus.
Für die Parameter TCB, TOP, BOT traten keine Nullwerte auf, da nur Steps ausgewertet wurden, für die mit der Programm-Ausführung begonnen wurde. Bei den Dichten für SRB, DSK, T wurden (bezüglich der Darstellung der Kurve) Nullwerte nicht berücksichtigt, was bewirkt, daß die Modalwerte deutlicher hervortreten.
Auffallend ist, daß alle Dichten multimodaler Art sind. Deshalb ist zu vermuten, daß mehrere verschiedene Populationen zugrundeliegen.

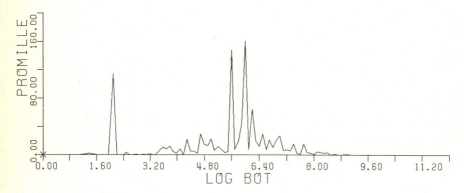

Abb. 2: Empirische Dichte des Parameters 'BOT'

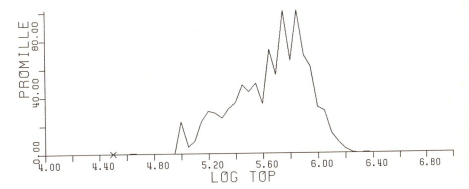

Abb. 3: Empirische Dichte des Parameters 'TOP'

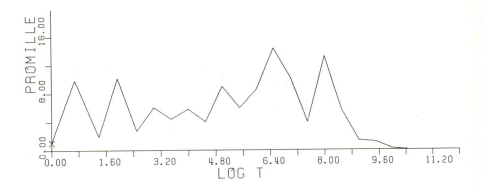

Abb. 4: Empirische Dichte des Parameters 'T'

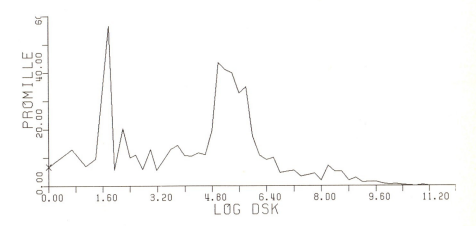

Abb. 5: Empirische Dichte des Parameters 'DSK'

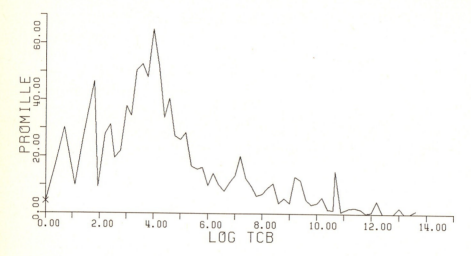

Abb. 6: Empirische Dichte des Parameters 'TCB'

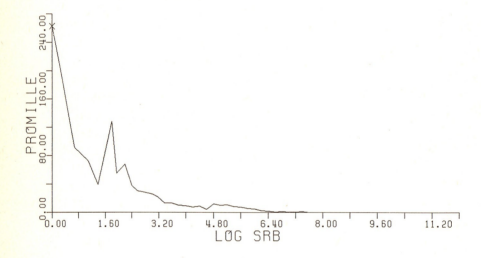

Abb. 7: Empirische Dichte des Parameters 'SRB'

Neben den empirischen Dichten wurden für die meisten Parameter Kennzahlen ihrer empirischen Verteilungen bestimmt. Einige davon sind in Tabelle 6 aufgeführt. Festzuhalten bleibt, daß die Standardabweichung oft groß gegenüber dem Mittelwert ist.

Die nächste Auswertung diente dazu, auf die Beziehungen der Parameter untereinander ein Licht zu werfen. Entsprechend wurden die Produkt-Moment-Korrelationen in Tabelle 7 bestimmt.

	Mittelwert	Std.-Abweichung	Min	Max	
TCB	4686.9087	33868.6791	1	767114	(1/100 Sek.)
SRB	29.3163	141.5029	0	7195	(1/100 Sek.)
TOP	289.2068	72.7593	100	616	(Kilobyte)
BOT	480.8541	765.6715	4	9064	(Kilobyte)
DSK	317.7610	2548.8727	0	160892	
T	112.9482	1032.7226	0	65660	
V	55.1421	578.6057	0	44896	
DDSK	1.0786	1.5508	0	19	
DTP	0.1750	0.6850	0	30	
DVIO	0.7183	0.9362	0	10	
GTP	0.1530	0.4170	0	3	
ICD	267.6117	964.2602	0	22856	

Tabelle 6: Kennzahlen der Verteilungen einiger Parameter

TCB	SRB	TOP	BOT	DSK	T	V	DDSK	DTP	DVIO	GTP	ICD	
1.	0.33	0.01	0.05	0.17	0.01	-.00	0.01	0.01	-.09	-.00	-.02	TCB
	1.	0.04	0.15	0.70	0.34	0.06	0.26	0.16	-.06	0.19	0.02	SRB
		1.	0.15	0.04	0.01	0.09	0.12	0.04	0.51	0.01	-.01	TOP
			1.	0.09	0.01	0.09	0.10	0.06	0.07	0.06	0.10	BOT
				1.	0.03	0.03	0.30	0.13	-.03	0.15	0.02	DSK
					1.	-.01	0.01	0.21	-.06	0.28	-.02	T
						1.	0.04	0.01	0.17	0.02	0.03	V
							1.	0.05	-.01	0.08	-.05	DDSK
								1.	-.13	0.66	-.05	DTP
									1.	-.20	-.05	DVIO
										1.	-.08	GTP
											1.	ICD

Tabelle 7: Produkt - Moment - Korrelationen

5. Zusammenfassung und Ausblick

Im Rahmen der Modellbildung für ein Rechensystem wurde der Begriff 'Last' gegen den Begriff 'Belastung' abgegrenzt. Für eine Arbeitslastbeschreibung wurde als Modell für einen Job dessen Phasenfolge eingeführt. Besondere Berücksichtigung verdienen dabei die Steps eines Jobs: in der Programm-Ausführungsphase wird der gemessene Betriebsmittel-Verbrauch verursacht. Für die Beschreibung von Steps wurden deren lastcharakterisierende Parameter auf der Basis der vorliegenden

SMF-Daten angegeben. Die statistischen Auswertungen resultieren in der
Angabe von Häufigkeiten für Programm-Namen, deren Klassenzugehörigkeit
und Folgen von Klassennummern, sowie der Berechnung von relativen
Häufigkeiten für die Werte von diskreten Step-Parametern und der Bestimmung von empirischen Dichten für einige Step-Parameter. Bezüglich
der Beziehungen einiger Parameter untereinander wurden Produkt - Moment-
Korrelationen angegeben.

Anknüpfend an diese Beobachtungen werden derzeit Hypothesen über die
Verteilungen von Parametern getestet. Weiterhin werden wir uns mit
dem Problem 'Zeitlicher Verlauf der Arbeitslast' unter Verwendung von
Verfahren der Trendanalyse beschäftigen und versuchen, Zusammenhänge
zwischen Parametern deutlicher sichtbar zu machen als dies ausgehend
von der Korrelationsmatrix der Fall ist.

Neben diesen Aspekten einer Lastbeschreibung anhand einer konkreten
Installation in einer bestimmten Arbeitssituation ist ein weiteres
Ziel die Abstraktion der Lastbeschreibung von diesem vorliegenden Fall,
so daß die Methoden zur Konstruktion eines Lastmodells auch für andere
Installationen in anderen Arbeitssituationen anwendbar ist.

6. Literatur

/1/ Agrawala, A.K.; Mohr, J.M.; Bryant, R.M.; "An Approach to the
    Workload Characterization Problem"; Computer, Juni 1976, S. 18-32
/2/ Artis, H. Pat; "Capacity Planning for MVS Computer Systems";
    in: D. Ferrari(ed.):"Performance of Computer Installations";
    North-Holland Publishing Company 1978
/3/ Artis, H. Pat; "Workflow-A Technique for analyzing JES Systems";
    AFIPS National Computer Conference 1979, S. 193-197
/4/ Hunt, E.; Diehr, G.; Garnatz, D.; "- Who are the Users? - An
    Analysis of Computer Use in a University Computer Center";
    Proceedings AFIPS Spring Joint Computer Conference 1971, S. 231-238
/5/ Kimbleton, Stephen R.; "The Role of Computer System Models in
    Performance Evaluation"; CACM 15, Juli 1972, S. 586-590
/6/ OS/VS2 System Logic Library, Vol 1-7, IBM Form SBOF-8210
/7/ Sreenivasan, K.; Kleinman, A.J.; "On the Construction of a
    Representative Synthetic Workload"; CACM 17, März 1974, S. 127-133
/8/ System Management Facilities (SMF), IBM Form GC28-0706

Leistungsmessung von Datenbanksystemen
-Meßmethoden und Meßumgebung -
W. Effelsberg, T. Härder[*], A. Reuter, J. Schultze-Bohl
Fachbereich Informatik, TH Darmstadt

1. Einführung

Leistungsmessung hat ganz allgemein zum Ziel, das Verhalten eines existierenden Systems in verschiedenen Betriebszuständen zu bestimmen und zu bewerten, um beispielsweise Engpässe frühzeitig erkennen und beseitigen, das Betriebsverhalten optimieren oder vorgegebene Leistungsspezifikationen nachweisen zu können.

Die Aufgaben der Leistungsmessung von Datenbanksystemen (DBS) lassen sich nach den jeweiligen Zielgruppen, die von ihren Ergebnissen profitieren, einteilen. Für die DBS-Entwickler als wichtigste Zielgruppe dienen die Methoden der Leistungsmessung als begleitendes Instrumentarium für die Systemimplementierung und -weiterentwicklung

- zum Nachweis der erwarteten Systemeigenschaften und zum frühzeitigen Erkennen von Performance-Schwächen und Funktionsfehlern
- zum Verständnis des internen Systemablaufs und des Zusammenwirkens der Systemkomponenten sowie ihrer Abhängigkeiten untereinander
- zur quantitativen Beurteilung der getroffenen Entwurfsentscheidungen und der Tauglichkeit der gewählten Lösungskonzepte
- zur Ermittlung von Leistungsgrenzen und zu ihrer Erweiterung durch Optimierungsmaßnahmen.

Datenbankadministratoren gehören zu einer weiteren wichtigen Zielgruppe, die unterstützt wird durch Hilfsmittel

- zum Entwurf und zur Optimierung der Speicherungsstrukturen einer konkreten DB-Installation
- zur Bestimmung von Zugriffs- und Ausführungszeiten und ihrer Analyse in einer realen Systemumgebung
- zum Erkennen von Engpässen in einer DB-Installation und ihrer Behebung durch geeignete Tuning-Maßnahmen (Wahl optimaler Betriebsparameter).

Zusätzlich läßt sich die Zielgruppe der Programmierer aufführen, für die Methoden der Leistungsmessung vorwiegend aus didaktischen Gründen hilfreich sein können, um

- die erforderlichen Zugriffszeiten für bestimmte Speicherungsstrukturen (beispielsweise durch charakteristische Zeitmessungen) zu beurteilen
- die Auswirkungen ihrer gewählten DB-Optionen und ihres "Programmierstils" zu erkennen
- das Laufzeitverhalten ihrer Programme vor allem im Mehrbenutzerbetrieb einschätzen zu lernen.

[*] Fachbereich Informatik, Universität Kaiserslautern

Im Rahmen eines Forschungsprojektes "Leistungsmessung und Vorhersage des Betriebsverhaltens beim Datenbanksystem UDS", das an der TH Darmstadt im Zusammenarbeit mit der Firma Siemens von 1977 bis 1980 durchgeführt wurde, sind viele dieser Zielvorstellungen der Leistungsmessung von DBS verfolgt worden. Es soll hier zusammenfassend über die verwendeten Methoden, die allgemeine Vorgehensweise und die Erzeugung von geeigneten Meßumgebungen für die verschiedenen Aufgabenstellungen der Leistungsmessung berichtet werden.

2. Meß- und Analysemethoden

Zunächst werden in knapper Weise die wichtigsten der eingesetzten Meßmethoden und -werkzeuge charakterisiert. Ihre ausführliche Beschreibung und Diskussion ist in /Hä79/ enthalten.

Hardware-Monitore wurden trotz ihrer vielen Vorteile bei der Durchführung von Messungen nicht verwendet. Sie scheiden für die Analyse der zentralen DBS-Probleme aus, da ihre Möglichkeiten zur Erfassung von Ereignissen nur die Bestimmung globaler Leistungsmerkmale des Gesamtsystems gestatten. Die genaue Zuordnung von gemessenem Ereignis zur auslösenden Aktivität im DBS, das ja nur ein spezielles Anwendungsprogramm (AP) des Gesamtsystems ist, läßt sich im allgemeinen nicht erreichen. Sie können ggf. zur Unterstützung bei der Klärung spezieller Fragen herangezogen werden. Die verwendeten Meß- und Analyseverfahren lassen sich unter dem Stichwort *Software-Monitore* subsummieren, wenn darunter ganz allgemein ins DBS oder BS integrierte oder selbständige Programme verstanden werden, die das Verhalten des zu untersuchenden Systems aufzeichnen und messen. Dazu kommen Auswertungsprogramme, die die erfaßten Werte in geeigneter Weise aufbereiten. Als externe Analysetechniken wurden eingesetzt:

Externe Timer-Messungen: Ein einfaches Meßverfahren für den Einbenutzerbetrieb ist schematisch in Bild 1 dargestellt. Ein Meßmodul MESIFACE, der zwischen AP und DBS eingebunden wurde, führte eine geblockte Aufzeichnung aller DML-Anweisungen (DBS-Aufrufe) in ihrer Ausführungsreihenfolge mit den zugehörigen Parametern und der *benötigten Ausführungszeit* (elapsed time) auf Magnetband durch. Dieses Verfahren erzeugt nur einen sehr geringen Overhead und ist leicht einzusetzen, da weder AP noch DBS zu modifizieren sind. Es wurde intensiv zur Bestimmung des Laufzeitverhaltens einzelner DML-Anweisungen und Transaktionen herangezogen. Für seine praktische Anwendbarkeit sind flexible Auswertungsprogramme mit starker Parametrisierung zur statistischen und graphischen Aufbereitung und Verdichtung der gemessenen Zeiten besonders wichtig. Folgende Auswertungen erwiesen sich als sehr hilfreich:
- Auflistung der Einzelzeiten in der Reihenfolge der ausgeführten DML-Anweisungen in geeigneter graphischer Darstellung
- Verteilungsdiagramme mit Mittelwert- und Varianzbildungen für alle Operationen eines Typs

- inkrementelle Mittelwertbildungen (beispielsweise zum Erkennen von Entartungen in Speicherungsstrukturen bei Einfügeoperationen).

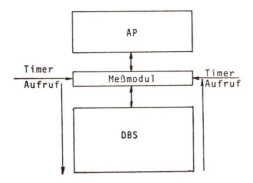

Bild 1: Externe Timer-Messung durch ein separates Meßmodul

Analyse von Speicherungsstrukturen: Eine Reihe von speziellen Auswertungsprogrammen zur Ermittlung der Verteilung der Sätze in Hashbereichen und Baumstrukturen, der Belegungsstatistiken von Datenseiten und zur Analyse von Überlaufketten diente der Überprüfung von Einfüge- und Löschstrategien und der Freispeicherverwaltung.
Die *Auswertung der Log-Datei* mit Hilfe von globalen und transaktionsbezogenen Auflistungen der Schreibreihenfolgen, sowie Statistiken für verschiedene Typen von Log-Einträgen erwiesen sich als besonders geeignet, Rückschlüsse über das interne Verhalten des DBS zu gewinnen /Pe78/.

Die Notwendigkeit, das extern gemessene Systemverhalten zu interpretieren, erzwingt in überraschend vielen Fällen die Einführung von internen Analysetechniken, die das interne Ablaufgeschehen des DBS in größerem Detail widerspiegeln.
Aufzeichnung interner Ereignisse: Zur Durchführung von vielfältigen Aufzeichnungen über das interne Systemverhalten ist das DBMS um ein integriertes Trace-System zu erweitern, das die selektive Aktivierung verschiedenartiger Meßpunkte gestattet. Zu den wichtigsten Meßpunkten eines DBMS gehören solche, die eine Gewinnung von Informationen über

- logische und physische Seitenreferenzen
- Wechsel von transaktionsbezogenen Aktivitäten (Subtask-Wechsel)
- Wartesituationen durch Sperren oder E/A-Vorgänge
- Modulaufrufe

erlauben. Durch spezielle Auswerteprogramme können beispielsweise die logischen und physischen Seitenreferenzstrings abgeleitet werden, die sich für das Verständnis des Systemablaufs und für die Erklärung des Zustandekommens unerwarteter Ausführungszeiten als unerläßlich erwiesen. Die Seitenreferenzstrings können außerdem zur Überprüfung von Optimierungsvorschlägen für Pufferersetzungs- und Logstrategien

herangezogen werden (Stacktiefenverteilungen). Die Ausgabe von Modulaufrufen für
für einzelne DML-Anweisungen hilft die Frage zu beantworten, ob die Modularisierung des Systems in geeigneter Weise erfolgt ist. Zur Erklärung des Betriebsverhaltens im Mehrbenutzerbetrieb sind eine Reihe von verschiedenartigen Auswertungen
erforderlich. Zur Analyse von Wartephänomenen ist die periodische Ausgabe von
Warteschlangen vor zentralen Systemressourcen von besonderer Wichtigkeit. Die
für den gemeinsamen Zugriff kritischen Seiten lassen sich durch Analyse der
logischen Seitenreferenzen und Informationen über Wartesituationen ermitteln. In
Bild 2 sind als Beispielauswertung potentielle Behinderungen und tatsächlich
aufgetretene Behinderungen beim Seitenzugriff paralleler Transaktionen dargestellt.

```
MIX20
--------
STATISCH GEMEINSAM BENUTZTE SEITEN DER TRANSAKTIONSTYPEN
--------------------------------------------------------

TRANSAKTIONS- I
        TYP   I  TA50     TA60     TA70     TA80     TA90

        TA50  I   65       16        4        1        2
        TA60  I   16       62       12        1        1
        TA70  I    4       12      141        1        3
        TA80  I    1        1        1      139        3
        TA90  I    2        1        3        3      655

BEHINDERTE TRANSAKTIONEN UND IHRE MOEGLICHEN VERURSACHER
GEKENNZEICHNET DURCH DIE ANZAHL VON GLEICHZEITIGEN SEITENZUGRIFFEN
AUF BEREITS GESPERRTE SEITEN


   BEHINDERTER   I  MOEGLICHE VERURSACHER                            I
   TRANSAKTIONS- I                                                   I
        TYP      I  TA50     TA60     TA70     TA80     TA90         I SUMME
   --------------I---------------------------------------------------I-------
        TA50     I   19        0        0        0        0          I   19
        TA60     I    0        6        0        0        0          I    6
        TA70     I    1        4        0        0        0          I    5
        TA80     I    0        0        0        0        0          I    0
        TA90     I    0        0        0        0        0          I    0
   --------------I---------------------------------------------------I-------
        SUMME    I   20       10        0        0        0          I   30
```

Bild 2: Darstellung der potentiellen und der tatsächlich aufgetretenen Behinderungen
beim Seitenzugriff

Die Verzahnung des Seitenzugriffs paralleler Transaktionen ist in Bild 3a - mit
Hilfe des logischen Seitenreferenzstrings abgeleitet - dargestellt. Durch einen
sogenannten Transaktions-Report (Bild 3b) läßt sich eine seitenbezogene Wartebilanz
einer Transaktion ausgeben; er enthält die aktuellen Wartezeiten.

Dynamische Pfadlängenmessung: Sie besteht aus einem *vollständigen Trace* aller ausgeführten Instruktionen, der eine genaue Geschichte des Ablaufgeschehens darstellt.
Mit seiner Hilfe lassen sich Fragen nach Häufigkeit und Anzahl der ausgeführten
Instruktionen, der Modulaufrufe etc. beantworten. Wartezeiten und Dauer von E/A-
Vorgängen werden nicht erfaßt.

```
         TA 0                TA 1           TRANSAKTION  260    TSN 6891     PROGRAMM NAME TA70
                                            ---------------------------------------------------
    PC TA AR PAGENO      PC TA AR PAGENO
    5  00 READY                                      GESAMTZEIT        58.759427 SEC
    5  00 01 000006                         GLEICHZEITIG AKTIVE TRANSAKTIONEN :  175 259 261 262
                         4  01 READY                            ANZAHL     ANZAHL      WARTEZEIT
                         4  01 01 000006    AREA   PAGE      REFERENZEN  BEHINDERUNGEN PRO SEITE (IN SEC)
    5  00 01 000003
                         4  01 01 000006      3     830          2           0         0.000000
                         4  01 01 000003      3    1724        126          11         0.317036
    5  00 01 000047
                         4  01 01 000003      3    2495         15           0         0.000000
                         4  01 01 000047      3    2496         15           0         0.000000
    5  00 01 000047                           3    2497         18           0         0.000000
    5  00 01 000047                           3    2498         15           0         0.000000
                         4  01 01 000047      3    2499         17           0         0.000000
                         4  01 01 000047      3    2500         18           0         0.000000
                         4  01 01 000047      3    2501         15           0         0.000000
    5  00 FETCH-1                             3    2502         15           0         0.000000
    5  00 03 000063                           3    2503         15           1         0.871431
    5  00 04 000214                           3    2510          8           0         0.000000
                                              3    2511        273          71         3.601106
                         4  01 FETCH-1        3    2524          5           0         0.000000
                         4  01 03 000063                        :
                         4  01 04 000213
    5  00 MODIFY                             INSGESAMT     62 SEITEN ANGESPROCHEN,
    5  00 04 000214                          DAVON TRATEN BEI  7 SEITEN INSGESAMT 89 BEHINDERUNGEN AUF.
    5  00 04 000000                          INSGESAMT    262 TRANSAKTIONEN GESTARTET.
```

Bild 3: a) verzahnter Seitenzugriff   b) Transaktions-Report

Interne Timer-Messung: Durch Messung der *Ausführungszeiten von Modulaufrufen* können die extern gemessenen Zeiten für DML-Anweisungen in einzelne Bestandteile wie CPU- und E/A-Anteile zerlegt werden. Außerdem lassen sich durch Aggregation Aufrufstatistiken etc. darstellen. In Bild 4 ist ein Beispiel für die Auswertung einer internen Timer-Messung für eine DML-Anweisung dargestellt. Die Ausführungszeiten der einzelnen Modulen sind in µsec angegeben.

```
        PC: 2    TA: 00    *** FREE            ***

        01   @BSUASK          0:132
           02   @BFRREE            0:118
              03   @BFRION            0:097
                 04   @BFIION               0:164
              03   @BFRION            0:066
                 04   @BLOIST               0:111
              03   @BFRION            0:077
           02   @BFRREE            0:075
        01   @BSUASK          0:069
           02   @BREDML            0:193
        01   @BSUASK          0:050
```

Bild 4: Ausführungsprotokoll einer DML-Anweisung (FREE)

BS-Monitor: Ein ins Betriebssystem integrierter Monitor ist Voraussetzung für die Messung von Ereignissen, die im DBS nicht erfaßt werden können und doch das gesamte Betriebsverhalten wesentlich bestimmen. Er wird eingesetzt, um Paging- und E/A-Raten, Kanal- und CPU-Auslastung, Unterbrechungshäufigkeiten, Prozeßwechsel etc. bestimmen zu können. Das in Bild 5 dargestellte Auswertungsbeispiel zeigt charakteristische Größen, die zur Beurteilung des Betriebsverhaltens eines DBS wichtig sind, jedoch nur durch einen BS-Monitor als begleitendem Meßinstrument gewonnen werden können.

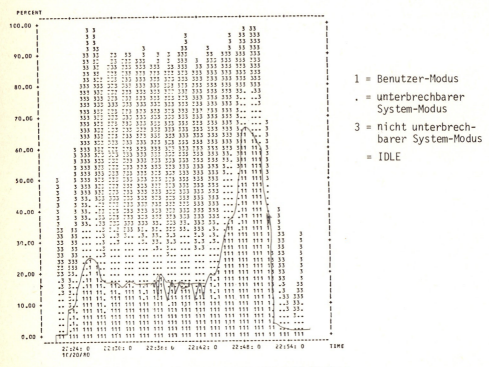

Bild 5: Analyse der CPU-Auslastung durch einen BS-Monitor

Bei allen internen Analyseverfahren ist die sorgfältige Wahl der Meßpunkte und -intervalle von großer Wichtigkeit. Sie sollen leicht und selektiv im laufenden Betrieb einzustellen sein. Schon bei kurzer Überwachungsdauer fallen extrem umfangreiche Meßdaten an, deren Speicherung und Auswertung gewisse Probleme bereiten.

3. Entwicklung von Meßumgebungen

Die Messungen bezüglich des Funktionsablaufes und des Betriebsverhaltens wurden in Meßumgebungen durchgeführt, die aus realen Komponenten bestehen; d.h. es wurde keine Simulation eingesetzt. Die Komponenten einer Meßumgebung werden im folgenden skizziert:

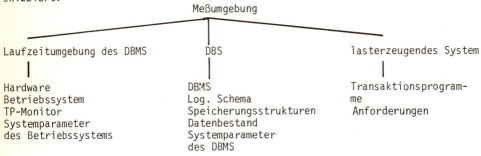

Die Systemparameter dienen der Steuerung der ansonsten anwendungsinvarianten Komponenten, wie z.B. Anteil von Batch- und Dialogtasks im Betriebssystem oder Größe des Puffers für das DBMS. Die oben erwähnten Anforderungen werden im Realbetrieb von Benutzern an das DBS herangetragen: mit "Benutzer" kann eine Person an einem Terminal ebenso wie eine Stapelstation charakterisiert werden. Anforderungen lassen sich physisch als Daten und/oder auslösende Ereignisse ("Stimuli") beschreiben, die zwischen Benutzern und dem DBS ständig ausgetauscht werden:

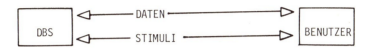

Zu der vollständigen Erzeugung einer Meßumgebung gehört neben der Bereitstellung des DBS auch die Ersetzung der realen Benutzer durch eine synthetische Lasterzeugung, die das reale Verhalten hinreichend genau nachbilden soll:

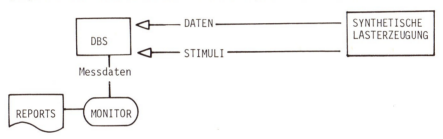

Im einfachsten Fall ist der Informationsfluß zwischen lasterzeugendem System und DBS nicht mehr bidirektional. Diese Einschränkung ist vor allem im Mehrbenutzerbetrieb für Messungen des Betriebsverhaltens von Bedeutung, auf die später noch eingegangen wird. Für den Einbenutzerbetrieb und bestimmte Funktionsmessungen (bezüglich Korrektheit und Betriebsmittelbedarf) ist die obige Anordnung ausreichend. Mit "Monitor" werden alle Instrumente und Methoden bezeichnet, die der Erfassung von Messdaten über den Versuchsablauf dienen (siehe Kap. 2). Bei der Messung des Betriebsverhaltens im Mehrbenutzerbetrieb ist zu beachten, daß die Ankunftsrate der Anforderungen an das DBS entscheidend von seinem Durchsatzverhalten bestimmt sein kann. Die synthetische Lasterzeugung ist daher in Abhängigkeit vom Betriebsverhalten zu regeln:

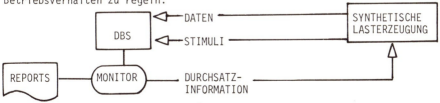

Der Zusammenhang zwischen dem Betriebsverhalten und der synthetischen Lasterzeugung wird über verschiedene Lastmodelle hergestellt, die ein bestimmtes Benutzerverhalten nachbilden können.

3.1 Systematische Variation der Komponenten eines DBS

Im Rahmen der durchgeführten Versuche wurde nur ein Teil der Komponenten der Meßumgebung einer Variation unterworfen. Die benutzte Hardware war über alle Versuchsreihen konstant. Die Softwarekomponenten der Laufzeitumgebung wie das Betriebssystem wurden in jeweils 2 auf das DBMS abgestimmten Versionen installiert (BS1000 und BS2000). Ein TP-Monitor mit einer zugehörigen DC-Komponente wurde lediglich unter BS1000 installiert. Dagegen wurden die Komponenten des DBS einer breiten Variation unterworfen, die im folgenden systematisch für die einzelnen Komponenten dargestellt wird; es werden so die Möglichkeiten zu sinnvollen Kombinationen aufgezeigt, die jedoch nicht erschöpfend untersucht wurden. Die tatsächlich durchgeführten Variationen sind im Abschnitt " Einsatz verschiedener Meßumgebungen " kurz zusammengefaßt.

Logisches Schema: Im Rahmen der Versuche wurden Schemata verwendet, die sich durch eine unterschiedliche Realitätsnähe auszeichneten. Hierbei besitzen die Schemata mit exakter Nachbildung einer Anwendung naturgemäß eine hohe Komplexität, die sich in einer Vielzahl von Satz-Typen und Set-Typen ausdrückt. Insbesondere für die analytische Modellierung des internen Ablaufs einer DML-Anweisung eignen sich komplexe Schemata nicht; Messungen können nur unzureichend interpretiert werden. Eine grundlegende Verbesserung ihrer Interpretationsfähigkeit wird durch den Übergang zu einfachen Schemata erreicht, die so angelegt werden, daß sie als sogenannte Strukturprimitive oder Schemabausteine die Kombination zu einem komplexen Schema erlauben. Damit wird die Erwartung verknüpft, daß sich auf diesen Strukturprimitiven Messungen durchführen lassen, deren Ergebnisse in einer Zusammensetzung zu einem komplexen, realitätsnahen Schema weiterhin Gültigkeit besitzen. Die Strukturprimitive stellen eine stufenweise fortschreitende Einbindung des Datenobjektes (Satz-Typ) unter Verwendung logischer Verknüpfungen (Set-Typ) in ein logisches Schema dar. Im einfachsten Fall besteht ein Strukturprimitiv lediglich aus einem Schema mit einem Satz-Typ ohne Verknüpfung zu anderen Objekten. Durch einen singulären Set als zweites Strukturprimitiv läßt sich eine bestimmte Ordnung über einen Satz-Typ spezifizieren. Die folgenden drei Strukturprimitive variieren in der Anzahl der Owner-Satz-Typen, der Member-Satz-Typen und den zwischen diesen definierten Sets. In Bild 6 sind diese fünf Strukturprimitive dargestellt:

S S P	1	2	3	4	5
Dia-gramm	□	SYSTEM ↓ □	□ ↓ □	□ ↓↓ □	□ □ ↘↙ □
Bez.	einzelner Satztyp	singulärer Set	nichtsingulärer Set	Stücklisten-Struktur	V-förmiges Schema

Bild 6: Die fünf Schema-Strukturprimitive

Die Einführung weiterer Strukturprimitive wird davon abhängen, inwieweit die Messungen und analytischen Modelle für die eingeführten Strukturprimitive auch für Zerlegungen komplexerer Strukturen hinreichend genau bleiben, wobei die Art der Zerlegung bisher keineswegs eindeutig ist /KM80/.

Der Übergang von Messungen mit Schemabausteinen zu realitätsnahen Schemata wurde gleitend vollzogen; im Rahmen von Praktikumsversuchen wurden aus diesen Bausteinen geringfügig komplexere Schemata erzeugt (siehe /EHR80a/); schließlich wurde ein reales Schema direkt übernommen (siehe /HI80/), das 19 Satz-Typen und 21 Set-Typen umfaßt.

Speicherungsstruktur: Die Speicherungsstruktur dient der optimalen Abstimmung des Zugriffszeitverhaltens bei einem gegebenen Datenbestand und einer (zumindest grob bekannten) Transaktionslast. Für das untersuchte DBS UDS existiert eine eigenständige Beschreibungssprache (SSL=Storage Structure Language), die eine einfache Spezifikation einer bestimmten Speicherungsstruktur erlaubt. In einer Reihe von Praktikumsversuchen wurde über eine große Anzahl von variierten SSLs bei gleichen TA-Programmen und gleichen Schemata nachgewiesen, daß das Bestimmen einer optimalen Speicherungsstruktur nicht trivial ist. Neben der Variation der gesamten Speicherungsstruktur zwecks Optimierung wurden ebenfalls einzelne Strukturparameter untersucht, wie verschiedene Hash-Algorithmen und Split-Faktoren für B^x-Bäume.

Systemparameter: Wie die Speicherungsstruktur sollen auch die Systemparameter optimal auf die zu unterstützende Anwendung abgestimmt sein. Anders als bei der Optimierung der Speicherungsstruktur können eventuell durch Beschränkungen nur Suboptima dargestellt werden, was am Beispiel der Speicherplatzzuteilung erläutert werden soll: Für ein optimales Betriebsverhalten sei eine bestimmte Puffergröße für das DBMS erforderlich, die zwar über Systemparameter angefordert werden könnte, aber wegen parallel zu betreibender Anwendungen (in der Laufzeitumgebung, zusätzlich zur DBMS-Umgebung) nicht gewährt werden kann. Um den Einfluß dieser willkürlichen Einstellung der Systemparameter auf das Betriebsverhalten abschätzen zu können, ist daher eine breite Variation dieser Parameter in einer Vielzahl von Meßanordnungen zu testen, wie sie in /EHRS81/ ausführlicher dargestellt wird. Weiterhin kann über Systemparameter die Häufigkeit bestimmter Funktionen des DBMS wie Ansprechen des Pufferverwalters durch Wahl der Puffergröße, der Logging-Komponente durch Wahl des Log-Verfahrens oder des DBMS-Schedulers durch die Zuteilung von (Sub-)Tasks gesteuert werden.

Datenbestand: Der Datenbestand wurde in folgenden Eigenschaften variiert:
- Anzahl Satz-Ausprägungen
- Anzahl Set-Ausprägungen
- Anzahl Member pro Owner-Ausprägung
- Verteilung von Schlüsselwerten.

Das Erzeugen des Datenbestandes geschieht in der Regel in zwei Phasen:
- Bereitstellen des Datenbestandes
- Laden des Datenbestandes durch das DBMS.

Für das Bereitstellen des Datenbestandes wurden unterschiedliche Alternativen erprobt:
- Erstellen eines Programmes zur Datenerzeugung
- Nutzung eines Datenerzeugungssystems
- Übernahme eines existierenden Datenbestandes.

Bei der ersten Methode wird die Datenerzeugung für jeden Versuch durch ein spezielles Programm durchgeführt und kann so auf ein Versuchsziel hin orientiert werden. Sie wurde für die meisten Versuche benutzt. Dieser erhebliche Aufwand sollte im nächsten Schritt durch Verwendung eines eigens für die Erzeugung von Testdaten entwickelten Systems (TFG /SIE79/) entscheidend verringert werden. Da die Leistungen dieses Systems für eine Erzeugung von Daten mit hinreichendem Realitätsbezug nicht ausreichen, wurde diese Methode lediglich innerhalb eines Praktikums versuchsweise verwendet. Schließlich gewährleistet die Übernahme realer Datenbestände insbesondere bei einer anwendungsgetreuen Nachbildung von Schema, Transaktionen und Speicherungsstruktur verläßliche Aussagen über das Betriebsverhalten, wie dies im Rahmen der Schüler-DB (siehe /HI80/) erreicht wurde.

Für das Laden des Datenbestandes wurden zwei Methoden verwendet:
- Implementierung von Ladetransaktionen
- Benutzung von DBMS-Ladeprogrammen.

In der Regel mußte auf die aufwendige erste Methode zurückgegriffen werden, da das zur Verfügung stehende Hilfsprogramm des DBMS zum Laden einer DB kein Laden eines komplexeren Datenbestandes erlaubt. Letzteres betrifft insbesondere die Verknüpfung von Satz-Ausprägungen in mehrere Sets.

3.2 Erzeugung von Lasten

Wie eingangs dargestellt, versetzen die Anforderungen das DBS in einen Belastungszustand, indem es auf eintreffende Anforderungsereignisse ("Stimuli") und Daten in der durch die Transaktionsprogramme festgelegten Weise reagiert.

Transaktionsprogramme: Um ähnlich wie bei der Variation der Schemata eine Interpretationsfähigkeit der Meßergebnisse zu sichern, wurde die Komplexität der Transaktionsprogramme stufenweise erhöht:
- Wiederholte, gleichartige DML-Einzelanweisungen
- DML-Anweisungsfolgen, wie sie in einfachen Transaktionen typischerweise auftreten
- verschiedenartige DML-Anweisungsfolgen, die parallel bearbeitet werden können (zur Konstruktion eines Transaktionsmixes).

Mit der n-fachen Wiederholung gleichartiger Anweisungen können neben Mittelwerten
der Ausführungszeiten vor allem Organisations- und Reorganisationsmechanismen des
DBMS gemessen werden, die sich erst nach einer gewissen Häufigkeit von Ausführungen bestimmter Operationen einstellen. Hierzu zählen die Verwaltung von Indexstrukturen, Aufteilung von Tabellen- und Datenseiten bei Überläufen usw. Mit
Anweisungsfolgen lassen sich transaktionsbezogene Eigenschaften des DBMS vermessen, z.B. das Vermögen der Pufferverwaltung, den Working-Set einer Transaktion
zu erhalten oder das transaktionsbezogene Zurücksetzen einer laufenden, ändernden
Transaktion. Bei der Messung des Betriebsverhaltens mit parallelen Transaktionen
steht die Fragestellung nach der Optimierung des Durchsatzes im Vordergrund.

Lasterzeugung im Einbenutzerbetrieb: Für Funktionsmessungen, das Aufstellen von
Zugriffskostenmodellen und den Einbenutzerbetrieb wurden Anforderungsereignisse
und Daten auf einfachste Weise erzeugt. Die Erzeugung von Transaktionsdaten kann
im Prinzip wie die Bereitstellung des Datenbestandes erfolgen, die Übergabe der
aktuell benötigten Daten kann im Transaktionsprogramm selbst (oder als Unterprogramm) ausgeführt werden. Die Aktivierung der Anforderungen läßt sich ebenfalls
in die Transaktionsprogramme über entsprechende Konstrukte einbetten (z.B. Schleifen für n-fache Wiederholungen).

Lasterzeugung im Mehrbenutzerbetrieb: Für Messungen des Betriebsverhaltens insbesondere im Mehrbenutzerbetrieb ist eine zentrale Steuerung der Anforderungserzeugung
unerläßlich, da anders der erforderliche Realitätsbezug nicht erreicht werden kann,
wie im folgenden näher erläutert wird.
Ausgehend von gängigen Betriebsformen (Batch, Dialog) und unter Beachtung der Begrenzung des Aufwandes für die Erzeugung einer Meßumgebung soll das Eintreffen
von Anforderungen an das DBMS mehr oder weniger realistisch nachgebildet werden.
Das Erzeugen der Anforderungen selbst wird später erläutert. Es wird davon ausgegangen, daß für jede Betriebsform, gleichgültig ob Stapel- oder Dialogverarbeitung,
eine allgemeine Darstellung einer Anforderung an das DBMS möglich ist. Im Verlaufe
unserer Untersuchungen zeigte es sich, daß eine Anforderung, die gleichermaßen
aus einer realen Anwendung wie aus einer künstlichen Umgebung entstammen kann,
durch
- Zeitpunkt des Eintreffens, eine
- Zeichenkette und dem
- Ursprung der Anforderung

hinreichend beschrieben werden kann. Der *Zeitpunkt* des Eintreffens ist selbsterklärend; die *Zeichenkette* kann beispielsweise ein Suchschlüssel sein oder auch
nur ein Zeichen, das ein umfangreiches Transaktionsprogramm anstößt. Die Angabe
des *Ursprungs* der Anforderung dient der Kennzeichnung der Identität, um die Sequentialität von Anforderungsfolgen ausdrücken zu können; kurz: Von einem Ursprungsort kann zu jedem Zeitpunkt höchstens eine Anforderung aktiv sein. Unter

Verwendung des dargestellten Beschreibungshilfsmittels wurden verschiedene Lastmodelle untersucht. Diese unterscheiden sich voneinander in der Nachbildung des Benutzerverhaltens; sie können wie folgt charakterisiert werden:
1. Unbeschränkt viele Benutzer, die *verschiedene* Transaktionsprogramme zum Ablauf bringen: Lastmodell zur Funktionsprüfung und eingeschränkt zur Messung der Leistungsgrenzen (keine Kontrolle des Benutzerverhaltens).

2. Begrenzte Anzahl Benutzer, die *verschiedene* und *gleiche* Transaktionsprogramme (bis zu einem vorgegebenen Parallelitätsgrad) aktivieren können. Dieses Modell eignet sich zur Messung von Leistungsgrenzen und eingeschränkt zur Messung des Betriebsverhaltens im nachgebildeten Realbetrieb.

3. Begrenzte Anzahl Benutzer, die unterschiedliche Berechtigung für die Aktivierung von Transaktionsprogrammen besitzen, sonst wie (2). Dieses Lastmodell erlaubt verbesserte Nachbildung des Realbetriebes zur Messung des Betriebsverhaltens.

4. Begrenzte Anzahl Benutzer, die unterschiedliche Berechtigung zur Aktivierung besitzen und zudem noch von der Beendigung vorausgegangener Transaktionsprogramme abhängig sind. Weitere Verfeinerung von Modell 3.

Alle Lastmodelle können durch weitere Eigenschaften des Benutzerverhaltens ergänzt werden, wie beispielsweise Fehlerrate und Denkzeit.

Die vorgestellten Lastmodelle ermöglichen eine sukzessiv verbesserte Realitätstreue, erfordern allerdings auch einen wachsenden Aufwand für die Herstellung einer Meßumgebung. Obige Lastmodelle werden durch entsprechende Parametersteuerung der Werkzeuge, die die Anforderungen in das System einbringen, realisiert.

Hilfsmittel zur Erzeugung von Anforderungen an das DBS: Es werden hier kurz Komponenten beschrieben, die als "Werkzeuge" die Anforderungen an das DBMS richten. Diese Werkzeuge übernehmen (im Lastmodell) die Funktion der Benutzer.

Wegen der engen Bindung der Benutzereigenschaften an das jeweilige Lastmodell wächst der Entwicklungsaufwand mit dem Detaillierungsgrad des zugehörigen Lastmodells.

Unabhängig vom Lastmodell ist die physische Repräsentation der Last, die sich, wie eingangs erwähnt, durch *Zeitpunkt, Zeichenkette* und *Anforderungsursprung* spezifizieren läßt. Bei der Entwicklung der Werkzeuge wird die Erzeugung von "Anforderungen zu bestimmten Zeitpunkten von einem Ursprung" einer Komponente zugeordnet, die Erzeugung der Zeichenketten einer anderen. Die Separierung der Zeichenkettenerzeugung hat praktische Gründe. Einmal besteht die alternative Notwendigkeit, reale Zeichenketten (der Anwendung entnommen) oder künstlich erzeugte Zeichenketten während der Bearbeitung von Anforderungen bereitzustellen, zum anderen ist die semantisch korrekte Erzeugung künstlicher Zeichenketten weit weniger fortgeschritten als die übrige Entwicklung der Werkzeuge. Die Belastung des DBMS nach dem jeweiligen Lastmodell wird über ein Programmsystem, genannt SCHEDULER, erreicht. Einzelheiten zu diesem System sind unter /SB80a/ zu finden.

Die Steuerung des SCHEDULERS geschieht über Parameter, deren jeweilige Besetzung das entsprechende Lastmodell charakterisieren. Alle Angaben sind auf die Dauer eines Testlauf - bzw. Beobachtungszeitraumes bezogen. Wird diese Zeit vorgegeben, dann wird (unter Beachtung weiterer Parameter) vom SCHEDULER der genaue Startzeitpunkt jeder Anforderung festgelegt. Gibt man keine Testlaufzeit vor, dann wird (unter Beachtung aller übrigen Parameter) eine möglichst schnelle Aktivierung aller Anforderungen ausgeführt. Letztere Betriebsart dient der Erfassung von Leistungsgrenzen des DBMS, während sonst die Nachbildung des realen Betriebes durchgespielt wird. Die übrigen Parameter für die Lastdarstellung und Steuerung sollen lediglich kurz aufgezählt werden:

Für die Beschreibung des Transaktionsmixes:
- Name des Transaktionstyps
- Häufigkeit der Anforderung
- Nachfolger/Vorgängertransaktionstyp
- Ankunftsverteilung der Anforderung
- Anzahl der Ursprungsorte ("Quellen") für Anforderungen.

Für die Steuerung:
- Maximale Anzahl aktiver Benutzerprozesse
- Reaktion auf Sonderzustände.

Wie bei der Erzeugung des Datenbestandes lassen sich auch für die Erzeugung der ablaufspezifischen Transaktionsdaten ("Zeichenketten") zwei Phasen unterscheiden:
- Bereitstellen der Zeichenketten durch
  - Implementierung eines geeigneten Programmes,
  - Benutzung des Datenerzeugungssystems "TFG",
  - Übernahme realer Transaktionsdaten
- Übergeben der Zeichenketten an die Transaktionsprogramme durch
  - Unterprogrammaufruf,
  - einen zentralen Prozeß,
  - Lesen einer Datei.

Bis auf die Übergabe von Zeichenketten durch einen zentralen Prozeß ist die Erzeugung von Datenbestand und ablaufspezifischen Daten weitgehend gleich. Diese Methode der Übergabe läßt sich dann vorteilhaft einsetzen, wenn für eine Menge von gleichartigen *und* verschiedenen Transaktionsprozessen, die sich gegenseitig behindern und überholen können, ein realitätsgetreues, *datengesteuertes* Zugriffsverhalten nachgebildet werden soll. Um bei der Übergabe der Daten an die Transaktionsprozesse Benutzereigenschaften wie Denkzeit und Fehlerrate in einfacher Weise berücksichtigen zu können, übernimmt eine zentral gesteuerte Komponente (DATGEN) die Datenversorgung für alle Prozesse *eines* Transaktionstyps oder alle Prozesse *aller* Transaktionstypen. Weitere Einzelheiten zu der Komponente DATGEN siehe /SB80b/.

4. Einsatz verschiedener Meßumgebungen

Um das Zugriffszeitverhalten der einzelnen DML-Anweisungen zu bestimmen und die zugehörigen internen Abläufe im DBMS zu verstehen, wurden anfangs eine Vielzahl systematischer Messungen im Einbenutzerbetrieb durchgeführt. Dabei wurden schrittweise die in Abschnitt 2 beschriebenen Meßmethoden entwickelt und eingesetzt. Für diese Untersuchungen bestand die Meßumgebung aus dem DBS in einer vorgegebenen Laufzeitumgebung und einer ausschließlich in die Transaktionsprogramme verlegten Anforderungserzeugung.

Für das logische Schema wurden zunächst nur einzelne Strukturprimitive (Bild 6) herangezogen, da komplexere Schemata in vielen Fällen keine befriedigende Interpretation des Zeitverhaltens der DML-Operationen zuließen. Datenbestand und Transaktionsdaten wurden sehr differenziert erzeugt und verarbeitet, um die für die einzelnen Strukturprimitive typischen Häufigkeiten und Verknüpfungen nachzubilden (singulärer Set: 10^4-10^5 Ausprägungen, Set: $\leq 10^2$ Member pro Ausprägung). Eine besondere Rolle bei der Untersuchung des Zugriffszeitverhaltens der einzelnen DML-Operationen spielte die Verteilung der Schlüsselwerte, um verschiedene Formen der DB-Verarbeitung (strikt sequentieller Zugriff, zufällige Schlüsselauswahl, Ausnutzung von Clusterbildungen) berücksichtigen zu können. Die verschiedenen Optionen zur Erzeugung von Speicherungsstrukturen wurden systematisch variiert.

Um den hohen Kostenaufwand für die Durchführung solcher Messungen zu beschränken und doch die Möglichkeit der Variation von anwendungsbezogenen Parametern wie Satzlänge, physische Blockgröße etc. und Systemparametern wie Systempuffergröße, Log-Optionen etc. zu bieten, zielten alle Messungen - externe wie interne Verfahren - auf die Ableitung hinreichend genauer analytischer Modelle ab (/Rb79/,/KM8o/). Über die Entwicklung solcher Modelle und die dabei erreichte Genauigkeit wurde in /EHR8ob/ berichtet. Sie erwiesen sich sowohl für den Systementwickler als auch für den Datenbankadministrator und Programmierer als sehr nützlich, da mit ihrer Hilfe das aktuelle Zeitverhalten von DML-Anweisungen und die Kostenanteile für die einzelnen Systemkomponenten sowie der Einfluß der verschiedenartigen Parameter studiert werden konnte.

Im nächsten Schritt wurden komplexere logische Schemata eingeführt. In ähnlicher Weise wurden einfache Transaktionen im Einbenutzerbetrieb gemessen und durch analytische Modelle nachgebildet. Durch Variation der DB-Größe wurde untersucht, ob die Ergebnisse, die auf kleinen Datenbeständen gewonnen wurden, auf wesentlich größere Datenbanken extrapoliert werden können /EHRS81/. Die Ergebnisse dienten auch der Überprüfung der Frage nach der Rückwirkungsfreiheit der gewählten Strukturprimitive, d.h. der Klärung der Bedingungen, unter denen auf Schemabausteinen ermittelte Ausführungszeiten auf komplexere Schemata übertragen werden können. Versuche mit vorgegebenen logischen Schemata - aus 3-4 Strukturprimitiven zusammengesetzt- und konstanten Transaktionslasten (≤ 5000 DML-Anweisungen) im Einbenutzerbetrieb, die im Rahmen mehrerer Praktika durchgeführt wurden, dienten der systematischen Untersuchung der Optimierung der Speicherungsstrukturen. Dabei wurde die Meßumgebung für DBS und Transaktionsprogramme - mit jeweils synthetischer Datenerzeugung - konstant gehalten. Für jedes logische Schema erbrachten die Optimierungsversuche der Studenten über 7o verschiedene Speicherungsstrukturen (SSL-Schemata). Die Ergebnisse einer solchen Untersuchung sind in /EHR8oa/ systematisch ausgewertet worden. Sie sind besonders für den Datenbankadministrator von Interesse. Die Analyse des Betriebsverhaltens des DBS im Mehrbenutzerbetrieb erforderte wesentlich komplexere Meßumgebungen. Es wurden Lastvariationen nach den eingeführten vier Lastmodellen erzeugt. Die Messungen mußten mit vergleichsweise geringem Detaillierungsgrad durchgeführt werden.

Für diese Messungen standen keine realen Systeme zur Verfügung; stattdessen mußten die anwendungsspezifischen Komponenten zum größten Teil nachgebildet werden. Hierbei wurde ein unterschiedlicher Realitätsbezug erreicht:

- Schema, Transaktionsprogramme und Datenbestand wurden realen Systemen *nachgebildet* (im Rahmen von Praktikumsversuchen: Universitäts-DB, Stücklisten-DB),
- Schema und Transaktionsprogramme wurden aus einer realen Anwendung *übernommen* (Schüler-DB (/HI8o/) mit einem den realen Verteilungen weitgehend entsprechenden Testdatenbestand).

Die hierbei gewonnenen Ergebnisse sind in erster Linie für den Systementwickler von Interesse. Für den Datenbankadministrator lassen sich aus ihnen wichtige Tuning-Hinweise ableiten.

Literatur

EHR8oa   W.Effelsberg,T.Härder,A.Reuter: An Experiment in Learning DBTG Database Administration, in: Informations Systems, Vol.5, No.2 (198o),pp.137-147.

EHR8ob   W.Effelsberg,T.Härder,A.Reuter: Measurement and Evaluation of Techniques for Implementing COSETs-A Case Study, in: Proc. International Conference on Data Bases, S.M.Deen and P.Hammersley (eds.),Heyden,London,198o.

EHRS81   W.Effelsberg,T.Härder,A.Reuter,J.Schultze-Bohl: Leistungsmessung von Datenbanksystemen-Modellbildung,Interpretation und Bewertung, Tagungsband "Messung,Modellierung und Bewertung von Rechensystemen", Jülich, Februar 1981.

Hä79   T.Härder: Leistungsanalyse von Datenbanksystemen, in: Angewandte Informatik, Bd.21, Nr.4, April 1979, S. 141-15o.

HI8o   Hessisches Inst. für Bildungsplanung und Schulentwicklung (Hrsg.): Beratung in der Schule (Projekt-Abschlußbericht), Wiesbaden, 198o.

KM8o   K.Küspert,K.Meyer-Wegener: Entwurf und Implementierung eines Systems zur

Performance-Vorhersage von UDS durch mathematische Modelle, Diplomarbeit Forschungsgruppe DVI, TH Darmstadt, 1980.

Pe78   P.Peinl: Analyse von Speicherungsstrukturen im UDS, Diplomarbeit, Forschungsgruppe DVI, TH Darmstadt, 1980.

Rb79   J. Rehbein: Kostenmodelle für Modifikationsoperationen in einem Datenbanksystem, Diplomarbeit, Forschungsgruppe DVI, TH Darmstadt, 1979.

SB80a   J.Schultze-Bohl: On the Construction of a Test Environment for DBMS, Poster Session, International Conference on Data Bases, Aberdeen, July 1980.

SB80b   J.Schultze-Bohl: Überlegungen zur Implementierung eines Testdatengenerators zur Versorgung von Datenbanktransaktionen, Technischer Bericht, Forschungsgruppe DVI, TH Darmstadt, 1980.

Sie79   Siemens-Handbuch: COBOL Programmentwicklungssystem, Beschreibung, Siemens AG, Bereich Daten- und Informationssysteme, D 14/40543, München, 1979.

Diese Arbeit wurde vom Bundesminister für Forschung und Technologie (Förderkennzeichen 081 5186) und von der Siemens AG unterstützt.

CQNA-2: Closed Queueing Network Analyzer

Mauro Brizzi - Davide Grillo
Fondazione Ugo Bordoni
V.le Trastevere 108, Rome, Italy

1. Introduction

The package CQNA-2 allows the computation of some frequently referred to metrics related to queueing networks. The networks that can be analyzed belong to a subset of the well known BCMP class, /1/, main characterizations being fixed population size ('closed network' assumption), state independent service rates and stations with one of the following service disciplines: FCFS, LCFS-PR and RR-PS.
The theory underlying the implemented computational algorithms is found in /2/, /3/ and /4/.
The package is an extended and thoroughly revised edition of a former one, CQNA-1 /5/ and /6/. While retaining all of the capabilities of its predecessor, CQNA-2 bases on a new concept for the network description. Accordingly a set of commands, organized in a language, /7/, decisively reduces the amount of work needed when describing complex network structures. Moreover replication of single stations or of sets of stations may be stated in a very concise manner. This feature may be particularly appreciated i.a. when analyzing networks that exhibit remarkable structural regularity, as the ones derived by paralleling operations, /8/.
The use of the package requires mapping of the queueing network to be investigated into its CQNA-2 counterpart. The mapping is quite straightforward and guidelines and examples are reported. Keys for controlling the degree of detail associated to the production of metrics are made available.
CQNA-2 is coded in an 'intersection' between FORTRAN IV and FORTRAN V and runs in batch mode.
Details about the package capabilities and usage are found in /9/.

2. The Elements of a CQNA-2 Network

In the following the list of items needed to define a CQNA-2 analyzable queueing network is reported.

Service stations: consist of one server and one waiting room.

Job streams: are associated to each flow of jobs which one wants for some reason to consider separately. Jobs flow in the network according to an ergodic Markov chain.

Classes: are an attribute of each job belonging to the proper job stream. Although classes have no immediate physical meaning, they play an essential role in specifying the routing of the jobs inside the network. Service times for any job may depend on the class attribute.

Service disciplines: may be selected among the following:

   i) FCFS (First Come First Served)
  ii) LCFS-PR (Last Come First Served - Preemptive Resume)
 iii) RR-PS (Round Robin - Processor Sharing)

Service rates: stations with LCFS-PR or RR-PS service discipline allow job service times distributions with rational Laplace transform; moreover service times may depend on stream and job class attributes. Stations with FCFS service discipline require that the distribution of the service times is exponential; in this case service times cannot depend either on stream or on job class attributes. CQNA-2 produced performance figures depend solely on average service time values. Service rates are the inverse of service times and CQNA-2 requires that these latter be fed.

Service rate ranges: each triplet 'service station - job stream - class' or each station, depending on the service discipline, may be assigned a user specified range of service rate values. Each range is completely scanned in one run and collections of performance figures are correspondently produced.

Branching probabilities: are constant values expressed in the form

$P_{(os,oc)(ds,dc)}^{(js)}$, that is the probability that a job belonging to stream 'js', leaving the origin station 'os' in the origin class 'oc', will join the destination station 'ds' in the destination class 'dc'.

Multiprogramming grades: are the (fixed) number of jobs pertaining to each job stream.

Renewal modes: in a closed network a job loops indefinitely inside the system, passing from one combination 'service station - job class' to another. It may be assumed that when a job leaves a combination belonging to a specified set in order to join a specified other combination, the 'renewal mode', the service is completed and the job begins to circulate again as a fresh one. No more than one renewal mode per job stream is allowed.

The network of Fig. 1 will be considered to illustrate the mapping of a network model into its CQNA-2 counterpart. Elements of the network are three service stations (numbered 1 to 3) and two distinct job streams. Continuous and dashed lines joining service stations indicate jobs trajectories respectively for the first and the second job stream. The routing for the first job stream is the following:

- jobs serviced by station #1 enter station #2 with probability 1;
- jobs serviced by station #3 enter station #2 with probability 1;
- jobs serviced by station #2 enter station #1 (#3) with probability 1 if they entered station #2 coming from station #3 (#1).

The routing for the second job stream is:

- jobs serviced by station #3 for the first time enter station #1 with probability 1, whereas jobs that have already been serviced by station #3 either enter station #1 with probability .35 or they leave the system and are immediately replaced by fresh jobs entering station #3 with probability .65;
- jobs serviced by station #1 enter station #2 with probability 1;
- jobs serviced by station #2, and obviously already serviced in station #3, enter station #3 with probability 1.

The CQNA-2 model of such a network is depicted in Fig. 2, where convenient use of the class attribute has been made for affecting the trajectories of jobs flowing through the same stations more than once. As it can be derived from the above example, CQNA-2 requires

mapping of a queueing network into as many directed graphs as many job streams are defined. Each node of a graph is labelled with the pair 'service station - job class' and branching probabilities are associated to the interconnecting arcs. Prerequisite for the correct description of the routing according to the assumption of closed network, is that each node of a CQNA-2 graph be accessible from any other node in an arbitrary number of steps, i.e. that the graphs be a strictly connected one.
In the example, the renewal mode of the second job stream is: service station #3, class #1, whereas jobs belonging to the first stream are supposed to circulate within the system without ever being replaced and hence no renewal mode for them is declared.

3. Networks Derived by Paralleling

A wide class of systems is designed so that the need for increasing overall servicing capacity that may arise along the time due to a (possibly) developing demand is met by adding servicing power at those sites where bottlenecks would otherwise occur. The additional servicing power is usually provided by means of processing units identical with those already in use in the system. Hence during their economic life many systems expand, exhibiting a sort of 'regularity', i.e. maintaining the same operating principles as in the original lay-out and displaying an orderly way according to which the modules are added.
This concept may be formalized by defining 'paralleling' operations, /8/, whereby a system evolves into a more complex one while retaining the original resources operating mode.
CQNA-2 implements two types of paralleling operations, namely 'subnetwork paralleling' and 'job stream paralleling'.
The first affects a portion of the network resources and the related operation mode in such a way that all of the job streams flowing through concurrently benefit of the increase in the resources pool. This type of paralleling is aimed at facing bottleneck situations by redistributing the original stations' workload among the new generated service stations.
The second type of paralleling is quite different in nature in that it mainly aims at expanding some portion of the system by creating both new job streams and new servicing stations. Consequently the new job streams partially load preexistent network segments hence increasing their utilization.

3.1 Subnetwork Paralleling

A paralleling operation of rank m applied to a subnetwork of a queueing network generates m-1 copies of the subnetwork, the operation involving both the service stations pertaining to the subnetwork and the routing according to which the stations are crossed. Each of the copies is then joined to the origin network in the same way as the referenced subnetwork is.
Consistent with the 'symmetrical' expansion mechanism through addition of modules is that the paralleled service stations be identical with the original ones, i.e. they have the same performance and the same service discipline. Moreover it is also assumed that whenever a branch occurs from a station to a set of stations derived via paralleling operations, the latter ones be equitably accessible.
The mechanism of paralleling is illustrated with reference to the origin network of Fig. 1, where the subnetwork consisting of stations #1 and #2 is paralleled with rank 2. Fig. 3a evidences the subnetwork that has to be paralleled together with its copy. Fig. 3b shows how the coupling between the origin network and the subnet-

work copy is to be intended.
As for the attached CQNA-2 graphs, Fig. 4a evidences the subgraphs involved in the paralleling together with the related copies. Fig. 4b shows the graphs associated to the paralleled network.
The origin network is a relative concept in that any actual network lay-out may be regarded as such. This leads to defining repeated application of paralleling operations as the sequence of single operations, each applied to the actual 'origin' network, i.e. the network resulting after the application of all the former operations. As an example, further paralleling with rank 2 station #2 in the network of Fig. 3b leads to the network of Fig. 5b.
As it is evidenced in Fig. 5a, referencing station #2 implies referencing all of its previously generated copies. Fig. 6a and 6b have the same meaning as Fig. 4a and 4b.
As a consequence of the paralleling mechanism and of the above stated assumptions the final asset of the resulting network is independent of the order in which the single operations are applied.

3.2 Job Stream Paralleling

A job stream paralleling of rank m is the operation generating m-1 copies of the considered job stream. The operation involves a subnetwork, defined as a proper subset of the collection of stations through which the stream flows along with the related routing.
Similarly as for the subnetwork paralleling this type of paralleling is accomplished by generating m-1 copies of the subnetwork and by joining them to the remainder of the referenced collection. The difference consists in that one single stream with the same characteristics as the original one flows in each copy. The remainder of the referenced collection, not covered by the job stream paralleling, is shared by all of the new generated streams.
The mechanism of job stream paralleling is evidenced with reference to the origin network of Fig. 1, where the subnetwork consisting of stations #1 and #3 is paralleled in job stream #2 with rank 2, Fig. 7a. The resulting network is depicted in Fig. 7b.
As for the corresponding CQNA-2 graphs, Fig. 8a and Fig. 8b show the impact of this type of paralleling.

3.3 CQNA-2 Paralleling Operations

Each operation of the two mentioned types is described via a paralleling command, consisting of a list of stations defining the subnetwork to be paralleled and of the paralleling rank.
Referencing a station in the list of a subnetwork paralleling command involves referencing also the whole set of its copies generated by all the previous executed commands affecting that station. In other words, the subnetwork paralleling commands have a cumulative effect.
While only one renewal mode per job stream may be specified in the origin network, there is no restriction regarding paralleling of the station where renewal of jobs takes place. As a consequence a multiplicity of renewal modes may arise in the final, paralleled network.
Job stream paralleling operations are applied to the network resulting after the execution of all of the subnetwork paralleling commands.
In contrast to subnetwork paralleling, CQNA-2 does not allow for repeated application of job stream paralleling to the same origin stream.
Independently of the type of paralleling, whether subnetwork or job stream, all of the copies of a paralleled station have the same service discipline and the same service rates as in the origin network.

4. CQNA-2 Supplied Performance Figures

In the following the list of queueing network performance figures supplied by CQNA-2 is reported.

Utilization
Throughput and
Queue Length: may be requested either for every service station or for every pair 'service station - job stream' or for every triplet 'service station - job stream - class'.

Job Renewal Rate: may be requested for every job stream. It is the mean rate at which jobs belonging to the specified job stream enter any of the renewal modes, or equivalently the mean rate at which serviced jobs leave the system and immediately enter it again as fresh ones.

Response Time: may be requested for every job stream. It is the mean time elapsed between two subsequent renewals of the same job pertaining to that job stream.

5. Analysis Description Language

A queueing network analysis to be performed by CQNA-2 is described by means of a sequence of statements written according to the 'Analysis Description Language' (ADL). The statements define all items needed to describe a queueing network, as number and type of service stations, routing of the various job streams, service rates and the requested performance figures according to a specified degree of detail. The general structure of an ADL statement is:

    ⟨label⟩   ⟨body⟩ $

The ⟨label⟩ specifies the type of operation to be performed on the ⟨body⟩ contents. The ⟨label⟩ is composed by two alphabetic characters. It is unique to each type of ADL statement.

5.1 Outlining ADL Statements

The following is a complete list of ADL statements.

HD (Heading) is intended for self-documentation purposes. The body is printed on the first page of the overall CQNA-2 output listing.

ND (Network description) supplies miscellaneous information about the network being described.

SD (Service discipline) declares the service discipline for each service station in the network.

SP (Subnetwork paralleling) describes operations of subnetwork paralleling.

JS (Job stream) is the first of a repetitive group of statements composed by JS, RM, RN and JP, each one of them describing a job stream. In particular, JS statement supplies general information about the currently described job stream.

RM (Renewal mode) specifies the renewal mode of the currently described job stream.

RN (Routing) describes the collection of arcs interconnecting the nodes of the directed graph representing the routing of the currently described job stream, and whenever two or more arcs depart from the same node attaches to them the proper branching probability.

JP (Job stream paralleling) specifies paralleling of the currently described job stream.

ST (Step type) declares the step type of the ranges associated to every group of triplets.

SR (Service rate) both assigns service rates or service rate ranges to the 'service station - job stream - class' triplets and declares grouping among them.

MG (Multiprogramming grade) or
MU start a group of optional statements associated to the activation of an outprint mode ('selective') according to which performance figures are produced for each combination among the values assigned to the various ranges. The group consists of any mixture of performance figure request statements, namely: UT, TH, QL, JR and RT statements. If such a group is not supplied, the outprint mode is the default one ('global)'. MG and MU statements specify the running parameter in the 'selective' output tables.

UT (Utilization),
TH (Throughput) and
QL (Queue length) declare the triplets for which these service station bound performance figures are requested.

JR (Job renewal rate) and
RT (Response time) declare the streams for which these job stream bound performance figures are requested.

FI (Finish) terminates the analysis description.

5.2 ADL Statements

A syntactically correct analysis description consists of the sequence of ADL statements that is outlined below.

```
                                      —           —
                                      |           |
[HD] ND SD [SP]... JS RM RN [RN]... [JP]|JS RM RN [RN]... [JP]|...
                                      |           |
                                      —           —
```

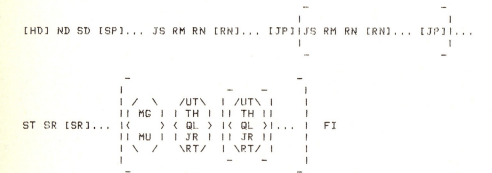

Key to the expression: items enclosed in brackets ,[ ], are optional; when a set of two or more items is enclosed in braces ,{ }, only one of the items is required and is to be chosen among the set; a series of three dots ,..., following an item enclosed in brackets means that the item may be repeated as many times as it is needed.

A few ADL statements are reported for illustration purposes.

5.3 SP Statement

The structure of an SP statement is:

```
         -              -
         |              |
SP /I [,I].../*M |;/I [,I].../*M|... $
         |              |
         -              -
```

where: I is the name of a service station to be paralleled and M the paralleling rank.
The statement consists of a series of major fields separated by semicolons, each specifying a paralleling command. For every command, all the stations named in the list delimited by slashes are paralleled M times, i.e. every station is replaced by M identical stations.

5.4 RN Statement

The structure of an RN statement is:

```
      /                                      \
      | /I.R [,I.R].../ /J.S [,J.S].../[P]... |
   RN <                                       >
      | /I.R [,I.R].../*/J.S [,J.S].../[P]... |
      \                                      /


   -                                             -
   |    /                                  \ |
   |    | /I.R [,I.R].../ /J.S [,J.S]... /[P]... ||
   | ;  <                                        >|... $
   |    | /I.R [,I.R].../*/J.S [,J.S]... /[P]... ||
   |    \                                  / |
   -                                             -
```

where: I is the origin service station, R the origin class, J the destination service station, S the destination class and P a branching probability.
The statement is composed by a series of major fields separated by semicolons each of which describes a set of arcs. Major fields may be of two kinds: parallel link (i.e. without asterisk) and cross link (i.e. with asterisk).

5.4.1 Parallel Link Major Fields

Denoted by u the number of origin and destination 'service station - class' pairs listed in such a major field, pairs in corresponding position are linked together, i.e. the first origin with the first destination, and so on. The following rules apply:

1) If no P-field is supplied all the arcs are assigned a branching probability equal to 1.
2) If only one P-field is supplied all the arcs are assigned a branching probability equal to the value in the field.
3) If u P-fields are supplied the u arcs are orderly assigned the values corresponding in the fields.

5.4.2 Cross Link Major Fields

Denoted by u the number of origin and by v that of destination
'service station - class' pairs, every origin is connected with every
destination. A major field describes then u x v arcs. The following
rules apply:

1) If no P-field is supplied all the arcs are assigned a branching
   probability equal to 1/v.
2) If only one P-field is supplied all the arcs are assigned a
   branching probability equal to the value of the real constant
   in the field divided by v.
3) The branching probability is:

$$P^{(e)}_{(i_h, r_h)(j_k, s_k)} = \begin{cases} B_h, & u \neq v \\ B_k \end{cases} \quad h=1(1)u; \ k=1(1)v$$

according to whether, respectively, u or v P-fields are
supplied, where e is the name of the currently described job
stream and B/h or k/ is the value of the probability in the h-
or k-th field.

5.5 JP Statement

The structure of a JP statement is:

JP /I [,I].../*M $

where: I is a service station and M the paralleling rank.
This structure is analogous to that of SP statement but only one
paralleling command is allowed. The currently described job stream
is replaced by M structurally identical job streams.

6. An Example of Network Analysis

The network to be investigated is inspired by a modular multiprocessor real time information system for transaction teleprocessing.
The general architecture of such a system is depicted in Fig. 9.
There are N front-end minicomputers (FE) which communicate with
remote terminals via the interfaces TI, M back-end microcomputers
(BE) and a message switching unit (SW) which manages interprocessor
communications via a high way bus (HW) characterized by a very fast
transfer rate.
The front-end minicomputers are supposed to carry out computations
whereas the back-end microcomputers are dedicated to manage information retrieval on mass storage.
Each transaction enters the system through one of the FE's, requires
one or more accesses to mass storage units to retrieve and/or modify
recorded data and then leaves the system from the same FE originally
entered. Hence as many separate streams of transactions (i.e. job
streams) as many FE's flow within the system. Under the assumption
of heavy external load, the closed network model seems suitable for
analyzing the system behaviour; in fact the population in each job
stream is equal to the maximum number of transactions that the related FE can simultaneously hold open. In the example this number is
set equal to 10.
The CQNA-2 model of a generic job stream is shown in Fig. 10.
Service station #1 models the SW; stations #2 to #M+1 model the M

BE's while station #M+2 models the FE. Service disciplines are respectively: FCFS, FCFS, RR-PS. The average number of accesses to the BE's per transaction is assumed equal to 2, and accordingly the branching probability P is set equal to 0.3.

Because of the inherent regularity of the system architecture, the network depicted in Fig. 11 may generate the actual one by SP-paralleling station #2 (the BE) with rank M and by JP-paralleling station #3 (the FE) with rank N. An analysis of the network, assuming N=3 and M=8, may then be performed by means of the statements reported in Table 1, where service rates are to be intended on a millisecond basis.

TABLE 1. CQNA-2 STATEMENTS FOR INFORMATION
SYSTEM ANALYSIS

```
CARD #
   1     HD MULTIPROCESSOR INFORMATION SYSTEM
   2     ND 3,1,0.,1 $
   3     SD 1,1,3 $
   4     SP /2/*8 $
   5     JS 2,10,10 $
   6     RM 3,1 $
   7     RN /1.1,2.1,1.2,3.1//2.1,1.2,3.2,1.1/;
   8     /3.2/*/3.1,1.1/.7,.3 $
   9     JP /3/*3 $
  10     ST A $
  11     SR 1,1,0,1,.5; 2,1,0,1,.05;
  12     3,1,1,1,.2; 3,1,2,1,.1 $
  13     FI $
```

The performance of such a system may be summarized by:

1) job renewal rate per job stream equals 0.0366 transactions/ms, i.e. the system may process about 110 transactions/sec;
2) the response time equals 273 ms/transaction;
3) utilization of BE, FE and SW are respectively: 78.4%, 62.8% and 15.7%.

Assuming an increasing external demand, the system performance might, after a certain time, turn out to be no more satisfactory and need for expanding the original lay-out could arise. For example, an increase of about 35% of the number of transactions/sec without downgrading the response time by more than 50% could be required. To this end, as utilization factors of the FE's are not high, an expansion of their main memory so to allow 20 transactions to be simultaneously open could be tempted. By substituting card #5 with:

        JS 2,20,20 $

the new configuration would lead to the following results:

1) job renewal rate increases to 124 transactions/sec (+12.7%);
2) response time increases to 485 ms/transaction (+77.6%);
3) utilizations become respectively: 88.4%, 70.7% and 17.7%.

Such an intervention would perform poorly; furthermore the response time would increase too much and the BE's would become the system bottleneck since they hold in their queues about 89% of the jobs. As a further step toward engineering system resources so to mantain an acceptable service, addition of two new BE's might be envisaged. By substituting card #4 with

      SP /2/*10 $

the new configuration would lead to the following results:

1) job renewal rate increases to 148 transactions/sec (+34.5%);
2) response time increases to 407 ms/transaction (+49%);
3) utilizations become respectively: 84.3%, 84.3% and 21.1%.

The outlined interventions aimed at facing a hypotetical developing demand seem quite effective when other considerations, as for example components relative costs, intermodule communication overhead and so on, are not accounted for. The impact of such items is anyway beyond the scope of this example.

7. References

/ 1 / F. Baskett, K. M. Chandy, R. R. Muntz and F. G. Palacios, 'Open Closed and Mixed Networks of Queues with Different Classes of Customers', Journal of the Association for Computing Machinery, Vol. 22, No. 2, 248 - 260, April 1975

/ 2 / J. P. Buzen, 'Computational Algorithms for Closed Queueing Networks with Exponential Services', Communications of the Association for Computing Machinery, Vol. 16, No. 9, 527 - 531, September 1973

/ 3 / M. Reiser, 'Numerical Methods in Separable Queueing Networks', IBM Research Report #RC5842, 1976 Yorktown Heights, N.Y.

/ 4 / A. C. Williams and R. A. Bhandiwad, 'A Generating Function Approach to Queueing Network Analysis of Multiprogrammed Computers', Networks, Vol. 6, No. 1, 1 - 22, 1976

/ 5 / M. Brizzi and D. Grillo, 'Implementation of Algorithms for Performance Analysis of a Class of Multiprogrammed Computers', Proceedings of the Third International Symposium on Modelling and Performance Evaluation of Computer Systems, Bonn, West Germany, 3 - 5 October, 1977, Ed. H. Beilner and E. Gelenbe, North Holland 1977

/ 6 / M. Brizzi and D. Grillo, 'CQNA-1 (Closed Queueing Network Analyzer): User's Guide', Fondazione U. Bordoni Monograph 3B1877, December 1977

/ 7 / L. Curzi, 'Implementazione di un linguaggio per la descrizione di una classe di reti di code', Fondazione U. Bordoni Monograph 3A2578, December 1978

/ 8 / D. Grillo, 'Separable Queueing Networks Derived by Service Stations and Routing Paralleling', Fondazione U. Bordoni Monograph 3B2378, December 1978

/ 9 / M. Brizzi and D. Grillo, 'CQNA-2: Closed Queueing Network Analyzer. Users' Guide', Fondazione U. Bordoni Monograph 3B2478, December 1978

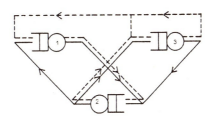

Fig. 1 An example of resources utilization

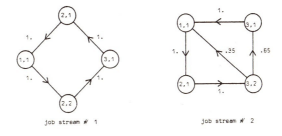

Fig. 2 CQNA-2 network model

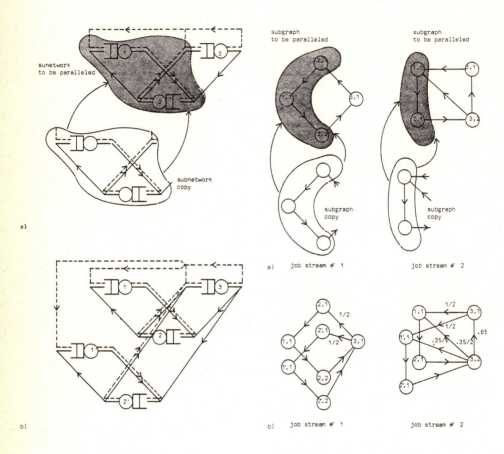

Fig. 3 An example of subnetwork paralleling

Fig. 4 Graphs and subgraphs related to the subnetwork paralleling

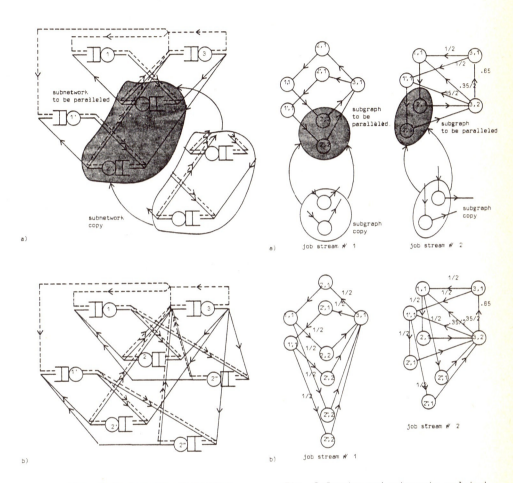

Fig. 5 An example of further subnetwork paralleling

Fig. 6 Graphs and subgraphs related to the subnetwork paralleling

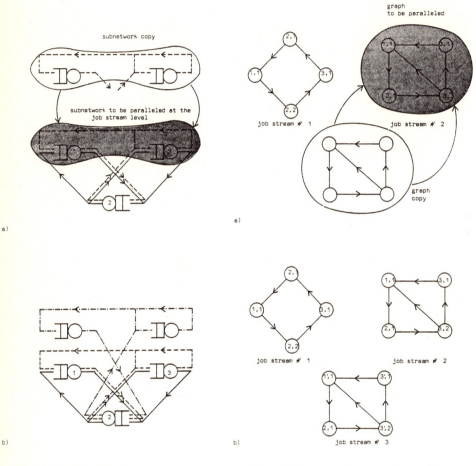

Fig. 7 An example of job stream paralleling

Fig. 8 Graphs and subgraphs related to the job stream paralleling

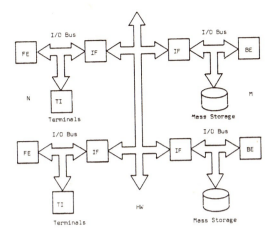

Fig. 9 Multiprocessor information system architecture

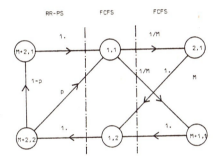

Fig. 10 Generic job stream routing pattern

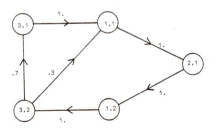

Fig. 11 Origin network

NUMERISCHE LÖSUNG VON WARTESCHLANGENNETZWERKEN DURCH KOMBINATION VON ITERATIONS- UND AGGREGIERUNGSVERFAHREN

Bruno Müller
Universität Dortmund
Abteilung Informatik
August-Schmidt-Straße
D-4600 Dortmund 50

KURZFASSUNG

Es wird ein neuartiges numerisches Verfahren für Warteschlangennetzwerke vorgestellt, das auf der Lösung der globalen Gleichgewichtsgleichungen beruht und Iterations- und Aggregierungsverfahren miteinander verbindet. Im Gegensatz zu bisher bekannten numerischen Verfahren, werden für Rechensystemmodelle typische Eigenschaften, wie Blockstruktur der Übergangsmatrix und "near-complete decomposability", zur Effizienzsteigerung herangezogen. Insbesondere für "nearly completely decomposable" Modelle kann die Konvergenz von iterativen Verfahren durch eingeschobene Aggregierungsschritte erheblich gesteigert werden.

INHALT

1. Einleitung
2. Blockiteration, ein zerlegungsorientiertes numerisches Lösungsverfahren
    2.1 Lösung von Ax=b durch Blockiteration
    2.2 Singularität der Übergangsmatrix Q
    2.3 Nicht-Singularität der Hauptdiagonalblöcke von $\tilde{Q}^T$
    2.4 Block-Tridiagonalform von $\tilde{Q}^T$
    2.5 Struktur der Diagonalmatrizen von $\tilde{Q}^T$
    2.6 Konvergenzbeschleunigung durch Aggregierung
    2.7 Experimenteller Vergleich von Algorithmen
3. Ausblick
    3.1 Konstruktion von Übergangsmatrizen
    3.2 Status des Programmsystems
    3.3 Einbettung in COPE
4. Literatur

1. EINLEITUNG

Ein wichtiger Aspekt bei der Modellierung von Rechensystemen ist die Verfügbarkeit von Methoden, die der jeweiligen Problemstellung weitgehend angepaßt sind. Ein Verfahren, das bzgl. verschiedener Kriterien zwischen den beiden Extremen "Simulation" und "analytische Methoden" einzuordnen ist, besteht in der numerischen Lösung des Systems der globalen Gleichgewichtsgleichungen $Q^T \cdot v = 0$, $\sum_i v_i = 1$. Hierbei ist Q die Matrix der Übergangsraten des homogenen, irreduziblen, zeitkontinuierlichen, zustandsdiskreten Markovprozesses, der das dynamische Verhalten des zu untersuchenden Systems beschreibt und der Vektor v, die eindeutige Lösung dieses Gleichungssystems, ist die stationäre Grenzverteilung, die das Verhalten des Systems im eingeschwungenen Zustand ("steady state") charakterisiert. Aus dieser Grenzverteilung lassen sich unmittelbar Werte für Leistungskenngrößen wie Auslastung, mittlere Schlangenlänge, Durchsatz und mittlere Antwortzeit gewinnen [KLEINROCK 75, STEWART 78].

Die Lösung des Systems der globalen Gleichgewichtsgleichungen auf rein numerischem Weg ist prinzipiell nicht gebunden an Voraussetzungen wie sie z.B. von der Klasse der separablen Warteschlangennetzwerke her bekannt sind [BCMP 75]. Dadurch besitzen numerische Verfahren einen potentiell universellen Anwendungsbereich. Außer der Forderung nach Endlichkeit des Zustandsraumes unterliegen sie keinerlei Einschränkungen bzgl. der zu lösenden Modelle, d.h. die Grenzen der Anwendbarkeit von numerischen Verfahren werden lediglich bestimmt von der Leistungsfähigkeit des zur Verfügung stehenden Rechners und von der Frage, inwieweit es möglich ist, Algorithmen zu entwickeln, die die statische und/oder dynamische Struktur des zu lösenden Modells in geeigneter Weise ausnutzen.

Das klassische Verfahren "Power Method", das definiert ist durch das iterative Schema $v^{(n)} := P^T \cdot v^{(n-1)}$, wobei P eine stochastische Matrix ist, interpretierbar als Matrix der Übergangswahrscheinlichkeiten einer zeitdiskreten Markovkette, die gegeben ist durch

$$P := I + \Delta t \cdot Q, \quad \text{mit } 0 < \Delta t < \frac{1}{\max_i |q_{ii}|}$$

(WALLACE/ROSENBERG 66, ZARLING 76, STEWART 78), berücksichtigt diesen Aspekt in keiner Weise. Die wesentliche Schwäche der "Power Method" ist das schlechte Konvergenzverhalten für "nearly completely decomposable" Modelle [COURTOIS 77], wie sie z.B. bei der Modellierung von hierarchisch strukturierten Systemen auftreten können.

Direkte Verfahren, die auf einer Anwendung von Gauss'scher Elimination auf die Übergangsmatrix Q beruhen [STEWART 79], haben im Gegensatz zur "Power Method" den Nachteil, daß die dünne Besetzung ("sparseness") der Matrix im allgemeinen nicht erhalten bleibt, so daß durch die zusätzlich erzeugten Nicht-Null-Elemente, das sog. "fill in", hohe Anforderungen an Speicherplatz und Rechenzeit entstehen können. Günstige Eigenschaften bzgl. des Auftretens von "fill in" haben Bandmatrizen, die z.B. auftreten als Q-Matrizen von Netzwerken mit 2 Stationen. Bei Matrizen dieses Typs beschränkt sich das "fill in" auf den Bereich, der durch die maximale Breite des Bandes gegeben ist. Das bedeutet, daß der Bedarf sowohl an Speicherplatz als auch an Rechenzeit nur linear anwächst mit der Größe des Zustandsraumes. (Zum Vergleich: Bei dichtbesetzten Matrizen, bzw. bei Speicherung der Matrix ohne Berücksichtigung der dünnen Besetzung wächst der Speicherplatzbedarf quadratisch und die Zahl der arithmetischen Operationen mit der dritten Potenz.)

Im folgenden Kapitel 2 werden Methoden vorgestellt, die die genannten Nachteile von rein iterativen und rein direkten Verfahren durch Kombination verschiedener Lösungsverfahren reduzieren. Auf der Grundlage einer Modellzerlegung, wie sie von Dekompositions- und Aggregierungsverfahren her bekannt ist, können iterative, direkte und aggregative Techniken zu einem neuartigen Verfahren zusammengeführt werden. Die Darstellung ist weitgehend informell gehalten, bzgl. Details siehe MÜLLER 80.

2. BLOCKITERATION, EIN ZERLEGUNGSORIENTIERTES NUMERISCHES LÖSUNGSVERFAHREN

Es wird gezeigt, wie blockiterative Verfahren effizient zur Lösung von Markov'schen Rechensystemmodellen eingesetzt werden können. Unter Einbeziehung von Aggregierungstechniken erweisen sich diese Verfahren für "nearly completely decomposable"-Modelle als äußerst effizient.

2.1 Lösung von Ax=b durch Blockiteration

Sei $Ax = b$, $det(A) \neq 0$, ein lineares Gleichungssystem. Die Koeffizientenmatrix A habe die Form

(2.1.1) $$A = \begin{bmatrix} A_{0,0} & \cdots & A_{0,N} \\ \vdots & & \vdots \\ A_{N,0} & \cdots & A_{N,N} \end{bmatrix}, \quad A_{IJ} \in \mathbb{R}^{n(I) \times n(J)}$$

$n(I)$, $n(J)$ ist die Zeilenzahl bzw. Spaltenzahl von A_{IJ}. Die Hauptdiagonalelemente $A_{I,I}$ sind quadratische Matrizen der Ordnung $n(I)$.

Zur Formulierung von Blockiterationsverfahren verwenden wir folgende Schreibweise:

(2.1.2) $x_I \in \mathbb{R}^{n(I)}$, $I=0,\ldots,N$ bezeichnet den I-ten Teilvektor von x.

(2.1.3) $b_I \in \mathbb{R}^{n(I)}$, $I=0,\ldots,N$ bezeichnet den I-ten Teilvektor des rechtsseitigen Vektors b.

Das <u>Block-Jacobi-Verfahren</u> (BJ-Verfahren) wird definiert durch folgendes iteratives Schema

(2.1.4) $$A_{I,I} \cdot x_I^{(\nu)} = b_I - \sum_{\substack{J=0 \\ J \neq I}}^{N} A_{I,J} \cdot x_J^{(\nu-1)}, \quad I=0,\ldots,N. \quad \nu=1,2,\ldots$$

Bei jedem Iterationsschritt sind also N+1 lineare Gleichungssysteme zu lösen.
In analoger Weise ist das <u>Block-Gauss-Seidel-Verfahren</u> (BGS-Verfahren) definiert durch

(2.1.5) $$A_{I,I} \cdot x_I^{(\nu)} = b_I - \sum_{J=0}^{I-1} A_{I,J} x_J^{(\nu)} - \sum_{J=I+1}^{N} A_{I,J} x_J^{(\nu-1)}$$

$$I=0,\ldots,N; \quad \nu=1,2,\ldots$$

Offensichtlich ist eine "einfache Struktur" der Hauptdiagonalblöcke von wesentlicher Bedeutung für die Effizienz von blockiterativen Verfahren. Bemerkenswert ist die Tatsache, daß das BGS-Verfahren doppelt schnell konvergiert wie das BJ-Verfahren, falls die Koeffizientenmatrix des zu lösenden Gleichungssystems von Block-Tridiagonalgestalt ist.
Soll Blockiteration auf ein System von "global balance"-Gleichungen angewendet werden, so ergibt sich eine Reihe von Fragestellungen, die in den folgenden Abschnitten behandelt werden.

2.2 Singularität der Übergangsmatrix Q

Um die Singularität der Koeffizientenmatrix Q zu beseitigen - es gilt $\text{rg}(Q) = \text{ord}(Q)-1$ - kann das Gleichungssystem

(2.2.1) $\quad Q^T \cdot v = 0 \;,\; \Sigma v_i = 1$

ersetzt werden durch ein äquivalentes, inhomogenes Gleichungssystem mit nicht-singulärer Koeffizientenmatrix $\tilde{Q}$. Dazu ersetzen wir in Q^T das Element $q_{n,n}$ durch $\tilde{q} > |q_{n,n}|$ und bezeichnen die so entstandene Matrix mit $\tilde{Q}^T$.

Sei $\tilde{b}, \tilde{v} \in \mathbb{R}^n$, $\tilde{b} = [0,0,\ldots,\tilde{b}_n]^T$ mit $\tilde{b}_n \neq 0$. Das Gleichungssystem

(2.2.2) $\quad \tilde{Q}^T \cdot \tilde{v} = \tilde{b}$, mit anschließender Normierung $v = \tilde{v}/||\tilde{v}||_1$

besitzt die gleiche Lösung v wie das Gleichungssystem (2.2.1) (Beweis: siehe MÜLLER 80). Diese Form der Einbeziehung der Normierungsbedingung hat den Vorzug, die Besetzungsstruktur ("sparse pattern") der Matrix Q nicht zu verändern und verleiht ihr außerdem die angenehme Eigenschaft "irreduzibel diagonaldominant" (siehe z.B. VARGA 62).

2.3 Nicht-Singularität der Hauptdiagonalblöcke von $\tilde{Q}^T$

Die Diagonalmatrizen Q_{II}^T, $I=0,1,\ldots,N$, einer Markov'schen Übergangsmatrix

$$\tilde{Q}^T = \begin{bmatrix} \tilde{Q}_{0,0}^T & E_{0,1} & \cdots & E_{0,N} \\ E_{1,0} & \tilde{Q}_{11}^T & & \vdots \\ \vdots & & \ddots & \vdots \\ E_{N,0} & \cdots & \cdots & \tilde{Q}_{N,N}^T \end{bmatrix}$$

sind nicht singulär. Es läßt sich zeigen, daß dies für <u>alle</u> möglichen Partitionen des Zustandsraums gilt. Weiter läßt sich zeigen, daß block-iterative Verfahren für <u>jedes</u> System von "global balance"-Gleichungen konvergieren, ein Ergebnis, das aus der Eigenschaft "irreduzibel diagonaldominent" der Koeffizientenmatrix $\tilde{Q}^T$ folgt.

2.4 Block-Tridiagonalform von $\tilde{Q}^T$

Wie bereits erwähnt, ist eine Block-Tridiagonalform der Koeffizientenmatrix Q^T günstig, da das BGS-Verfahren unter diesen Umständen nur die halbe Zahl von Iterationsschritten zum Erreichen der gewünschten Genauigkeit benötigt wie das BJ-Verfahren. Es ergibt sich daher die Frage, wie erzeugt bzw. sortiert man die Zustände des zu lösenden Modells, so daß die entstehende Übergangsmatrix diese Struktur besitzt? Für Warteschlangennetzwerke, die der üblichen Voraussetzung genügen, daß Auftragswechsel zwischen Stationen nur einzeln geschehen (also kein Wechsel von mehreren Aufträgen gleichzeitig möglich ist), besteht eine einfache Möglichkeit - die der von Courtois [COURTOIS 77] verwendeten Methode entspricht - darin, den Zustandsraum Z(S) eines geschlossenen Netzwerks S mit M Stationen und N Aufträgen in N+1 Zustandsmengen, die sog. Grobzustände oder Makrozustände zu unterteilen.

Definiert man die Grobzustände z.B. durch

$$G_I := \{z \in Z(S) \mid n_1 = N-I\} = \{z \in Z(S) \mid \sum_{i=2}^{M} n_i = I\} ,$$

wobei n_i die Zahl der Aufträge an Station i bezeichnet und ordnet man den Zustandsraum entsprechend den Grobzuständen $G_0, G_1, \ldots, G_N$, so hat die zugehörige Matrix $\tilde{Q}^T$ die gewünschte Block-Tridiagonalstruktur. Diese Form der Partitionierung des Zustandsraums ist durchführbar unabhängig von Modelleigenschaften wie Netztopologie, Bedienzeitverteilungen und Bedienstrategien.

2.5 Struktur der Diagonalmatrizen von $\tilde{Q}^T$

Da bei jedem Iterationsschritt N+1 lineare Gleichungssysteme zu lösen sind, führt man zweckmäßigerweise vor der ersten Iteration für jede der Koeffizientenmatrizen $\tilde{Q}^T_{II}$ eine LU-Faktorisierung durch, so daß gilt $\tilde{Q}^T_{II} = L_I \cdot U_I$, wobei L_I eine untere und U_I eine obere Dreiecksmatrix ist. Bei den folgenden Iterationen sind zur Lösung der Gleichungssysteme $\tilde{Q}^T_{II} \cdot v_I^{(\nu)} = c_I^{(\nu-1)}$, $I = 0, 1, \ldots, N$, nur die rechnerisch wenig aufwendigen Rücksubstitutionen der Form $L_I \cdot d_I = c_I^{(\nu-1)}$, $U_I \cdot v_I^{(\nu)} = d_I$ durchzuführen.

Da der Rechenaufwand für die N+1 vorbereitenden LU-Faktorisierungen mit der Ordnung der $\tilde{Q}_{II}^T$ stark anwachsen kann (im Extremfall von dicht besetzten Matrizen proportional zur 3. Potenz der Ordnung), ist die Anwendung von Blockiteration nur zweckmäßig, falls eine der folgenden Voraussetzungen erfüllt ist.

(2.5.1) Die $\tilde{Q}_{II}^T$ haben eine "kleine" Ordnung.

(2.5.2) Die $\tilde{Q}_{II}^T$ sind Bandmatrizen.
In diesem Fall wächst der Aufwand für die Faktorisierung nur linear mit der Ordnung von $\tilde{Q}_{II}^T$. (Beispiele für Modelle mit dieser Eigenschaft sind Netzwerke mit 3 Stationen, vorausgesetzt, die Anordnung des Zustandsraums geschieht wie in Abschnitt 2.4 beschrieben.)

(2.5.3) Die $\tilde{Q}_{II}^T$ sind reduzibel ("decomposable").
Ein Gleichungssystem mit reduzibler Koeffizientenmatrix hat die angenehme Eigenschaft, durch sukzessive Lösung von kleineren Gleichungssystemen lösbar zu sein. Falls die Koeffizientenmatrix vollständig reduzibel ist ("completely decomposable"), zerfällt das Lösungsverfahren sogar in völlig unabhängige Teile.
Es lassen sich leicht Voraussetzungen bzw. Regeln für die Anordnung des Zustandsraumes angeben, für die die Hauptdiagonalblöcke $\tilde{Q}_{II}^T$ reduzibel sind.

(2.5.4) Die Gleichungssysteme $\tilde{Q}_{II}^T \cdot v_I^{(\nu)} = c_I^{(\nu-1)}$ können auf nichtdirekte Weise effizient gelöst werden.

Die in Abschnitt 2.7 beschriebenen Experimente behandeln Beispiele, die entsprechend Punkt (2.5.2) ausgewählt sind.

2.6 Konvergenzbeschleunigung durch Aggregierung

Für "nearly completely decomposable"-Modelle ist die Effizienz von iterativen Verfahren sehr gering [STEWART 78, ZARLING 76]. Andererseits existieren für Modelle dieses Typs approximative Dekompositionsverfahren [CHANDY/SAUER 78, COURTOIS 77, VANTILBORGH/GARNER/LAZOWSKA 80], allerdings ohne die Möglichkeit, eine Aussage über den Approximationsfehler zu machen.
Das Courtois'sche Aggregierungsverfahren z.B. verläuft nach einem Schema, das durch folgende Schritte bestimmt ist:

(2.6.1) Zerlege das Modell in Teilmodelle und analysiere diese unabhängig voneinander, d.h. bestimme Lösungen für die Teilmodelle, in Form von "steady-state"-Vektoren, unter der Voraussetzung, daß die Interaktionen der Teilsysteme untereinander einen vernachlässigbaren Einfluß ausüben auf das Verhalten der einzelnen Teilsysteme.
Das Ergebnis dieses Schrittes sind, in der Notation von Courtois, N+1 Lösungsvektoren v_I^*, I=0,...,N, die die voneinander unabhängigen Lösungen der Teilmodelle (="Aggregate") 0,1,...,N darstellen, die sog. Mikrowahrscheinlichkeiten.

(2.6.2) Analysiere das globale Modell unter Verwendung der Ergebnisse von (2.6.1) unter Berücksichtigung der Interaktionen der Teilsysteme. Das Ergebnis ist der Vektor der Makrowahrscheinlichkeiten $<X_0,...,X_N>$.

(2.6.3) Eine Approximation der wahren Lösung v von $Q^T \cdot v = 0$ erhält man durch $v_I \tilde{=} X_I \cdot v_I^*$, I=0,...,N.

Bzgl. Details siehe z.B. [COURTOIS 77].

Ein Verfahren, das iterative Lösungsalgorithmen und Courtois'sche Aggregierung miteinander vereint, besteht darin, Aggregierungsschritte im Sinne von (2.6.1)-(2.6.3) in ein iteratives Verfahren einzufügen, mit der Absicht, die Konvergenzgeschwindigkeit zu erhöhen. Insbesondere bei Blockiterationsverfahren sind die Voraussetzungen aufgrund der Partitionierung des Zustandsraumes und der Organisation der Algorithmen für die Einfügung von Aggregierungsschritten äußerst günstig.

Ein <u>Algorithmus</u>, der <u>Blockiteration und Aggregierung</u> miteinander verbindet, wird nach folgendem Schema ablaufen.

(2.6.4) (i) Initialisiere $\tilde{v}^{(0)}$ (z.B. mit $<\frac{1}{n},...,\frac{1}{n}>$),

(ii) Führe s Iterationsschritte aus (s ≥ 1).

(iii) Verwende $\tilde{v}^{(s)}$ zur Bestimmung von Faktoren X_I, I=0,...,N, im Sinne von (2.6.2).

(iv) Setze $\tilde{v}_I^{(s)} := \tilde{v}_I^{(s)} \cdot X_I$, I=0,...,N.

(v) Führe s Iterationsschritte aus. Falls kein Abbruchkriterium erfüllt ist, fahre fort bei (iii).

Der durch (2.6.4) skizzierte Algorithmus BGSA (<u>B</u>lock-<u>G</u>auss-<u>S</u>eidel mit <u>A</u>ggregierung) wurde mit anderen Algorithmen experimentell verglichen.

2.7 Experimenteller Vergleich von Algorithmen

Um Aussagen über die Effizienz von Blockiterationsverfahren bei Anwendung auf Markov'sche Rechensystemmodelle zu machen, wurden einige Beispiele für Modelle verschiedener Größe durchgeführt. Neben BGS und BGSA (BGS mit eingeschobenen Aggregierungsschritten) wurde zum Vergleich die <u>Power</u> <u>Method</u> (POM) und ein direktes Verfahren (DIR) eingesetzt.
Das in Abb. 2.7.1 dargestellte Modell wurde für verschiedene Parameterwerte und für verschiedene Populationsstärken gelöst.

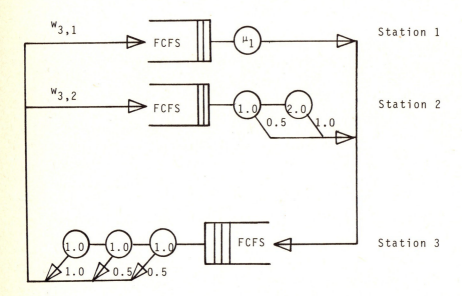

Abb. 2.7.1: 3-Stationenmodell mit 2 Cox-Stationen

Wie bereits in (2.5.2) erwähnt, besitzen Modelle dieses Typs (3 Stationen-Netzwerke) eine Übergangsmatrix, deren Hauptdiagonalblöcke Bandstruktur besitzen, eine Eigenschaft, die bei Anwendung von BGS (bzw. BGSA) die direkte Lösung der N+1 Teilgleichungssysteme auf effiziente Weise ermöglicht.

Für eine Populationsstärke von N=15 erhält man eine Übergangsmatrix der Ordnung 706.
Als Maß für den von den einzelnen Algorithmen benötigten Speicherplatz wird das "fill in" sowohl der unveränderten Koeffizientenmatrix Q^T, als auch der durch Faktorisierung von $\tilde{Q}^\Gamma$ oder $\tilde{Q}^T_{II}$, $I=0,...,N$, manipulierten Matrix angegeben. Das "fill in" ist definiert als die Anzahl der Nicht-Nullelemente bzw. deren prozentualem Anteil an der Gesamtzahl der Elemente.

- ord(Q^T) = 706
- Anzahl der Elemente = 498436
- "Fill in" = 4113 ≅ 0.83 %
- "Fill in" bei Anwendung von
  - BGS, BGSA : 6792 ≅ 1.36 %
  - DIR : 75887 ≅ 15.23 %
  - POM : 4413 ≅ 0.83 %

Um die Ergebnisse für die verschiedenen Algorithmen unmittelbar vergleichen zu können, ist in Abb. 2.7.2 die Rechenzeit bzw. eine Schätzung der Rechenzeit angegeben, die maximal notwendig ist, um ein Ergebnis mit einer vorgegebenen Genauigkeit zu erhalten.
Für die Fehlertoleranz ε wurde der Wert 10^{-6} verwendet, ein Wert, der unter dem Aspekt gewählt wurde, daß das Interesse dem Konvergenzverhalten der Algorithmen gilt und nicht den Leistungsgrößen von WS-Modellen.

Die Lösungsverfahren wurden angewendet für folgende Parameterwerte.

	$W_{3,1}$	$W_{3,2}$	μ_1
Beispiel B_I	0.4	0.6	1.0
Beispiel B_{II}	0.1	0.9	0.1
Beispiel B_{III}	0.01	0.99	0.01

Im Diagramm 2.7.2 ist der Rechenzeitbedarf der Algorithmen dargestellt, und zwar in Abhängigkeit davon, ob und wie stark die NCD-Eigenschaft ausgeprägt ist. (Bei B_{III} ist diese Eigenschaft am stärksten ausgeprägt.)

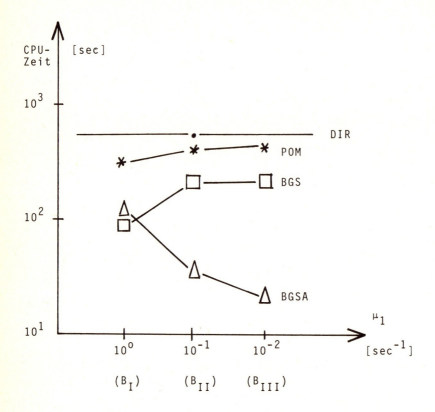

Abb. 2.7.2: Rechenzeitbedarf zur Lösung des Modells mit 15 Aufträgen (Genauigkeit = 10^{-6})

Einen Eindruck von der Größenordnung der Modelle, die mit dem zur Verfügung stehenden Rechner (SIEMENS 7.748) unter Verwendung der beschriebenen Verfahren noch mit angemessenem Aufwand zu bewältigen sind, vermitteln die Ergebnisse für das in Abb. 2.7.1 dargestellte Netzwerk mit einer Population von 50 Kunden.
Es gelten folgende Werte:

- ord(Q^T) = 7601

- Anzahl der Elemente von Q^T = 57775201

- "Fill in" = 46078 $\cong$ 0.08 %

- "Fill in" bei Anwendung von
  - BGSA : 79452 $\cong$ 0.14 %
  - POM : 46078 $\cong$ 0.08 %

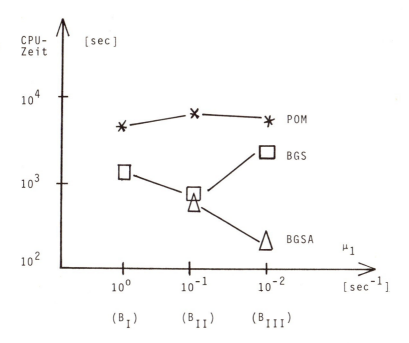

Abb. 2.7.3: Rechenzeitbedarf zur Lösung des Modells mit 50 Aufträgen (Genauigkeit = 10^{-3})

Als Fehlertoleranz wurde für dieses Beispiel 10^{-3} gewählt (für den Gesamtfehler!); für Anwendungsfälle werden i.a. noch größere Fehlertoleranzen genügen.
Die mit BGSA gerechneten Beispiele haben ca. 320 sec bzw. ca. 730 sec Rechenzeitbedarf (zum Vergleich die Power Method ca. 7500 sec !), so daß die Grenzen bzgl. des evtl. vertretbaren Rechenaufwands noch nicht erreicht sind. Ähnliches gilt für den Speicherplatz. Von den zur Verfügung stehenden 4.5 MB (virtuell) werden nur 3.6 MB belegt.
Aufgrund der durchgeführten Experimente ist festzustellen, daß Blockiterationsverfahren, einfache Struktur der Hauptdiagonalblöcke vorausgesetzt, für Nicht-NCD-Modelle den Verfahren POM und DIR vorzuziehen ist. Insbesondere DIR wird mit wachsender Ordnung der Modelle schnell unattraktiv, zumal das hohe "fill in" nicht nur Speicherplatz sondern auch Rechenzeit erfordert.
Das wichtigste Ergebnis dieser Experimente ist der Nachweis der enormen Effizienz des BGSA-Verfahrens für eine große Modellklasse, insbesondere der der NCD-Modelle.
Die Ergebnisse zeigen, daß sich die Effizienz von numerischen Verfahren durch Berücksichtigung von für WS-Modelle typischen Eigenschaften enorm steigern läßt. Dies gilt sowohl für die Eigenschaften, die sich im Auf-

bau der Übergangsmatrix widerspiegeln, wie Blockstruktur, Reduzibilität oder Bandstruktur der Diagonalblöcke, als auch für Eigenschaften, in denen die Dynamik des modellierten Systems zum Ausdruck kommt, wie die "nearly completely decomposability"-Eigenschaft.

3. AUSBLICK

3.1 Konstruktion von Übergangsmatrizen

Neben der Entwicklung und Untersuchung von Algorithmen zur Lösung der globalen Gleichgewichtsgleichungen besteht die wesentliche Voraussetzung für eine effiziente Anwendung in der automatischen Erstellung der Matrix der Übergangsraten des Modells, d.h.

- Erzeugung des Zustandsraumes (evtl. in einer bestimmten Anordnung)
- Bestimmung der Übergangsmöglichkeiten zwischen den Zuständen
- Bestimmung der Übergangsraten

Bisher gibt es nur wenige Ansätze zur Bewerkstelligung dieser Aufgabe [WALLACE 72, KING/MITRANI 80]. In MÜLLER 80 ist ein Konzept beschrieben, mit dessen Hilfe Übergangsmatrizen für Netzwerke mit COX/FCFS-Stationen (sowie EXP/FCFS, EXP/PS, EXP/IS-Stationen) und einer Kundenklasse effizient erstellt werden können. Anstrebenswert ist die Erweiterung dieses Konzepts auf weitere, nicht durch Produktformlösung ausgezeichnete Modelle, die z.B. Aspekte erfassen wie Blocking, passive Resourcen, zustandsabhängiges Routing, etc.

3.2 Status des Programmsystems

Als Rechner steht der Informatikrechner SIEMENS 7.748 der Universität Dortmund unter BS 2000 mit bis zu 5 MB virtuellem Speicher zur Verfügung. Alle Programme sind in SIMULA 67 geschrieben, Anwendungs-Fremdsoftware wurde nicht verwendet. Das erstellte Programmsystem besteht, bei grober Unterteilung, aus vier Teilen, die folgendes leisten:

- Manipulation von dünnbesetzten Matrizen
- Erstellung von Übergangsmatrizen für die in Kap. 3.1 skizzierte Modellklasse

- Realisierung der diversen Algorithmen
- Bestimmung von Leistungsgrößen aus der stationären Grenzverteilung.

3.3 Einbettung in COPE

Wie bereits in der Einleitung erwähnt, besteht ein wesentlicher Aspekt der Modellierung von Rechensystemen in der Verfügbarkeit von Lösungstechniken und Instrumentarien, die der Problemstellung weitgehend angepaßt sind. Auch zur Unterstützung einer hierarchischen Modellierungsmethodik, die z.B. ausgehend von einem grobstrukturierten Modell zu Modellen höherer Detaillierungstiefe fortschreitet, oder einer hierarchisch heterogenen Vorgehensweise, bei der Teilmodelle mit verschiedenartigen Lösungstechniken behandelt werden können und schließlich in einem globalen Modell vereint werden, ist es wünschenswert, auf Lösungsmethoden verschiedener Natur zugreifen zu können und dadurch den Anforderungen der diversen Phasen eines Modellierungsprojekts gerecht zu werden. Ein Instrumentarium, das dieser Wunschvorstellung nahe kommt, ist das an der Universität Dortmund realisierte Programmsystem COPE (Computer Performance Evaluator, [GOERDT/MATERNA 80]), das die Verfahren "Analytische Lösung von Warteschlangennetzwerken" (Klasse der BCMP-Modelle, [BCMP 75]) und "Simulation" (diskrete, ereignisgesteuerte Simulation in SIMULA 67) in sich vereint und dessen Handhabung von dem Benutzer mittels einer Kommunikationssprache durchgeführt wird. Durch eine klare Schnittstelle zwischen Kommunikationsteil und Problemlösungsteil können weitere Lösungsverfahren in COPE eingebracht werden. Eine Einbettung diverser numerischer Verfahren, zunächst nur für die in 3.1 skizzierte Modellklasse, befindet sich in Planung.

4. LITERATUR

BASKETT,F./CHANDY,K.M./MUNTZ,R.R./PALACIOS,F.G. (1975). Open, closed and mixed networks of queues with different classes of customers. J.ACM 22, 2 (April), 248-260.

CHANDY,K.M./SAUER,C.H. (1978). Approximate methods for analyzing queuing network models of computing systems. Comp.Survey 10, 3 (Sept), 281-317.

COURTOIS,P.J. (1977). Decomposability, queueing and computer system applications, Academic Press, London.

GOERDT,C./MATERNA,W. (1980). COPE: Ein Instrumentarium zur quantitativen Bewertung von Rechensystemen. GI-NTG-Fachtagung "Struktur und Betrieb von Rechensystemen", Kiel, (März).

KING,P.J.B./MITRANI,I. (1980). Numerical Methods for Infinite Markov Processes. Proc.of Performance 80, Int.Symp. on Modelling, Measurement and Evaluation, Toronto, 277-282.

KLEINROCK,L. (1976). Queueing systems. Vol. 1, Wiley, London

MÜLLER,B. (1980). Zerlegungsorientierte, numerische Verfahren für Markovsche Rechensystemmodelle. Dissertation, Universität Dortmund, Abt. Informatik.

STEWART,W.J. (1978). A comparison of numerical techniques in markov modeling. Comm. ACM 21, 2, (Februar), 144-152.

STEWART,W.J. (1979). A direct numerical method for queueing networks. 4th International Symp. on Modeling and Performance Evaluation of Computer Systems, Wien, (Februar).

VANTILBORGH,H.T./GARNER,R.L./LAZOWSKA,E.D. (1980). Near-Complete Decomposability of Queueing Networks With Clusters of Strongly Interacting Servers. Proc. of Performance 80, Int.Symp. on Modelling, Measurement and Evaluation, Toronto.

VARGA,R.S. (1962). Matrix iterative analysis. Prentice Hall, Englewood Cliffs.

WALLACE,V.R./ROSENBERG,R.S. (1966). Markovian models and numerical analysis of computer system behaviour. AFIPS Spring Joint, 141-148.

WALLACE,V.L. (1972). Towards an algebraic theory of Markovian networks. Symposium on Computer Communication Networks and Teletraffic, Polytechnique Institute of Brooklyn.

YOUNG,D.M. (1971). Iterative solutions of large linear systems, Academic Press, London.

ZARLING,R.L. (1976). Numerical Solution of nearly decomposable queueing networks. The University of North Carolina at Chapel Hill, Dissertation.

FORECASD - EIN FORTRAN-ORIENTIERTES PROGRAMMSYSTEM ZUR MODELLBILDUNG UND SIMULATION

N. Dahmen
Philips GmbH Forschungslaboratorium Hamburg
D-2000 Hamburg 54

Zusammenfassung

Mit FORECASD existiert ein Programmsystem, das sowohl die Modellierung von komplexen Systemstrukturen, insbesondere auf dem Gebiet der Rechensysteme, gestattet, als auch die Untersuchung von Modellen derartiger Systeme mittels Simulation ermöglicht.

Als Grundlage für den Modellierungsprozeß dienen die sogenannten Auswertungsnetze [2-5], die eine Sonderform der Petri-Netze sind [1].

Das Werkzeug wurde in FORTRAN unter besonderer Berücksichtigung der Portabilität sowie der interaktiven Arbeitsweise konzipiert. Dabei wurde dem statistischen Aspekt bei der Planung von Simulationsexperimenten allgemein und bei der Aufnahme, Aufbereitung und Auswertung von Simulationsdaten speziell in ausführlicher Weise Rechnung getragen.

1 Zielsetzung

Modellbildung und Simulation dienen ersatzweise der experimentellen Erforschung komplexer realer oder geplanter Systeme, wenn sich diese in ihrer wirklichen oder gedachten Umgebung nur schwer direkt untersuchen lassen, oder wenn sie sich einer exakten analytischen Behandlung entziehen [6].

Im Rahmen der Arbeiten zu einem integrierten interaktiven Entwurfsystem für kleine DV-Systeme[*], die im Philips Forschungslaboratorium Hamburg durchgeführt wurden, entstand das FORTRAN-orientierte Entwurfswerkzeug FORECASD (FORTRAN-based and Evaluation net oriented Computer-Aided System Design tool) für die Modellbildung und Simulation von Rechensystemen sowie von Systemen der Nachrichtenübertragungs- und Vermittlungstechnik.

Das Programmsystem FORECASD bietet:

- ein auf allen gewünschten Detaillierungsebenen einheitliches Modellbeschreibungsverfahren in Form der sogenannten Auswertungsnetze,
- die Integration der "sprachlichen" Mittel zur Modellbeschreibung, mit denen zur Durchführung von Simulationsexperimenten sowie deren Darstellung als FORTRAN-Routinen,
- Möglichkeiten zum Aufbau neuer Modellbeschreibungselemente mit Hilfe der bereits vorhandenen Grundelemente,
- Möglichkeiten der Zusammenstellung von Teilmodellen mit unterschiedlichem Detaillierungsgrad zu einem Gesamtmodell,
- die Realisierung eines interaktiven, graphischen Modellbildungsprozesses.

Gemäß dem in FORECASD gewählten Ansatz zur Modellbildung und Simulation besteht ein technisches System aus einer Menge von Aktivitäten (Prozessen), die die prozeduralen Systemeigenschaften repräsentieren, einer Menge von Informationswegen, die die strukturellen Systemeigenschaften wiedergeben, d.h. die Interaktionsmöglichkeiten zwischen den Prozessen beschreiben, sowie aus einer Menge von Datenobjekten, die sich auf den Informationswegen bewegen und die durch die Prozesse in charakteristischer Weise Veränderungen erfahren.

---

[*] Die diesem Bericht zugrunde liegenden Arbeiten wurden mit Mitteln des Bundesministers für Forschung und Technologie (Förderkennzeichen 091 2044) gefördert. Die Verantwortung für den Inhalt liegt jedoch allein beim Autor.

In FORECASD werden sämtliche prozeduralen und strukturalen Modellelemente durch FORTRAN-Programmelemente abgebildet, die der Anwender zu einem lauffähigen Simulationsprogramm zusammenstellt.

Damit steht ein rechnerunterstütztes Entwurfshilfsmittel zur Verfügung, das sowohl dem Analyse- als auch dem Syntheseaspekt beim Entwurf von Systemen Rechnung trägt.

2 Das FORECASD-Programmsystem

2.1 Übersicht

Das Programmsystem ist, wie Bild 1 zeigt, schalenweise aufgebaut, wobei jede Schale für sich einen unabhängigen nutzbaren Teil des Ganzen darstellt.

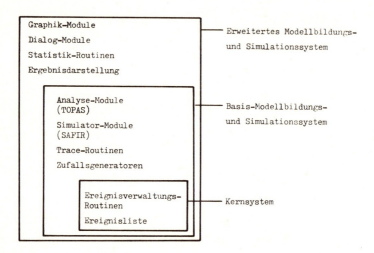

Bild 1: Aufbau des FORECASD-Programmsystems

Es besteht aus:

- dem Kernsystem, das die Ereignisverwaltung darstellt und eine Reihe von sogenannten Ereignisverwaltungsroutinen sowie die Ereignisliste enthält,
- dem Basis-Modellbildungs- und Simulationssystem, das im wesentlichen die Analysemodule zur Übertragung der Systemmodellstruktur auf die Simulator-Datenstruktur sowie die Simulatormodule für die Durchführung von Simulationsexperimenten umfaßt und ferner noch Trace-Routinen und Zufallszahlengeneratoren zur Nachbildung von Zufallsprozessen mit bekannten Verteilungsgesetzen enthält,
- dem erweiterten Modellbildungs- und Simulationssystem, das die dialogorientierte graphische Eingabe der Modellbeschreibungselemente (Auswertungsnetzelemente) bei automatischer Generierung des zugehörigen Simulationsprogramms vorsieht sowie Statistik-Routinen und Ergebnis-Ausgabemoduln enthält.

2.2 Das Kernsystem

Wie bereits angedeutet, läßt sich allgemein ein zeitaktives System durch eine Menge von Aktivitäten (Prozessen) beschreiben, die die prozeduralen Systemeigenschaften repräsentieren und die über ein Netz von Informationskanälen, das die strukturalen Systemeigenschaften beschreibt, in Wechselwirkung zueinander stehen. Dabei wird entsprechend den Wechselwirkungsbeziehungen der Systemaktivitäten eine Reihe von Datenobjekten, die sogenannten Interaktionsobjekte, auf den Informationskanälen bewegt und gegebenenfalls deren Attribute verändert.

Nun ist der Systemmodellzustand zu jeder Zeit gekennzeichnet durch den aktuellen Stand der Wechselwirkungsbeziehung zwischen den Systemaktivitäten und dem augenblicklichen Zustand der Datenobjekte.

Jede Aktivierung und Deaktivierung eines Prozesses wird als Eintritt eines Ereignisses angesehen. Das Modellgeschehen kann so als Fluß von Ereignissen beschrieben werden.

Jedem Ereignis, d.h. jedem zu aktivierenden Prozeß, wird eine sogenannte Plankarte zugeordnet, die die folgenden Eintragungen enthält:

- die Plankartennummer (Referenz auf diese Plankarte),
- Vorgänger- und Nachfolgerzeiger,
- den Ereigniszeitpunkt,
- die Objektart, d.h. einen Verweis auf den Prozeß,
- die Objektdaten, d.h. einen Verweis auf die prozeßspezifischen Daten,
- das sekundäre Ordnungskriterium für konkurrierende Ereignisse.

Diese Plankarten sind in der sogenannten Planungskartei angeordnet.

Im Verlauf des Modellgeschehens nimmt ein Modellobjekt, d.h. der dadurch repräsentierte Prozeß, unterschiedliche Zustände ein. Er kann beispielsweise aktiv sein, auf seine Aktivierung warten oder passiv sein. Demgemäß wird dann die einem Prozeß zugeordnete Plankarte in unterschiedlichen Bereichen der Planungskartei angeordnet sein. Für das Generieren (Vergeben), Ein- und Umordnen der Plankarten sorgen entsprechende Verwaltungsroutinen.

Die Planungskartei gliedert sich in drei Bereiche (siehe Bild 2), die als lineare, doppelt verkettete Listen aufgebaut sind.

Die erste Plankarte in der Liste der vorgemerkten Modellobjekte verweist auf den aktiven Prozeß.

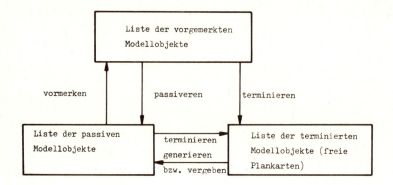

Bild 2: Die Planungskartei

2.3 Das Basis-Modellbildungs- und Simulationssystem

Die Formulierung von Simulationsmodellen mit Hilfe des Kernsystems ist zwar sehr flexibel, aber auch nur wenig problemorientiert und daher relativ umständlich in der Handhabung. Es liegt also nahe, durch die Einführung vordefinierter Modellbeschreibungselemente den Modellbeschreibungsprozeß zu vereinfachen und zu erleichtern. Hierzu dienen die sogenannten Auswertungsnetze (Evaluation-Nets). Sie ermöglichen gleichermaßen die Abbildung von strukturellen wie prozeduralen Systemeigenschaften. Dabei werden die strukturellen Eigenschaften eines Modells durch ein Netz von miteinander über sogenannte Stellen verbundenen Transitionen beschrieben. Die prozeduralen Modelleigenschaften schließlich werden durch Zeit-, Prozeß- und Entscheidungsprozeduren beschrieben, die den jeweiligen Transitionen zugeordnet sind.

Die Modellelemente sind nun programmtechnisch so realisiert, daß sie gleichzeitig Darstellungsmittel sind und die sprachlichen Mittel nur Simulationsablaufsteuerung enthalten.

Die Formulierung eines Modells mit Hilfe dieser Modellbschreibungselemente führt dann unmittelbar zu einem lauffähigen Simulationsprogramm.

Grundlage für die Modellbeschreibung in FORECASD sind die sogenannten Auswertungsnetze.

Ein Auswertungsnetz besteht nun im allgemeinen aus:

- Marken (Token), die die dynamischen Modellobjekte mit ihren Objektattributen wie beispielsweise die Aufträge in einem Rechensystem repräsentieren,

- Transitionen (transitions), die die permanenten Modellobjekte (Prozesse) darstellen, an denen die Systemaktivitäten ausgeführt werden, und die zu einer Modifikation der Attribute sowie zur Beeinflussung der Flußrichtung der Marken im Netz führen,
- Stellen (locations), die die Verbindungsknoten zwischen den Transitionen bilden und jeweils nur genau eine Marke aufnehmen können.

Eine Transition als Repräsentant einer Systemmodellaktivität wiederum wird beschrieben durch:

- das Transitionsschema zur (graphischen) Darstellung der transitionsspezifischen Übertragungslogik bezüglich des Markentransports durch die Transition,
- die Transitionsprozedur zur Veränderung von Markenattributen,
- die Transitionszeit zur Darstellung von Prozeßablaufzeiten,
- die Entscheidungsprozedur im Falle von Konflikttransitionen zur Beeinflussung der Marken-Transportrichtung.

In Bild 3 ist eine Konflikttransition vom Typ X (X-Transition) sowie ihre programmtechnische Entsprechung dargestellt. Diese Transition "feuert", d.h. bewegt eine Marke von der Eingangsseite auf die Ausgangsseite, wenn ihre strukturale und prozedurale Feuerbedingung erfüllt ist, d.h. wenn die Eingangsstelle belegt und wenigstens eine Ausgangsstelle frei ist und wenn gleichzeitig die Auswertung des Entscheidungsteils (Sechseckssymbol) den Verweis auf eine freie Ausgangsstelle liefert.

Ist also die Feuerbedingung erfüllt, so wird nach Ablauf der Prozeßzeit die Marke aus der Eingangsstelle in die freie Ausgangsstelle bewegt und bei Bedarf die Markenattribute durch Ausführung des Prozeßteils der Transition in der gewünschten Weise verändert.

Mit Hilfe der vordefinierten abstrakten Modellbeschreibungselemente ist die Beschreibung von Systemmodellen, also insbesondere auch die Modellierung und Simulationsuntersuchung von Rechensystemstrukturen bei unterschiedlichem Detaillierungsgrad möglich.

Ein Rechensystem besteht im allgemeinen aus einer Reihe von Teilsystemen, die in Wechselbeziehung zueinander stehen. Dementsprechend wird ein Rechensystemmodell durch Teilmodelle (Black-Boxes), die miteinander über sogenannte Verbindungsleitungen verknüpft sind, dargestellt. Jedes dieser Teilmodelle wird in Form eines Auswertungsnetzes realisiert und vom Anwender programmtechnisch auf eine sogenannte Boxtyp-Subroutine abgebildet. Dabei gehen die Auswertungsnetz-

Grundelemente, nämlich die Transitionen und Stellen, in sogenannte Transitionstyp-Prozeduraufrufe mit den entsprechenden Stellenbezeichnungen als Parameter über.

Transitionsschema: <trans.>

<resol>

<eing.>

<ausg. 1>
<ausg. 2>
<ausg. n>

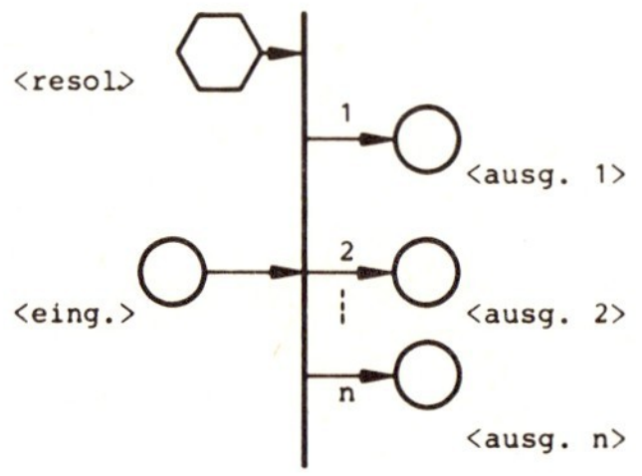

FORTRAN-Repräsentation:

<typaufr.-marke> CALL MXTRA ('/<trans.>/,/<eing.>/,/<ausg.1>/,
                         /<ausg.2>/,...,/<ausg.n>/',<pro.-zeit>)
            GOTO <sim.-marke>

<res.-teil-marke> <Anweisungen, die den Entscheidungsteil
                         repräsentieren>
            GOTO <sim.-marke>

<pro.-teil-marke> <Anweisungen, die den Prozeßteil repräsentieren>
            GOTO <sim.-marke>

Bild 3: Makro-X-Transition

Die Verknüpfung der Modellteile zu einem Gesamtmodell geschieht in dem vom Anwender nach einfachen, vorgegebenen Regeln zu definierenden Simulationshauptprogramm. Die modulare Vorgehensweise hat u.a. den Vorteil, einmal definierte Systemmodellteile (Black-Boxes) in anderen Modellen wiederverwenden zu können oder zu vervielfältigen.

Das Simulationshauptprogramm gibt die Struktur des aus Teilmodellen aufgebauten gesamten Systemmodells wieder und enthält im wesentlichen die Aufrufe der Boxtyp-Subroutinen und des Simulatormoduls, die über den sogenannten Exemplarverteiler erreichbar sind, sowie das Verbindungsleitungsnetz, das implizit durch eine entsprechende Parametrisierung der Boxtyp-Subroutine beschrieben wird.

Die Boxtyp-Subroutinen enthalten ihrerseits die Beschreibung der Teilmodelle und bestehen hauptsächlich aus den Transitionstyp-Prozeduraufrufen sowie dem Aufruf des Simulatormoduls, die über den sogenannten Taskverteiler erreichbar sind. Dieser verweist zusätzlich auf die prozeduralen Modellelemente wie Transitionsprozeduren, Zeit- und Entscheidungsprozeduren.

Mit Hilfe der expliziten Modellinitialisierungsdaten kann das Simulationsmodell in einen definierten Anfangszustand gesetzt werden.

Neben einer Reihe von Zufallszahlengeneratoren zur Nachbildung von Zufallsprozessen mit bekannten Verteilungsgesetzen steht im Basis-Modellbildungs- und Simulationssystem noch eine Reihe von Traceroutinen dem Anwender zur Verfügung, um das Modellgeschehen bei Bedarf zu beobachten und zu kontrollieren.

Der Zugriff auf Stellen und Markenattribute sowie auf Systemgrößen zur Beobachtung und Beeinflussung des Modellgeschehens durch den Anwender erfolgt mittels entsprechender Simulationsprozeduren, die innerhalb der prozeduralen Modellteile wie Prozeß-, Entscheidungs- und Initialisierungsteil aufgerufen werden können. Dadurch wird eine hohe Zugriffssicherheit erzielt, d.h. die wichtigen Systemgrößen sind gegen unbeabsichtigte und fehlerhafte Veränderung durch den Anwender geschützt.

2.4 Das erweiterte Modellbildungs- und Simulationssystem

Neben der Entwicklung von Systemmodellstrukturen auf dem Papier ist vor allem der Aufbau solcher Strukturen am graphischen Bildschirm vorgesehen. Im Rahmen eines Dialogs wird die Struktur des Systemmodells als eine Menge von Subsystemen (Black-Boxes), die über ein entsprechendes Verbindungsleitungsnetz miteinander verbunden sind, am graphischen Bildschirm eingegeben, dargestellt und gegebenenfalls modifiziert. Die Systemmodellstruktur wird dann automatisch auf das sogenannte Simulationshauptprogramm abgebildet.

Im nächsten Entwicklungsschritt erfolgt die weitere Detaillierung der einzelnen Systemmodellteile, die ebenfalls im Rahmen eines Dialogs in ihrer Struktur spezifiziert werden. Dies geschieht mit Hilfe der Auswertungsnetze am graphischen Bildschirm. Jedes so spezifizierte Subsystem wird anschließend in einem automatischen Umsetzungsschritt auf sogenannte Boxtyp-Subroutinen abgebildet, die im Simulationsprogramm entsprechend den durch das Verbindungsleitungsnetz vorgegebenen Verknüpfungen aufgerufen werden. Ferner werden an den dafür vorgesehenen Stellen die prozeduralen Auswertungsnetz-Modellelemente, wie Prozeßteile, Zeitprozeduren und Entscheidungsteile, sowie vom Anwender gewünschte Spezifikationsteile angefordert und eingesetzt.

Mit dem Abschluß dieser Arbeiten erhält der Modellentwickler ein vollständiges Simulationsprogramm. In einem automatischen Analyseschritt erfolgt dann die Abbildung dieses vollständigen Simulationsprogramms auf die für die Ausführung der Simulation notwendige Datenstruktur. Es können nun die mit dem Modell geplanten Simulationsexperimente durchgeführt werden.

Während der einzelnen Entwicklungsschritte wird ständig die Richtigkeit der Eingaben und die Einhaltung der formalen Regeln zum Aufbau von Auswertungsnetzen kontrolliert und gegebenenfalls auf Fehler hingewiesen.

Die mit der Behandlung von informationsverarbeitenden Systemen verbundenen Erscheinungen sind vielfach Massenerscheinungen mit ausgeprägtem Zufallscharakter. Die Auswertung der Simulationsdaten, die synchron mit dem Simulationsablauf in der vom Anwender gewünschten Weise erfolgen soll, macht daher die Anwendung statistischer Methoden zwingend notwendig. Zu diesem Zweck steht dem Anwender eine Reihe von Hilfsroutinen zur Verfügung, mit denen er auf einfache Weise die Erfassung, Aufbereitung und Auswertung der Simulationsdaten durchführen kann.

Schließlich werden dem Anwender im Rahmen des Systems Ausgabe-Routinen angeboten, die eine sowohl tabellarische als auch graphische Darstellung der Simulationsergebnisse ermöglichen.

Bild 4 gibt noch einmal eine Übersicht über die in FORECASD vorgezeichnete Vorgehensweise von der Modellbildung bis zur Simulation.

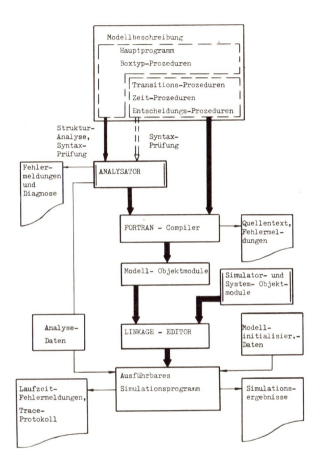

<u>Bild 4</u>: Modellbildung und Simulation mit FORECASD

3 Ein einfaches Beispiel für die Systembeschreibung mit FORECASD

Nachfolgend soll am Beispiel eines sehr einfachen Prozessormodells der Modellierungsprozeß mit FORECASD sowie die Abbildung auf ein lauffähiges Simulationsmodell in den wesentlichen Teilen noch einmal verdeutlicht werden.

Das Systemmodell bestehe, wie in Bild 5 gezeigt, aus einem Prozessor, an den zwei Terminals angeschlossen sind. Es soll den folgenden möglichen Fragestellungen genügen:

- Prozessorauslastung als Funktion der Terminal-Auftragsintensitäten,
- Prozessorauslastung als Funktion der Auftragsart,
- Verteilung der Auftragslaufzeiten bzw. Verteilung der Antwortzeit.

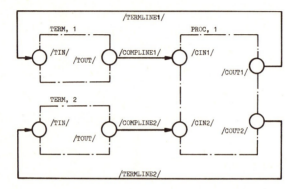

Bild 5: Ein einfaches Prozessormodell

Ein Auftrag wird im Modell durch eine Marke (Token) mit den folgenden Attributen dargestellt:

- die Auftragsnummer,
- die Auftragsquelle (Terminalnummer),
- die Auftragsart.

Das aus den Teilmodellen PROC (Prozessor) und TERM (Terminal) zusammengesetzte Systemmodell wird programmtechnisch gesehen durch ein Simulationshauptprogramm wiedergegeben, dessen prinzipielle Ablaufstruktur in Bild 6 gezeigt ist. Es besteht im wesentlichen aus einem sogenannten Pflichtspezifikationsteil, der die für den Anwender wichtigen Größen wie aktuelle Modellzeit usw. enthält, dem Aufruf des Simulatormoduls zur Initialisierung des Modells und dem sogenannten Exemplarverteiler, der auf die einzelnen Teilmodelle (Boxtyp-Subroutinen) verweist.

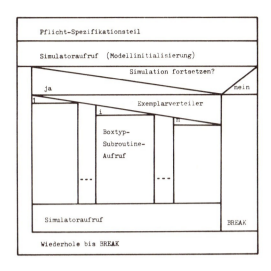

Bild 6: Prinzipielle Programmstruktur eines Simulationshauptprogramms

Die Aktualparameterliste einer Boxtyp-Subroutine enthält schließlich die Angaben über die maximal mögliche Anzahl dynamischer Modellobjekte (Marken) in diesem Teilmodell, über die Anzahl der Attribute eines Modellobjekts und über den ein- sowie ausgangsseitigen Anschluß des Teilmodells über sogenannte Randstellen an die betreffenden Verbindungsleitungen. Ferner enthält die Aktualparameterliste noch eine logische Versionsnummer, wenn - wie im Falle des Teilmodells TERM - mehrere Modell-Exemplare gleichen Typs vorliegen.

Als nächstes müssen die einzelnen Teilmodelle definiert und beschrieben werden. Dies geschieht mit Hilfe der Auswertungsnetzelemente. So werden beispielsweise die strukturellen Systemeigenschaften durch das in Bild 7 dargestellte Auswertungsnetz wiedergegeben.

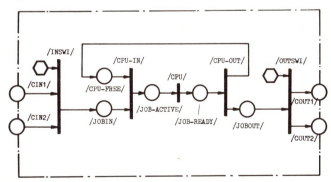

Bild 7: Auswertungsnetz für das Prozessormodell

Eine Marke in der Stelle /CPU-FREE/ der J-Transition /CPU-IN/ (Modell-Initialisierungszustand) kennzeichnet die Betriebsbereitschaft des Prozessors. Ein Auftrag, repräsentiert durch eine Marke in einer der Eingangsrandstellen /CIN 1/ und/oder /CIN 2/, gelangt über die Y-Transition /INSWI/ in die Stelle /JOBIN/. Im Falle konkurrierender Aufträge an den Eingangsrandstellen /CIN 1/ und /CIN 2/ wird durch Abarbeiten einer vom Anwender definierten Entscheidungsprozedur, die durch das eingangsseitige Sechseckssymbol der Konflikttransition /INSWI/ symbolisiert ist, festgelegt, welcher der Aufträge zuerst in die Stelle /JOBIN/ weitergeleitet wird.

Nun sind beide Eingangsstellen der J-Transition /CPU-IN/ belegt, und ihre Feuerbedingung ist erfüllt. Die den Auftrag repräsentierende Marke wird aus der Stelle /JOBIN/ in die freie Stelle /JOB-ACTIVE/ bewegt, während - entsprechend der Feuerlogik einer J-Transition - die Marke aus der Stelle /CPU-FREE/ verschwindet. Der Prozessor ist nun aktiv. Gelangt ein weiterer Auftrag über die Transition /INSWI/ in die freigewordene Stelle /JOBIN/, so kann dieser Auftrag erst dann über die J-Transition /CPU-IN/ in die Stelle /JOB-ACTIVE/ weitergeleitet werden, wenn eine Marke in die Stelle /CPU-FREE/ wandert und damit die erneute Betriebsbereitschaft des Prozessors signalisiert wird. Die T-Transition /CPU/ repräsentiert die Bearbeitung des aktuellen Auftrags durch den Prozessor. Nach Ablauf der durch die Auftragsparameter (Marken-Attribute) bestimmten Bearbeitungszeit wird der Auftrag durch die T-Transition /CPU/ von der Stelle /JOB-ACTIVE/ in die Stelle /JOB-READY/ bewegt.

Dadurch ist die Feuerbedingung der F-Transition /CPU-OUT/ erfüllt, und es wird der Auftrag in die Stelle /JOB-OUT/ transportiert und gleichzeitig eine Marke in der Stelle /CPU-FREE/ generiert. Der Prozessor ist nun wieder betriebsbereit und kann den nächsten Auftrag, repräsentiert durch eine Marke in der Stelle /JOBIN/, übernehmen. Über die X-Transition /OUTSWI/ gelangt der bearbeitete Auftrag schließlich, je nach Herkunft, in die Stelle /COUT 1/ oder /COUT 2/ und damit zurück zum Terminal 1 oder Terminal 2.

Diese Teilmodellstruktur wird nun programmtechnisch durch eine entsprechend zu vereinbarende Boxtyp-Subroutine beschrieben, deren prinzieller Aufbau durch das in Bild 8 gezeigte Struktogramm wiedergegeben wird. Jede Transition ist durch einen sogenannten Transitionsblock abzubilden, der über den sogenannten Task-Verteiler erreichbar ist, und den Transitionstyp-Prozeduraufruf sowie bei Bedarf einen Prozeß- sowie Entscheidungsteil enthält.

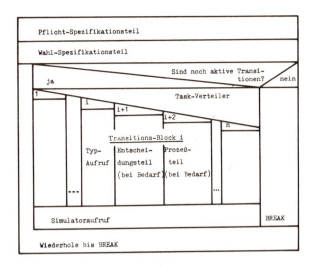

Bild 8: Prinzipielle Programmstruktur einer Boxtyp-Subroutine

Wiederholt man nun die aufgezeigten Entwicklungsschritte in bezug auf das Teilmodell für das Terminal, so erhält man nach einem fehlerfreien Analyseschritt ein lauffähiges Simulationsprogramm für das Systemmodell in FORTRAN, das kompiliert, gebunden und ausgeführt werden kann.

Literatur:

[1] Petri, C.A.: Kommunikation mit Automaten. Dissertation, Universität Bonn, 1962.
[2] Nutt, G.J.: The formulation and application of evaluation nets. Ph. D. dissertation, University of Washington, Computer Science, 1972.
[3] Nutt, G.J.: Evaluation nets for computer system performance analysis. Fall Joint Comp. Conf. 1972, AFIPS Conf. Proc., 41 (1972), S. 279-286.
[4] Behr, J.-P., Isernhagen, R., Pernards, P., Stewen, L.: Modellbeschreibung mit Auswertungsnetzen. Angewandte Informatik 17 (1975) 9, S. 375-382.
[5] Behr, J.-P., Isernhagen, R., Pernards, P., Stewen, L.: Erfahrungen mit Auswertungsnetzen - Implementierung, Alternativen. Angewandte Informatik 17 (1975) 10, S. 427-432.
[6] Bauknecht, K., Kohlas, J., Zehnder, C.A.: Simulationstechnik. Springer-Verlag, Berlin-Heidelberg-New York 1976.

EXTENSIONS OF OPERATIONAL ANALYSIS

by
Wolfgang Kowalk
FB-Informatik der Universitaet Hamburg
Schlueterstrasse 70, D-2000 Hamburg.

1.0 Introduction.

Buzen [1] introduced the operational analysis, a tool for estimation of properties of queueing systems without stochastic analysis. So the operational anaylsis is easier to handle and the results are easier to interprete. But no analysis of moments higher than the first ones of any operational variable is yet derived. Also there are often assumptions about the identity of similar, but different operational variables, that are proved to be wrong in real systems.
In this report, we will develop a system, taking into account the differences between operational variables and derive formulas other than only the simple mean-value-formulas that were found previously. This gives an explanation to the possible question, why the values estimated by some formulas differ very much from the measured values, if the system is highly utilizised. It also allows us to find additional results not yet developed in operational analysis.

2.0 The operational system.

We assume that all operational variables can be measured (at least in principle) within a finite interval [0,t]. We assume no information about the time intervals before the time 0 and after the time t.
Between two operational variables (for example the number of arriving jobs a(t) and number of leaving jobs b(t)) there can be a difference that will be calculated by the formula:

$$d := \frac{|a(t)-b(t)|}{|a(t)|}, \text{ if } a(t) \neq 0.$$

If the inequality:

$$|a(t)-b(t)| \leq d*|a(t)|$$

holds, we can define:

$$(d:t) \quad a(t) \rightarrow b(t),$$

we call this a d-equality, and say that a(t) is d-equal to b(t).

Theorem 2.1 - Let:

$$(d:t) \quad x(t) \rightarrow y(t), \text{ where } 0 \leq d < 1,$$

and let
$$(d':t)\ x'(t) \to y'(t), \text{ where } 0 \le d' < 1.$$
Then we have:

1. $(\frac{d}{1-d}:t)\ y(t) \to x(t)$.

2. $\{1-d\}*|x(t)| \le |y(t)| \le \{1+d\}*|x(t)|$.

3. $(d:t)\ |x(t)| \to |y(t)|$.

4. $x(t)*y(t) > 0$ or $\{x(t)=0 \text{ and } y(t)=0\}$.

5. If $x(t)*x'(t) > 0$ then
$$(\max(d,d'):t)\ x(t) + x'(t) \to y(t) + y'(t).$$

6. $(d+d'+d*d':t)\ x(t) * x'(t) \to y(t) * y'(t)$.

7. If $x(t) \ne 0$ and $y(t) \ne 0$ then:
$$(\frac{d}{1-d}:t)\ \frac{1}{x(t)} \to \frac{1}{y(t)}.$$

8. If $x'(t) \ne 0$ and $y'(t) \ne 0$ then:
$$(\frac{d+d'}{1-d'}:t)\ \frac{x(t)}{x'(t)} \to \frac{y(t)}{y'(t)}.$$

9. If $y(t) = x'(t)$, then after the substitution we have:
$$(d+d'+d*d':t)\ x(t) \to y'(t).$$

10. If $D := \max(\frac{d}{1-d}, \frac{d'}{1-d'}, \max(d,d'))$, then:
$$(D:t)\ \max(x(t), x'(t)) \to \max(y(t), y'(t))$$
and
$$(D:t)\ \min(x(t), x'(t)) \to \min(y(t), y'(t))$$

In the following theorem, we study some simple arithmetics with d-equalities.

Theorem 2.2 -
1. Let
$$(d:t)\ x(t) \to y(t) + z(t),$$
and if
$$x(t) - z(t) \ne 0,$$
then we have:
$$(d\ /\ |1 - \frac{z(t)}{x(t)}|:t)\quad x(t) - z(t) \to y(t).$$

2. Also let
$$(d:t) \quad x(t) \rightarrow y(t)*x(t) + z(t).$$

If $\quad 1 - y(t) \neq 0,$

then we have:
$$\left(\frac{d}{|1-y(t)|}:t\right) \quad x(t) \rightarrow \frac{z(t)}{1-y(t)}.$$

------ - ------

3.0 Classes of operational variables.

In the sequel we will define some operational variables for simple systems. The notation is different from [1,2,3] and more systematic. We always display the simple operational variables by lower case latin letters, and for their mean values we either use the corresponding capital letter, or as for higher moments we will use the superlined notation. That is: If n is an operational variable then: $\bar{n} = N$ and $\overline{n^k}$ is the k-th moment of n. The exact definitions of the moments are given below.

Definition 3.1 - Let $n_i(s)$ be an operational variable, depending on $i \in I(s)$, where $s \in [0,t]$, and where $I(s)$ is a finite set. Then we call n counting variable with index set $I(s)$ and if $|I(s)| \neq 0$ we call:

$$\overline{n^k}(s) := \frac{1}{|I(s)|} * \sum_{i=1}^{I(s)} n_i^k(s)$$

the k-th moment of $n_i(s)$ at s, where $|I(s)|$ is the number of elements in $I(s)$.

------ - ------

For instance, the time that the i-th job has been serviced in [0,s] is an example of a counting variable, and the number of the jobs in the system within [0,s] is its corresponding index set.

Definition 3.2 - Let n(s) be an operational variable, depending only on $s \in [0,t]$. Then n is a time variable and we write:

$$\overline{n^k}(s) := \frac{1}{s} * \int_0^s n^k(u)*du$$

which is the k-th moment of the time variable n in [0,s].

------ - ------

The number of the jobs in the system at $s \in [0,t]$ is an example of a time variable.

Definition 3.3 - Let $n(s)$ be a monotonic time variable, i.e.
$$n(s) \geq n(s') \iff s \geq s', \quad s,s' \in [0,t].$$

Then we call the time variable $n(s)$ accumulating variable, and we obtain its mean by:
$$N(s) := \frac{n(s)}{s}, \text{ if } s>0$$
which is also called the rate of $n(s)$.

------ - ------

If $a(s)$ is the number of jobs arriving in $[0,s]$, then $a(s)$ cannot decrease. Thus
$$A(s) := \frac{a(s)}{s}$$
is the arrival rate of jobs in the system at time s.
Other examples of operational variables will be given in the next section, but before further discussions we would like to introduce some additional definitions.

Definition 3.4 - If $n(s)$ is an operational variable, then we define: $n:=n(t)$ (i.e. n is a function of time index t).
Since we are no longer concerned about the time 0, therefore we can assume: $\frac{0}{0}:=0$.

------ - ------

4.0 Operational variables in queueing systems.

We will now define the operational variables, that will be used for investigating further queueing systems.

Definition 4.1 - We define the number of jobs, that
- arrive in $[0,s]$: $a(s)$.
- leave the system in $[0,s]$: $b(s)$.
- are in the system at time 0: a_0.
- sojourn in the system in $[0,s]$: $c(s):=a(s)+a_0$.
- are in the system at s: $n(s):=c(s)-b(s)$.

We define the service time in $[0,s]$, that the i-th job
- demanded: x_i, index set: $\{1,\ldots,c(s)\}$.
- achieved: y_i, index set: $\{1,\ldots,c(s)\}$.
- achieved, after leaving the system within $[0,s]$: z_i, index set: $\{1,\ldots,b(s)\}$.

We define the accumulation variables:
$$x(s) := \sum_{i=1}^{c(s)} x_i(s), \quad y(s) := \sum_{i=1}^{c(s)} y_i(s), \text{ and } z(s) := \sum_{i=1}^{b(s)} z_i(s).$$

For the means we define:
- $A(s) := a(s)/s$: arrival rate.
- $B(s) := b(s)/s$: leaving rate.
- $C(s) := c(s)/s$: sojourn rate.
- $X(s) := x(s)/c(s)$.
- $Y(s) := y(s)/c(s)$.
- $Z(s) := z(s)/b(s)$.
- $\vartheta(s) := x(s)/s$.
- $\varepsilon(s) := y(s)/s$.
- $\eta(s) := z(s)/s$.

------ - ------

Theorem 4.2 - In every system the following equations are valid:
$$\vartheta(s) = C(s) * X(s),$$
and
$$\varepsilon(s) = C(s) * Y(s),$$
and
$$\eta(s) = B(s) * Z(s).$$

------ - ------

Additionally we have
$$x(s) \geq y(s) \geq z(s),$$
and
$$\sum_{i=1}^{b(t)} z_i^k(t) \leq \sum_{i=1}^{c(t)} y_i^k(t) \leq \sum_{i=1}^{c(t)} x_i^k(t).$$

Dividing by t, we find:
$$B(t) * \overline{z^k}(t) \leq C(t) * \overline{y^k}(t) \leq C(t) * \overline{x^k}(t).$$

5.0 Similar operational variables.

Using the defined measure for the difference between similar operational variables (section 2), we now define the difference between measured values and approximated values.

Definition 5.1 - If for two stochastic variables we have
$$(d:t) \quad x(t) \rightarrow y(t),$$
then we say x is d-equal to y.
If x is d-equal to y and y is d-equal to x, i.e.:

(d:t) x(t) -> y(t) and (d:t) y(t) -> x(t),
then we call x and y d-symmetric.
If each pair of variables of a set is d-symmetric, we call it a set of d-symmetric variables.

------ - ------

We will now define the notion of flow-balance in a more general and more precise way than it is already defined in operational analysis.

Definition 5.2 - If the three operational variables: a(t), b(t), and c(t) are d-symmetric, then we say that the system is within [0,t] in d-job-balance.
If the three sums:

$$\sum_{i=1}^{c(t)} x_i^k(t), \quad \sum_{i=1}^{c(t)} y_i^k(t), \quad \text{and} \quad \sum_{i=1}^{b(t)} z_i^k(t)$$

regarded as operational variables, are d-symmetric, then we say that the system is in d-load-balance of k-th order on [0,t]. Also if k=1 then we say that the system is in d-load-balance.
If a system is d-job-balanced and in d-load-balance of k-th order on [0,t], we say it is in d-flow-balance of k-th order on [0,t]. If k=1 we say the system is in d-flow-balance.

------ - ------

The notion of d-flow-balance is a very useful condition for stable systems.
We will now define some properties of operational variables known in stochastic analysis.
Two stochastic variables are called independent, if (in the appropriate notation):

$$E[X*Y] = E[X] * E[Y].$$

In analogy of the notion of stochastic independence we define:

Definition 5.3 - Let $x_i(s)$ and $y_i(s)$ be counting variables. If $x_i(s)$ and $y_i(s)$ have the same index set $\{1,\ldots,k(s)\}$, if d<1, and if:

$$(d:t) \quad \sum_{i=1}^{k(t)} x_i * y_i \rightarrow X(t) * \sum_{i=1}^{k(t)} y_i(t),$$

then we say that $x_i(s)$ and $y_i(s)$ are d-independent.

If x(s) and y(s) are time variables, and d < 1, and if:

$$(d:t) \int_0^t x(s)*y(s)*ds \rightarrow X(s) * \int_0^t y(s)*ds,$$

then we say that x(s) and y(s) are d-independent.

Notice that the last definition is symmetric for x(s) and y(s).

Theorem 5.4 - If two counting variables $x_i(s)$ and $y_i(s)$ are d-independent, or if two time variables $x(s)$ and $y(s)$ are d-independent, then:

$$(d:t) \quad \overline{x(t)*y(t)} \rightarrow X(t)*Y(t).$$

Proof: If x and y are counting variables, we get:

$$(d:t) \quad \overline{x(t)*y(t)} = \frac{1}{c(t)} * \sum_{i=1}^{c(t)} x_i(t)*y_i(t) \rightarrow$$

$$\rightarrow X(t) * \frac{1}{c(t)} * \sum_{i=1}^{c(t)} y_i(t) = X(t) * Y(t),$$

If x and y are time variables, then we conclude it analogically.
------ - ------
We now introduce the notion of representativity in our system. In stochastic analysis a set of values (sample) is called representative for a variable, if the mean of these values is equal to the variable. For example the set of the lengths of the waiting queue, measured at each arrival of a job in the system, might be representative for the mean length of the waiting queue.
In our system we give the following definition:

Definition 5.5 - Let $x(s)$ be a time variable with mean $X(s)$, and
$$T = \{t_1, \ldots, t_n\}, \quad t_i \in [0,t],$$
where T is a finite set of n times taken from $[0,t]$, and if there is a d<1, such that:

$$(d:t) \quad \overline{\sum_{t_i \in T} x(t_i)} \rightarrow |T| * X(t),$$

(where $|T|=n$), then we call T d-representative for $X(t)$ on $[0,t]$.
------ - ------
With these two definitions of d-indepence and d-representativity we can now derive some theorems known in the theory of stochastic processes. This will be found in section 7.

6.0 Little's Formula.

If $k_i(s)$ is a counting variable with index set $\{1,\ldots,c(s)\}$, we can derive the following two operational variables:

$$m_i(s) := \int_0^s k_i(u)*du \quad \text{and} \quad r(s) := \sum_{i=1}^{c(s)} k_i(s).$$

The mean values for the above counting variable $m_i(s)$ and time variable $r(s)$ are:

$$R(t) = \frac{1}{t} * \int_0^t r(s)*ds = \frac{1}{t} * \int_0^t \sum_{i=1}^{c(t)} k_i(s)*ds =$$

$$= \frac{c(t)}{t} * \frac{1}{c(t)} * \sum_{i=1}^{c(t)} \int_0^t k_i(s)*ds = C(t) * \frac{1}{c(t)} * \sum_{i=1}^{c(t)} m_i(t) =$$

$$= C(t) * M(t).$$

The most important result of this equality is Little's formula.

Theorem 6.1 (Little's formula) - Let $N(t)$ be the mean of the number of jobs in the system and let $Q(t)$ be the mean time of the total time the jobs spent in the system within $[0,t]$. Then we have:

$$N(t) = C(t) * Q(t).$$

Proof: We define for $k_i(s)$:

$k_i(s) := 1$, if the i-th job is at time s in the system,

       0   otherwise.

Then as defined above, $r(s)$ is the number of jobs in the system at time s and $m_i(t)$ is the time, the i-th job spends in the system within $[0,t]$. Then we have Little's formula just as it was proven above.

------ - ------

Even if the system is not in flow-balance Little's formula is still valid. A more careful analysis of our proof shows its validity, since we ignore the time that the jobs are in the system before time 0 and after time t. Therefore our definition of "time in system" differs from that, used in stochastic analysis.

There is another difference from usual forms of Little's formula. We did not use the arrival or leaving rate, as for example Buzen [1], instead we used the sojourn rate, and therefore gained the strict equality. Thus we are able to have a more efficient use of Little's formula.

7.0 Relations between higher moments.

In this section we will establish some relations between higher moments.

7.1 Residual service time.

Consider a single server system with non-preemptive service policy, and therefore the i-th job had spent just $x_i(t)$ units of time in the server, if it left the system in $[0,t]$.

Let $p(s)$ be the residual service time of the job in the server at time s. We want to estimate the mean of $p(s)$. Since the number of jobs that

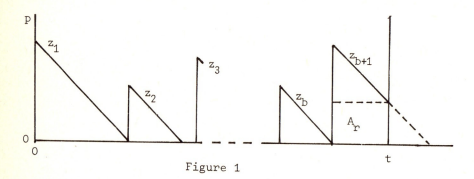

Figure 1

leave the system in $[0,t]$ is $b(t)$, we have (see figure 1):

$$0 \leq \frac{1}{2} * \sum_{i=1}^{b(t)} z_i^2 \leq \int_0^t p(s)*ds \leq \frac{1}{2} * \sum_{i=1}^{c(t)} y_i^2.$$

Dividing the inequalities by t we get the following theorem:

Theorem 7.1.1 - In a single server system with non-preemptive service policy, we have:

$$\frac{1}{2} * B(t) * \overline{z^2} \leq P(t) \leq \frac{1}{2} * C(t) * \overline{y^2}.$$

------ - ------

Theorem 7.1.2 - If a system with 1 server and non-preemptive service policy is in d-load-balance of second order, we have:

$$(d:t) \quad \frac{1}{2} * C(t) * \overline{x^2}(t) \rightarrow P(t).$$

Proof: - By definition of d-load-balance, we have:

$$\left| \sum_{i=1}^{c(t)} x_i^2 - \sum_{i=1}^{b(t)} z_i^2 \right| \leq d * \left| \sum_{i=1}^{c(t)} x_i^2 \right|.$$

Combining this with previous formulas we find:

$$0 \leq \frac{1}{2} * \sum_{i=1}^{c(t)} x_i^2 - \int_0^t p(s)*ds \leq \frac{1}{2} * \sum_{i=1}^{c(t)} x_i^2 - \frac{1}{2} * \sum_{i=1}^{b(t)} z_i^2 =$$

$$= \frac{1}{2} * \left| \sum_{i=1}^{c(t)} x_i^2 - \sum_{i=1}^{b(t)} z_i^2 \right| \leq d * \{ \frac{1}{2} * \left| \sum_{i=1}^{c(t)} x_i^2 \right| \}.$$

Divding by t gives the required result.
------ - ------

We see that the d-job-balance results a good upper limit in the above inequalities.

7.2 Mean of the load.

The load $u(s)$ is defined as the sum of all residual service times of all jobs in the system (waiting or in service); let $v(s)$ be the load of the waiting jobs at time s, then we have

$$u(s) = v(s) + p(s).$$

After integrating both sides of the above equality and dividing by t we find:

$$U(t) = V(t) + P(t).$$

Now we introduce the following counting variable:

$v_i(s) := x_i$, if the i-th job waits at s in the system,

   0   otherwise.

If w_i is the waiting time of the i-th customer at t, then

$$w_i * x_i = \int_0^t v_i(s)*ds.$$

If the service policy is non-preemptive, the residual service time of a waiting job is just its total service time, thus:

$$v(s) := \sum_{i=1}^{c(s)} v_i(s).$$

If we assume that the service policy does not alter the service time of the job (we call this load conservation) then we find:

Theorem 7.2.1 - For every non-preemptive single server system with load conservation we have:

$$\int_0^t v(s)*ds = \sum_{i=1}^{c(t)} x_i * w_i.$$

------ - ------

Since in [0,t] the i-th job spends just w_i units of time in the queue and y_i units of time in the server, the total time in the system is:

$$q_i(t) = w_i(t) + y_i(t).$$

The residual service time of the i-th job at t is p_i, thus:

$$x_i = y_i + p_i.$$

From this we can conclude:

Theorem 7.2.2 - For every non-preemptive single server system with load conservation, and:

$$d := \frac{\sum_{i > b(t)} w_i * p_i + A_r}{\frac{1}{2} * \sum_{i=1}^{c(t)} \{q_i^2 - w_i^2\}} < 1$$

$(A_r := p_{b+1} * \{y_{b+1} - p_{b+1}\}$ is the rectangular area in figure 1) we have:

$$(d:t) \quad \frac{1}{2} * C(t) * \{\overline{q^2} - \overline{w^2}\} \rightarrow U(t).$$

------ - ------

If the system is empty at time t, then d=0, and the d-equality becomes an identity.

7.3 The P-K-Formula.

In this section we derive the Pollaczek-Khinchine-mean-value-formula (P-K-formula) by using our assumptions of independence and representativity.

Let us assume, that the arrival sequence of the jobs already in the system at time 0 is $1,...,a_0$. Therefore jobs that are in the system at time 0 have the time of arrival 0. Thus all variables that we use in this section are defined for indices: $i,j := 1..c(t)$.

At first we introduce an operational variable:

$a_{ij} = 1$ if at arrival of job i the j-th job is waiting in the system,

0 otherwise.

Then
$$e_j := \sum_{i=1}^{c(t)} a_{ij},$$

where e_j is the number of jobs arriving, while job j is waiting, and

$$n_i := \sum_{i=1}^{c(t)} a_{ij},$$

where n_i is the number of jobs waiting when job i enters the system.

Then we have:
$$\sum_{j=1}^{c(t)} e_j = \sum_{j=1}^{c(t)} \sum_{i=1}^{c(t)} a_{ij} = \sum_{i=1}^{c(t)} n_i.$$

Using the variable a_{ij} we will define the waiting time of the i-th job, if the service policy is non-preemptive and FCFS:

$$w_i = \sum_{j=1}^{c(t)} a_{ij} * y_j + p_i,$$

where p_i is the residual service time of the job in service when the i-th job arrives in the system.

For the mean waiting time W(t) we find:

$$c(t) * W(t) = \sum_{i=1}^{c(t)} w_i = \sum_{i=1}^{c(t)} (\sum_{j=1}^{c(t)} a_{ij} * y_j + p_i) =$$

$$= \sum_{j=1}^{c(t)} y_j * e_j + \sum_{i=1}^{c(t)} p_i.$$

Assuming that y and e are d-independent, by definition 5.3:

$$(d:t) \sum_{j=1}^{c(t)} y_j * e_j \rightarrow Y(t) * \sum_{j=1}^{c(t)} e_j = Y(t) * \sum_{j=1}^{c(t)} n_j.$$

If the number of jobs already in the queue when a job arrives is

d'-representative of the mean number of waiting jobs, then by definition 5.3 we have:

$$(d':t) \quad \sum_{t_j \in T} n_j \to c(t) * N_q(t),$$

where $N_q(t)$ is the mean number of jobs in the queue in $[0,t]$.

Substituting into this formula we find by theorem 2.1.9 and after reordering:

$$(d+d'+d*d':t) \quad \frac{1}{c(t)} * \sum_{i=1}^{c(t)} y_i * e_i \to Y(t) * N_q(t).$$

Assuming that the set of arrival times is $d"$-representative of the average residual service time of the job in service, we find:

$$(d":t) \quad \sum_{t_j \in T} p_j \to c(t) * P(t).$$

Let $D := \max(d+d'+d*d', d")$, then we have by Theorem 2.1.5:

$$(D:t) \quad W(t) = \frac{1}{c(t)} * \sum_{i=1}^{c(t)} y_i * e_i + \frac{1}{c(t)} * \sum_{i=1}^{c(t)} p_i \to$$
$$\to N_q(t) * Y(t) + P(t).$$

Using Littel's formula, we find:
$$(D:t) \quad W(t) \to W(t) * C(t) * Y(t) + P(t) =$$
$$= W(t) * \mathcal{E}(t) + P(t).$$

By theorem 2.2.2 we get:
$$\left(\frac{D}{1-\mathcal{E}(t)}:t\right) \quad W(t) \to \frac{P(t)}{1-\mathcal{E}(t)}.$$

Thus we have the following theorem.

Theorem 7.3.1 - For every single server system with load conservation, FCFS-non-preemption, and

1. The number of jobs arriving, while one job is waiting, is d-independent of the service time of the waiting job.
2. The set of arrival times is d'-representative of the mean number of waiting jobs.
3. The set of arrival times is $d"$-representative of the mean residual service time for the job in service.
4. $\quad\quad\quad\quad\quad\quad \mathcal{E}(t) < 1.$
5. $\quad\quad D := \max(d+d'+d*d', d") \quad \{ < 1 - \mathcal{E}(t) \}.$

Then we have:

$$\left(\frac{D}{1-\mathcal{E}(t)}:t\right) \quad W(t) \to \frac{P(t)}{1-\mathcal{E}(t)}.$$

For P(t) we can substitute the expression of 3.1 by using the theorem 2.1.9.

Now we can see at once that the P-K-Formula becomes worse as the

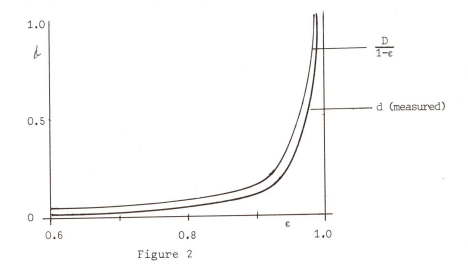

Figure 2

utilization increases (see figure 2). Simulation results also proved that the difference between the measured value of mean waiting time and the value estimated by the P-K-Formula if utilization approaches 1 can be extremely serious (more than 100%). This fact implies that using d-equalities in our calculations results a better understanding of the formulas that we are using.

8.0 Conclusions.

In this report we developed an approach which calculates with the differences resulting for actual experiments in finite time. Many results of applying this method are already known to stochastic analysis. Additionally, we could show the reason, why the P-K-formula gives a bad value for the mean waiting time, if utilization increases. Thus this approach gives further information, which is still not available in queueing theory. Therefore it seems worthy to be worked out.

I am grateful to Herrn Prof. Dr. Jessen, M. Jobmann and B. Ghassemlou, who helped me very much to develope this approach and to write this report.

9.0 References

[1] Buzen,J.P.: Fundamental Operational Laws of Computer System

Performance. Acta Informatica 7, 167-182(1976).

[2] Buzen,J.P./Denning,P.J.: The Operational Analysis of Computer Network Models. Computing Surveys, Vol. 10, No.3, September 1978

[3] Buzen,J.P./Denning,P.J.: Operational treatments of queue distributions and mean-value analysis. Computer Performance Vol.1,No.1,1980.

[4] Kleinrock,L.: Queueing Theory. Vol. I. John Wiley & Sons, Inc. N.Y. 1975.

[5] Kleinrock,L.: Queueing Theory. Vol. II. John Wiley & Sons, Inc. N.Y. 1976.

[6] Sevcik,K.C./Klawe,M.M.: Operational Analysis versus Stochastic Modelling of Computer Systems. University of Toronto, Canada. May 1979.

EIN MODELL ZUR KONSTRUKTION OPTIMALER

KONFIGURATIONEN VON RECHENSYSTEMEN

W. Schröck

Inst. f. Informatik

Universität Bonn

Zusammenfassung: Auf der Grundlage eines graphentheoretischen Modells für Programmsysteme wird die optimale Konfigurierung eines Rechensystems, auf dem ein gegebenes Programmsystem implementiert werden soll, als ein Graphenzerlegungsproblem der kombinatorischen Optimierung formuliert und ein Algorithmus der dynamischen Optimierung zu seiner Lösung angegeben.

1. Einleitung

In zunehmendem Maße haben in den letzten Jahren Mehrrechner- bzw. Mehrprozessorsysteme mit den unterschiedlichsten Aufgabenstellungen Verbreitung gefunden. Das Leistungsspektrum reicht dabei von Mikroprozessoren bis hin zu Großrechnern, die Systemstruktur von maximal enger Kopplung (etwa über gemeinsamen Arbeitsspeicher) bis hin zu Netzen mit geographisch weit auseinanderliegenden Netzknoten /SCH8o,THE8o/.
In dieser Arbeit soll folgende Problemstellung behandelt werden: Gegeben sei ein (dediziertes) Programmsystem (etwa für eine spezielle Anwendung wie Prozeßsteuerung, Datenbanksystem etc.), für das eine geeignete Mehrrechnerkonfiguration gefunden werden soll. Wie ist die Konfiguration eines (homogenen) Rechnersystems zu wählen, so daß sie bzgl. einer gegebenen Zielfunktion optimal ist und gewissen Nebenbedingungen genügt? Unter Konfigurierung kann sowohl die hardwaremäßige Realisierung einer Systemstruktur als auch die logische Schaltung in einem variabel konfigurierbaren System verstanden werden. Umgekehrt kann auch das Problem behandelt werden, ob und ggf. wie ein Programmsystem auf die Elemente eines Mehrrechnersystems verteilt werden kann. Grundlage ist in jedem Fall eine gegebene Zerlegung des Programmsystems in Teile wie Komponenten, Module o.ä., zwischen denen zwar Beziehungen existieren, die jedoch verschiedenen Elementen des Rechnersystems (z.B. Prozessoren) zugeordnet werden können. Im folgenden Abschnitt wird die Modellbildung des dritten Abschnitts anhand zweier bekannter Problemstellungen motiviert. Im dritten Abschnitt wird, von einem deterministischen graphentheoretischen Modell für Programmsysteme ausgehend, dieses Problem formal als Graphenzerlegungsproblem der kombinatorischen Optimierung formuliert, für

das im vierten Abschnitt ein Lösungsalgorithmus der dynamischen Optimierung angegeben wird. Im fünften und sechsten Abschnitt werden Bedingungen angegeben, die zu einer wesentlichen Steigerung der Effizienz des Algorithmus führen können, da sie eine große Zahl nicht brauchbarer Partiallösungen auszuschließen gestatten. Im siebten Abschnitt wird eine Erweiterung der Methode und des Modells für inhomogene Rechnersysteme angegeben, die zu einem Graphenzuordnungsproblem führt.

2. Problemstellung

In /STO77/ wird, zunächst für ein Zwei-Rechner-System mit Bus-Kopplung oder ähnlicher Verbindung, die optimale statische Zuordnung der Module eines entsprechend modular aufgebauten sequentiellen Programms an die beiden Rechner gesucht, so daß die Gesamtausführungszeit, bestehend aus den Ausführungszeiten der Module und den Verzögerungen, die durch Intermodul-Referenzen (z.B. Datenaustausch) zwischen Modulen auf verschiedenen Rechnern verursacht werden, minimal wird, wobei zwischen Modulen auf demselben Rechner keine Verzögerungen angenommen werden. Die Ausführungszeiten eines Moduls können auf beiden Rechnern verschieden sein. Das Programm wird durch den Modul-Graphen ('intermodule-connection graph', Abb. 1a) dargestellt, wobei die Knoten den Modulen und die Kanten den Intermodul-Referenzen entsprechen, die mit den Werten für die Verzögerung durch die jeweilige Intermodul-Referenz gewichtet werden. Der Modul-Graph wird um zwei Knoten erweitert, die den beiden Rechnern entsprechen und mit jedem Modul-Knoten über eine Kante verbunden sind (Abb. 1b), die mit den Ausführungszeiten auf dem jeweils anderen Rechner gewichtet sind. Das Gewicht '∞' der Kante (S_1,B) z.B. besagt, daß Modul B nicht dem Rechner S_2 zugeordnet werden kann (etwa weil ein spezielles Gerät von S_1 angesprochen wird). Eine optimale Zuordnung der Module zu den Rechnern wird durch einen Schnitt definiert, der die beiden Rechner-Knoten S_1

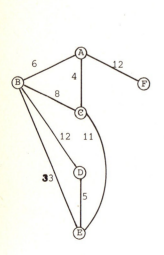
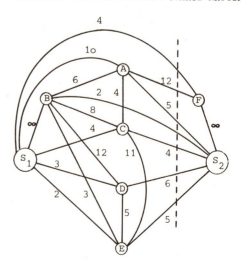

Abb. 1: a) Modul-Graph   b) modifizierter Modul-Graph mit opt. Schnitt

und S_2 trennt und dessen Kantengewichtssumme minimal ist. Diese Kantengewichtssumme stellt dann die zugehörige Gesamtausführungszeit (cinschl. Verzögerungen) dar. Der minimale Schnitt wird in /STO77/ mithilfe der bekannten Algorithmen zur Konstruktion eines minimalen Schnittes - maximalen Flusses in einem Netzwerk konstruiert. Das Problem läßt sich unmittelbar für $p \geq 2$ Rechner formulieren, ohne daß jedoch die Lösungsmethode übertragbar ist. In Erweiterung des Problems können den Modul-Knoten zusätzlich Gewichte zugewiesen werden, die deren Speicherplatzbedarf definieren, und den Rechner-Knoten Gewichte zur Definition ihrer Speicher-Kapazität. Zusätzlich zur Minimalität der Gewichtssumme der Kantenschnittmenge kann man verlangen, daß die Gewichtssumme der einem Rechner-Knoten zugeordneten Modul-Knoten dessen Speicher-Kapazität nicht übersteigt. Man erhält somit das Problem der Zerlegung des modifizierten Modul-Graphen in Untergraphen, die jeweils genau einen Rechner-Knoten enthalten und deren Knotengewichtssummen das Gewicht des Rechner-Knotens nicht übersteigt, so daß die Gewichtssumme der Kanten zwischen den Untergraphen minimal ist.

In /BRA77/ wird ein heuristisches Verfahren zur Zerlegung paralleler Programme für das Multiprozessorsystem C.mmp /WUL72/ (Abb. 2a) angegeben und an einem Programm zur Analyse von Sonarsignalen (LOFAR) demonstriert. Ein Programm wird mithilfe eines Datenflußgraphen modelliert, den Knoten entsprechen wiederum Programm-Module ('macros'), den Kanten mögliche Datenflüsse zwischen Knoten. Ein Modul kann ausgeführt werden, sobald die notwendigen Eingabedaten zur Verfügung stehen. Die Ausführung ist dann nicht unterbrechbar. Da das (Beispiel-)Programm zyklisch unter Realzeitbedingungen ausgeführt wird, müssen die Module ausgeführt worden sein, sobald die Eingabedaten des nächsten Zyklus vorliegen. Gesucht ist nun eine statische Zuordnung der Module an die Prozessoren des Mehrprozessorsystems, die dieser Anforderung genügt, wobei die Ausführungszeiten der Module für einen Satz von Eingabedaten zunächst als gegebene Konstanten anzusehen sind. Durch Speicherinterferenz (Zugriff mehrerer Prozessoren zur gleichen Zeit auf dasselbe Speichermodul, in dem beispielsweise die auszuführenden P-Module liegen) können jedoch Verzögerungen auftreten. Diesem Effekt kann man da-

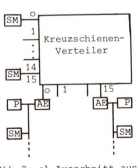
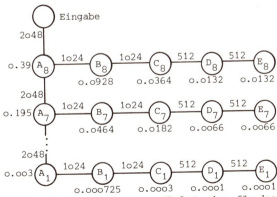

Abb 2: a) Ausschnitt aus der C.mmp-Struktur, SM = Speicher-Modul, AE = Adressierungseinheit, P = Prozessor   b) Ausschnitt aus dem Datenfluß-Graphen für das Programm LOFAR

durch zu begegnen versuchen, daß man jedem Prozessor ein Speichermodul zuordnet, in dem die dem Prozessor zugeordneten P-Module abgespeichert werden. Speicherinterferenz kann nun nur noch bei Datenzugriffen auftreten (Datenfluß von einem P-Modul zu anderen, die in verschiedenen Speichermodulen liegen). Ordnet man nun jedem Knoten des Datenflußgraphen als Gewicht die mit der Zykluszeit normierte Ausführungszeit des zugehörigen P-Moduls zu (die Prozessoren haben somit Rechenkapazität 1) und den Kanten die Zahl der Datenzugriffe (pro Zyklus) zu dem jeweils benachbarten P-Modul, die die Speicherinterferenz bestimmen, erhält man folgendes Problem: Gesucht ist eine Zuordnung der P-Module zu den Prozessoren, so daß die normierte Gesamtausführungszeit (einschl. der durch die Speicherinterferenz bedingten Verzögerungen) der einem Prozessor zugeordneten Module ≤ 1 ist. In /BRA77/ werden heuristisch für zwei verschiedene Modelle für die Speicherinterferenz solche Zuordnungen konstruiert. Ordnet man den Knoten den Speicherbedarf der zugehörigen P-Module zu, um die begrenzte Speicherkapazität der Speichermodule der Prozessoren mit zu erfassen, erhält man zur Minimierung der Speicherinterferenz folgendes Graphenzerlegungsproblem: Gesucht ist eine Zerlegung des Datenflußgraphen in Untergraphen, deren Speicher- und Rechenzeitbedarf unterhalb vorgegebener Schranken bleiben, so daß die von den Gewichten der Kanten zwischen den Untergraphen abhängige Speicherinterferenz minimal wird.

Diese beiden Beispiele sollen als Motivation für das in den folgenden Abschnitten entwickelte Modell dienen. Weitere Beispiele (etwa aus dem Bereich der verteilten Datenbanken /RAM79,SRI80/ oder der statischen Lastverteilung /LEE77/) finden sich in /SCH81/.

3. Das Modell

Programm- und Rechnersystem werden mittels Graphen mit gewichteten Knoten und Kanten modelliert:

<u>Def. 1</u>: Ein Graph mit gewichteten Knoten und Kanten (ggG) ist ein Quadrupel (K, R, w, c) mit

i) (K, R) ist ein Graph,

ii) $w : K \to \mathbb{R}^{n_w}$, $n_w \in \mathbb{N}$, ist die Knotengewichtsfunktion,

iii) $c : R \to \mathbb{R}^{n_c}$, $n_c \in \mathbb{N}$, ist die Kantengewichtsfunktion.

<u>Bem.</u>: Wir wollen annehmen, daß (K, R) schlicht ist, d.h. keine parallelen Kanten und keine Schlingen besitzt. Mit (k_1, k_2), $k_1, k_2 \in K$, $k_1 \neq k_2$, bezeichnen wir eine Kante (ohne damit jedoch eine Richtung anzugeben) und mit (K_1, K_2), $K_1, K_2 \subseteq K$, $K_1 \neq \emptyset \neq K_2$, die Menge aller möglichen Kanten zwischen den Knoten in K_1 und K_2. Ferner werden die auftretenden ggG endlich und i.a. zusammenhängend sein (wenn nicht ausdrücklich anders vermerkt).

<u>Def. 2</u>: Sei G ein ggG. Eine <u>Zerlegung</u> Z von G ist das Paar (ZK, ZR), wobei ZK eine Zerlegung von K und ZR die von ZK in R induzierte Zerlegung sind:
$z_1, z_2 \in ZK \land z' = (z_1, z_2) \cap R \neq \emptyset \Rightarrow z' \in ZR$.

Für $z_1 = z_2$ heißt $r \in z'$ <u>interne Kante</u> (der Zerlegung Z) und für $z_1 \neq z_2$ <u>externe Kante</u>. Entsprechend heißt z' internes bzw. externes (Kanten-)Zerlegungselement. Mit RZI bzw. RZE bezeichnen wir die Menge der internen bzw. externen Kanten, mit ZRI bzw. ZRE die Menge der internen bzw. externen Zerlegungselemente von ZR und mit ZERL(G) die Menge der Zerlegungen von G.

Es gilt: $\forall$ Z $\in$ ZERL(G) : R = RZI $\cup$ RZE und ZR = ZRI $\cup$ ZRE.

<u>Def. 3</u>: Sei G' ein (echter) Untergraph von G. Dann heißt eine Zerlegung Z' von G' (<u>echte</u>) <u>Partialzerlegung</u> (PZ) von G.

<u>Def. 4</u>: Sei G" ein (echter) Untergraph des Untergraphen G' von G und Z' eine Zerlegung von G', die in G" die Zerlegung Z" induziere. Dann heißt die PZ Z' von G (<u>echte</u>) <u>Erweiterung</u> der PZ Z" von G.

<u>Def. 5</u>: Für einen ggG G seien f : ZERL(G) $\rightarrow$ $\mathbb{R}$ und NB : ZERL(G) $\rightarrow$ {<u>true</u>,<u>false</u>} zwei Abbildungen auf der Menge aller Zerlegungen von G. Das <u>Graphenzerlegungsproblem</u> AGZP(G,f,NB) ist dann die Bestimmung einer Zerlegung $Z_o \in$ ZERL(G), für die NB(Z_o) = <u>true</u> und

$$\forall Z \in ZERL(G) : NB(Z) = \text{true} \Rightarrow f(Z_o) \underset{(\geq)}{\leq} f(Z)$$

gelten. Entsprechend unterscheidet man Minimierungs- und Maximierungsprobleme. Die Abbildung f heißt <u>Zielfunktion</u> und NB <u>Nebenbedingung</u>. Eine Zerlegung Z mit NB(Z) = <u>true</u> heißt <u>zulässig</u>.

Analog gelten die obigen Begriffe auch für Partialzerlegungen von G. Jeder Zerlegung Z $\in$ ZERL(G) entspricht in natürlicher Weise ein durch sie definierter ggG.

<u>Def. 6</u>: Sei Z $\in$ ZERL(G). Dann ist der <u>durch</u> Z <u>definierte ggG</u> der wie folgt definierte Kondensationsgraph (KG) (K^+, R^+, w^+, c^+) :
K^+ = ZK, R^+ = ZRE, $w^+ : K^+ \rightarrow \mathbb{R}^{n_w}$, $c^+ : R^+ \rightarrow \mathbb{R}^{n_c}$.

Bem.: Die Gewichtsfunktionen w^+ und c^+ sind hier nicht explizit festgelegt worden, da sie sich aus dem zu modellierenden Problem ergeben. Sie sind jedoch als Funktionen der Gewichte der in den Knoten und Kanten des KG zusammengefaßten Knoten und Kanten des ursprünglichen ggG G zu verstehen. Im einfachsten Fall gilt für $k^+ \in K^+$:

$$w^+(k^+) = \sum_{k \in k^+} w(k) \quad \text{bzw. für } r^+ \in R^+ : c^+(r^+) = \sum_{r \in r^+} c(r) .$$

Um die Einführung neuer Symbole zu vermeiden, wird w auf Knotenmengen und c auf Kantenmengen erweitert, so daß der durch eine Zerlegung Z = (ZK, ZR) definierte KG G^+ auch durch (ZK, ZRE, w, c) bezeichnet werden kann.

Wir wollen nun ein Programmsystem durch einen ggG ähnlich wie im vorigen Abschnitt modellieren und analoge Problemstellungen als Graphenzerlegungsprobleme formulieren.

Sei PS ein Programmsystem, dessen Komponenten dadurch charakterisiert sind, daß sie unabhängig voneinander verschiedenen Recheneinheiten (s.u.) zugewiesen werden können. Hierbei kann es sich beispielsweise um Befehls-, Datenmodule, Dateien mit ihren Zugriffsmethoden u.ä. handeln. Die Beziehungen zwischen ihnen können in Nachrichtenaustausch o.ä. bestehen.

Das für das Programmsystem zu konfigurierende Rechensystem bestehe aus einer genügend großen Zahl potentiell gleicher[1] Recheneinheiten. Bei diesen kann es sich sowohl um Mikroprozessoren mit ihrem Arbeitsspeicher als auch um ganze Großrechensysteme einschließlich angeschlossener Peripherie handeln. Die Recheneinheiten werden durch Übertragungseinheiten miteinander verbunden, über die die Beziehungen zwischen den Komponenten des Programmsystems realisiert werden.

Der das Programmsystem PS beschreibende ggG kann wie folgt definiert werden: Den Komponenten von PS entsprechen die Knoten, ihren Beziehungen zueinander die Kanten des Graphen (K, R). Die Knoten- und Kantengewichte beschreiben die Anforderungen an Betriebsmitteln wie Arbeits- und/oder Hintergrundspeicher, Rechenleistung, Datenübertragungsrate usw., die für jeden Knoten bzw. Kante durch einen n_w- bzw. n_c-dimensionalen Vektor beschrieben werden. Hierdurch haben wir den zu PS gehörenden ggG $G = (K, R, w, c)$ definiert mit $w : K \to (\mathbb{R}_o^+)^{n_w}$ u. $c : R \to (\mathbb{R}_o^+)^{n_c}$ [2]. Die maximale Kapazität an entsprechenden Betriebsmitteln der Rechen- bzw. Übertragungseinheiten werden durch einen gleichfalls n_w- bzw. n_c-dimensionalen Vektor W bzw. C beschrieben.

Der zu jeder Zerlegung $Z \in ZERL(G)$ gehörige KG G^+ definiert eine Konfiguration eines Systems aus Rechen- und Übertragungseinheiten, indem eine Recheneinheit ein Knotenzerlegungselement und eine Übertragungseinheit ein externes Kantenzerlegungselement realisiert. Folglich muß gelten[3]:

$$\forall z \in ZK : w(z) \leq W \text{ und } \forall zr \in ZRE : c(zr) \leq C , \qquad (+)$$

womit die Zulässigkeit einer Zerlegung Z von G definiert ist. Als Zielfunktion wählen wir eine von den Knoten- und Kantengewichten abhängige "Kostenfunktion"

$$f(Z) = f^{(i)}(Z) + f^{(e)}(Z), \quad Z \in ZERL(G) ,$$

die die Summe aus einer internen und einer externen Kostenfunktion ist, für die

$$f^{(i)}(Z) = \sum_{z \in ZK} f^{(k)}(w(z)) \text{ und } f^{(e)}(Z) = \sum_{zr \in ZRE} f^{(r)}(c(zr)) ,$$

gelte, wobei $f^{(k)}(w(z))$ bzw. $f^{(r)}(c(zr))$ die von dem Gewicht des Knotenzerlegungselementes $z \in ZK$ bzw. Kantenzerlegungselementes $zr \in ZRE$ verursachten positiven "Kosten" angeben. Unter der gerechtfertigten Annahme der <u>Monotonie</u> von $f^{(k)} > o$ und $f^{(r)} > o$ und der von w und c ergibt sich die von $f > o$, d.h. für eine PZ Z, die Erweiterung der PZ X ist, gilt $f(Z) \geq f(X)$.

Die Kostenfunktion soll den zur Realisierung der einer Zerlegung Z entsprechenden

---

[1] "Potentiell gleich" soll heißen, daß in der resultierenden Konfiguration nicht alle Recheneinheiten gleich zu sein brauchen, sondern nur ihr möglicher Maximalausbau.
[2] Der Ausschluß negativer Gewichte erscheint durch obige Interpretation berechtigt.
[3] Man beachte, daß es sich hier und im folgenden um Vektorungleichungen mit der üblichen komponentenweise Bedeutung handelt.

Konfiguration notwendigen Aufwand (z.B. an Zeit, Geld o.ä.) angeben, wobei jede Komponente des Vektors der Knoten- bzw. Kantengewichte gemäß ihrer Bedeutung, die durch entsprechende Gewichtung in $f^{(k)}$ bzw. $f^{(r)}$ berücksichtigt werden kann, einen Beitrag leistet. Dieser Aufwand kann wie in den Beispielen des Abschn. 2 als Zeitverlust interpretiert werden oder in anderen Fällen als der finanzielle Aufwand zur Bereitstellung der benötigten Speicherkapazität (Arbeits-, Hintergrundspeicher), Übertragungskapazität eines Kanals, Rechenkapazität einer CPU usw., die sich aus den Gewichten der Knoten und Kanten des zu einer Zerlegung gehörenden KG ergeben.

Ein wichtiger Spezialfall sind die <u>Linearität</u> von f und die <u>Additivität</u> von w und c. Auf diesen wollen wir uns im folgenden beschränken, d.h. es gelte

$$f^{(k)}(x+y) = f^{(k)}(x) + f^{(k)}(y), \quad x,y \in (\mathbb{R}_o^+)^{n_w}, \quad w(z \cup z') = w(z) + w(z'), \quad z,z' \in K$$

und analoges für $f^{(r)}$ und c. Andere Fälle von Funktionen werden in /SCH81/ behandelt. Das durch die <u>Minimierung der Kostenfunktion</u> f definierte <u>Graphenzerlegungsproblem</u> werde mit GZP(G,f,W,C) bezeichnet.

<u>Beispiel</u>: Zur Demonstration soll folgendes einfaches Beispiel aus /SCH79/ verwendet werden. Sei für den in Abb. 3a dargestellten ggG G mit den dort angegebenen Knoten- und Kantengewichten (der Einfachheit halber gilt $n_w = n_c = 1$) das durch W = 25 u. C = 1o in der obigen Nebenbedingung (+) und durch die Zielfunktion f mit

$$f(Z) = c(RZE)$$

(Summe der Gewichte aller externen Kanten der Zerlegung Z) gegebene Graphenzerlegungsproblem. Die durch den First-fit-Algorithmus in der Reihenfolge der Knotennummern erhaltene Zerlegung Z mit ZK = {{1,2,3}, {4,5,6}, {7,8,9,1o,11}, {12,13}, {14,15,16}} und den Gewichten <u>w</u> = (2o,19,23,17,23), sowie ZRE = {{(1,6),(2,4), (2,5),(3,5)}, {(5,12)}, {(6,7),(6,8),(6,9)}, {(7,12),(1o,12),(11,13)}, {(13,14), (13,15)}} mit den Gewichten <u>c</u> = (8,1,21,4,15) ist nicht zulässig und definiert den in Abb. 3b dargestellten KG G^+. Die Gewichte der Knoten bzw. Kanten von G^+ sind hierbei die Summen der Gewichte der in ihnen enthaltenen Knoten bzw. Kanten von G. Ferner gilt f(Z) = 49.

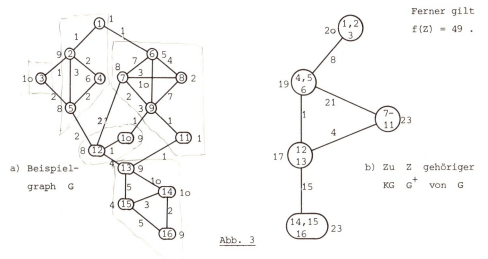

a) Beispielgraph G

b) Zu Z gehöriger KG G^+ von G

Abb. 3

Die Lösbarkeit von GZP(G,f,W,C) ergibt folgender Satz:

<u>Satz 1</u>: Sei R' die Menge der Kanten $r \in R$ mit $c(r) \nleq C$. Man bilde den KG $G^{+(o)} = G$ und setze $R'^{(o)} = R'$. Wenn $R'^{(i-1)} \neq \emptyset$ gilt für $i \in \mathbb{N}$, bilde man $G^{+(i)}$ aus $G^{+(i-1)}$ durch $k^+ \leftarrow \{k_1^+, k_2^+\} \subseteq K^{(i-1)}$ mit $(k_1^+, k_2^+) \in R'^{(i-1)}$. Sei $G^{+(n)}$ der KG der Folge mit $R'^{(n)} = \emptyset$, d.h. es gilt $\forall r^+ \in R^{+(n)} : c(r^+) \leq C$.
Das Graphenzerlegungsproblem GZP(G,f,W,C) ist genau dann lösbar, wenn gilt
$$\forall k^+ \in K^{+(n)} : w(k^+) \leq W.$$

<u>Bew.</u>: Der KG $G^{+(n)}$ existiert und es gilt $n \leq |K|$, da in jedem Schritt die Knotenmenge um mindestens einen kleiner wird und das Verfahren zur Konstruktion von $G^{+(n)}$ spätestens beim trivialen Graphen ($\{K\}, \emptyset$) aus einem Knoten und ohne Kanten endet. Der KG $G^{+(n)}$ definiert eine Zerlegung $Z^{(n)}$, deren interne Kantenzerlegungselemente jene Kanten enthalten, die den zweiten Teil der Nebenbedingung (+) verletzen. Erfüllen die Knotenzerlegungselemente $k^+ = z \in ZK^{(n)}$ den ersten Teil der Nebenbedingung (+), so ist $Z^{(n)}$ zulässige Zerlegung von G und GZP(G,f,W,C) lösbar.

Die Zerlegung $Z^{(n)}$ ist die feinste zulässige Zerlegung von G ; jede Lösung von GZP(G,f,W,C) ist somit eine Vergröberung von $Z^{(n)}$.
Wir können daher G durch $G^{+(n)}$ ersetzen und Problem GZP($G^{+(n)}$,f,W,C) als zu GZP(G,f,W,C) äquivalent lösen. O.B.d.A. nehmen wir im folgenden an, daß die einzelnen Knoten und Kanten von G die Nebenbedingung (+) erfüllen.

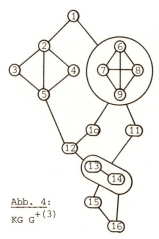

<u>Beispiel</u>: Für den Beispielgraphen aus Abb. 3a ist Problem GZP(G,f,W,C) mit $C \geq 10$ trivialerweise lösbar, da $\forall k \in K : w(k) < 25$ und $\forall r \in R : c(r) \leq 10$ gelten, ebenso für $8 \leq C < 10$ lösbar, wobei die feinste zulässige Zerlegung $Z^{(3)}$ ist mit $ZK^{(3)} = \{\{1\},\ldots, \{5\}, \{6,7,8,9\}, \{10\}, \{11\}, \{12\}, \{13,14\}, \{15\}, \{16\}\}$ (zugehöriger KG s. Abb 4). GZP(G,f,25,C) ist für $C < 8$ wegen $w(\{13,14,15,16\}) > 25$ nicht lösbar.

Abb. 4: KG $G^{+(3)}$

4. Der Lösungsalgorithmus

Zur Lösung des Problems GZP(G,f,W,C) ergibt sich ein Algorithmus aus der Formulierung des Problems im Rahmen der dynamischen Optimierung /BEL57,SCH74/.
Sei Z eine zulässige PZ[4]) von G . Durch eine Folge von <u>Entscheidungen</u> kann Z zu einer Zerlegung von G erweitert werden. Eine Entscheidung ist in diesem Zusammenhang die Auswahl eines Knotens von G (der noch nicht in Z enthalten ist) und sein Hinzufügen zu einem Knotenzerlegungselement von ZK oder als neues (einelementiges) Zerlegungselement. Dadurch erhält man eine neue PZ Z'. Wenn $n_G = |K|$ gilt, ist

---
[4]) Falls nicht anders vermerkt, sollen alle PZ in diesem Abschnitt zulässig sein.

auf diese Weise ein n_G-stufiges Verfahren definiert, dessen <u>Zustände</u> durch die jeweiligen PZ vollständig beschrieben sind.

Das <u>Optimalitätsprinzip</u> der dynamischen Optimierung besagt nun:
Eine optimale Folge von Entscheidungen (d.h. die eine optimale Zerlegung von G liefert) hat die Eigenschaft, daß, unabhängig von einem Anfangszustand X und einer in einen Zustand Z führenden Entscheidungsfolge, die in Z beginnende Folge von Entscheidungen optimal (bzgl. Zustand Z) ist.

Seien Z eine PZ der Stufe i , d.h. ZK enthält i Knoten, und $\overline{K_i}$ die Menge der Knoten, die noch nicht in ZK enthalten sind. Sei $\tilde{f}_i$ die Funktion der minimalen Kosten einer Erweiterung einer PZ der Stufe i zu einer Zerlegung von G . Dann gilt

$$\tilde{f}_i(Z) = \min_{\substack{k \in \overline{K_i} \\ Z'}} \{\tilde{f}_i(Z') + g(k,Z,Z')\} , \qquad (++)$$

wobei Z' eine durch Erweiterung von PZ Z um Knoten $k \in \overline{K_i}$ entstehende PZ der Stufe i+1 und g(k,Z,Z') die durch diese Erweiterung entstehenden Kosten sind:

$$g(k,Z,Z') = f(Z') - f(Z) \geq 0 .$$

Ferner gelten $\tilde{f}_{n_G}(Z) = 0$ und $\tilde{f}_0((\emptyset,\emptyset)) = f(Z_0) = \min_Z f(Z)$, wobei Z_0 eine Lösung von GZP(G,f,W,C) ist und folglich das Minimum über alle zulässigen $Z \in$ ZERL(G) zu bilden ist.

Da die PZ aus leeren Mengen der Anfangszustand unseres Verfahrens ist und für eine PZ Z der Stufe i gleichgültig ist, durch welche Entscheidungsfolge vom Anfangszustand aus sie erreicht wurde (die Entscheidungen dieser Folge sind beliebig vertauschbar), können wir eine beliebige, aber feste Knotenreihenfolge annehmen. Die Numerierung der Knoten bildet dann die Stufenindizes des Verfahrens. Es muß jedoch angemerkt werden, daß diese Reihenfolge wesentlichen Einfluß auf den Berechnungsaufwand oder gar die Komplexität des Verfahrens hat /SCH79/ und es sich als zweckmäßig erweisen kann, sie erst während des Verfahrens selbst zu bestimmen.

Zur Lösung der Rückwärts-Rekurrenzformel (++) geben wir den folgenden Algorithmus an:

Alg. 1: Algorithmus zur Lösung von GZP(G,f,W,C)

Sei P_i , $i \in \mathbb{N}_0(n_G)$, die Menge der zulässigen PZ von G der Stufe i und $\overline{K_i}$ die Menge der noch nicht zugewiesenen Knoten.

1. Setze $i := 0$, $P_i := \{Z\}$ mit $Z = (\emptyset , \emptyset)$, $\overline{K_i} := K$.
2. Setze $i := i + 1$.
   Falls $i = n_G$ gilt, gehe nach 4 .
3. Wähle Knoten $k_i \in \overline{K_i}$ und setze $\overline{K_{i+1}} := \overline{K_i} - \{k_i\}$.
   Setze $P_i := \{ Z' \mid Z'$ ist zul. Erweiterung von $Z \in P_{i-1}$ um Knoten $k_i \}$.
   Gehe nach 2 .
4. Wähle $Z_0 \in P_{n_G}$ mit $f(Z_0) = \min_{Z \in P_{n_G}} f(Z)$.

<u>Satz 2</u>: Algorithmus Alg. 1 berechnet alle zulässigen Zerlegungen des ggG G , falls GZP(G,f,W,C) eine Lösung besitzt.

<u>Korollar</u>: Algorithmus Alg. 1 löst GZP(G,f,W,C) .

Der Beweis findet sich in /SCH81/ .

Falls aus der konkreten Aufgabenstellung eine gewisse PZ bereits vorgegeben ist, die die Knotenmenge K' betrifft, setze man in Schritt 1 von Alg. 1

$$P_i := \{Z'\} \quad \text{und} \quad \overline{K_i} := \overline{K'} ,$$

und er bestimmt eine optimale Zerlegung von G relativ zur Anfangs-PZ Z' . Für das erste Beispiel des Abschnitts 2 würde man mit einer Anfangs-PZ Z mit ZK $=\{\{s_1\},\ldots,\{s_p\}\}$ beginnen und nur PZ Z' mit $|ZK'| = p$ als zulässig erlauben. Die Arbeitsweise von Alg. 1 kann auch als die Konstruktion eines vollständigen Suchbaums für GZP(G,f,W,C) interpretiert werden, dessen Knoten die zulässigen PZ von G sind (s. Abb. 5 für den Bsp.-Graphen der Abb. 3a). Wählt man als Kantengewichte im Suchbaum die inkrementellen Kostenzuwächse $g(k_i,Z,Z')$ in (++) , ist das Problem GZP(G,f,W,C) äquivalent zur Bestimmung eines kürzesten Weges von der Wurzel zu einem Blatt. Für die Zahl der Knoten auf Niveau i gilt

$$|P_i| = \sum_{l=1}^{i} |P_{i,l}| ,$$

wobei $P_{i,l}$ die Menge der PZ Z der Stufe i ist mit $|ZK| = l$, für die folgende rekurrente Ungleichung gilt /SCH79/:

$$|P_{i,l}| \le |P_{i-1,l-1}| + l \cdot |P_{i-1,l}| , \quad i \in \mathbb{N}(n_G) , \quad l \in \mathbb{N}(i) .$$

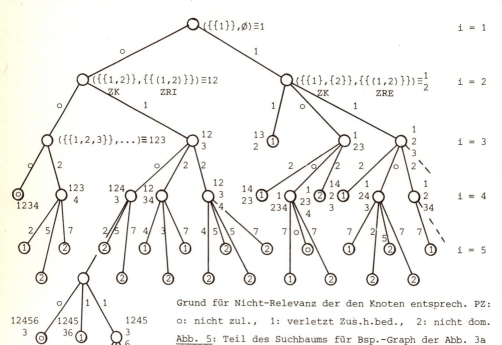

Grund für Nicht-Relevanz der den Knoten entsprech. PZ:
o: nicht zul., 1: verletzt Zus.h.bed., 2: nicht dom.

<u>Abb. 5</u>: Teil des Suchbaums für Bsp.-Graph der Abb. 3a

Die Stirlingschen Zahlen 2. Art $S_{i,l}$ /HAL76/ sind Lösungen von

$$S_{i,l} = S_{i-1,l-1} + l \cdot S_{i-1,l} \quad \text{mit} \quad S_{1,1} = 1 \quad \text{und der Darstellung}$$

$$S_{i,l} = \frac{1}{l} \cdot \sum_{p=0}^{l} (-1)^{l-p} \cdot \binom{l}{p} \cdot p^i \quad \text{(Stirlingsche Formel)}.$$

Die Effizienz des Verfahrens hängt stark davon ab, inwiefern es gelingt, Bedingungen zu finden, die es gestatten, einen großen Teil des Suchbaums auszuschließen (obwohl sich optimale Zerlegungen an dessen Blättern befinden können) und sich nur auf einen kleinen Teil relevanter PZ /SCH74/ zu beschränken, der mindestens eine optimale Zerlegung enthält. Im folgenden werden zwei solche Bedingungen abgeleitet, die Zusammenhangsbedingung und die Dominanzrelation.

5. Die Zusammenhangsbedingung

Grundlage der Zusammenhangsbedingung ist der folgende Satz /SCH79/:

Satz 3: a) Die Vereinigung von (optimalen) Zerlegungen $Z^{(j)}$ der Zusammenhangskomponenten $G^{(j)}$, $j \in \mathbb{N}(m)$, eines unzusammenhängenden ggG G ist eine (optimale) Zerlegung Z von G mit

$$f(Z) = \sum_{j=1}^{m} f(Z^{(j)}).$$

b) Zu jeder (optimalen) Zerlegung des ggG G existiert eine Zerlegung $Z' \in \text{ZERL}(G)$, deren Knotenzerlegungselemente $z' \in ZK'$ zusammenhängende Untergraphen von G definieren, mit $f(Z) = f(Z')$.

Teil a) des obigen Satzes erlaubt, die Zusammenhangskomponenten eines unzusammenhängenden ggG unabhängig voneinander zu zerlegen, und Teil b), sich dabei auf PZ zu beschränken, deren Knotenzerlegungselemente zusammenhängende Untergraphen definieren oder zu solchen erweitert werden können. Die Prüfung, ob eine solche Erweiterung bei einem unzusammenhängenden Knotenzerlegungselement möglich ist, läuft auf die Suche nach einem "kürzesten" Weg zwischen den Zusammenhangskomponenten des Zerlegungselementes hinaus.

Beispiel: Man betrachte Alg. 1 auf Stufe $i = 5$ für den Beispielgraphen (Abb. 3a), auf der die PZ $Z \in P_4$, $ZK = \{\{1\}, \{2,4\}, \{3\}\}$ um Knoten 5 erweitert werden soll. Dabei sind die Erweiterungen $\{\{1,5\}, \{2,4\}, \{3\}\}$, $\{\{1\}, \{2,4,5\}, \{3\}\}$, $\{\{1\}, \{2,4\}, \{3,5\}\}$ und $\{\{1\}, \{2,4\}, \{3\}, \{5\}\}$ möglich, wobei die erste die Zusammenhangsbedingung verletzt, da $\{1,5\}$ einen unzusammenhängenden Untergraphen definiert und alle Wege zwischen Knoten 1 und Knoten 5, um die $\{1,5\}$ erweitert werden könnte, wie etwa (1,6,7,12,5), die Nebenbedingung (+) verletzen.

6. Die Dominanzrelation

Die Dominanzrelation /IBA77/ beruht auf einem Vergleich zweier PZ Z_1 und Z_2 und besagt, daß (im Sinne der dynamischen Optimierung) von der PZ Z_1 (=Zustand) aus bessere oder zumindest ebenso gute Erweiterungen (Entscheidungsfolgen) möglich sind wie von der PZ Z_2 aus. Dann kann zur Lösung von GZP(G,f,W,C) die PZ Z_2 und ihre Erweiterungen ausgeschlossen werden. Dies entspricht dem Ausschluß des Unterbaums mit Wurzel Z_2 aus dem Suchbaum.

Es wird nun eine Dominanzrelation für zwei PZ derselben Stufe definiert /SCH79/:

<u>Def. 7</u>: Sei G' ein (echter) Untergraph von G . Ein Knoten $k' \in K'$ heißt <u>nicht isoliert</u> in G' , genau wenn gilt: $nb(k',\overline{K'}) \neq \emptyset$, wobei $nb(k',\overline{K'})$ die Menge der Nachbarknoten von k' in G ist, die nicht in K' enthalten sind. Mit I(G') bezeichnen wir die Menge der nicht isolierten Knoten von G' .

<u>Def. 8</u>: Sei Z' = (ZK' , ZR') eine Zerlegung des Untergraphen G' von G . Ein Knotenzerlegungselement $z' \in ZK'$ heißt <u>abgeschlossen</u>, genau wenn gilt:
$$nb(z',\overline{K'}) = \emptyset \quad \text{oder} \quad \forall k \in nb(z',\overline{K'}) : w(z') + w(k') \not\leq W .$$
Ein externes Kantenzerlegungselement $R \cap (z_1',z_2') = zr' \in ZRE'$, $z_1',z_2' \in ZK'$, heißt <u>abgeschlossen</u>, genau wenn z_1' oder z_2' abgeschlossen sind oder gilt:
$$\forall r \in \overline{R'} : c(zr') + c(r) \not\leq C .$$
Nicht abgeschlossene Zerlegungselemente von Z' heißen <u>offen</u>. Ihre Menge werde mit OZK' bzw. OZR' bezeichnet.

Abgeschlossene Zerlegungselemente sind dadurch charakterisiert, daß sie um keine Knoten bzw. Kanten aus $\overline{K'}$ bzw $\overline{R'}$ erweitert werden können, ohne die Nebenbedingung (+) oder die Zusammenhangsbedingung zu verletzen. Offene Knotenzerlegungselemente enthalten nicht isolierte Knoten. Offene Kantenzerlegungselemente verbinden offene Knotenzerlegungselemente. Die Verteilung der nicht isolierten Knoten auf die offenen Knotenzerlegungselemente bestimmt zusammen mit der Nebenbedingung (+) die möglichen Erweiterungen einer PZ von G .

<u>Def. 9</u>: Seien $Z_1,Z_2 \in$ ZERL(G') , G' Untergraph von G und I' $\subseteq$ I(G') die Menge der nicht isolierten Knoten, die in den offenen Knotenzerlegungselementen beider Zerlegungen enthalten sind. Sei ZI_1' bzw. ZI_2' die von OZK_1 bzw. OZK_2 in I' induzierte Zerlegung. Z_1 heißt <u>schwach ähnlich</u> zu Z_2 , genau wenn ZI_1' Vergröberung von ZI_2' ist.

Man beachte, daß eine Zerlegung $Z_1 \in$ ZERL(G') aus abgeschlossenen Zerlegungselementen (also $OZK_1 = \emptyset$) zu allen Zerlegungen $Z_2 \in$ ZERL(G') schwach ähnlich ist. Zwischen den Zerlegungselementen von ZI_1' und ZI_2' besteht durch die Vergröberung eine eindeutige Beziehung und ebenso zwischen diesen und den (induzierenden) Elementen von OZK_1 bzw. OZK_2 , so daß auch zwischen diesen eine eindeutige Beziehung konstruiert und auf die offenen Kantenzerlegungselemente übertragen werden kann.

<u>Def. 1o</u>: Sei Z_1 eine zu Z_2 schwach ähnliche Zerlegung von G' . Sei zu $z \in OZK_1$ mit $z \cap I' \neq \emptyset$ die Teilzerlegung
$$OZK_2(z) = \{ z' \in OZK_2 \mid z' \cap I' \subseteq z \}$$
definiert. Für die zugehörigen offenen Kantenzerlegungselemente sei für $R \cap (z_1,z_2) = zr \in OZR_1$ mit $z_1,z_2 \in OZK_1$, $OZK_2(z_1) \neq \emptyset \neq OZK_2(z_2)$ entsprechend
$$OZR_2(zr) = \{ zr' \in OZR_2 \mid zr' = (z_1',z_2') \cap R , z_1' \in OZK_2(z_1) , z_2' \in OZK_2(z_2) \}$$

definiert. Z_1 heißt __ähnlich__ zu Z_2 , genau wenn gilt:

$$\forall\, z \in OZK_1 : OZK_2(z) \neq \emptyset \Rightarrow (\, W - w(z) \geq \sum_{z' \in OZK_2(z)} (\, W - w(z')\,)$$
$$\vee\; W - w(z) \geq w(\overline{K'})\,)$$

und

$$\forall\, zr \in OZR_1 : OZR_2(zr) \neq \emptyset \Rightarrow (\, C - c(zr) \geq \sum_{zr' \in OZR_2(zr)} (\, C - c(zr')\,)$$
$$\vee\; C - c(zr) \geq c(\overline{R'})\,)\,.$$

Diese etwas umfangreiche Definition besagt, daß die PZ Z_1 durch jede zulässige Erweiterung von Z_2 in gleicher zulässiger Weise erweitert werden kann (d.h. die Knoten $k' \in \overline{K'}$ werden in beiden PZ jeweils zu den Zerlegungselementen mit denselben nicht isolierten Knoten hinzugefügt, entsprechend die inzidenten Kanten). Damit sind von Z_1 aus mindestens alle jene Entscheidungsfolgen in Richtung auf eine optimale Zerlegung von G möglich, die auch von Z_2 aus möglich sind. Bezieht man noch die Kostenrelation mit ein, erhält man die Definition einer Dominanzrelation.

__Def. 11__: Sei $Z_1 \in ZERL(G')$ zu $Z_2 \in ZERL(G')$ ähnlich. Seien ferner $I'_j \subseteq I(G')$, $j \in \{1,2\}$, die in den offenen Elementen von ZK_j enthaltenen nicht isolierten Knoten von G' . Zerlegung Z_1 heißt (__streng__) __dominant__ über Z_2 , genau wenn

$$f(Z_1) + f^{(r)}(c(I_2-I_1),\overline{K'}) \underset{(<)}{\leq} f(Z_2)$$

gilt, wobei $c(I_2-I_1,\overline{K'})$ die Summe der Gewichte jener Kanten ist, die von den nicht isolierten Knoten von G' in abgeschlossenen Zerlegungselementen von Z_1 , die in Z_2 in offenen Zerlegungselementen enthalten sind, zu Knoten in $\overline{K'}$ führen.

Die obige Dominanzrelation garantiert der PZ Z_1 einen "Kostenvorsprung" vor Z_2 , der von dieser durch keine Erweiterung aufgeholt werden kann, da immer eine ähnliche Erweiterung von Z_1 möglich ist, so daß der folgende Satz gilt /SCH81/:

__Satz 4__: Seien $Z_1, Z_2 \in ZERL(G')$ zulässig, G' Untergraph von G und Z_1 (streng) dominant über Z_2 . Dann existiert zu jeder Erweiterung $X_2 \in ZERL(G)$ von Z_2 eine Erweiterung $X_1 \in ZERL(G)$ von Z_1 mit

$$f(X_1) \underset{(<)}{\leq} f(X_2)\,.$$

Die Anwendung der Sätze 3 und 4 in Alg. 1 führt zu einer wesentlichen Effizienzsteigerung. Die auf Stufe i zu betrachtenden PZ sind nur noch diejenigen, die der Zusammenhangsbedingung genügen und zu denen keine über sie dominanten PZ existieren. Deren Zahl (=Mächtigkeit $|P_i|$ der auf diese Weise eingeschränkten Mengen P_i) hängt nicht mehr vom Stufenindex i direkt ab, sondern von der Zahl $|I(G_i)|$ der nicht isolierten Knoten des Untergraphen G_i von G mit Knotenmenge K_i . Die Folge $|I(G_i)|$, $i = 1,\ldots,n_G$, wiederum wird bestimmt durch die Reihenfolge der Knoten von G , in der diese zu den PZ hinzugefügt werden. Diese ist in Abhängigkeit von der Graphenstruktur zu bestimmen /SCH79/. In speziellen Fällen wie z.B. bei Bäumen können auf diese Weise Algorithmen mit linearer Zeitkomplexität entwickelt werden /LUK74/.

Beispiel: Wir betrachten wiederum Alg. 1 bei der Lösung von GZP(G,f,W,C) auf Stufe
i = 5 mit folgenden zulässigen und die Zusammenhangsbedingung erfüllenden PZ:
Z_1 = (ZK_1 , ZR_1) mit ZK_1 = {{1}, {2,4}, {3,5}} , ZRI_1 = {{(2,4)}, {(3,5)}} ,
  ZRE_1 = {{(1,2)}, {(2,3),(2,5),(4,5)}} , OZK_1 = {{1}} , OZR_1 = ∅ und $f(Z_1)$ = 7 ;
Z_2 mit ZK_2 = {{1}, {2,4}, {3}, {5}} , ZRI_2 = {{(2,4)}} , ZRE_2 = {{(1,2)}, {(2,3)},
  {(2,5)}, {(3,5)}, {(4,5)}} , OZK_2 = {{1}, {5}} , OZR_2 = ∅ und $f(Z_2)$ = 9 ;
Z_3 mit ZK_3 = {{1,2}, {3}, {4,5}} , ZRI_3 = {{(1,2)}, {(4,5)}} , ZRE_3 = {{(2,3)},
  {(2,4),(2,5)}, {(3,5)}} , OZK_3 = {{1,2}, {4,5}} , OZR_3 = {{(2,4),(2,5)}} , $f(Z_3)$=8.
Es gilt $I(G_5)$ = {1,5} .

Vergleich Z_2 - Z_3 : Z_2 ist schwach ähnlich zu Z_3 und umgekehrt wegen I' = {1,5},
ZI_2' = {{1}, {5}} = ZI_3' ; Z_2 ist ähnlich zu Z_3 wegen OZK_3({1}) = {{1,2}} und
OZK_3({5}) = {{4,5}} mit 25 - w({1}) ≧ 25 - w({1,2}) ∧ 25 - w({5}) ≧ 25 - w({4,5});
Z_3 ist jedoch nicht ähnlich zu Z_2 und Z_2 nicht dominant über Z_3 .
Vergleich Z_1 - Z_2 : Z_1 ist ähnlich zu Z_2 und umgekehrt wegen I' = {1} , ZI_1' =
{{1}} = ZI_2' , OZK_2({1}) = {{1}} mit 25 - w({1}) ≧ 25 - w({1}) . Darüberhinaus ist
Z_1 dominant über Z_2 , denn es gelten I_1 = {1}, I_2 = {1,5} sowie
$f(Z_1) + f^{(r)}(c(I_2-I_1,\overline{K_5}))$ = 7 + 1 ≦ 9 = $f(Z_2)$.
Vergleich Z_1 - Z_3 : Wegen der Transitivität der Ähnlich-
keit und I_3 = {1,4} folgt aus $f(Z_1) + f^{(r)}(c(I_3-I_1,\overline{K_5}))$
= 7 + 1 ≦ $f(Z_3)$ die Dominanz von Z_1 über Z_3 .
Abb. 5 zeigt einen Teil des Suchbaums für das obige Problem,
in dem die ausgeschiedenen PZ entsprechend markiert wurden.
Wie erhalten schließlich folgende optimale Zerlegung Z_o
von G mit ZK_o = {{1,2,4,5}, {3}, {6,7,8,9,11}, {10,12},
{13,14,15}, {16}} und ZRE_o = {{(1,6)}, {(2,3),(3,5)},
{(5,12)}, {(7,12),(9,10)}, {(11,13)}, {(12,13)}, {(14,16),
(15,16)}} sowie $f(Z_o)$ = 23 . Abb. 6 zeigt den zugehörigen KG G_o^+ , der die optimale Konfiguration des Rechnersystems zu dem Programmsystem angibt, dessen Modell der
Beispielgraph G ist.

7. Eine Erweiterung des Modells

Abb. 6: KG G_o^+ zur optimalen Zerlegung Z_o

In den vorigen Abschnitten waren wir davon ausgegangen,
daß das realisierende Rechnersystem an die optimale Zerlegung bzw. dessen KG angepaßt
werden kann (ausreichend viele äquivalente Rechnereinheiten mit allen notwendigen Ver-
bindungen und Kapazitäten). Um den Fall eines vorgegebenen inhomogenen Rechnersystems
behandeln zu können, stellen wir das Rechnersystem gleichfalls durch einen ggG dar
(P-Graph). Gesucht ist nun eine optimale <u>Zuordnung</u> des T-Graphen (d.h. seiner Knoten
und Kanten), der das Programmsystem modelliert, an den P-Graphen. Die Zulässigkeit
wird durch die Gewichte der Knoten und Kanten des P-Graphen definiert. Ferner ist für
jeden Knoten und jede Kante des P-Graphen eine Kostenfunktion definiert, mittels deren

die Kosten einer Zuordnung des P-Graphen an den T-Graphen berechnet werden.

Man erhält somit das folgende Optimierungsproblem /SCH81/:

Sei $G_T = (T, R_T, w_T, c_T)$ ein ggG zur Modellierung eines Programmsystems (kurz: T-Graph) und $G_P = (P, R_P, w_P, c_P)$ ein ggG zur Modellierung eines Rechnersystems (kurz: P-Graph) mit $n_w = n_{w_T} = n_{w_P}$ und $n_c = n_{c_T} = n_{c_P}$. Seien ferner für jeden Knoten $p \in P$ bzw. für jede Kante $r_p \in R_P$ Kostenfunktionen $f^{(p)} : (\mathbb{R}_o^+)^{n_w} \to \mathbb{R}_o^+$ bzw. $f^{(r)} : (\mathbb{R}_o^+)^{n_c} \to \mathbb{R}_o^+$ gegeben. Eine Knotenzuordnung ist eine Abbildung $\alpha : T \to P$, die zulässig ist, wenn gilt: $\forall p \in P : w_T(\alpha^{-1}(p)) \leq w_P(p)$. Durch sie wird, zumindest teilweise, eine Zuordnung β der Kanten des T-Graphen an Knoten und Kanten des P-Graphen induziert:

Sei $(t_1, t_2) = r_T \in R_T$ mit $\alpha(t_1) = \alpha(t_2) = p$. Dann gelte $\beta(r_T) = p$, d.h. diejenigen Kanten von G_T, deren beide Endknoten demselben P-Knoten p zugeordnet werden (interne Kante), werden gleichfalls diesem Knoten p zugeordnet. Für die Zuordnung der übrigen Kanten werden zwei Alternativen betrachtet:

a) ohne Routen: eine Kante $r_T \in R_T$ wird derjenigen Kante $r_p \in R_P$ zugeordnet, die die beiden Knoten in G_P verbindet, denen die Endknoten von r_T zugeordnet wurden:

$$r_T = (t_1, t_2) \in R_T, \quad \alpha(t_1) \neq \alpha(t_2)$$
$$\downarrow$$
$$r_P = (\alpha(t_1), \alpha(t_2)) \in R_P$$

Existiert die Kante r_p nicht, ist die Zuordnung nicht erlaubt. Auf diese Weise wird von der Knotenzuordnung α eine Kantenzuordnung $\beta : R_T \to R_P$ induziert, die zulässig ist, genau wenn gilt:

$$\forall r_p \in R_P : c_T(\beta^{-1}(r_p)) \leq c_P(r_p) .$$

b) mit Routen: eine Kante $(t_1, t_2) = r_T \in R_T$ mit $\alpha(t_1) \neq \alpha(t_2)$ wird einem Weg v in G_P zugeordnet, somit einer Kantenmenge. Die Zulässigkeitsbedingung ist von a).

Eine Graphenzuordnung ist dann das Abbildungspaar $\zeta = (\alpha, \beta)$. Die Umkehrungen $\alpha^{-1} : P \to POT(T)$ bzw. $\beta^{-1} : R_P \to POT(R_T)$ induzieren in G_T eine Zerlegung der Knotenmenge T bzw. eine Zerlegung der Kantenmenge R_T (Fall a)) und eine Überdeckung der Kantenmenge R_T (Fall b)).

Die Kosten einer zulässigen Zuordnung ζ sind als

$$f(\zeta) = \sum_{p \in P} f^{(p)}(w_T(\alpha^{-1}(p))) + \sum_{r_p \in R_P} f^{(r)}(c_T(\beta^{-1}(r_p)))$$

definiert. Gesucht ist eine optimale Zuordnung von G_T an G_P, d.h. eine zulässige Zuordnung $\zeta_o : (T, R_T) \to (P, R_P)$, für die gilt:

$$\forall \zeta : (T, R_T) \to (P, R_P) : \zeta \text{ ist zulässig} \Rightarrow f(\zeta_o) = f(\zeta) .$$

Zur Lösung dieses Graphenzuordnungsproblems kann man einen analogen Ansatz im Rahmen der dynamischen Optimierung wie für das Graphenzerlegungsproblem machen. Eine Partialzuordnung $Z = (ZT, ZR_T)$ besteht aus einem n_p-Tupel ZT ($n_p = |P|$) von disjunkten Teilmengen von T und einem m_p-Tupel ZR_T ($m_p = |R_T|$) von (im Fall a) disjunkten) Teilmengen externer Kanten aus R_T. Eine Partialzuordnung wird durch Hinzufügen von T-Knoten (und den inzidenten Kanten) stufenweise zu einer Zuordnung des T-Graphen G_T an den P-Graphen G_P erweitert. Eine Komponente von ZT bzw. ZR_T enthält dann genau jene T-Knoten ($\alpha^{-1}(p)$) bzw. externe T-Kanten ($\beta^{-1}(r_p)$), die dem betreffenden P-Knoten p bzw. der betreffenden P-Kante r_p zugeordnet werden.

8. Zusammenfassung

Von einem graphentheoretischen Modell für Programmsysteme ausgehend, haben wir das Problem der optimalen Konfigurierung eines Rechnersystems zu einem gegebenen Programmsystem als ein Graphenzerlegungsproblem der kombinatorischen Optimierung formuliert. Die Knoten und Kanten des zu zerlegenden endlichen Graphen sind durch n_w- bzw. n_c-Tupel mit nicht negativen Komponenten gewichtet. Als Kostenfunktion wird eine lineare Funktion auf Gewichten der Knoten- und Kantenzerlegungselemente angenommen. Die Nebenbedingung, die die Zulässigkeit einer Zerlegung definiert, sind obere Schranken für die Gewichte dieser Zerlegungselemente. Mit einem Ansatz der dynamischen Optimierung wird ein Algorithmus zur Lösung entwickelt, der auch als Breadth-first-Suchalgorithmus in dem zugehörigen Suchbaum angesehen werden kann, dessen Effizienz durch die Verwendung einschränkender Bedingungen wesentlich gesteigert werden kann. Schließlich wird eine Erweiterung der Methode auf ein Graphenzuordnungsproblem angegeben.

9. Literatur

/BEL57/ R. BELLMAN: "Dynamic Programming", *Princeton University Press*, *1957*

/BRA77/ W.C. BRANTLEY et al.: "Decomposition of Data Flow Graphs on Multiprocessors", *Proc. AFIPS NCC 1977, Bd. 46, S. 379-388*

/HAL76/ H. HALDER/H. HEISE: "Einführung in die Kombinatorik", *Hanser-Verlag, 1976*

/IBA77/ T. IBARAKI: "The Power of Dominance Relations in Branch-and-Bound-Algorithms" *Journ. ACM, Bd. 24.2(1977), S. 264-279*

/LEE77/ R.P.-L. LEE: "Optimal Task and File Assignment in a Distributed Computing Network", *Ph. D. in Comp. Science, Univ. Calif., Los Angeles, 1977*

/LUK74/ J.A. LUKES: "Efficient Algorithm for the Partitioning of Trees", *IBM Journ. Res. & Devel., Bd. 18(1974), S. 217-224*

/RAM79/ C.V. RAMAMOORTHY/B.W. WAH: "Data Management in Distributed Data Bases", *Proc. AFIPS NCC 1979, Bd. 48, S. 667-680*

/SCH74/ C. SCHNEEWEIß: "Dynamisches Programmieren", *physica-verlag, 1974*

/SCH79/ W. SCHRÖCK: "Konstruktion optimaler Zerlegungen endlicher Graphen mit gewichteten Knoten und Kanten", *Univ. Bonn, Informatik-Berichte Nr. 27, 1979*

/SCH80/ D. SCHÜTT: "Parallelverarbeitende Maschinen", *Inform.-Spektrum, Bd. 3.2(1980)*

/SCH81/ W. SCHRÖCK: "Modelle zur optimalen Konfiguration von Rechnersystemen", *Univ. Bonn, Inst. f. Informatik, Interner Bericht II/8, 1981 (in Vorb.)*

/STO77/ H.S. STONE: "Multiprocessor Scheduling with the Aid of Network Flow Algorithms", *IEEE Transact. Softw. Eng., Bd. SE-3.1(1977), S. 85-93*

/THE80/ D.J. THEIS: "Distributed Network and Multiprocessing Minicomputer State-of-the-Art Capabilities", *Proc. AFIPS NCC 1980, Bd. 49, S. 93-103*

/WUL72/ W.A. WULF/C.G. BELL: "C.mmp - a Multi-mini-processor", *Proc. AFIPS SJCC 1972, Bd. 41, S. 765-777*

Model-based Load Scheduling Algorithms for Real-Time Distributed Microcomputer Systems

ALEXANDRU SOCEANU, University of Regensburg, FRG*

Abstract

Since the hardware price is dropping continuously, the realization of geographically distributed mini/microcomputer systems for executing decentralized software and in particular for real-time applications recently received a great deal of attention. The cheap hardware has to be supported by quite sophisticated operating systems for which the functions, the behavior, the impact to the system performance, and the programming languages constitute complex research and experimentation subjects.

Among others, the distribution of processes (PR) over the system nodes, as well as the order of their execution in each node are functions based on strategies which are going to have a large impact on the overall system performance. In order to develop accurate scheduling strategies a special queuing model for the distributed system was introduced. The model considers the hardware and software particularities of a fully distributed microcomputer system as well as the interdependency among PRs located in different nodes of the system. The PR interdependency is realized by using message passing. The control of message passing is done by means of global replicated data basis. Based on this model, two deterministic algorithms for global scheduling of the PRs are presented: Minimum Processing Delay (MPD) and Execution and Communication Load Balancing (ECLB). It is appreciated that the developed scheduling algorithms contain a sufficient degree of generality so that they can be adapted for other types of communication/synchronization mechanisms and hardware/software structures.

---

*This research was supported in part by the German Research Foundation - Deutsche Forschungsgemeinschaft (DFG) in West Germany - under Grant SO-79-135/1, while the author was with the Electrical Engineering and Computer Science Department, University of Connecticut, USA.

I. Motivation

Some work has been already done to adopt the well-known operation research results - in the area of job scheduling - to the different types of multiple processor systems [BA74, KA77, KA79, CH79]. None of those works in their proposed algorithms take into consideration the most important aspects of the operation within a Distributed System (DS) evironment:

- communication costs due to the links of different nature (ring, star, point, bus, cross bar switch, etc.)
- interdependency among processes (PR) running on different nodes which are cooperating by exchange messages (msg) for the completion of various tasks.

As long as a DS - according to the definitions introduced by Enslow and LeLann [EN78, LL79] - cannot be functional without interdependency among the PRs distributed on different nodes, any type of scheduling algorithm, ignoring this aspect is not realistic, i.e. its implementation would not enhance performance.

It is expected that in a DS, the allocation (scheduling) of the PRs over the system nodes is going to play a very important role in achieving the desired performance characteristics from the system.

II. Process Model

Processes - small defined sequential computations belonging to different tasks - need to cooperate among them by exchanging information in order to fulfill their duties. During an information exchange between two partners, done via message, one can distinguish two types of PRs: Sender Process (SPR), and Destinator Process (DPR).

Viewing the PR in a DS as a sequential machine [HO78, HA78], the adopted synchronization mechanism is based on the PR's state determined by the message exchange:

a) A SPR which sent a msg. to a DPR waits until the sent msg. has been acknowledged (i.e. the msg. was accepted by the DPR)
b) A DPR which needs a msg. waits until the corresponding SPR has sent the requested msg.

For the sake of simplification it is considered throughout the paper that a PR is being structured as a sequence of executable segments and kernel calls. The kernel calls are primitives which mainly implement requirements for information exchange (SEND and RECEIVE) between PRs (see fig. 2.1.).

A PR which is activated in one of the DS-nodes can be found afterwards in one of the following states:

- R: *Running* or ready to run
- W: *Waiting for data* to be sent by other PRs (i.e. the PR waits for actions which are completely independent from the PR itself) or *waiting to get* ACK for the sent data to other PRs.

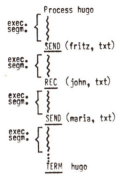

Fig. 2.1. PR Structure

A transition from one state to another can occur only when a corresponding information exchange took place:
a) "R" -> "W": any time when a PR in "R"-state issued one of the following msgs.: SEND (Data:DTA) or REC (Waiting for Data WfDTA).
b) "W" -> "R": any time when a PR in "W"-state receives one of the following msgs.: Acknowledge receipt of Data (ACK), Data (DTA) or Time out (TIME OUT) in case the response to a previous issued msg. does not come within a certain period of time.

A detailed description of the adopted communication and synchronization mechanism among the PRs is to be found in the paper [SO80].

III. Distributed System Model

A geographically-distributed system built out of small scale computers is assumed (see fig. 3.1.). Each site (node) contains a main computer (MC) which executes the PRs and a front-end-computer (FEC) which covers the communication and control activities. The MC and FEC are coupled by using DMA channels.

The nodes are connected through the use of a serial bidirectional communication network. Each transmission direction works independently and is supported by an interrupt driven interface. The interface which supports the proposed communication link may be designed by using off-shelf microprocessor support devices to achieve a speed of 1Mb/sec. in both directions without disturbing the main functions of the FEC. Error signals are handled using the DI/DO lines supported by programable parallel interface.

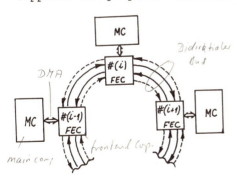

Fig. 3.1. DS Configuration

The model for a node of a homogeneous DS presented in fig. 3.2. follows the adopted hardware architecture and the communication/synchronization mechanism. Each node consists of 2 servers - corresponding to the MC and FEC - and of a number of queues and buffers associated with them.

3.1. Main Computer Model

Considering a PR-model as the one adopted in chapter 2 once a PR has been introduced into the RDY-queue and started to receive service, it will visit the WfDTA-or WfACK-Queue according to the type and number of kernel calls. After this, the PR will be terminated. The MC-Queues have the following contents:

<u>RDY-Queue:</u> PRs which are created and started in the node. The PRs are ready to run but they have not yet received service from the CPU.

<u>WfDTA-Queue:</u> PRs which are waiting for receiving data from other PRs in the system (located in other nodes). These PRs will get ready to run again when the corresponding data which they are waiting for has come into the IN_DTA buffer.

<u>WfACK-Queue:</u> PRs which are waiting for an ACK of the previously transmitted data. The PRs will become again ready to run when the corresponding ACK is delivered from the IN_ACK buffer.

The PRs in the WfDTA- and WfACK-Queue can become ready-to-run also when their associated time-out is over.

3.2. Front End Computer Model

The FEC assumes the responsibility of controlling and handling the communication activities. As far as the speed of the communication channels differs from the speed of generating msgs. by the MC or FEC, a need for buffering before transmission is evident. Such a structure

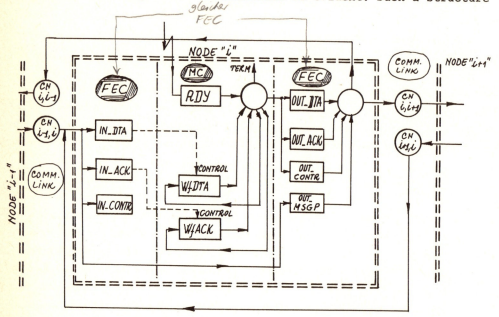

Fig. 3.2. Model of a DS Node.
The IN/Out Buffers are physically accomodated in the same FEC. They are seperately drawn for a better illustration of the information flow.

allows the execution of PRs in parallel with the msg. transmission activities. The following OUTPUT-buffers are introduced:

<u>OUT-DTA:</u> DTA-Msgs. to be sent to the PRs located in other nodes.

OUT-ACK: ACK-msgs. to be directed to PRs from which DTA-msgs. have already been received.

OUT-MSGP: ACK-, DTA- or CONTROL-msgs. to be passed to the neighbor nodes.

OUT-CONTR: CONTROL-msgs. e.g. load status, start, updates, etc.

The adopted PR synchronization mechanism proposed and described in [SO80] reduces the amount of information travelling over the communication links simply to the DTA themselves and to the ACK for their receipt. This reduction - which also means an important simplification of handshake activities between nodes - is done at the expense of buffering the received msgs. These INPUT-buffers are located in the FEC. The msgs. contained in those buffers will be consumed from the MC according to the need of its PRs:

IN-DTA: DTA-msgs. transmitted by the other nodes for PRs residing in the respective node. These msgs. are controlling the output from the WfDTA-Queue.

IN-ACK: ACK-msgs. transmitted by other nodes to acknowledge the receipt of the data msgs. These msgs. are controlling the output of PRs (change the waiting state of the PR into the ready-state) from the WfACK-Queue.

IN-CONTR: CONTR-msgs. transmitted by other nodes. These msgs. are to be consumed partially by the FEC (updating active PR-tables, updating the node state vector, etc.) and partially by the MC (set a new PR in the RDY-Queue, etc.)

Due to the adopted PR synchronization mechanism the length of these buffers is finite and depends on the total number of the PRs in the system and the average length of a msg. (15÷32 Bytes). That is why the nasty phenomenon of buffer **overflow** cannot happen. Surely it is assumed that the total no. of the PRs in the system is bounded.

IV. Scheduling Algorithms

The nature of operation within a DS implies from the PR distribution and execution sequence point of view two main decisions: 1) which node will accomodate - create, start and execute - the newly required PR and 2) which PR out of all ready-to-run PRs within a node would be executed next.

These two decisions corresponding to *global scheduling* and *local scheduling* are to be incorporated in two software modules located in each node and running within the FEC and respective MC. In this regard the following assuptions are considered throughout the paper:

a) the code for the new PR is already present in the MC so that the PR code does not have to be relocated from other nodes.
b) the MC kernel is responsible to start a new PR, i.e. introduce the new PR within the RDY-Queue (see model fig. 3.2.)

4.1. Global Scheduling

The types of global scheduling strategies can be separated into two distinct categories: non-deterministic and deterministic [GO77]. For a DS without interdependency between the nodes, it has already been demonstrated [CH79] that non-deterministic or deterministic strategies ignoring the node-states lead to very poor performance. Moreover, the system's load due to the interprocess communication via communication links, can be significantly influenced by corresponding PR scheduling strategies. These strategies should be based on objective functions which may differ from system to system according to their application and performance requirements. However, the evaluation of the objective functions done without adding the costs of the system's load caused by the msg. exchange among the nodes is wrong and leads to completely false scheduling decisions.

Two dynamic deterministic PR scheduling policies (MPD and ECLB) for Real-time Distributed Systems were developed under the consideration of the interdependency among PRs located in different nodes and of node states in terms of communication and execution load.

4.2. Minimum Processing Delay Algorithm (MPD)

The algorithm policy schedules a new PR to that node which will present - in case the PR is put there - the minimum execution load and minimum system communication cost.

The *execution load* in a node is defined by the sum of the still-to-run segments of all the active PRs (see PR model ch.2). The *communication load* associated with a node is defined as the time needed by the new PR's node and by the nodes accomodating PR's partners to perform the required msg. exchanges. This total time spent by the system for communication will introduce a corresponding delay in finishing the execution of the allocated PR. As long as some other PRs are dependent on msgs. from the new PR, the processing with minimum delay of the last one is strongly desired. Therefore, in scheduling in accordance with the execution and communication load values associated with each node, it is expected that the chosen node will allow the execution of the new PR with a *minimum delay*. This is actually the objective function of the proposed algorithm.

4.2.1. Description of the MPD-Algorithm

The MPD algorithm is expressed in an abstract language and presented in the appendix A.1.

The algorithm requires the knowledge of a state vector in each node; i.e. the load factor "l" and the delay time in front of the channel factor "wtc". This information is acquired by sending a broadcast control msg. at the time a PR is to be scheduled. A *selection factor* is obtained by summing the load value and the computed communication load. The selection factor is evaluated for all the nodes of the system. The node selected by the algorithm is the node with the minimum value for the selection factor.

The algorithm favors the selection of a node for the new PR closest to the nodes of its cooperating PR s. In doing so, the strategy reduces the overall communication load of the system's links (which tends to be the DS-bottleneck) but it can lead to an unbalanced distribution of the number of PRs in the nodes. To correct this tendency a weighting parameter "α" at the computation of the selection factor is introduced. This parameter is chosen to be a function of the load variance of the system.

Let $\bar{l} = \frac{1}{n}\sum_{i=1}^{n} l(i)$: be the mean load of the system

and $v_s = \frac{1}{n}\sum_{i=1}^{n}(l(i)-\bar{l})^2$: variance of the system's load

then $\boxed{\alpha = 1 + \beta * v_s}$: β = constant which is to be chosen

When the PR distribution is balanced then: $v_s \approx 0$ and $\alpha \approx 1$
When the PR distribution is unbalanced then: $v_s > 0$ and $\alpha > 1$

The nodes where the PR cannot be allocated to because of hardware constraints, will be eliminated from the analysis process of the algorithm as each PR-identifier "pid" has a constraint vector "pm" representing "bid" array associated with (see section 4.2.2.a). After the scheduler selected a node for the new PR, a start command to the respective node is issued. Along with this control msg., two other values are transmitted:

   m(pid) = no. of msgs. exchanged by the new PR with other nodes
   cltm(pid) = comm. cost added to the system because of the exchange msgs.

These parameters are used in the selected node to update the load factor (see section 4.2.3.).

Another aspect considered by the algorithm is the requirement imposed by the *real-time environment*. All PRs should start or terminate within a fixed amount of time considered from the time of the PR's request. In order to achieve this goal usually priority parameters are associated with PRs [LE80].

The MPD algorithm *adopts the idea* of associating *deadline* values with each PR instead of priority parameters (a similar idea was also used by KIM in [KI80] in case of a uniprocessor system). The handling of priority parameters within a DS, where each node has its own set of PRs (with different relative priorities among each other) so that the PR's deadlines are not overdrawn, would be very difficult to realize. Having a deadline value for each PR, the control of the overdrawing reduces to a simple "watching" activity. Even though the "watching" is done separately in each node, it will be consistent for the whole system as long as all the nodes have the same current time of day.

The algorithm implements this control by investigating the new PR at the right beginning for the so-called "urgency", in order to avoid any deadline overdrawing. In case of urgency the old values for state vectors are used. This procedure reduces the time of waiting for global information at the expense of a less accurate decision. Once a PR has been allocated, its deadline is continuously "watched" and adequate scheduling decisions are taken. This monitoring is to be incorporated [SO80] into a local scheduler in each node.

4.2.2. Algorithm Required Information

a) <u>Information which should be contained in each PR-identifier</u>

e	= f(pid)	: average exec. time of the PR with the "pid" identifier. The exec. time is to be evaluated only for the exec. segments and not for the msg. exchange. Service rate of all the nodes is assumed to be identical.
mn	= f(pid)	: no. of different PRs need to talk to
prname	= f(pid,i)	: names of PRs to which PR(pid) talks to
mesn	= f(pid,i)	: no. of msgs. which PR(pid) exchanges with the PR(prname)
dl	= f(pid)	: execution deadline parameter associated with the corresponding PR(pid)
pm	= f(pid,node)	: "bid" vector indicating if the PR can be started at the corresponding node: • pm=1 PR can be scheduled • pm=0 PR cannot be scheduled This is because some PRs have special hardware requirements (e.g. memory capacity, periphery devices, etc.)

The first four parameters are to be evaluated at compile time and set within each PR-identifier. The remaining parameters are to be indicated by the programmer.

b) <u>Information which is to be known by the system initialization</u>

n	= f(nodes)	: no. of nodes in the system
bd	= f($node_i$)	: baud rate for communication between node "i" and its neighbors.

This information known in each node should be updated in case some changes during the DS-operation took place.

c) <u>Information which is to be transmitted from other nodes</u>

l(i) = f($node_i$) : load factor of the node "i".

$wtc(i) = f(node_i)$: waiting time in front of the transmission channel at node "i".

This type of information is to be computed and updated in each node and delivered to other nodes upon request. The request and the collection of information are performed by the procedure "GET_NEWSTATE()" at the beginning of the algorithm (see app.A.1.).

4.2.3. Load Factor Evaluation

The load factor l(i) of a node "i" is defined as:

$l(i) = el(i)+cl(i);$ $el(i)$ = exec. load in node "i"
$cl(i)$ = comm. load in node "i"

Each node is responsible for calculating dynamically its own load factor. So, any time when a change in the status of the node takes place, the "el" and "cl" values are to be updated as follows:

a) **Start new PR with the identifier "pid" in node "i"**

$el(i)_{new} = el(i)_{old} + e(pid);$ $e(pid)$ = estimated exec. time of the new PR

$cl(i)_{new} = cl(i)_{old} + cltm(pid);$ $cltm(pid)$ = comm. load added to the node "i" by the newly started PR due to the msg. exchange with other nodes;

cltm(pid) is evaluated by the "CCOST" proc. (see app.A.2.) and transmitted to the node "i" by the global scheduler as parameter of the start command (see app.A.1.).

b) **A PR went through a SEND/REC statement:**

$el(i)_{new} = el(i)_{old} - e(pid)/(m(pid)+1)$

where: $m(pid)$ = no. of msgs. exchanged by PR(pid) with other nodes;
m(pid) is evaluated by the "CCOST" proc. and transmitted to the node "i" together with the previous "cltm" value.

This corresponds to a decrementation of the node execution load by the time value of an execution segment.

$cl(i)_{new} = cl(i)_{old} - cpm(pid);$ cpm(pid) = average comm. load per msg. exchange by PR(pid) with its partners;
$cpm(pid) = cltm(pid)/m(pid)$

This corresponds to a decrementation of the communication load by the time value of average communication cost per exchanged msg.

c) **Terminate a PR**

$el(i)_{new} = el(i)_{old} - e(pid)/(m(pid)+1)$

Decrement the execution load by the time value of the last PR's execution segment.

4.2.4. Communication Load Evaluation

The communication load which a PR could add to a particular node is a function of the no. of msgs. which the PR exchanges with its partners. The no. of msgs. crossing the communication links differs very much if the new PR were put in one node or another and depends on the location

of the PR's partners and the distance to them (in terms of nodes).
Therefore, the necessary information for the evaluation (with a sufficient degree of accuracy) of the communication load introduced by a
new PR is: the names of PR's partners and the location of PR's partners.

The procedure "CCOST" described in app. A.2. evaluates the communication load added by a new PR, under the assumption of knowing the name
of the PR's partners (prname(pid,i)) and the no. of msgs. exchanged
with each of them (mesn(pid,i)). The location of all these partners
(prname(pid,i)) is searched by a straightforward implementable procedure "FIND_NODE". This procedure, not described here, searches to
find the node of the indicated PR-name in the FEC-tables. These tables
which are in fact updated global replicated data basis contain all
(or almost all) PR-names located in each node of the DS. The "FIND_
NODE" procedure returns a parameter "n" indicating the location of
the PR's partner (n≤o are special cases and are correspondingly considered).

The "CC" procedure (presented in app. A.3. a, b, c, d) is required by
"CCOST" procedure for computation of the cost for transmitting a msg.
between two nodes. The time needed for a particular msg. to travel
through the number of calculated sections is a function of:
a) transmit/receive baud rate for each section
b) waiting time in front of the transmission channels in each site
   along the way
c) delays introduced due to the queues handling within the site;
   these delays will be ignored in our considerations.

The transmission time is independent from the receiving channel
characteristics. That means the operation of receiving msgs. from
the neighbors takes place without reducing the transmission speed.
This is true for the proposed bidirectional link structure.

A *waiting time in front of the transmission channel* factor "wtc"
is computed in each particular node, and is delivered upon request.

The evaluation of the "wtc" factor is done considering that from the
transmission point of view the *waiting* time depends only on the no.
of queued msgs. waiting for service in front of the two communication
channels (see fig. 3.2.). Under these observations, the "wtc" is to
be calculated by taking the following factors into account:
1) length of the OUT-msg. buffers (in Bytes) within the FEC
2) service rate of the comm. channel: μ_{CN} expressed as #Bytes/sec.
Considering that the CPU is much faster than the channel's speed, the
service rate of the transmission is given just by the baud rate (Bd)
of the channels. Assuming that both channels are operating at the same
Bd. rate and that the information contained in the buffers is transmitted equally distributed in both directions, then:

$$(\mu_{CN})_i = \frac{2 * Bd}{8} = \frac{Bd}{4}$$

Consequently, the waiting time for a msg. in node "i" in front of the channel before transmission in case of a simple FCFS-strategy is:

$$wtc_i = \frac{\sum (OUT\_BUFFERS)_i}{(\mu_{CN})_i}$$

4.3. Execution and Communication Load Balancing Algorithm (ECLB)

The interdependency among PRs could be very often the reason why some of them are remaining longer in the waiting state. A view of that interdependency can be gained as in case of MPD algorithm if information about the location of each PR's partners and about the node's state are collected and evaluated. If this means an overhead which is too costly or too difficult to implement the tracing of interdependency among PRs becomes a *matter of guessing*.

The suggested solution for a good guess - proposed by the ECLB algorithm - would be to try making interpretation of some parameters of the system which contain indirect indicators for the PR relationships. One of these interpretations could be: In some nodes, PRs are waiting longer for msgs. exchange because the nodes where their partners run are excessively loaded. That means, two load indicators should be analysed: a) execution load and b) communication load. Supposing a node contains a lot of PRs in the waiting Queues (WfDTA or WfACK). A scheduling done according to the total number of PRs in each node, it would not allocate new PRs to this node even though the node has potential execution capacity. In order to avoid this, an *execution load factor* should be evaluated considering *only the ready-to-run PRs*. Note that the ECLB (unlike MPD alg.) assumes that an estimated execution time for each PR is not known.

The communication load of a node is defined - in terms of ECLB alg. - by the *communication activities* which are waiting to be performed. If the communication load is large, then the waiting time in front of the communication channel is excessively large. This factor can be at the same time an indicator that the allocation of the previous PRs lead to an excessive increase of msg. travelling. As long as the name and location of the partners of any new PR are not known it *can only be a good guess* that placing a new PR in a node with less communication load will lead also to the reduction of the no. of msgs. to be exchanged.

Of course, balancing the communication link loads does not mean necessarily minimizing the amount of msg. travelling over the links. It is very well possible that we will end up having twice as many msgs.

travelling around as in case of MPD algorithm. But, however, the links tend to be equally loaded and it is to be expected that the system will allow equal response time for the newly scheduled PRs.

Under all these considerations, the *suggested solution* for the scheduling strategy presented in appendix B. would be to schedule a new PR on the node which has the *smallest number of PRs in a ready-to-run state and smallest no. of msgs. waiting to be transmitted.*

4.3.1. Information Required by the ECLB-Algorithm

a) <u>Information contained in each PR-identifier</u>
dl = f(pid)   : execution deadline parameter
pm = f(pid,node) : "bid" vector (see section 4.2.2.a.)

b) <u>Information to be transmitted from other nodes</u>
The state of a node "i" in terms of ECLB alg. is defined by:
excl(i) = elf(i) + clf(i);   elf(i) = exec. load factor
                              clf(i) = comm. load factor

Each node has to compute its own state. The state expresses the current execution load and communication load, i.e., any time when a change within this value takes place, the node has to update the state value.

4.3.2. Execution Load Evaluation

The execution load factor "elf" in node "i" is given by the no. of ready-to-run PRs in the node and the node service rate paramter:

$$elf(i) = \frac{(RDY\_PR)_i}{p\mu_i} \; ; \quad \begin{array}{l} RDY\_PR = \text{no. of ready-to-run PRs} \\ p\mu = \text{service rate parameter} \end{array}$$

The no. of ready-to-run PRs in a node is computed by considering the node's model presented in chapter 3:

$(RDY\_PR)_i = (APRN)_i - (W\_PR)_i$

where: $(APRN)_i$ = no. of <u>A</u>ctive <u>PR</u>s within the <u>N</u>ode. This value is known and is part of the replicated data basis.
       $(W\_PR)_i$ = no. of waiting PRs in the node "i".

The no. of waiting PRs in each node is to be evaluated as follows:

$(W\_PR)_i = (WfDTA)_{i1} + (WfACK)_{i1} - (IN\_DTA)_{ip} - (IN\_ACK)_{ip}$

where: l = no. of PRs within the Queue
       p = no. of distinct msgs. within the Buffer

Using a very simple formula the computation of the execution load factor as indicated above leads to a quite accurate value if one assumes that MC and FEC trace accurately the length of their queues/buffers.

The service rate parameter is weighting the previous computed no. of ready-to-run PRs in case the MC's service rate is not identical in all nodes.

In case: $\mu_i \neq \mu_j$ for i, j $\in$ (1,...,n) and i≠j then $p\mu_i = \dfrac{\mu_i}{\bar{\mu}}$; where $\bar{\mu} = \dfrac{1}{n} \sum_{i=1}^{n} \mu_i$ is service rate mean.

4.3.3. Communication Load Evaluation

It is appreciated that the total length of the FEC output-buffers expressed in terms of no. of msgs. to be transmitted to the other nodes (regardless of their destination) is a good measure for the communication load. This assuption is true if all communication links are identical, all FEC have the same service rate, all communication channels have the same baud rate.
Therefore:
$clf(i) = (OUT\_DTA)_{ip} + (OUT\_ACK)_{ip} + (OUT\_CONTR)_{ip} + (OUT\_MSGP)_{ip}$
where: p = no. of distinct msgs. within the corresponding buffers.
As long as all the msgs. stored in the FEC output buffers are already formated (ready to be transmitted) they contain also an exact indication of the destination node. Based on that, one can compute the exact communication cost (by using "CC" proc., app.A.2.) added to the system by each node.

VI. Conclusion and Extensions

The advantage of parallel processing offered by a Distributed Microcomputer System is diminished by the amount of the exchanged information over DS links due to the communication between PRs and the synchronization control.
The allocation of PRs over the DS nodes is going to play a key role in reaching an optimum between the gained speed due to parallel processing and the slowing down effect due to the excessive load of the communication links.
Two deterministic global scheduling algorithms have been presented in detail. Both algorithms are operating dynamically, so that they issue decisions according to the current state of the system. The algorithms are based on a developed model which incorporates the main characteristics of the DS hardware/software structure as well as the communication/synchronization mechanism between PRs.
The main ideas in developing the MPD-global algorithm were:
a) identify the type and the minimum amount of local and global information necessary to take accurate scheduling decisions: i.e., define the decision variables.
b) establish the relationships between the decision variables and the DS-model parameters.
c) build a *node state vector* by combining the decision variables
d) find a solution af *combining the system's load* do to the new PR and the *system's states* so that the PRs are performed with a large degree of parallelism and however within an environment with a minimum possible communication load.

Unlike other known algorithms, the MPD-algorithm considers as a main decision variable the communication load (which is a function of the PR's location within the system) added to the system by a new PR. However, the accurate computation of the communication load required by the MPD could mean a large overhead and a too restrictive constraint on the type of information contained in the PR's identifier.

The MPD-algorithm is viewed like a general algorithm which can be used for developing new scheduling strategies by reducing the number of decision variables and/or the information on which they are based. An example is the ECLB algorithm which evaluates the communication load and the execution load added to a system by a new PR less accurate than the MPD-algorithm. Instead, the information required and the overhead are far more reduced.

The presented scheduling strategies are valid only for DS based on msg. interprocess communication but they are independent of the implemented type of communication protocol (which may differ from one system to another e.g.: LI77, HU77, SI79).

A global scheduling has to be supported by a scheduling strategy *locally* implemented in each node, which decides the sequence of execution in the node.

A validation of the developed model and the proposed scheduling algorithm should be the next step in the extension phase of the present research. This is to be done by using simulation or collecting data from an experimental system which implements the proposed algorithms (or similar versions).

A short analysis of the simulation possibilities led to the conclusion that the available simulation languages do not provide enough features for simulating the interprocess dependency in a DS. That is why the development of an adequate simulation package is under preparation.

Bibliography

[BA74]   BAKER, KENNETH., "Introduction to Sequencing and Scheduling "
John Wiley & Sons Inc., New York, 1974.

[CH79]   CHOW, CHIEH-Y., KOHLER, WALTER., "Models for Dynamic Load Balancing in a Heterogeneous Multiple Processor System "
IEEE Trans. on Computers, Vol. C-28, No. 5, May 1979.

[EN78]   ENSLOW, P., "What is a Distributed Data Processing System?"
Computer, Vol. 11, No. 1, January 1978.

[GO77]   GONZALEZ, MARIO., "Deterministic Processor Scheduling "
Computing Surveys, Vol. 9, No. 3, Sept. 1977.

[HA78]   HANSEN, PER BRINCH., "Distributed Processes: A Concurrent Programming Concept "
Comm. of the ACM, November 1978.

[HO78]   HOARE, C.A.R., "Communicating Sequential Processes "
Comm. of the ACM, Aug. 78.

[HU77]   HUEN, W. R., GREENE, P., "Technec: A Network Computer for Distributed Task Control "
1st Annual Rocky Mount. Sympos. on Micro-computers, Fort Collins, Colorado, September 1977.

[KA77]   KAFURA, D., SHEN, V., "Task Scheduling on Multiprocessing System with Independent Memories "
SIAM Journal, Compt., Vol. 6, No. 1, March 1977

[KA79]   KAIN, R., RAIE, A., GOUDA, M., "Multiple Processor Scheduling Polices "
Proc. 1st Intern. Conf. on Distrib. Comp. Systems, Alabama, October, 1979.

[KI80]   KIM, K.M., NAGHIBZADEH, M., "Prevention of Task Overruns in Real-Time Non-preemptive Multiprogramming Systems "
The 7th IFIP Sympos. on Comp. Performance, PERFORMANCE 80, May 28-30, 1980, Toronto, Canada.

[LE80]   LEINBAUGH, DENNIS., "Guaranteed Response Times in a Hard Real-Time Environment "
IEEE Transactions on Software Engineering, Vol. SE6, Jan. 1980.

[LI77]   LIU, M. T., et. al., "Analysis of the Distributed Loop Computer Network (DLCN) "
Tech. Rep., Dept. of Comp. & Inf. Sciences, Ohio State Univ., Columbus, Ohio, May 1977.

[LL79]   LE LANN, G., "An Analysis of Different Approaches to Distributed Computing "
Proc. of the 1st Intern. Conf. on Distributed Comp. Systems, Huntsville, AL, October 1979.

[SI79]   SILBERSCHATZ, ABRAHAM., "Communication and Synchronization in Distributed Systems "
IEEE Trans. on Soft. Eng., November 1979.

[SO80]   SOCEANU, A., "An Approach to Process Scheduling for Real Time Distributed Microcomputer Systems"
Technical Report, CS-80-10, University of Connecticut, Dept. EECS, July 1980.

Appendix A.1

```
SCHEDULE (pid);
/* Algorithm for scheduling a new PR on a node of the DS

/* If the PR(pid) is urgent don't wait to update
/* the node state; the old values are to be used
IF(NOT(urgent(pid)) THEN
  BEGIN
    get_newstate();      /* get l(i) & wtc(i) factors from all nodes
                         /* these new state values are to be obtained
                         /* by circulating a broadcasting msg.
    comp_loadweight();   /* compute load weight "alfa"
  END;

/* Find the node with minimum processing delay
snode = 0;               /* initialize the selected node value
selfct = max;            /* initialize the selection factor

FOR i = 1 TO (#nodes) DO
  BEGIN
    IF(m(pid,i) =1) THEN   /* check the bid constrains for node "i"
      BEGIN
        comm = ccost(pid,i,bd); /* get cost of comm . if
                                /* PR(pid) were put in node "i"
                                /* and baud rate of comm. is "bd"

        IF (comm + α*l(i)) <= selfct THEN
          /* l(i) is computed by assuming that the
          /* service rate of all nodes is identical;
          /* otherwise a correction is to be done:
          /* IF(comm+ α*(l(i)+e(pid,i))) <= selfct
          /* where e(pid,i) = exec time of PR(pid)
          /*                  on node "i"
          BEGIN
            snode = i;       /* "snode" => scheduled node for running
                             /*            the new PR(pid)

            selfct = comm + α*l(i);

            rm = m(i);       /* save # of msgs. calculated by CCOST proc.
            cm = comm;       /* save comm. cost for PR(pid) if were put
                             /* in node "i"
          END;
      END;
  END;

m(pid) = rm;                 /* # of msgs. exch. by PR(pid)
cltm(pid) = cm;              /* comm. cost due to PR(pid) in node "snode"
                             /* m(pid) & cltm(pid) are nedeed to compute
                             /* the load factor l(snode) in node "snode"
IF(NOT(snode = 0))
THEN
  BEGIN
    start(pid,snode,m(pid),cltm(pid));
    return(pid,snode);  /* PR scheduler successfuly terminated
  END;
ELSE return(pid,0);     /* PR scheduler insuccessfuly terminated

END;                    /* end schedule procedure

                MPD-algorithm
```

Appendix A.2

```
CCOST (pid,tnode,bd)
/* this proc. evaluates the comm. load and the # of msgs.
/* crossing the communication links if PR(pid) were put
/* in node "tnode"(the tested node)

m(pid) = 0;          /* init. the # of exch. msgs.
                     /* m(pid) is a global var.

tcost =.0;           /* init. the comm. cost

/* for all PRs which PR(pid) communicates with find the
/* comm. cost
FOR i=1 TO (mn(pid)) DO
  BEGIN
    n = find_node(prname(pid,i));
                     /* find where each PR's partner runs
    IF(n=>0)
      THEN
        cost = cc(tnode,n,bd);
                     /* comm. cost from node "tnode" to "n"
                     /* under the assumption of an identical
                     /* bd. rate between all the nodes
      ELSE
        cost = avecost;
                     /* use average cost in case the "prname"
                     /* was not found at the previos search

    /* update the msgs. counter( m(pid) ) and the comm. cost
    IF(NOT(cost = 0) THEN
                     /* cost=0 : the PR's partner is located
                     /*         in the same node with PR(pid)
      BEGIN
        m(pid) = m(pid) + mesn(pid,i);
                     /* m(pid) => # of msgs. which PR(pid)
                     /*           exch. with other nodes
                     /* mesn(pid) => # of msgs. which PR(pid)
                     /*              exchanges with prname(i)

        tcost = tcost + cost*mesn(pid,i);
                     /* total cost for comm. load in case PR(pid)
                     /* will be put in node "tnode"
      END;
  END;

return(tcost);       /* end CCOST procedure

END;                 CCOST Procedure
```

Appendix A.3.a

```
CC(i,j,bd);
/* this proc. evaluates the comm. cost between the
/* nodes "i" and "j" in case of a transmission rate
/* with "bd" baud rate

IF(NOT(i =j))
  THEN
    BEGIN
      ns = nstr(i,j);           /* compute the # of sections between
                                /* node "i" and "j"

      tmsg = tsect(bd);         /* compute the transm. time for an
                                /* average msg. over the channel
                                /* between two neighbour nodes (one section)

      chdly = ch_delay(i,j);    /* evaluate the time delay due to the
                                /* waiting in front of the transmmission
                                /* channels on the way from node "i" to "j"

      time = ns * (1.5*tmsg) + 2*chdly;
                                /* each DTA-msg. issued by node "i"
                                /* will be ACK by the corresponding
                                /* PR from node "j". That is why the time
                                /* for communic. is considered twice for
                                /* chdly parameter.
                                /* On the other hand:
                                /*          (ACK-msg.) length <<= (DTA-MSG.) length
                                /* i.e. a good aproxim. will be:
                                /*          tmsg    ≈ 0.5* tmsg
                                /*          ACK              DTA

    END;
  ELSE time = 0;
return(time);

END;           /* end of comm. cost procedure

                            CC-procedure
```

Appendix A.3.b

```
NSTR(i,j);
/* this proc. evaluates the # of sections between node
/* "i" and "j"
/* a bidirectional ring architecture of the distributed
/* System is assumed

  x = i - j;
  y = ABS(x);                  /* n = no. of nodes in the
  IF( y > n/2 ) THEN           /*                system
    BEGIN
      IF( x > 0 ) THEN j = n - j;
                  ELSE i = n - i;
      y = i + j;
    END;
  return(y);

END;           /* end of no. of section procedure

                            NSTR - Procedure
```

Appendix A.3.c

```
TSECT(bd);
/* this proc. evaluates the transmission time of an
/* avarage msg. length between two nodes with a
/* "bd" baud rate
/* "bd" may be identical on all sections or may vary

  time = avnb/bd;

                  /* avnb = avarage # of bits/msg.
                  /* we assume that:
                  /*       avnb = 15-32 Bytes/msg.
                  /* "bd" is chosen so that the receiving
                  /* operation (which is performed in an
                  /* interrupt-driven fashion) does not intro-
                  /* duce any delay for the received msg.
                  /*       2MBaud
                  /* in the report [SO80] it will be shown
                  /* some FFC architecture alternatives which
                  /* asure a bidirectional link at a baud rate:
                  /* without any delay in the receiving inform.
                  /* process

  return(time);

END;           /* end of transm.-time/section proc.

                            TSECT - Procedure
```

Appendix A.3.d

```
CH_DELAY(i,j);
/* this proc. evaluates the delay introduced in the msg.
/* transm. process. in each intermidiate node between
/* "i" and "j".
/* The delay is due to the waiting in front of the transm.
/* channel . The amount of delays to be considered is according
/* to the # of sections traveled by the msg. (inclusive the
/* node from which the msg. was started)
/* The WAITING TIME in front of the channel depends on the comm.
/* load of the FEC and is expressed by the:
/*                   "wtc" factor
/* The wtc(i) factor for each node is known after the
/* new states of the System-sites were aquired by the proc.:
/*                   GET_NWEWSTATE( );

/* Establish the magnitude relationship
/* between node "i" and "j"
IF( i > j ) THEN s = i, l = j;      /* s : smallest node #
           ELSE s = j, l = i;       /* l : gratest  node #

ns = nstr(i,j);        /* compute the # of sections betw. nodes "i","j"

/* Calculate the delay for all the nodes
/* which the msg. is traveling through

delay = 0              /* init. the delay value
IF( ns = ABS(i - j))
   THEN
      BEGIN            /* compute the delay in one direction
                       /* of the ring

        FOR i=s TO (l-1) DO delay = delay + wtc(i);
      END;

   ELSE                /* compute the delay in the opposite direction
      BEGIN
         FOR i=1 TO n      DO  delay = delay + wtc(i);
         END;
      BEGIN
         FOR i=1 TO (s-1) DO delay = delay + wtc(i);
         END;

return(delay);

END;                   /* end of channel_delay proc.

             CH_DELAY Procedure
```

Appendix B.

```
SCHEDULE(pid);
/* Algorithm for scheduling a new PR on a node of the DS

/* if the PR(pid) is urgent don't wait to update the node
/* state, the old values are to be used
IF(NOT(urgent(pid)))
         get_newstate( );      /* get excl(i) for all nodes

/* in case PR(pid) is very urgent -from the deadline point
/* of view - the scheduling decision is taken according to
/* the states of the nodes known from the last updating.
/* In case the updating is very old a periodical updating
/* could be introduced

snode = 0;                     /* init. the selected node value
selct = max;                   /* init. the selection factor

/* find the node with min. exec.&comm. load:
FOR i = 1 TO (#nodes) DO
    BEGIN
       IF(pm(pid,i) =1) THEN
          BEGIN
             IF(excl(i) < selct) THEN
                BEGIN
                   snode = i;
                   selct = excl(i);
                END;
          END;
    END;
IF(NOT(snode = 0)
   THEN
      BEGIN
         start(pid,snode);
         return(pid,snode);    /* the PR's scheduling was
      END;                     /* successful
   ELSE return(pid,0)          /* the PR's scheduling failed

END;                           /* end of ECLB global algorithm

               ECLB Algorithm
```

ZUR BERECHNUNG VON ANTWORTZEITEN SYMMETRISCHER
MEHRPROZESSORANLAGEN BEI PRIORITÄTSGESTEUERTER
ABARBEITUNGSREIHENFOLGE

Gunter Bolch
Friedrich-Alexander-Universität Erlangen-Nürnberg
Institut für Mathematische Maschinen
und Datenverarbeitung IV
D-8520 Erlangen, Martensstraße 3
Germany

Zusammenfassung

In der vorliegenden Arbeit wird untersucht, inwieweit sich Antwortzeiten symmetrischer Mehrprozessoranlagen analytisch bestimmen lassen, wenn die Abarbeitungsreihenfolge konkurrierender Prozesse durch Prioritäten gesteuert wird. Neben statischen Prioritäten werden auch dynamische Prioritäten verschiedener, in der Literatur diskutierter, Prioritätsverläufe betrachtet.
Legt man unabhängig voneinander eintreffende Bedienwünsche und exponentiell verteilte Bedienzeiten zugrunde, so können, ausgehend von den bekannten Ergebnissen für Einprozessorsysteme, rekursive Lösungen angegeben werden. Eine Erweiterung des bekannten Wartezeiterhaltungsgesetzes ermöglicht es, bei statischen Prioritäten auch Verdrängung zu berücksichtigen. Näherungsverfahren müssen angewandt werden bei dynamischen Prioritäten mit prioritätsklassenabhängiger Anfangspriorität. Eine geeignete Approximation der Wartezeitverteilung führt hier zum Ziel. Auch bei nicht exponentiell verteilten Bedienzeiten ist man auf Näherungslösungen angewiesen. Es wird gezeigt, daß das Problem auf eine Approximation der Wartewahrscheinlichkeit zurückgeführt werden kann. Hierfür werden verschiedene Möglichkeiten diskutiert. Ein Vergleich mit Simulationsergebnissen bestätigt die Richtigkeit der Ergebnisse und die Genauigkeit der Näherungslösungen.

1. Einleitung

Bei vielen Einsatzgebieten von Digitalrechnern insbesondere bei Automatisierungsaufgaben ist es wichtig, daß bestimmte Verarbeitungsanforderungen innerhalb vorgegebener Zeitschranken fertiggestellt werden. Dies kann u.a. dadurch erreicht werden, daß man die Anlage zur Erhöhung der Leistungsfähigkeit mit mehreren symmetrisch arbeitenden

Prozessoren ausstattet und daß Aufgaben hoher Dringlichkeit bei der
Prozessorvergabe bevorzugt werden. Dazu werden den einzelnen Aufgaben
Prioritäten zugeordnet, die entweder statisch sein können, d.h., während
der gesamten Verweildauer der Aufgabe im System konstant bleiben
oder aber dynamisch, um bei einem Näherrücken des Fertigstellungstermins
noch eine rechtzeitige Bearbeitung zu erreichen. Die Verweilzeit
im System oder Antwortzeit ist demnach in diesem Zusammenhang die entscheidende
Systemgröße. Daraus ergibt sich die Aufgabenstellung dieser
Arbeit: Es soll untersucht werden, inwieweit sich Antwortzeiten
symmetrischer Mehrprozessorsysteme mit Hilfe analytischer Methoden bestimmen
lassen, wenn statische und dynamische Prioritäten die Abarbeitungsreihenfolge
bestimmen, um festzustellen, ob bei einem konkret
existierenden oder zu entwerfenden System geforderte Antwortzeiten eingehalten
werden.

2. Systembeschreibung

Das zu analysierende System besteht aus mehreren symmetrisch arbeitenden
Prozessoren. Symmetrisch bedeutet hier, daß jeder Auftrag von
jedem der vorhandenen Prozessoren bearbeitet werden kann und daß die
Bearbeitungszeit eines bestimmten Auftrages auf allen Prozessoren dieselbe
ist. Die Kapazität des gemeinsamen Hauptspeichers sei unbegrenzt.
Verzögerungen wegen eines Speicherengpasses bleiben dadurch unberücksichtigt.
Die Aufträge werden in verschiedene Prioritäts-Klassen eingeteilt.
Für jede Klasse existiert eine eigene Warteschlange (Bild 1).
Bei statischen Prioritäten haben alle Aufträge einer Prioritätsklasse
dieselbe Priorität, bei dynamischen Prioritäten denselben Prioritätsverlauf.
In der Arbeit werden folgende Verläufe behandelt (s. hierzu /2,3/):

· prioritätsklassenabhängige Anfangspriorität und konstanter Anstieg
· Anfangspriorität Null und prioritätsklassenabhängiger Anstieg
· Anfangspriorität Null und prioritätsklassenabhängiger Anstieg r-ter
  Ordnung

Verdrängung wird im Fall statischer Prioritäten berücksichtigt.
Es wird die nicht allzu einschränkende Annahme gemacht, daß die Ankunftsintervalle
exponentiell verteilt sind. Für die Bedienzeiten gilt
diese Einschränkung nicht. Entsprechend dieser Aufgabenstellung werden
in den folgenden Kapiteln die dieses System modellierenden M/M/m bzw.
M/G/m-Prioritätssysteme behandelt. Meistens wird die mittlere Wartezeit
bestimmt. Aus dieser läßt sich aber unmittelbar auch die hier interessierende
Antwortzeit berechnen.

3. Die mittlere Wartezeit bei symmetrischen Mehrprozessorsystemen mit statischen Prioritäten

3.1 Ohne Verdrängung

Zur Berechnung der mittleren Wartezeit für dieses System gehen wir von Bild 1 aus. Neu ankommende Aufträge bekommen eine Priorität zugewiesen, die sie während ihrer gesamten Verweilzeit im System beibehalten. Entsprechend dieser Priorität werden dann die Aufträge in eine der n Prioritätswarteschlangen eingereiht. Die Bearbeitungsreihenfolge richtet sich nach den Prioritäten und innerhalb der Prioritäten erfolgt die Auswahl nach FIFO. Die höchste Priorität ist mit n gekennzeichnet, die niedrigste mit 1.

Zur Bestimmung der Wartezeit einer beliebigen Anforderung C_i mit der Priorität i betrachtet man zunächst die mittlere Arbeit U_i, die seit Freiwerden einer Bedienstation nach Ankunft von C_i im Mittel noch vor C_i bearbeitet werden muß. Diese berechnet sich aus der Summe der Restbearbeitungszeiten W_{o2}, W_{o3} ... W_{on} in der 2-ten, 3-ten bis n-ten Bedienstation, der gesamten mittleren Arbeit U_{i1} der bereits wartenden Aufträge der Priorität i, i+1 ... n, und der gesamten mittleren Arbeit U_{i2} der Aufträge, die während der Wartezeit von C_i eintreffen mit der Priorität i+1, i+2, ..., n. Hiervon abgezogen müssen noch die Restbearbeitungszeiten W_{o2}, W_{o3}, ... W_{om} derjenigen Aufträge, deren Bearbeitung vor Ankunft von C_i begonnen wurde, die sich aber zu Beginn der Bearbeitung von C_i noch in den Bedienstationen befinden. Aus diesen Überlegungen ergibt sich:

$$U_i = \sum_{j=2}^{m} W_{oj} + (U_{i1} + U_{i2} - \sum_{j=2}^{m} W_{oj}) \qquad (1)$$

Da sich U_i auf alle Bedienstationen verteilt, erhält man für die mittlere Wartezeit seit Freiwerden der ersten Bedienstation nach Ankunft von C_i:

$$\frac{U_i}{m} = \frac{U_{i1}}{m} + \frac{U_{i2}}{m} \qquad (2)$$

und für die mittlere Gesamtwartezeit, wenn man noch die mittlere Restbearbeitungszeit W_o bis zum Freiwerden einer Bedienstation nach Ankunft von C_i berücksichtigt:

$$W_i = W_o + \frac{U_{i1}}{m} + \frac{U_{i2}}{m} \qquad (3)$$

Für U_{i1} und U_{i2} erhält man nach obigen Überlegungen:

$$U_{i1} = \sum_{k=i}^{n} \bar{x}_k \cdot N_{ki} \qquad (4)$$

mit $\bar{x}_k$: mittlere Bearbeitungszeit eines Auftrages der Priorität k
und $N_{ki} = \lambda_k \cdot W_k$: mittlere Warteschlangenlänge der k-ten Warteschlange

λ_k: Ankunftsrate von Aufträgen der Priorität k

$$U_{i2} = \sum_{k=i+1}^{n} \bar{x}_k \cdot M_{ki} \qquad (5)$$

da während der Wartezeit W_i $M_{ki} = \lambda_k \cdot W_i$
Aufträge der Priorität k ankommen.

Mit $\rho_k = \dfrac{\lambda_k \cdot \bar{x}_k}{m}$ der mittleren Auslastung der Bedienstationen mit Aufträgen der Priorität k und Gleichung (3), (4) und (5) erhält man

$$W_i = W_o + \sum_{k=i}^{n} \rho_k \cdot W_k + W_i \sum_{k=i+1}^{n} \rho_i$$

und daraus analog zu Einprozessorsystemen /2/

$$W_i = \frac{W_o}{(1-\sigma_i)(1-\sigma_{i+1})} \qquad \sigma_i = \sum_{k=i}^{n} \rho_k \qquad (6)$$

Die Ergebnisse für Einprozessorsysteme lassen sich demnach für symmetrische Mehrprozessorsysteme verallgemeinern. Allerdings ist die Berechnung der Restbearbeitungszeit W_o wesentlich aufwendiger und im Fall nichtexponentiell verteilter Bearbeitungszeit nur approximativ möglich, wie im Folgenden gezeigt wird.
Für die mittlere Restbearbeitungszeit $E[R]$ einer aktiven Bedienstation im Einprozessorsystem gilt z.B. nach /1/:

$$E[R] = \frac{\overline{x^2}}{2\bar{x}} \qquad (x: \text{Bedienzeit})$$

und entsprechend für m symmetrische Bedienstationen

$$E[R] = \frac{\overline{x^2}}{2m\bar{x}}$$

mit der Wahrscheinlichkeit P_m:

P_m = P [Anzahl der Aufträge im System $\geq$ m]
 = P [alle Bedienstationen aktiv]

ergibt sich damit

$$W_o = E[R] \cdot P_m = \frac{\overline{x^2}}{2m\overline{x}} \cdot P_m \qquad (7)$$

Sind die mittleren Bedienzeiten $\overline{x}_k$ unterschiedlich für die einzelnen Prioritätsklassen, so gilt:

$$\overline{x} = \sum_{k=1}^{n} p_k \cdot \overline{x}_k \qquad (8)$$

und entsprechend

$$\overline{x^2} = \sum_{k=1}^{n} p_k \cdot \overline{x_k^2} \qquad (9)$$

mit p_k = P [neu ankommender Auftrag hat Priorität k] = $\frac{\lambda_k}{\lambda}$

$\lambda = \sum_{k=1}^{n} \lambda_k$ = Gesamtankunftsrate

Für exponentiell verteilte Bedienzeiten ist die Wartewahrscheinlichkeit P_m bekannt und nur abhängig von der Anzahl der Bedienstationen m und der Gesamtauslastung

$$\rho = \sum_{k=1}^{n} \rho_k$$

und kann direkt aus der Literatur entnommen werden, siehe z.B. /1/. Der Faktor $\overline{x^2} / 2\overline{x}^2$ ist hierfür eins. In Tabelle 2a sind Simulationsergebnisse exakten Ergebnissen, die mit diesen Beziehungen ermittelt wurden, für ein Fünf-Prozessorsystem mit 5 Prioritäten gegenübergestellt. Die Abweichungen bewegen sich hier im Bereich der statistischen Schwankungen der Simulation. Für beliebig verteilte Bedienzeiten kann P_m z.B. folgendermaßen abgeschätzt werden:

$$\rho \geq P_m \geq \rho^m \qquad (10)$$

Dabei gelten dieselben Überlegungen wie in /6/ für M/G/m-FIFO-Systeme. Eine gute Approximation ergibt sich durch Mittelwertbildung. Dabei zeigt sich, daß das arithmetische Mittel für große Werte von ρ und das geometrische Mittel für kleine Werte von ρ besser ist.

Approximiert man P_m durch $P_{m\ M/M/m}$, die Wartewahrscheinlichkeit eines M/M/m-Systems mit demselben ρ und m, so erhält man über den gesamten Bereich von ρ überraschend gute Ergebnisse (s. hierzu Tabelle 2 b).

Der Wert des Faktors $\overline{x^2}/(2\overline{x}^2)$ für einige bekannte Verteilungen kann Tabelle 1 entnommen werden.

Verteilung	Kurzbezeichnung	$\overline{x^2}/(2\overline{x}^2)$
deterministische	D	1/2
Erlang	E_r	$(r+1)/(2r)$
exponentielle	M	1
hyperexponentielle	H_R	>1
allgemeine	G	$(c_b^2 + 1)/2$

3.2 Mit Verdrängung

Läßt man zu, daß neu eintreffende Aufträge andere Aufträge niederer Priorität aus einem Prozessor verdrängen können, so kann mit Hilfe des Wartezeiterhaltungsgesetzes aus /5/ die mittlere Wartezeit bestimmt werden. Die Verdrängung soll vom Typ "preemptive resume" sein. Es wird immer der Auftrag mit der niedrigsten Priorität verdrängt. Betrachtet man das System von der Prioritätsklasse i aus, so stellt man fest, daß Aufträge der Prioritätsklasse i, i+1, ..., n auf Grund ihrer Verdrängungsmöglichkeit keine Verzögerung von Aufträgen der Klassen 1,2,...i-1, erfahren. Das System, das auf die Klassen i, i+1, ...,n beschränkt ist, kann deshalb als selbständiges M/G/m-System mit n-i+1 Prioritätsklassen, der Ankunftsrate γ_i, der Auslastung σ_i und der mittleren Wartezeit W^i angesehen werden. Dabei gilt:

$$\gamma_i = \sum_{k=i}^{n} \lambda_k \quad \text{und} \quad \sigma_i = \sum_{k=i}^{n} \rho_i$$

$$W^i = \frac{W_o^i}{1-\sigma_i} \tag{11}$$

unter der Annahme identisch exponentiell verteilter Bedienzeiten ergibt sich für W_o^i

$$W_o^i = P_{\cdot m}^i \cdot \frac{\overline{x}}{m} \tag{12}$$

mit der Wartewahrscheinlichkeit P_m^i entsprechend Kap. 3.1, wobei für die Auslastung dort σ_i eingesetzt wird.

Nun wendet man auf das System mit den Klassen i, i+1, ..., n und auf das System mit i+1, i+2, ..., n das in /5/ für Verdrängung unter der Voraussetzung identisch exponentiell verteilter Bedienzeiten bewiesene Wartezeitverhaltungsgesetz an:

$$\sigma_i \cdot W^i = \sum_{k=i}^{n} \rho_k \cdot W_k$$

$$\sigma_{i+1} \cdot W^{i+1} = \sum_{k=i+1}^{n} \rho_k \cdot W_k$$

und erhält daraus unmittelbar:

$$W_i = \frac{1}{\rho_i} (\sigma_i \cdot W^i - \sigma_{i+1} \cdot W^{i+1}) \tag{13}$$

4. Die mittlere Wartezeit bei symmetrischen Mehrprozessorsystemen mit dynamischen Prioritäten

Wir gehen wieder von Bild 1 aus; die Aufträge werden wieder entsprechend ihrer Prioritätsklasse in Warteschlangen eingereiht, doch jetzt ist die Priorität innerhalb einer Prioritätsklasse nicht konstant, sondern ändert sich dynamisch mit der Prioritätsfunktion:

$q_i(t)$ = Priorität eines Auftrages der Prioritätsklasse i zum Zeitpunkt t.

Ziel dieser Vorgehensweise ist, von einer strengen Trennung der Prioritätsklassen durch statische Prioritäten abzukommen und die bisher im System verbrachte Zeit bei der Prioritätsvergabe zu berücksichtigen. Ein Auftrag niederer Prioritätsklasse kann, wenn er sich lange genug im System befindet, einem Auftrag höherer Prioritätsklasse, der erst vor kurzem das System betreten hat, bei der Prozessorvergabe vorgezogen werden. Prinzipiell kann für $q_i(t)$ jede beliebige geeignet erscheinende Funktion verwendet werden.

Im Folgenden werden für drei verschiedene Prioritätsfunktionen die Bestimmungsgleichungen für die mittleren Wartezeiten bei symmetrischen Mehrprozessorsystemen hergeleitet.

4.1 Prioritätsklassenabhängige Anstiegsrate

Neuankommende Aufträge haben hier die Anfangspriorität Null. Ihre Priorität steigt mit der von der Prioritätsklasse abhängigen Anstiegsrate b_i linear an. Dabei gilt (i=Prioritätsklasse):

$$0 \leq b_1 \leq b_2 \leq \ldots \leq b_i \leq \ldots \leq b_n$$

Damit lautet die Prioritätsfunktion für einen Auftrag der Klasse i der zur Zeit τ ankommt:

$$q_i(t) = (t-\tau) \cdot b_i \qquad (14)$$

Für die Herleitung der Beziehungen für die mittlere Wartezeit können dieselben Überlegungen wie in Kap. 3.1 angestellt werden.
Die mittlere Restbedienzeit W_o bleibt unverändert. Die Berechnung der Größen M_{ki} und N_{ki} ist etwas aufwendiger, wegen der sich ändernden Prioritäten entspricht aber genau der für ein Einprozessorsystem wie z.B. in /2/ angegeben ist. Die Ergebnisse können daher von dort übernommen werden.

$$M_{ki} = \lambda_k \cdot W_k \cdot (1 - \frac{b_i}{b_k}) \qquad (15)$$

und

$$N_{ki} = \lambda_k \cdot W_k \cdot \frac{b_k}{b_i} \quad \text{für } k < i \qquad (16)$$

oder

$$N_{ki} = \lambda_k \cdot W_k \quad \text{für } k \geq i$$

und schließlich durch Einsetzen von M_{ki} und N_{ki} und Anwendung des Wartezeiterhaltungsgesetzes für G/G/m-Systeme /5/

$$W_k = \frac{W_o/(1-\rho) - \sum_{k=1}^{n} \rho_k \cdot W_k \cdot (1-b_k/b_i)}{1 - \sum_{k=i+1}^{n} \rho_i (1-b_i/b_k)} \qquad (17)$$

Exakte Ergebnisse erhält man wieder für exponentiell verteilte Bedienzeiten, in dem man die hierfür bekannte Wartewahrscheinlichkeit P_m in W_o einsetzt und approximative Ergebnisse durch Approximation von P_m wie in Kap. 3.1. Ergebnisse für ein Beispiel sind Tab. 3 zu entnehmen.

4.2 Prioritätsklassenabhängige Anstiegsrate r-ter Ordnung

Die Prioritätsfunktion aus 4.1 kann so verallgemeinert werden /2/, daß sich die Priorität nicht mehr linear, sondern proportional zu einer beliebigen Potenz r der bisherigen Wartezeit erhöht. Das ergibt die folgenden Prioritätsfunktionen:

$$q_i(t) = (t - \tau)^r \cdot b_i \qquad (18)$$

Die Herleitung der mittleren Wartezeit W_i ist auch hier unabhängig davon, ob es sich um ein Ein- oder Mehrprozessorsystem handelt. Es ergibt sich damit z.B. in /2/

$$W_i(r) = \frac{W_o/(1-\rho) - \sum_{k=1}^{i-1} \rho_k W_k \cdot (1-(\frac{b_k}{b_i})^{\frac{1}{r}})}{1 - \sum_{k=i+1}^{n} \rho_i \cdot (1-(b_i/b_k)^{\frac{1}{r}})} \qquad (19)$$

Die mittlere Restbedienzeit W_o kann wieder wie in Kap. 3.1 für statische Prioritäten exakt bzw. approximativ berechnet werden.

4.3 Prioritätsklassenabhängige Anfangspriorität

Eine andere in /3,4/ diskutierte Möglichkeit, die Prioritäten dynamisch zu verändern ist, jedem Auftrag bei seiner Ankunft im System eine von seiner Prioritätsklasse i abhängige Anfangspriorität r_i zuzuweisen. Ausgehend von dieser Anfangspriorität wächst die Priorität dann linear mit einer Anstiegsrate, die für alle Prioritätsklassen gleich ist. Dies ergibt die Prioritätsfunktion

$$q_i(t) = r_i + t - \tau \qquad (20)$$

mit

$$0 \leq r_1 \leq r_2 \leq \ldots \leq r_i \leq \ldots \leq r_n$$

Zur Bestimmung der mittleren Wartezeit W_i kann wieder derselbe Ansatz wie in Kap. 3.1 verwendet werden. Die Vorgehensweise bei der Bestimmung der N_{ki} und M_{ki} für das Mehrprozessorsystem entspricht der für das Einprozessorsystem in /3/ und liefert:

$$N_{ki} = \begin{cases} \lambda_k \cdot W_k - \lambda_k \cdot \int_0^{r_i - r_k} P(w_k \geq t)\, dt & k < i \\ \\ \lambda_k \cdot W_k & k \geq i \end{cases} \quad (21)$$

$$M_{ki} = \begin{cases} 0 & k \leq i \\ \lambda_k \cdot \int_0^{r_k - r_i} P(w_i \geq t)\, dt & k > i \end{cases} \quad (22)$$

Unterschiedlich ist die hier notwendige Approximation der Wahrscheinlichkeit $P(w_k \geq t)$. Diese unbekannte Wahrscheinlichkeit kann durch die Wartewahrscheinlichkeit

$$P(w_k \geq 0) = P(\text{alle Prozessoren aktiv}) = P_m$$

approximiert werden unter der Annahme, daß w_k größer ist als $r_i - r_k$. Dies gilt approximativ für $\rho \to 1$ (heavy traffic).
Eine Näherung für den gesamten Bereich

$$0 \leq \rho < 1$$

erhält man, wenn man die Wartezeitverteilung des Systems durch die bekannte Wartezeitverteilung für ein M/M/m-FIFO-System (siehe hierzu z.B. /1/) approximiert:

$$P(w_k \geq t) = P_m \cdot e^{-P_m \cdot t / W_k} \quad (23)$$

Für beide Näherungen lassen sich die Integrale in den Gleichungen (21) und (22) unmittelbar lösen.
In Tab. 4 sind die Ergebnisse für diese beiden Näherungen und zum Vergleich Simulationsergebnisse für ein 5-Prozessorsystem mit 5 Prioritätsklassen angegeben. Näherung 2 liefert für alle Fälle brauchbare Ergebnisse, während man für Näherung 1, wie erwartet, erst für große Auslastung bessere Resultate erzielt.

Literatur

/1/ Kleinrock, L.:
Queueing Systems, Volume 1: Theory
John Wiley & Sons, New York 1975

/2/ Kleinrock, L.:
Queueing Systems, Volume 2: Computer Applications
John Wiley & Sons, New York 1976

/3/ Walke, B.:
Improved bounds and an approximation for a dynamic priority queue.
Third Int. Sympos. Meas, Modell. and Perform. Evaluation Comp. Syst., Oct. 1977, Bonn, Germany, Proceed. published by North Holland Publish. Company 1977, pp. 321-346

/4/ Holtzmann, J. M.:
Bounds for a dynamic priority queue
Oper. Research (USA) 1970, pp. 461-468

/5/ Bartsch, B.; Bolch, G.:
A Conservation Law for G/G/m Queueing Systems
Acta Informatica 10, pp. 105-109, Springer-Verlag 1978

/6/ Bolch, G.:
Upper and lower bounds for the waiting time in the M/M/m and M/G/m Queueing Systems
Pontifícia Universidade Católica do Rio de Janeiro, Brasil, Monografias em Ciencia da Computação Nr. 2/79

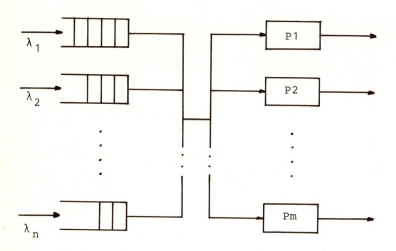

Bild 1

M/G/m-Warteschlangenmodell (mit n Prioritätsklassen) für das untersuchte symmetrische Mehrprozessorsystem.

a)

Prioritätsklasse i	Simulations- ergebnisse	Analytische Ergebnisse
1	5,56	5,26
2	0,58	0,59
3	0,19	0,19
4	0,11	0,11
5	0,08	0,08

b)

ρ	0,7	0,8	0,9
Untere Grenze	0,36	0,95	2,69
Simulation	0,85	1,75	3,61
arithm. Mittel	0,94	1,64	3,39
geom. Mittel	0,74	1,49	3,32
mit $P_{mM/M}/5$	0,82	1,61	3,47
Obere Grenze	1,52	2,32	4,09
$N_{qM/M/5}$	1,64	3,21	6,93

Tabelle 2

Mittlere Warteschlangenlänge N_{qi} bei <u>statischen</u> Prioritäten für ein Fünf-Prozessorsystem mit 5 Prioritätsklassen

a) Exakte und Simulationsergebnisse für N_{qi} für ein M/M/5-System ($\rho = 0,9$)

b) Grenzen, Approximationen und Simulationsergebnisse für $N_q = \Sigma\, p_i\, N_{qi}$ für ein M/D/5-System

a)

Prioritätsklasse i	Simulations- ergebnisse	Analytische Ergebnisse
1	3,87	3,70
2	1,48	1,43
3	0,56	0,54
4	0,29	0,29
5	0,17	0,17

b)

ρ	0,7	0,8	0,9
Untere Grenze	0,24	0,76	2,94
Simulation	0,57	1,39	3,98
arithm. Mittel	0,62	1,31	3,71
geom. Mittel	0,49	1,19	3,63
mit $P_{mM/M/5}$	0,54	1,29	3,79
Obere Grenze	0,99	1,86	4,48
$N_{qM/M/5}$	1,06	2,55	7,51

Tabelle 3

Mittlere Warteschlangenlänge N_{qi} bei <u>dynamischen</u> Prioritäten mit prioritätsklassenabhängiger <u>Anstiegsrate</u> für ein Fünf-Prozessor- system mit 5 Prioritätsklassen

a) Exakte und Simulationsergebnisse für N_{qi} für ein M/M/5-System ($\rho = 0,9$)

b) Grenzen, Approximationen und Simulationsergebnisse für $N_q = \Sigma p_i N_{qi}$ für ein M/N/5-System.

ρ	Priorität i	Simulation	Näherung 1	Näherung 2
0,8	1	0,97	1,08	0,95
	2	0,51	0,55	0,50
	3	0,25	0,23	0,25
	4	0,16	0,10	0,16
	5	0,10	0,01	0,10
0,9	1	2,77	2,79	2,66
	2	1,60	1,59	1,55
	3	0,88	0,83	0,84
	4	0,62	0,54	0,61
	5	0,44	0,31	0,44

Tabelle 4

Mittlere Warteschlangenlänge N_{qi} bei <u>dynamischen</u> Prioritäten mit prioritätsklassenabhängigen <u>Anfangsprioritäten</u> für ein Fünf-Prozessorsystem mit 5 Prioritätsklassen (M/M/5).

MODELLIERUNG UND ANALYSE DER SPEICHERINTERFERENZ IN HIERARCHISCH ORGANISIERTEN MULTIPROZESSORSYSTEMEN

Hansjörg Fromm

Institut für Mathematische Maschinen und Datenverarbeitung
Universität Erlangen-Nürnberg

In der letzten Zeit wurden verschiedene Untersuchungen zur Ablauf- und Leistungsanalyse des am Institut für Mathematische Maschinen und Datenverarbeitung der Universität Erlangen entwickelten Multiprozessorsystems EGPA gemacht. Außer Betracht blieb bisher das Problem der Speicherinterferenz und die damit verbundene Leistungsbeeinflussung.
Werden Zugriffsmöglichkeiten der Prozessoren auf gemeinsame Speichermoduln mit in die Untersuchung einbezogen, so erhält man jedoch sehr komplizierte Warteschlangenmodelle. Diese können aber mit Hilfe der hierarchischen Dekomposition geschickt in Teilmodelle zerlegt werden. Damit beschränkt sich die Analyse der Speicherinterferenz auf eine Ebene des hierarchisch organisierten Multiprozessorsystems.
Die entstehenden Modelle können unter verschiedenen verkehrstheoretischen Bedingungen, teils zeitdiskret und teils kontinuierlich, untersucht und ausgewertet werden.

1. Hierarchisch organisierte Multiprozessorsysteme

Hierarchische Strukturen findet man in vielen Bereichen der Natur, der menschlichen Gesellschaft, der Wirtschaft und auch der Technik. Die hierarchische Organisationsform bewährt sich überall dort, wo es gilt, komplexe und unübersichtliche Aufgaben zu bewältigen. Ein Hauptmerkmal ist dabei die Möglichkeit einer klaren Trennung zwischen Verwaltung und produktiver Arbeit.

Hierarchische Strukturen wurden auch für Multiprozessorsysteme schon mehrfach vorgeschlagen. Die folgenden Betrachtungen gehen von einem System aus, das am Institut für Mathematische Maschinen und Datenverarbeitung der Universität Erlangen-Nürnberg entwickelt wurde: der EGPA-Pyramide (Erlangen General Purpose Array [7]).

Dabei handelt es sich um eine besondere Anordnung von Rechnern (unter "Rechner" soll die Einheit von Prozessor und Speicher verstanden werden), in der jeder Rechner einen eigenen Speicher besitzt, aber mit anderen Rechnern durch Zugriff auf deren Speicher kommunizieren kann. Diese Zugriffsmöglichkeiten bestimmen die Struktur der Pyramide.

In der untersten Ebene sind sogenannte Array-Rechner (A-Rechner) in einem rechteckigen Feld angeordnet. Jeder A-Prozessor hat zu seinem eigenen Speicher und auch zu den Speichern seiner vier Nachbarn Zugriff. Das Feld ist nicht berandet, sondern toroidal geschlossen (Abb.1).

In der Ebene darüber wird jedem Viererfeld von A-Rechnern ein Boundary-Rechner (B-Rechner) zugeordnet. Dieser B-Rechner hat Zugriff zu den Speichern seiner untergeordneten A-Rechner, er versorgt sie mit Daten und koordiniert ihre Arbeit. Die B-Rechner bilden auch wieder ein Rechteck-Feld (Abb.2).

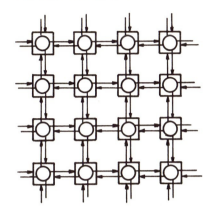

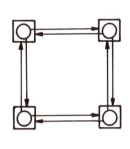

Abb.1 Feld der A-Rechner in der EGPA-Pyramide
◯= Prozessor, ☐= Speicher

Abb.2 Feld der B-Rechner in der EGPA-Pyramide

Diese vier B-Rechner werden ihrerseits vom Control-Rechner (C-Rechner) überwacht, der an der Spitze der Pyramide steht. Stellt man einseitige Zugriffsmöglichkeiten durch Pfeile dar, gegenseitige Zugriffsmöglichkeiten durch Linien, so ergibt sich die Struktur in Abb.3.

Eine einfachere Version, wie sie heute schon als Pilot-Projekt existiert, ist die zweistufige, aus vier A-Rechnern und einem B-Rechner bestehende Pyramide (Abb.4). Konzeption, Realisierung und Anwendung dieses Projekts wird seit dem 1.1.1978 vom Bundesministerium für Forschung und Technologie gefördert.

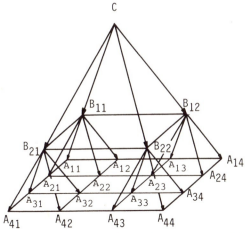

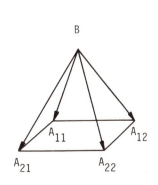

Abb.3 Dreistufige EGPA-Pyramide

Abb.4 Zweistufige EGPA-Pyramide

Solche Hardwarestrukturen, zusammen mit einem geeigneten Betriebssystem, ermöglichen gegenüber konventionellen Rechnern völlig neue Arbeitsweisen, die unter anderem durch einen starken Parallelismus geprägt sind. Der effiziente Einsatz ist aber nur dann gewährleistet, wenn das auf die Maschine gebrachte Programm eine entsprechende Strukturierung zuläßt.

Wie sehr sich die Struktur des Problemprogramms auf das Ablaufgeschehen im Rechner und dessen Modellierung auswirkt, wird aus dem folgenden Beispiel ersichtlich.

Zugrundegelegt sei die zweistufige EGPA-Pyramide mit 5 Rechnern wie in Abb.4. Ein gegebenes Programmstück bestehe aus einer Schleife, die 3 voneinander unabhängige Teilaufgaben, einschließlich etwaiger Vor- und Nachverarbeitung, enthält (Abb.5). Ein Schleifendurchlauf ist erst dann beendet, wenn alle 3 Teilaufgaben vollständig bearbeitet worden sind. Dieser Sachverhalt wird im Programmgraphen durch die konjunktive Zusammenführung (gekennzeichnet durch * entsprechend der Input-Output-Logik nach Estrin und Turn [5]) des Programmflusses hinter den Knoten der drei Teilaufgaben beschrieben.

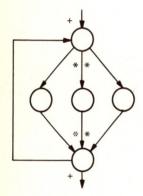

Abb.5 Programmstruktur
* bezeichnet konjunktive und + disjunktive Bedingungen

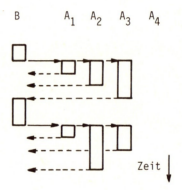

Abb.6 Ablaufdiagramm der Arbeit in den 5 Rechnern B, A_1, A_2, A_3, A_4

Wie diese Programmstruktur auf der gegebenen Maschinenstruktur ausgeführt werden kann, zeigt das Ablaufdiagramm in Abb.6. Der B-Rechner beginnt mit der Vorverarbeitung und initiiert dann die parallele Ausführung der 3 unabhängigen Teilaufgaben auf den A-Rechnern. Man beachte, daß nur 3 der 4 A-Rechner gebraucht werden. Jeder A-Rechner meldet die Fertigstellung seiner Aufgabe an den B-Rechner zurück, der aber erst dann seine Arbeit fortsetzt, wenn alle Rückmeldungen eingetroffen sind. Im Anschluß an die Nachverarbeitung kann der B-Rechner einen neuen Schleifendurchlauf starten.

Dieses Beispiel zeigt, wie sehr die Struktur des laufenden Programms das Verhalten des Systems beeinflußt. In allen verkehrstheoretischen Untersuchungen muß daher außer der Hardwarestruktur auch die Softwarestruktur sehr wohl beachtet werden, etwa durch Unterscheidung mehrerer Programm-Typen. Infolge dessen erhält man auch unterschiedliche Verkehrsmodelle für ein und dasselbe Multiprozessorsystem.

2. Verkehrstheoretische Modelle hierarchisch organisierter Multiprozessorsysteme

Von den vielen Modellen, die in der Arbeit von Herzog und Hoffmann [9] vorgestellt wurden, sei nur ein typisches herausgegriffen.

Es handelt sich um ein Warteschlangenmodell, welches das Zusammenwirken des in der Hierarchie höheren B-Rechners mit seinen untergeordneten A-Rechnern beschreibt (Abb.7). Dabei stehen n A-Rechner zur Verfügung.

Auf dieser Rechnerstruktur läuft ein Programm ab, dessen Teilaufgabenstruktur dem einleitenden Beispiel entspricht (Abb.5). Nach jeder Bearbeitung von Teilaufgaben auf den A-Rechnern muß der B-Rechner die Ergebnisse "sammeln", d.h. den Programmablauf synchronisieren (in der Abbildung durch eine Klammer vor dem B-Rechner angedeutet). Man spricht daher von einem *Synchronisationsmodell*.

Bisherige Modelle gehen davon aus, daß jeder A-Prozessor nur auf seinem eigenen Speicher arbeitet. Zieht man jedoch in Betracht, daß die Prozessoren gemeinsame Speichermoduln benutzen könnten, wie es die Hardwarestruktur ja vorsieht, so müssen die vorhandenen Modelle detailliert werden (Abb.8). Denn Speicherkonflikte können die Leistungsfähigkeit des Systems unter Umständen entscheidend verändern.

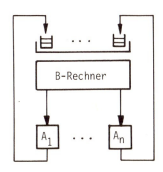
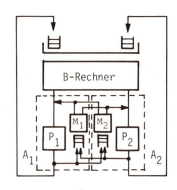

Abb.7 Synchronisationsmodell   Abb.8 Detailliertes Synchronisationsmodell

Mit dieser Verfeinerung der Modelle wird ihre analytische Behandlung natürlich immer komplizierter, sodaß man prüfen sollte, ob Dekompositionsmethoden hier einfachere Lösungswege bieten.

Eine wichtige Eigenschaft in diesem Zusammenhang ist die *fast vollständige Zerlegbarkeit*. Dieser Begriff geht auf Arbeiten von Simon und Ando [11] zurück und wurde von Courtois [4] in die Analyse von Warteschlangennetzen, speziell für die Rechneranalyse, übernommen.

Fast vollständig zerlegbar nennt man Systeme, die so in Teilsysteme zerlegt werden können, daß die Aktivitäten zwischen den Teilsystemen nahezu vernachlässigbar sind gegenüber Aktivitäten innerhalb der Teilsysteme. (Bei vollständig zerlegbaren Systemen gibt es überhaupt keine Aktivität zwischen den Teilsystemen.)

Es gibt viele Systeme in der Natur und in der Technik, die diesen Anforderungen genügen.

Bei der Analyse solcher Systeme untersucht man die Teilsysteme zunächst völlig losgelöst vom Gesamtsystem. Man tut also so, als ob es keine Aktivität zwischen dem Teilsystem und seiner Umgebung gäbe, was natürlich nicht stimmt. Da diese Aktivitäten aber sehr gering sind, ergibt sich aus deren Vernachlässigung nur ein kleiner Fehler.

Nach diesen Untersuchungen wird jedes Teilsystem durch eine einzelne "äquivalente" Komponente im Gesamtsystem ersetzt, wobei bestimmte charakteristische Größen der Teilsysteme die Parameter der Ersatzkomponenten bilden.

Diese hier beschriebene Methode der Zerlegung in Teilsysteme läßt sich natürlich beliebig "in die Tiefe" fortsetzen (Teilsysteme werden ihrerseits wieder zerlegt), sodaß man schließlich eine ganze Hierarchie von Teilsystemen erhält. Man spricht daher auch von *hierarchischer Dekomposition*.

Die Methode der hierarchischen Dekomposition kann mit Vorteil bei der Analyse hierarchisch organisierter Multiprozessorsysteme angewandt werden.

In Abb.9a ist wieder ein Synchronisationsmodell dargestellt, bestehend aus 2 A-Rechnern A_1 und A_2, deren Arbeit von einem B-Rechner koordiniert wird. Beide A-Prozessoren P_1 und P_2 haben Zugriff zu den zwei vorhandenen Speichern M_1 und M_2, auf denen Daten und Programme abgelegt sind.

Bei der Ausführung von Programmen werden Speicherzugriffe sowohl zum Bereitstellen von Instruktionen als auch zum Einholen von Daten erforderlich. Dies geschieht mit einer Frequenz, die dem Operationszyklus des Prozessors entspricht. Man kann also davon ausgehen, daß die Prozessor-Speicher-Schleifen im Netz viel häufiger durchlaufen werden als die Wege zwischen den A- und B-Prozessoren, die immer nur Start und Beendigung einer Teilaufgabe signalisieren.

Grenzt man die Prozessoren und Speicher der A-Ebene als Teilsystem ab, so erfüllt das Modell damit die Anforderungen der fast vollständigen Zerlegbarkeit.

Es ist nun das Ziel der Untersuchung, etwa die Durchlaufzeit einer Anforderung durch dieses Teilsystem zu bestimmen. Befinden sich zwei Anforderungen im Teilsystem, so können sie sich durch gleichzeitige Zugriffe auf denselben Speicher gegenseitig behindern, und es kann zu Wartezeiten kommen. Damit erhöht sich die Durch-

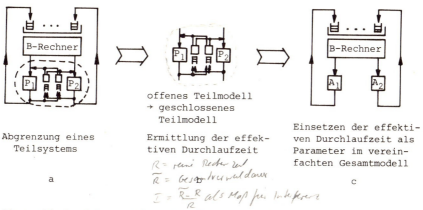

| Abgrenzung eines Teilsystems | offenes Teilmodell → geschlossenes Teilmodell Ermittlung der effektiven Durchlaufzeit | Einsetzen der effektiven Durchlaufzeit als Parameter im vereinfachten Gesamtmodell |

a   b   c

Abb.9 Hierarchische Dekomposition eines Synchronisationsmodells

laufzeit einer Anforderung gegenüber dem Idealfall. Global betrachtet stellt diese verzögerte Durchlaufzeit nun aber die effektive Bedienzeit eines A-Rechners im vereinfachten Modell (Abb.9c) dar.

Das Verhalten dieses einfacheren Modells ist bereits eingehend untersucht worden, sodaß man nur noch die Ergebnisse der Teiluntersuchungen in schon bekannte Formeln einzusetzen hat.

Hieraus wird klar, daß sich die Untersuchung der Speicherinterferenz ganz auf das lokale Verhalten des umrandeten Teilmodells beschränken kann, wenn man den kleinen Fehler aufgrund der nur fast vollständigen Zerlegbarkeit in Kauf nimmt.

3. Speicherinterferenz-Modelle

Ein Multiprozessorsystem bestehend aus n Prozessoren $P_1,...,P_n$ und m Speichern $M_1,...,M_m$ soll in diesem Text kurz *n×m-System* genannt werden. So bildeten die beiden A-Prozessoren im vorangegangenen Beispiel mit ihren Speichern ein 2×2-System.

Die Verbindungsstruktur des Systems wird durch die n×m-Matrix V beschrieben: man setzt $v_{ij}=1$, falls Prozessor P_i Zugriff auf Speicher M_j hat, sonst $v_{ij}=0$.

Anschaulicher läßt sich diese Struktur durch das *Verbindungsnetzwerk* darstellen. Auf einem Feld sich überkreuzender Prozessor- und Speicherleitungen werden Zugriffsmöglichkeiten durch Punkte markiert.

Ist das ganze Feld mit Punkten ausgefüllt, hat also jeder Prozessor Zugriff zu jedem Speicher, so spricht man von einem *vollständigen n×m-System* (Abb.10). Die Beschränkung von Zugriffsmöglichkeiten führt auf *unvollständige n×m-Systeme*. Ein Beispiel, das sich durch starke Regularität auszeichnet, ist das Feld der A-Prozessoren in der zweistufigen EGPA-Pyramide, in dem jeder Prozessor auf seinen eigenen Speicher und auf die Speicher zweier Nachbarn zugreifen kann (Abb.11).

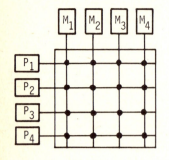 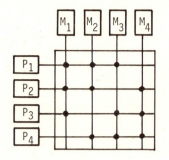

Abb.10 Verbindungsnetzwerk eines vollständigen 4×4-Systems

Abb.11 Verbindungsnetzwerk eines unvollständigen 4×4-Systems (EGPA-Feld)

Das Ablaufgeschehen in einer solchen Multiprozessorstruktur wird durch ein Warteschlangenmodell beschrieben, wie es Abb.12 für das Beispiel eines unvollständigen 4×4-Systems zeigt. Jedem Prozessor wird eine Anforderung zugeordnet. Befindet sich diese Anforderung in der Prozessorstation, so entspricht dies dem Zustand "Prozessor arbeitet". Wird ein Speicherzugriff notwendig, so verläßt die Anforderung den Prozessor und begibt sich in die entsprechende Speicherstation, wo sie entweder gleich bedient wird oder auf Bedienung warten muß, falls andere Prozessoren diesen Speicher bereits beanspruchen. Nach dem Speicherzugriff kehrt die Anforderung wieder in "ihre" Prozessorstation zurück.

Diese Rückkehr von einer beliebigen Speicherstation aus in die richtige Prozessorstation kann im Warteschlangenmodell nur durch eine Unterscheidung der Anforderungen eindeutig beschrieben werden. Nur bei vollständigen Systemen ist diese Unterscheidung überflüssig. Da jeder Prozessor dieselben Zugriffsmöglichkeiten besitzt, spielt es keine Rolle, in welche Prozessorstation die Anforderung zurückkehrt - die Prozessorstationen sind untereinander beliebig austauschbar.

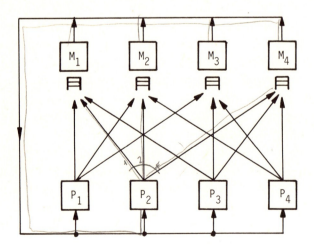

Abb.12 Warteschlangenmodell eines unvollständigen 4×4-Multiprozessorsystems

4. Interferenz-Maße

Um den Einfluß der Speicherinterferenz auf die Leistungsfähigkeit des Multiprozessorsystems beurteilen zu können, müssen geeignete Maße dafür gefunden werden.

Es gibt bereits eine Anzahl von Arbeiten, die das Problem der Speicherkonflikte unter verschiedenen Gesichtspunkten behandeln.

So werden auch verschiedene Systemgrößen zur Beurteilung der Interferenz herangezogen, wie z.B. M, die mittlere Anzahl tätiger Speicher [3], oder F, der Zeitanteil, zu dem ein Speicher untätig ist [2].

Im Hinblick auf den hierarchischen Modellierungsprozess erwies sich ein anderes Interferenz-Maß als vorteilhaft:

$$I = \frac{\tilde{R} - R}{R},$$

wobei $\tilde{R}$ die Durchlaufzeit einer Anforderung durch das vorliegende System mit möglichen Speicherkonflikten und R die Durchlaufzeit der Anforderung durch das (gedachte) interferenzfreie System bezeichnet.

Mit diesem Maß läßt sich die effektive Prozessorbedienzeit bei gemeinsamer Speicherbenutzung, die als Parameter in die Gesamtmodellierung eingeht, leicht angeben.

Es ist vorteilhaft, die unhandliche Durchlaufzeit in der Definition dieses Interferenz-Maßes durch elementarere Systemgrößen zu ersetzen.

Little's Theorem, geeignet angewandt auf das Warteschlangenmodell eines n×m-Multiprozessorsystems (Abb.13a), liefert die Beziehung

$$n = \lambda_M \cdot \tilde{R},$$

wobei λ_M die Rate bezeichnet, mit der Anforderungen im System der m Speichermoduln eintreffen (oder das System der n Prozessoren verlassen). Mit der Prozessorbedienrate μ_P und der Prozessorauslastung $\tilde{U}_P$ gilt für diese Rate aber gleichzeitig

$$\lambda_M = n \cdot \tilde{U}_P \cdot \mu_P,$$

sodaß man die Gleichung $\tilde{R} = [\tilde{U}_P \cdot \mu_P]^{-1}$ erhält. Die analoge Betrachtung eines interferenzfreien Systems mit der Prozessorauslastung U_P ergibt $R = [U_P \cdot \mu_P]^{-1}$, und daraus folgt

$$I = \frac{\tilde{R} - R}{R} = \frac{U_P}{\tilde{U}_P} - 1.$$

Wendet man Little's Theorem in etwas anderer Form an (Abb.13b), so erhält man mit der Speicherauslastung $\tilde{U}_M$ und der Speicherauslastung U_M im interferenzfreien System die zweite Charakterisierung von I mit

$$I = \frac{\tilde{R} - R}{R} = \frac{n \cdot U_M}{m \cdot \tilde{U}_M} - 1 .$$

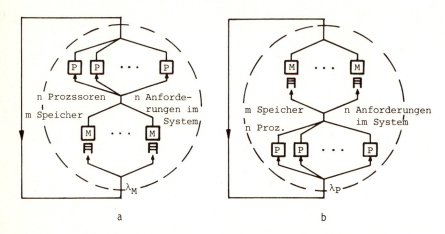

a   b

Abb.13 Little's Theorem, verschieden angewandt auf n×m-Multiprozessorsysteme

Mit diesen Gleichungen lassen sich leicht Beziehungen zwischen den verschiedenen Interferenz-Maßen herleiten.

Für die mittlere Anzahl tätiger Speicher M gilt zunächst

$$M = m \cdot \tilde{U}_M$$

und daher

$$I = \frac{n \cdot \tilde{U}_M}{M} - 1 .$$

Der Zeitanteil F, zu dem ein Speicher untätig ist, ist einfach

$$F = 1 - \tilde{U}_M$$

und damit

$$F = 1 - \frac{M}{m} .$$

5. Analytische Methoden zur Bestimmung der Speicherinterferenz

Im Warteschlangennetz des n×m-Multiprozessorsystems (Abb.12, Abb.13) wurden noch keine Angaben über die Bedienzeiten der Prozessoren und Speicher gemacht.

Das ist eine der kritischsten Phasen im Modellierungsprozess, denn die Bedienzeiten sind der Beobachtung nicht so leicht zugänglich wie etwa die Hardwarestruktur des Systems. Komplexe Zusammenhänge und Abhängigkeiten machen es oft äußerst schwierig, die Bedienzeiten vernünftig als stochastische Variable darzustellen.

Aus diesem Grunde kommt man nicht umhin, zunächst gröbste Vereinfachungen zu machen und die Brauchbarkeit der Annahmen erst im Nachhinein zu überprüfen.

Im einfachsten Fall nimmt man exponentiell verteilte Bedienzeiten an. Die Theorie der exponentiellen Warteschlangennetze ist am weitesten entwickelt und die Lösungsverfahren sind hier sehr bequem [1,10]. Doch scheint die Exponentialverteilung in dieser Modellierungsebene am wenigsten realistisch, allein schon weil sie als kontinuierliche Verteilung die getaktete Arbeitsweise der Rechner im Operationszyklus ignoriert.

Als Näherungslösung ist die exponentielle jedoch sehr willkommen, besonders wenn diskrete Methoden, wie bei unvollständigen Systemen, nicht mehr so leicht anzuwenden sind.

An diskreten Verteilungen spielen vor allem die konstante und die geometrische eine Rolle. Die Speicherzugriffszeit wird in allen diskreten Untersuchungen als konstant angenommen. Da Prozessorphasen nicht immer in einer Takteinheit beendet sind, bietet sich die geometrische Verteilung der Prozessorbedienzeit als diskretes Äquivalent der Exponentialverteilung an. Kennt man die Wahrscheinlichkeiten, mit denen der Prozessor eine, zwei, drei, ... Takteinheiten benötigt, was unter Umständen aus den Anteilen verschiedener Befehlstypen in einem Instruktionsmix zu bestimmen ist, so läßt sich damit direkt eine entsprechende Verteilung angeben.

Alle genannten diskreten Verteilungen lassen sich durch eine Phasenmethode darstellen, wie sie auch zur Modellierung von hyperexponentiellen oder Erlang-Verteilungen im kontinuierlichen Bereich eingesetzt wird. Anstelle von exponentiellen Phasen werden hier jedoch konstante Phasen, einer Takteinheit S entsprechend, zugrunde gelegt (Abb.14).

Im folgenden soll ein 2×1-Multiprozessorsystem mit konstanten Bedienzeiten exemplarisch behandelt werden. Ziel der Untersuchung ist es, die Speicherinterferenz I in Abhängigkeit vom Verhältnis

$$\gamma = \frac{S_M}{S_P}$$

zwischen Speicherzugriffszeit S_M und Prozessorbedienzeit S_P zu ermitteln.

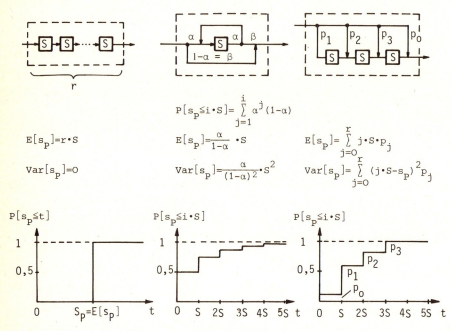

Abb.14 Phasendarstellung verschiedener diskreter Verteilungen

Um dieses Bedienzeitverhältnis γ für Werte kleiner und größer als 1 nachbilden zu können, wird eine Phasendarstellung für die beiden Prozessoren (r_P Phasen) wie auch für den Speicher (r_M Phasen) gewählt (Abb.15). Dann gilt

$$\gamma = \frac{S_M}{S_P} = \frac{r_M}{r_P} .$$

Der Zustand des Systems wird durch einen Vektor
$(k_1, k_2, \ldots, k_{r_P}; k_{r_P+1}, k_{r_P+2}, \ldots, k_{r_P+r_M})$ beschrieben, wo k_i, $1 \leq i \leq r_P$ die Anzahl der Anforderungen in der i-ten Phase beider Prozessoren (!) angibt und k_i, $r_P+1 \leq i \leq r_P+r_M$ die Anzahl der Anforderungen im Speicher bezeichnet. Wartet eine Anforderung auf Speicherzugriff, so wird sie der ersten Speicherphase zugeordnet. Das ergibt einen Zustandsraum

$$\{ (k_1, \ldots, k_{r_P}; k_{r_P+1}, \ldots, k_{r_P+r_M}) \mid \sum_{i=1}^{r_P+r_M} k_i = 2,\ \sum_{i=1}^{r_P+1} k_i \leq 2,\ \sum_{j=r_P+2}^{r_P+r_M} k_j = 1 \}$$

der Mächtigkeit $\binom{r_P+2}{r_P} + (r_M-1)(r_P+1)$.

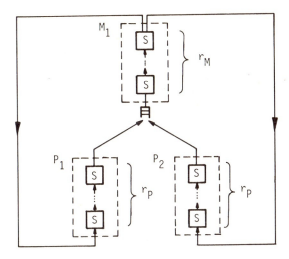

Abb.15 Phasenmodell eines 2×1-Multiprozessorsystems mit konstanten Bedienzeiten

Geht man davon aus, daß dieses 2×1-System Teil eines hierarchischen Multiprozessorsystems ist, so zeigt sich, daß nicht alle dieser möglichen Zustände tatsächlich angenommen werden.

Das System wird ja von oben her aktiviert, d.h. vom B-Rechner gleichzeitig mit zwei zu bearbeitenden Anforderungen beladen. Damit entwickelt sich das ganze Ablaufgeschehen vom Zustand (2,0,...,0;0,0,...,0) aus, wo beide Anforderungen in die erste Prozessorphase eingetreten sind. Welche Systemzustände weiter erreichbar sind, zeigt Abb.16.

Beide Anforderungen arbeiten sich gleichzeitig durch die r_P Prozessorphasen, bis es am Ende zu einem Speicherkonflikt kommt. Dieser Konflikt wird zugunsten einer Anforderung gelöst, die andere wartet r_M Phasen lang auf ihren Zugriff. Vom Zeitpunkt ab, wo die bediente Anforderung wieder in ihren Prozessor zurückgekehrt ist, muß der weitere Verlauf für $r_P \geq r_M$ und $r_P \leq r_M$, also für $\gamma \leq 1$ und $\gamma \geq 1$, getrennt betrachtet werden.

Im Falle $\gamma \leq 1$ tritt das System in eine Schleife von $r_M + r_P$ Zuständen ein, in der sich die Bearbeitung der Anforderungen offensichtlich "verzahnt" hat. Immer wenn eine Anforderung den Speicher beansprucht, befindet sich die andere gerade in einer Prozessorphase, d.h. es kommt zu keinem Speicherkonflikt mehr.

Von den $r_M + r_P$ Schleifenzuständen sind genau $r_P - r_M$ ohne Speicherbelegung, also gilt

$$\tilde{U}_M = \frac{2r_M}{r_M + r_P} = \frac{2\gamma}{1+\gamma} \quad ,$$

und mit $U_M = \frac{\gamma}{1+\gamma}$ im System ohne gemeinsamen Speicher folgt erwartungsgemäß

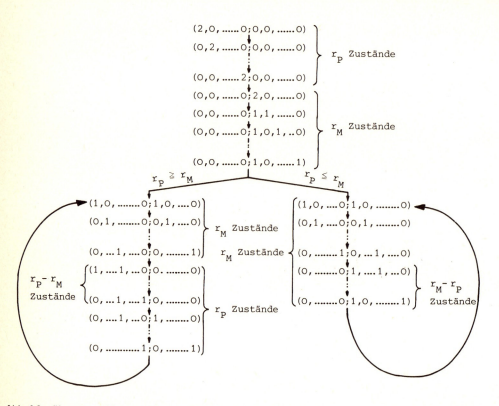

Abb.16 Übergangsdiagramm der erreichbaren Zustände für $\gamma \leq 1$ und $\gamma \geq 1$ im 2×1-System mit konstanten Bedienzeiten

$$I = \frac{nU_M}{m\tilde{U}_M} - 1 = 0 \;.$$

Auch im Falle $\gamma \geq 1$ bestimmt eine Zustandsschleife das Verhalten des Systems nach einer kurzen Anlaufphase. Hier kommt es allerdings immer wieder zu Speicherkonflikten und damit zu Wartezeiten. In r_P von r_M Schleifenzuständen ist genau einer der beiden Prozessoren belegt, also gilt

$$\tilde{U}_P = \frac{1}{2} \cdot \frac{r_P}{r_M} = \frac{1}{2\gamma} \;,$$

und mit $U_P = \frac{1}{1+\gamma}$ im System ohne gemeinsamen Speicher folgt

$$I = \frac{U_P}{\tilde{U}_P} - 1 = \frac{2\gamma}{1+\gamma} - 1 = \frac{\gamma-1}{1+\gamma} \;.$$

Unter Vernachlässigung des einmaligen Speicherkonflikts in der Anlaufphase ergibt sich zusammengefaßt für das 2×1-System mit konstanten Bedienzeiten

$$I = \begin{cases} 0 & \text{für } \gamma \leq 1 \\ \dfrac{\gamma-1}{1+\gamma} & \text{für } \gamma \geq 1 \end{cases}$$

Abb.17 zeigt den Verlauf der Interferenz für Werte von $\gamma=\frac{1}{10}$ bis $\gamma=10$. Das Verhalten darüber hinaus ist leicht durch die Grenzwertbetrachtung abzusehen:

$$\lim_{\gamma \to \infty} I = \lim_{\gamma \to \infty} \frac{\gamma-1}{1+\gamma} = 1 .$$

Zum Vergleich wurden Interferenzkurven für 2×1-Systeme mit anderen Bedienzeitverteilungen (analytische Herleitung siehe [6]) in die Graphik mit aufgenommen.

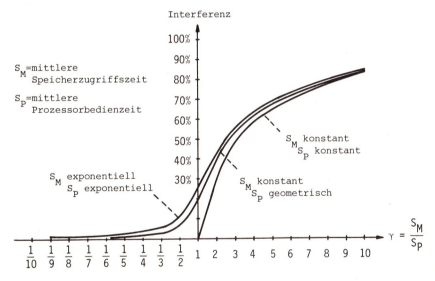

Abb.17 Interferenz I in 2×1-Multiprozessorsystemen mit verschieden verteilten Bedienzeiten

Man sieht in dieser Darstellung deutlich, wie der Einfluß der Bedienzeitverteilungen für $\gamma\to 0$ (also $S_M\to 0$) und für $\gamma\to\infty$ (also $S_P\to 0$) immer mehr verschwindet. Die Kurven nähern sich gemeinsamen Grenzwerten. In der Nähe von 1 wirkt sich die Bedienzeitverteilung am stärksten aus. So stellt sich für $\gamma=1$ bei konstanten Bedienzeiten die bereits beobachtete Verzahnung ein (I=0), während die anderen Kurven noch eine Interferenz von 20% und mehr anzeigen.

Wenn man berücksichtigt, daß sich die wirklichen Prozessorbedienzeiten etwa im

Bereich zwischen konstanter und geometrischer Verteilung bewegen, so ist das Ergebnis dieser Betrachtung durchaus ermutigend. Es zeigt, daß die Gesamtleistung des Multiprozessorsystems für Bedienzeitverhältnisse γ bis in die Umgebung von 1 durch die auftretende Speicherinterferenz nicht entscheidend verschlechtert wird.

Aufgrund seiner Abhängigkeit von Programmeigenschaften wird über den Parameter γ in den seltensten Fällen eine zuverlässige Aussage a priori gemacht werden können. Untersucht man jedoch vorhandene Systeme auf ihr Interferenzverhalten hin, so kann man das aufgabenspezifische γ daraus ableiten. Mit diesem γ lassen sich dann leicht Voraussagen auf das Verhalten des Systems bei Veränderung, etwa bei Hinzunahme eines weiteren Prozessors, machen.

Erste Vergleiche mit Messungen am realen System [8] bestätigten die Zuverlässigkeit dieser Methode und damit die Brauchbarkeit des analytischen Ansatzes.

Literatur

[1] Baskett,F.,Chandy,K.M.,Muntz,R.R.,Palacios,F.G.: *Open, Closed, and Mixed Networks of Queues with Different Classes of Customers*, JACM, Vol.22, No.2, April 1975, 248-260

[2] Baskett,F.,Smith,A.J.: *Interference in Multiprocessor Computer Systems with Interleaved Memory*, CACM, Vol.19, No.6, June 1976, 327-334

[3] Bhandarkar,D.P.: *Analysis of Memory Interference in Multiprocessors*, IEEE Transactions on Computers, Vol.C-24, No.9, Sept. 1975, 897-908

[4] Courtois,P.J.: *Decomposability, Queueing and Computer System Applications*, Academic Press, New York 1977

[5] Estrin,G.,Turn,R.: *Automatic Assignment of Computations in a Variable Structure Computer*, IEEE Transactions on Electronic Computers, Vol.EC-12, December 1963, 755-773

[6] Fromm,H.: *Zur Modellierung der Speicherinterferenz bei hierarchisch organisierten Multiprozessorsystemen*, Arbeitsberichte des IMMD, Universität Erlangen-Nürnberg, Band 13, Nr.3, April 1980

[7] Händler,W.,Hofmann,F.,Schneider,H.J.: *A General Purpose Array with a Broad Spectrum of Applications*, Computer Architecture, Händler,W. (ed.), Informatik-Fachberichte 4, Springer-Verlag Berlin, Heidelberg 1975, 311-335

[8] Hercksen,U.,Klar,R.,Kleinöder,W.: *Hardware Measurements of Storage Access Conflicts in the Processor Array EGPA*, Proceedings of the 7th Annual Symposium on Computer Architecture, La Baule, May 1980, 317-324

[9] Herzog,U.,Hoffmann,W.: *Synchronization Problems in Hierarchically Organized Multiprocessor Computer Systems*, Conference Preprints of the 4th International Symposium on Modelling and Performance Evaluation of Computer Systems, Wien 1979

[10] Jackson,J.R.: *Jobshop-like Queueing Systems*, Management Science, Vol.10, No.1, October 1963, 131-142

[11] Simon,H.A.,Ando,A.: *Aggregation of Variables in Dynamic Systems*, Econometrica, Vol.29, No.2, 1961, 111-138

Ein mathematisches Modell zur nutzerorientierten Bewertung von interaktiven Rechensystemen

Wolfgang Seiler
Dornier System GmbH
Planungsberatung
Postfach 1360
7990 Friedrichshafen

ZUSAMMENFASSUNG:

Die existierenden mathematischen Modelle zur Bewertung von Rechensystemen berücksichtigen meist nur einzelne Teilaspekte von Rechensystemen wie Effizienz oder Verfügbarkeit und spiegeln bzgl. des betrachteten Teilaspekts die Qualität wider, mit der ein Rechensystem die von einer Nutzergemeinschaft herangetragene Arbeit erledigt. Das hier vorgestellte mathematische Modell zur Bewertung von interaktiven Rechensystemen stellt den Nutzer, der bei ihm eingehende Aufträge unter Benutzung eines Rechensystems zu erledigen hat, in den Mittelpunkt und berücksichtigt dabei die Effizienz, Verfügbarkeit und Zuverlässigkeit des betrachteten Rechensystems. Die in der Form von Z-Transformierten bzw. Laplace-Transformierten von stochastischen Variablen berechneten Bewertungsmaße zeigen, wie der Nutzer durch etwa mangelnde Systemverfügbarkeit und -zuverlässigkeit zusätzlich belastet wird, und mit welcher Qualität der Nutzer seine Arbeit mit dem betrachteten Rechensystem durchführen kann.

1. EINLEITUNG

Die existierenden, mathematischen Modelle zur Bewertung von Rechensystemen sind meist entweder Warteschlangenmodelle (vgl. [Klein 75]) oder Verfügbarkeitsmodelle (vgl. [Höfle 78]). Warteschlangenmodelle setzen voraus, daß das betrachtete Rechensystem der betroffenen Nutzergemeinschaft jederzeit vollkommen intakt zur Bearbeitung ihrer Aufträge zur Verfügung steht und machen Aussagen darüber, mit welcher Effizienz das Rechensystem die Aufträge der Nutzergemeinschaft erledigt. Verfügbarkeitsmodelle untersuchen meist vollkommen separat, wie oft das Rechensystem ausfällt (und somit der Nutzergemeinschaft nicht zur Verfügung steht) und wie groß die Ausfallzeiten sind.

Die durch die Warteschlangen- und Verfügbarkeitsmodelle implizierten Marginal-Sichten der Effizienz und Verfügbarkeit von Rechensystemen können jedoch nicht sicherstellen, daß ein betrachtetes Rechensystem mit einer ausreichenden Effizienz (gemäß einem Warteschlangenmodell des Rechensystems) und einer ausreichenden Verfügbarkeit (gemäß einem Verfügbarkeitsmodell des Rechensystems) insgesamt gesehen die Aufträge einer Nutzergemeinschaft zufriedenstellend bearbeiten kann. Dies kann selbst durch eine integrierte Betrachtung der Effizienz und Verfügbarkeit nicht gewährleistet werden, wenn die Schäden, die der Nutzergemeinschaft bei Systemausfällen aufgrund mangelnder Systemzuverlässigkeit entstehen, unberücksichtigt bleiben, so daß ein mathematisches Modell zur Bewertung von Rechensystemen eine integrierte Modellierung der Effizienz, Verfügbarkeit und Zuverlässigkeit von Rechensystemen ermöglichen sollte.

Die existierenden mathematischen Modelle zur Bewertung von Rechensystemen sind meist rechensystemorientiert, d.h. sie untersuchen, mit welcher Qualität ein Rechensystem die Aufträge einer Nutzergemeinschaft erledigt, und geben nur in einer irgendwie gemittelten Form wider, mit welcher Qualität das Rechensystem die Aufträge eines einzelnen Nutzers durchführt. Eine Bewertung von Rechensystemen auf der Basis von rechensystemorientierten Modellen folgt somit implizit der Maxime, einen möglichst großen Teil der Nutzergemeinschaft unter Umständen auch auf Kosten eines möglichst kleinen Teils der Nutzergemeinschaft zufriedenzustellen. Der Grad der Haltbarkeit dieser Maxime nimmt jedoch mit dem Grad der Unabhängigkeit einzelner Nutzer der Nutzergemeinschaft vom Rechensystem und dem Grad der Akzeptanz dieser Maxime beim Betreiber des Rechensystems ab. Als zwei extreme Beispiele seien ein kommerziell betriebenes Rechenzentrum und ein militärisches Führungs- und Informationssystem, in dem jeder Nutzer stark rechensystemabhängig ist und es erklärtes Ziel des Betreibers ist, jeden einzelnen Nutzer zufriedenzustellen, genannt.

Mit fallendem Grad der Haltbarkeit der betrachteten Maxime erweist es sich als immer notwendiger, bei der Bewertung von Rechensystemen den einzelnen Nutzer in den Mittelpunkt zu stellen, d.h. von rechensystemorientierten zu nutzerorientierten mathematischen Modellen überzugehen. In nutzerorientierten mathematischen Modellen hat ein Nutzer bei ihm eingehende Aufträge mit Hilfe eines Rechensystems zu bearbeiten und wird dabei durch die Unzulänglichkeiten des Rechensystems wie etwa mangelnde Verfügbarkeit oder Zuverlässigkeit zusätzlich belastet. Die aus nutzerorientierten mathemati-

schen Modellen von Rechensystemen ableitbaren Bewertungsmaße spiegeln wider,
mit welcher Qualität einzelne Nutzer ihre Arbeit mit dem betrachteten Rechensystem durchführen können, und sind somit für jeden Nutzer (bzw. jede
Klasse von Nutzern mit identischer Interessenlage) der zugrundeliegenden
Nutzergemeinschaft auszuwerten.

2. EIN NUTZERORIENTIERTES MATHEMATISCHES MODELL ZUR BEWERTUNG VON INTERAKTIVEN RECHENSYSTEMEN

Das folgende mathematische Modell beschreibt die interaktive Arbeit eines
Nutzers mit einem Rechensystem unter Berücksichtigung der Effizienz, Verfügbarkeit und Zuverlässigkeit des betrachteten Rechensystems.

Im Mittelpunkt des Modells steht der Nutzer, der bei ihm mit Zwischenankunftszeiten A eingehende (und nicht über das Rechensystem übermittelte)
Aufträge gemäß FCFS bearbeitet und für deren Bearbeitung mit Hilfe des
Rechensystems eine Zeitspanne B benötigt, sofern das Rechensystem während
der gesamten Auftragsbearbeitung intakt ist. A sei eine mit Parameter μ
negativ-exponentiell verteilte Zufallsvariable, B sei eine nicht-negative
Zufallsvariable mit endlichem Erwartungswert.

Das Rechensystem sei aus der Sicht des Nutzers zu jedem Zeitpunkt in
einer Intaktphase I oder in einer Reparaturphase R, wobei sich Intakt-
und Reparaturphasen gegenseitig abwechseln. I sei eine mit Parameter λ
negativ-exponentiell verteilte Zufallsvariable, R sei eine nicht-negative
Zufallsvariable mit endlichem Erwartungswert.

Der Nutzer kann das Rechensystem während einer Reparaturphase nicht zur
Bearbeitung seiner Aufträge benutzen. Endet eine Intaktphase des Rechensystems während der Bearbeitung eines Auftrags, so wartet der Nutzer das
Ende der folgenden Reparaturphase ab, führt NZ sogenannte Zusatzaufträge
aus und setzt anschließend die Auftragsbearbeitung ohne Verlust fort. Die
Zusatzaufträge modellieren die Arbeiten, die der Nutzer durchzuführen hat,
um (aus seiner Sicht) das Rechensystem nach einer Reparaturphase in den
Zustand zu überführen, den es beim Ende der vorhergehenden Intaktphase
hatte. Der Nutzer benötige für die Durchführung eines Zusatzauftrags mit

Hilfe des Rechensystems eine Zeitspanne Z, sofern das Rechensystem während der gesamten Zusatzauftragsausführung intakt ist. Z sei eine nichtnegative Zufallsvariable mit endlichem Erwartungswert, NZ sei eine diskrete Zufallsvariable mit endlichem Erwartungswert und Werten aus N_o.

Endet eine Intaktphase des Rechensystems während der Bearbeitung eines Zusatzauftrags, so wartet der Nutzer das Ende der folgenden Reparaturphase ab und beginnt anschließend die Bearbeitung des Zusatzauftrags von neuem (resampling von Z). Die gesamte bis zum Ende der Intaktphase für die Bearbeitung des Zusatzauftrags aufgewendete Arbeit ist verloren.

In den folgenden Unterkapiteln werden zunächst die Laplace-Transformierten der vom Nutzer für die Ausführung eines Zusatzauftrags bzw. eines Auftrags benötigten Zeitspanne und der vom Nutzer zu Beginn einer Nutzerarbeitsphase (Busy Period) aufgrund einer eventuell vorliegenden Reparaturphase hinzunehmenden Verzögerungszeit berechnet. Mit Hilfe dieser Laplace-Transformierten läßt sich das hier nur verbal beschriebene Modell als mathematisches Modell darstellen. Dieses mathematische Modell weist starke Analogien zu einem M/G/1-Modell auf, so daß eine Übertragung der für M/G/1-Modelle bekannten Bewertungsmaße auf das hier betrachtete Modell keine Schwierigkeiten bereitet.

Die folgenden Berechnungen gehen von der Voraussetzung aus, daß die bisher definierten Zufallsvariablen paarweise voneinander unabhängig sind, daß $P_X(z)$ für eine diskrete Zufallsvariable X die Z-Transformierte und $F_X(t)$ bzw. $X^*(s)$ für eine nicht-diskrete Zufallsvariable X die Verteilungsfunktion bzw. die Laplace-Transformierte bezeichnet.

2.1 Auftrags- und Zusatzauftragsausführungsdauern

Zur Berechnung der Laplace-Transformierten der vom Nutzer für die Ausführung eines Auftrags bzw. Zusatzauftrags benötigten Zeitspannen werden die in [CoMaM 67] bzgl. unterbrechender Prioritätsstrategien gemachten Ausführungen herangezogen.

Betrachtet wird ein Warteschlangenmodell mit einer Bedienstation, in dem jedem ankommenden Auftrag eine Priorität $i \in \{1,2\}$ zugeordnet ist und in dem Aufträge gleicher Priorität gemäß FCFS abgearbeitet werden. Die Zwischenankunftszeiten der Aufträge mit Priorität i sind mit dem Parameter λ_i negativ-exponentiell verteilt, die Bedienzeiten B_i der Aufträge mit Priorität i sind nicht-negative Zufallsvariable mit endlichem Erwartungswert.

Trifft während der Bearbeitung eines Auftrags der Priorität 2 ein Auftrag der Priorität 1 ein, so wird die Bearbeitung des Auftrags mit der Priorität 2 für eine Zeitspanne V, die genau in dem Moment endet, in dem das System keine Aufträge der Priorität 1 mehr enthält, unterbrochen. Bei einer preemptive-resume Strategie wird nach Ablauf von V die Bearbeitung des Auftrags mit der Priorität 2 ohne Verlust fortgesetzt. Bei einer preemptive-repeat-with-resampling Strategie wird nach Ablauf von V die Bedienzeit des betrachteten Auftrags gemäß ihrer Verteilungsfunktion neu festgelegt, und die bis zu diesem Zeitpunkt für die Bearbeitung des Auftrags mit der Priorität 2 aufgewendete Zeit ist verloren.

Für die Laplace-Transformierte $X^*(s)$ der für die Ausführung eines Auftrags mit der Priorität 2 benötigten Zeitspanne gilt gemäß [CoMaM 67]

$$X^*(s) = B_2^*(s+\lambda_1 - \lambda_1 V^*(s)) \tag{1}$$

bei Verwendung einer preemptive-resume Strategie und

$$X^*(s) = \frac{(s+\lambda_1) \, B_2^*(s+\lambda_1)}{s+\lambda_1 - \lambda_1 (1-B_2^*(s+\lambda_1)) V^*(s)} \tag{2}$$

bei Verwendung einer preemptive-repeat-with-resampling Strategie.

Bezeichnet jetzt DB bzw. DZ die für die Ausführung eines Auftrags bzw. eines Zusatzauftrags benötigte Zeitspanne und DV die Zeitspanne, die der Nutzer für die Bearbeitung eines Auftrags aufgrund eines Reparaturphase und der daraus resultierenden Zusatzaufträge verliert, so gilt gemäß (2)

$$DZ^*(s) = \frac{(s+\lambda) \, Z^*(s+\lambda)}{s+\lambda-\lambda(1-Z^*(s+\lambda))R^*(s)}$$

woraus wegen (1) und

$$DV^*(s) = \sum_{i=0}^{\infty} \text{Prob}\{NZ = i\} R^*(s) \cdot (DZ^*(s))^i$$

$$= R^*(s) \cdot P_{NZ}(DZ^*(s))$$

$$DB^*(s) = B^*(s+\lambda-\lambda R^*(s) \cdot P_{NZ}(DZ^*(s)))$$

folgt. Hieraus ergibt sich nach elementaren Umformungen

$$E(DZ) = -DZ^{*'}(0) = \frac{1-Z^*(\lambda)}{Z^*(\lambda)} (E(R) + 1/\lambda)$$

$$E(DB) = -DB^{*'}(0) = E(B) \cdot (1+\lambda E(R)) \cdot (1+ \frac{1-Z^*(\lambda)}{Z^*(\lambda)} E(NZ))$$

2.2 Nutzerwartephasen zu Beginn von Nutzerarbeitsphasen

Eine Nutzerarbeitsphase beginnt mit dem Moment, in dem ein vom Nutzer zu bearbeitender Auftrag eingeht und keine sonstigen unbearbeiteten Aufträge vorliegen, und endet in dem Moment, in dem alle seit Beginn der Nutzerarbeitsphase eingegangenen Aufträge vom Nutzer bearbeitet sind.

Trifft der erste während einer Nutzerarbeitsphase zu bearbeitende Auftrag während einer Reparaturphase des Systems ein, so kann der Nutzer die Bearbeitung dieses Auftrags erst nach Ablauf der Restreparaturphase RR aufnehmen. Die Bearbeitung jedes anderen in der Nutzerarbeitsphase bearbeiteten Auftrags kann unmittelbar nach Abschluß der Bearbeitung des vorher bearbeiteten Auftrags begonnen werden, da sich das Rechensystem in dem Moment der Beendigung einer Auftragsbearbeitung immer in einer Intaktphase befindet.

Sei jetzt p die Wahrscheinlichkeit, daß der eine Nutzerarbeitsphase einleitende Auftrag in einer Intakphase des Rechensystem ankommt, $f_{RR}(y)dy$, $y \varepsilon R_o^+$ die Wahrscheinlichkeit, daß zu Beginn einer Nutzerarbeitsphase das Verstreichen einer Restreparaturphase der Länge $l \varepsilon (y - dy/2, y + dy/2]$ abzuwarten ist, und $DV^*(s)$ die Laplace-Transformierte der von einem Nutzer zu Beginn einer Nutzerarbeitsphase hinzunehmenden Verzögerung.

Weiterhin bezeichne I_1 die (wie I_i verteilte) nach Abschluß einer Nutzerarbeitsphase verbleibende Restintaktphase und I_i bzw. R_j die i-te bzw. j-te vollständige, nach Abschluß einer Nutzerarbeitsphase eintretende Intakt- bzw. Reparaturphase (i, j∈N, i≠1).

Mit $X_0 = 0$, $X_n = I_1 + R_1 + .. + I_n + R_n$, n∈N ergibt sich:

$$p = \sum_{n=0}^{\infty} \text{Prob}\{X_n < A \leq X_n + I_{n+1}\}$$

$$= \sum_{n=0}^{\infty} \int_0^{\infty}\int_0^{\infty} \text{Prob}\{r < A \leq r+t\}\, dF_{I_{n+1}}(t)\, dF_{X_n}(r)$$

$$= \sum_{n=0}^{\infty} \int_0^{\infty}\int_0^{\infty} (e^{-\mu r} - e^{-\mu(r+t)})\, \lambda e^{-\lambda t}\, dt\, dF_{X_n}(r)$$

$$= \sum_{n=0}^{\infty} \int_0^{\infty} \left(\frac{\mu}{\lambda+\mu}\right) e^{-\mu r}\, dF_{X_n}(r)$$

$$= \left(\frac{\mu}{\lambda+\mu}\right) \sum_{n=0}^{\infty} X_n^*(\mu) = \left(\frac{\mu}{\lambda+\mu}\right) \sum_{n=0}^{\infty} \left(\frac{\mu}{\lambda+\mu}\right)^n (R^*(\mu))^n$$

$$= \frac{\mu}{\lambda+\mu - \lambda R^*(\mu)} \tag{3}$$

Mit $Y_0 = I_1$, $Y_n = I_1 + R_1 + ... + I_{n+1}$, n∈N berechnet sich $f_{RR}(y)\, dy$, $y \in R_0^+$ gemäß

$$f_{RR}(y)dy = \sum_{n=0}^{\infty} \text{Prob}\{R_{n+1} > y,\ Y_n + R_{n+1} - (y+dy/2) \leq A \leq Y_n + R_{n+1} - (y-dy/2)\}$$

$$= \sum_{n=0}^{\infty} \int_0^{\infty}\int_y^{\infty} \text{Prob}\{r+t-y-dy/2 \leq A \leq r+t-y+dy/2\}\, dF_{R_{n+1}}(t)\, dF_{Y_n}(r)$$

$$= \sum_{n=0}^{\infty} \int_0^{\infty}\int_y^{\infty} \mu e^{-\mu(r+t-y)}\, dF_{R_{n+1}}(t)\, dF_{Y_n}(r)\, dy$$

$$= \mu e^{\mu y} \sum_{n=0}^{\infty} \int_0^{\infty} e^{-\mu r} \left(R^*(\mu) - \int_0^y e^{-\mu t}\, dF_R(t)\right) dF_{Y_n}(r)\, dy$$

$$= \mu e^{\mu y} \left(R^*(\mu) - \int_0^y e^{-\mu t}\, dF_R(t)\right) \sum_{n=0}^{\infty} Y_n^*(\mu)\, dy$$

$$= \mu e^{\mu y} \left(R^*(\mu) - \int_0^y e^{-\mu t} dF_R(t) \right) \left(\frac{\lambda}{\mu+\lambda} \right) \sum_{n=0}^{\infty} \left(\frac{\lambda}{\mu+\lambda} \right)^n (R^*(\mu))^n \, dy$$

$$= \frac{\lambda \mu}{\lambda+\mu-\lambda R^*(\mu)} e^{\mu y} \left(R^*(\mu) - \int_0^y e^{-\mu t} dF_R(t) \right) dy,$$

woraus sich nach einigen elementaren Umformungen unter Berücksichtigung von (3) und in [Doets 55] nachzulesenden Laplace-Transformations-Formeln

$$DV^*(s) = p + \int_0^{\infty} e^{-sy} f_{RR}(y) \, dy$$

$$= \frac{\mu}{\lambda+\mu-\lambda R^*(\mu)} \left(1 - \lambda \frac{R^*(s) - R^*(\mu)}{s - \mu} \right)$$

sowie

$$E(DV) = -DV'(0)$$

$$= \frac{1 + \lambda E(R)}{\lambda+\mu-\lambda R^*(\mu)} - \frac{1}{\mu}$$

ergibt.

2.3 Die Anzahl der unerledigten Aufträge

Für $n \in \mathbb{N}$ sei $t_n > 0$ der Zeitpunkt, zu dem der Nutzer die Bearbeitung des n-ten Auftrags abgeschlossen hat, und X_n die Anzahl der zu diesem Zeitpunkt unerledigten Aufträge. MB bzw. MV bezeichne die Anzahl der Aufträge, die während der Bearbeitung eines Auftrags bzw. während des Verstreichens der eine Nutzerarbeitsphase einleitenden Nutzerwartephase eintreffen. Dann gilt mit $X_0 := 0$ für $i, j \in \mathbb{N}_0$, $n \in \mathbb{N}$

$$X_{n+1} = X_n - 1 + MB \qquad \text{falls } X_n \neq 0$$

$$X_{n+1} = MV + MB \qquad \text{falls } X_n = 0$$

$$p_{ij} = \text{Prob} \{X_{n+1} = j | X_n = i\} = \text{Prob} \{MB = j-i+1\} \quad \text{falls } 0 < i-1 \leq j$$

$$p_{ij} = \text{Prob} \{X_{n+1} = j | X_n = i\} = 0 \quad \text{falls } 0 \leq j \leq i-1$$

$$p_{oj} = \text{Prob} \{X_{n+1} = j | X_n = 0\} = \text{Prob} \{MB + MV = j\} \text{ falls } i = 0$$

Da der Nutzer die eintreffenden Aufträge gemäß FCFS bearbeitet und somit jeden zu bearbeitenden Auftrag unabhängig von der Anzahl der unbearbeiteten Aufträge und den Auftragsbedienzeiten auswählt, läßt sich leicht zeigen, daß $(X_n | n \in N_0)$ für $\mu E(DB) < 1$ eine homogene, irreduzible, positiv rekurrente Markov-Kette mit Zustandsraum N_0 ist. Bezeichnet N die Anzahl der unerledigten Aufträge zu Abgangszeitpunkten im stationären Zustand, so gilt gemäß [Klein 75] für $\pi_j = \text{Prob} \{N=j\}$, $j \in N_0$

$$\pi_j = \sum_{i=0}^{\infty} \pi_i p_{ij}$$

und weiterhin

$$P_N(z) = \sum_{j=0}^{\infty} \pi_j z^j = \sum_{j=0}^{\infty} \sum_{i=0}^{\infty} \pi_i p_{ij} z^j$$

$$= \sum_{i=0}^{\infty} \pi_i \sum_{j=0}^{\infty} p_{ij} z^j$$

$$= \pi_0 \sum_{j=0}^{\infty} \text{Prob} \{MB+MV=j\} z^j + \sum_{i=1}^{\infty} \pi_i \sum_{j=i-1}^{\infty} \text{Prob} \{MB=j-i+1\} z^j$$

$$= \pi_0 P_{MB}(z) P_{MV}(z) + \sum_{i=1}^{\infty} \pi_i z^{i-1} P_{MB}(z)$$

$$= \pi_0 P_{MB}(z) P_{MV}(z) + P_{MB}(z) \cdot (P_N(z) - \pi_0)/z. \tag{4}$$

Da sich $P_{MB}(z)$ und $P_{MV}(z)$ gemäß

$$P_{MB}(z) = \sum_{i=0}^{\infty} \text{Prob} \{MB=i\} z^i$$

$$= \sum_{i=0}^{\infty} \int_0^{\infty} \text{Prob } \{MB=i | DB=r\} \, dF_{DB}(r) \, z^i$$

$$= \int_0^{\infty} \sum_{i=0}^{\infty} \frac{(\mu r)^i}{i!} e^{-\mu r} z^i \, dF_{DB}(r)$$

$$= \int_0^{\infty} e^{-r(\mu - \mu z)} dF_{DB}(r)$$

$$= DB^*(\mu - \mu z)$$

und

$$P_{MV}(z) = DV^*(\mu - \mu z)$$

berechnen, folgt aus (4) nach elementaren Umformungen

$$P_N(z) = \pi_o \frac{DB^*(\mu-\mu z) \, (1-z \, DV^*(\mu-\mu z))}{DB^*(\mu-\mu z) - z}$$

woraus sich wegen $P_N(1) = 1$ unter Anwendung des l'Hospitalschen Regel

$$\pi_o = \frac{1 - \mu \, E(DB)}{1 + \mu \, E(DV)}$$

ergibt. Wie im M/G/1-Modell läßt sich zeigen, daß die Verteilung von N generell (und nicht nur zu Auftragsbearbeitungsabschlußzeiten) die Verteilung der Anzahl der Aufträge im System ist. Die Berechnung von $E(N) = P_N'(1)$ unterbleibt, da das Ergebnis ziemlich komplex und wenig aussagekräftig ist.

2.4 Auftragsverweilzeiten und Auftragswartezeiten

Bezeichne V bzw. W die Verweil- bzw. Wartezeit eines Auftrags im stationären Zustand. Da der Nutzer die bei ihm eingehenden Aufträge gemäß FCFS bearbeitet, ist die Anzahl der bei Abschluß einer Auftragsbearbeitung unerledigten Aufträge gleich der Anzahl der während der Verweilzeit des abgeschlossenen Auftrags eingetroffenen Aufträge. Unter Bezugnahme auf Kapitel 2.3 ergibt sich somit

$$P_N(z) = \int_0^\infty E(z^N | V = r) \, dF_V(r)$$

$$= \int_0^\infty \sum_{i=0}^\infty \frac{(\mu r z)^i}{n!} e^{-\mu r} \, dF_V(r)$$

$$= V^*(\mu - \mu z),$$

woraus sich nach elementaren Umformungen unter Beachtung von (4)

$$V^*(s) = \pi_o \, DB^*(s) \, \frac{s + \mu(1 - DV^*(s))}{s - \mu(1 - DB^*(s))}$$

und wegen $V = W + DB$

$$W^*(s) = \pi_o \, \frac{s + \mu(1 - DV^*(s))}{s - \mu(1 - DB^*(s))}$$

ergibt. Die Berechnung von $E(V) = -V^{*'}(0)$ und $E(W) = -W^{*'}(0)$ unterbleibt, da die Ergebnisse ziemlich komplex und wenig aussagekräftig sind.

2.5 Nutzerarbeitsphasen

Sei X eine nicht negative stochastische Variable. X beschreibe eine Zeitspanne und A_X beschreibe die Zeitspanne, die mit X beginnt und frühestens nach Ablauf von X in dem Moment endet, in dem die Bearbeitung aller während des Beginns von X eingetroffenen Aufträge abgeschlossen ist. Gemäß [Klein 75] gilt für ein M/G/1-Modell mit Bedienzeiten Y und mit Parameter ω negativ-exponentiell verteilten Zwischenankunftszeiten

$$A_X^*(s) = X^*(s + \delta - \delta A_Y^*(s))$$

$$A_Y^*(s) = Y^*(s + \delta - \delta A_Y^*(s))$$

$$E(A_X) = \frac{E(X)}{1 - \delta E(Y)}$$

Die Übertragung dieser Ergebnisse auf das hier betrachtete Modell liefert für die Dauer $A = A_{DB+DV}$ einer Nutzerarbeitsphase unverzüglich

$$A^*(s) = A^*_{DB+DV}(s) = DB^*(s+\mu-\mu\, A^*_{DB}(s)) \cdot DV^*(s+\mu-\mu\, A^*_{DB}(s))$$

$$A^*_{DB}(s) = DB^*(s+\mu-\mu\, A^*_{DB}(s))$$

$$E(A) = E(A_{DB+DV}) = \frac{E(DB) + E(DV)}{1 - \mu\, E(DB)}$$

3. ABSCHLIESSENDE BEMERKUNGEN

Das beschriebene mathematische Modell ermöglicht mit $P_{NZ}(z) \equiv 1$, $Z^*(s) \equiv 1$ auch eine Bewertung von Rechensystemen bzgl. der Teilaspekte Effizienz und Verfügbarkeit unter Vernachlässigung der Zuverlässigkeit. Die vom Nutzer bei vollkommen intaktem Rechensystem für die Bearbeitung eines Auftrags benötigte Zeitspanne B entspricht dann der Verweilzeit eines Auftrags in einem rechensystem-orientierten, ausschließlich die Effizienz berücksichtigenden Warteschlangenmodell gemäß [Klein 75] unter Berücksichtigung der gesamten Nutzergemeinschaft.

Eine Erweiterung des hier beschriebenen mathematischen Modells würde statt der Rechensystemzustandmenge {intakt, nicht-intakt} eine Rechensystemzustandsmenge {intakt, degraded-mode$_1$, ..., degraded-mode$_n$, nicht-intakt} berücksichtigen.

Es ist zu hoffen, daß die hier dargestellten Ergebnisse eine Berücksichtigung des Trends der wachsenden Nutzerorientierung auf dem Gebiet der mathematischen Modelle zur Bewertung von Rechensystemen stimulieren.

LITERATURVERZEICHNIS

[CoMaM 67]   R. Conway; L. Maxwell; L.Miller:
             Theory of Scheduling, Addison-Wesley
             Company, London 1967

[Doets 55]   G. Doetsch:
             Handbuch der Laplace-Transformation,
             Verlag Birkhäuser,
             Basel 1955

[Höfle 78]   U. Höfle-Isphording:
             Zuverlässigkeitsrechnung,
             Springer Verlag, Heidelberg 1978

[Klein 75]   L. Kleinrock:
             Queueing Systems,
             John Wiley & Sons, New York 1975

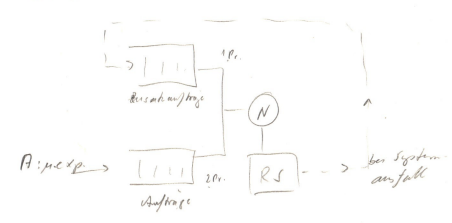

VIRTUELLE BEDIENER IN WARTESCHLANGENETZWERKEN

Berthold Daum
SIEMENS AG, ZN Ffm
6000 Frankfurt

Abstract

The concept of "virtual servers" for modelling time sharing systems is defined. The analysis of queuing networks with virtual servers is discussed. The main application of the concept of virtual servers is the modelling and analysis of customer-software for teleprocessing and database systems. This is shown at the example of an informational system.

Zusammenfassung

Teilhabersysteme und andere moderne Betriebssysteme lassen sich auf einfache Art mittels des Konzepts der "virtuellen Bediener" modellieren. Dieses Konzept wird diskutiert. Analytische Verfahren für Warteschlangenetzwerke mit virtuellen Bedienern werden besprochen. Der Einsatzschwerpunkt des Konzepts der virtuellen Bediener liegt bei der Modellierung und Analyse von Anwendersoftwaresystemen im Bereich der Datenfernverarbeitung und der Datenbanken. Dies wird am Beispiel eines Informationssystems gezeigt.

1. Problemstellung

Moderne Betriebssysteme unterstützen sowohl den Teilnehmer- als auch den Teilhaberbetrieb. So können z.B. im Betriebssystem BS 2000 Datenstationen mit verschiedenen Softwarepartnern, sogenannten "Anwendungen", verbunden sein, wobei mehrere Datenstationen gleichzeitig mit ein und derselben Anwendung kommunizieren können. Folglich entsteht vor der Anwendung eine Warteschlange von Transaktionen, die auf die Bearbeitung durch die Anwendung warten. (Allerdings gibt es auch Anwendungen mit unbeschränkt vielen Bedienern. Dann entstehen naturgemäß keine Warteschlangen vor der Anwendung.)
Da die Anwendungen ihrerseits untereinander kommunizieren, existiert ein Netzwerk von Anwendungen, die ihrerseits quasiparallel innerhalb des Systems ablaufen. Die Zeit vom Eintritt einer Transaktion in das System bis zum Verlassen des Systems wird Antwortzeit genannt.
In dem beschriebenen Netzwerk sind die Transaktionen die Kunden und die Anwendungen die Bediener. Nun sind die Anwendungen selbst Computerprogramme, die auf die verschiedenen Systemressourcen oder Betriebsmittel zugreifen, CPU-Leistung beanspruchen, Speicherzugriffe machen, usw. Da es in einem System gewöhnlich mehrere Anwendungen gibt, entstehen vor den Systemressourcen wiederum Warteschlangen von Anwendungen. In diesem Warteschlangenetzwerk treten die Anwendungen als Kunden auf und die Systemressourcen sind die Bediener. Sobald eine Anwendung die Bearbeitung einer Transaktion aufnimmt, tritt sie in das Netzwerk der Systemressourcen ein. Ihre Verweilzeit in diesem Netzwerk ist gleichzeitig ihre Bedienzeit gegenüber der Transaktion. Die Anwendungen bedienen, indem sie sich bedienen lassen. Eine solche Konstruktion nennen wir "virtuelle Bediener".
Man trifft solche Konstruktionen nicht nur bei Verarbeitungsrechnern an. Z.B. hat das Betriebssystem PDN der TRANSDATA-Kommunikationsrechner eine ähnliche Struktur. Transaktionen werden von einem Netwerk von Software-"Stationen" bearbeitet, die ihrerseits verschiedene Betriebsmittel beanspruchen. (Allerdings wird in diesem Betriebssystem keine Zeitscheibe verwendet.)

2. Lösungsansatz

Die Bestimmung der mittleren Bedienzeiten der virtuellen Bediener ist nicht unmittelbar möglich. Offenbar sind diese virtuellen Bedienzeiten von der Belastung der Systemressourcen abhängig. Dadurch beeinflußt die Ankunftsrate der Transaktionen auf einen virtuellen Bediener seine mittlere Bedienzeit und ebenfalls die mittleren Bedienzeiten der anderen virtuellen Bediener.

Wir wollen versuchen, dieses komplexe System in einzelne besser zu lösende Teilprobleme zu zerlegen. Leider finden wir bei bei den meisten Teilhabersystemen kein Poissonsystem vor, auch nicht annähernd. Bei dem weiter unten behandelten Informationssystem haben wir bei einzelnen Anwendungen eine Streuung der Bedienzeiten von $\sigma^2 = 18$ gemessen. Bei der Untersuchung über die Ursachen dieser hohen Streuung stellte sich heraus, daß verschiedene Transaktionen auch sehr verschiedene Anforderungen an die Anwendungen stellten, was zu einer stark wechselnden Benutzungsfrequenz der Systemressourcen führt, während die Bedienzeiten der Systemressourcen selbst recht eng gestreut sind. So war die Zahl der Plattenzugriffe, die von einer Transaktion bewirkt wurden, außerordentlich schwankend, während die Zugriffszeit für einen einzelnen Plattenzugriff in relativ engen Grenzen liegt. Diese Erscheinungen sind verhältnismäßig typisch für Teilhabersysteme.

Aus diesem Grund sind wir der Auffassung, daß eine Modellierung der <u>Systemressourcen</u> durch ein M-vollständiges Netzwerk eine gute Näherung in Richtung worst-case-Abschätzung ist. M-vollständig sind alle Warteschlangesysteme, bei denen der Ausgangsprozeß ein Poissonprozeß ist, wenn der Ankunftsprozeß ein Poissonprozeß ist. Beispiele für M-vollständige Systeme sind: First-come-first-served-Schlangen mit negativ exponentiell verteilten Bedienzeiten, Last-come-first-served-Schlangen mit beliebig verteilten Bedienzeiten, Schlangen mit einer unbeschränkten Zahl von Bedienern, Round-robin-Schlangen (Zeitscheiben) mit unendlich kleinen Bedienzeiten. /TZSCH78/

Die Entscheidung für eine Modellierung mit M-vollständigen Netzwerken gibt sowohl bei der Modellbildung wie der Modellanalyse große Vorteile. Erstens wird die Zahl der Parameter für das zu analysierende Modell drastisch reduziert ($n^2 \rightarrow n$), zweitens haben die Zustandswahrscheinlichkeiten des Netzwerks Produktform, wofür effiziente Algorithmen existieren, drittens haben wir die Möglichkeit, die Analyse des virtuellen Netzwerks der Anwendungen von der Analyse des "unteren" Netzwerks der Systemressourcen zu trennen.

3. Die Systemressourcen

Wir werden so vorgehen, daß wir die Verweilzeiten der Anwendungen im Netzwerk der Systemressourcen für jede mögliche Lastkombination berechnen. Dazu betrachten wir das Netzwerk der Systemressourcen als geschlossenes Netzwerk, in dem eine feste Population von virtuellen Bedienern zirkuliert. Offenbar zirkuliert ein virtueller Bediener genau dann, wenn er selbst eine Transaktion zu bearbeiten hat. Wir können deshalb die Systembelastung durch ein Belastungsprofil $\vec{x}$ beschreiben:

$$\text{def } \vec{x} \; : \; x_i = \begin{cases} 1 & \text{wenn Anwendung i aktiv} \\ 0 & \text{wenn Anwendung i passiv} \\ n & \text{wenn n Transaktionen in Anwendung i} \end{cases} \begin{matrix} \text{single-server} \\ \\ \text{infinite-server} \end{matrix}$$

Wir definieren noch folgende Größen:

def $S_{i,j}$ Workload von Anwendung i auf Systemressource j d.h. die bei der Bearbeitung einer Transaktion durch Anwendung i aufgebrachte Arbeit der Systemressource j.

def $V_{i,\vec{x}}$ mittlere Verweilzeit der Anwendung i im unteren Netzwerk bei Systembelastung $\vec{x}$.

Mit einem rekursiven Algorithmus nach M.Reiser /REIS78/, den wir für unsere Zwecke etwas abgewandelt haben, erhält man rasch die Verweilzeiten der Anwendungen im unteren Netzwerk für alle möglichen Lastkombinationen.

$$V_{i,j,\vec{e}_i} := S_{i,j}$$

def $\vec{e}_i$ i-ter Einheitsvektor mit $(\vec{e}_i)_k = \begin{cases} 1 & \text{für i=k} \\ 0 & \text{für i} \neq \text{k} \end{cases}$

$$n_{j,\vec{x}} := \sum_k \frac{x_k \cdot V_{k,j,\vec{x}}}{V_{k,\vec{x}}}$$

$$V_{k,\vec{x}} := \sum_j V_{k,j,\vec{x}}$$

$$V_{i,j,\vec{x}} := \begin{cases} 0 & \\ 1 + n_{j,\vec{x}-\vec{e}_i} & \text{für Typ 1} \\ 1 & \text{für Typ 2} \end{cases} \begin{matrix} x_i = 0 \\ x_i > 0 \end{matrix}$$

Zu Typ 1 gehören alle M-vollständigen Systemressourcen mit einem Bediener, zu Typ 2 alle Systemressourcen mit unbeschränkt vielen Bedienern.

$V_{i,\vec{x}}$ ist gleichzeitig die mittlere Bedienzeit von Anwendung i gegenüber den Transaktionen bei Systembelastung $\vec{x}$, und damit Ausgangspunkt für die Analyse des virtuellen Netzwerks.

4. Die Anwendungen

Das Netzwerk der Anwendungen werden wir ebenfalls als geschlossenes Netzwerk, also getrennt von der Systemumgebung, untersuchen. Im allgemeinen werden wir dabei nur approximative Ergebnisse erhalten, da eine Produktform des Netzwerks der Anwendungen oft nicht gegeben ist.

Sei nun eine Systembelastung von n im Gesamtsystem befindlichen Transaktionen gegeben.
Offensichtlich gilt $n \geq \sum_i x_i$.

Für eine Systembelastung n sind ein oder mehrere Belastungsprofile $\vec{x}$ möglich. Unser Ziel ist zunächst, die nur von der Gesamtlast n abhängigen virtuellen Bedienzeiten $V_{i,n}$ zu gewinnen.
Dazu summieren wir über alle $V_{i,\vec{x}}$ mit $\sum_i x_i \leq n$, wobei noch mit der Wahrscheinlichkeit des Belastungsprofils $\vec{x}$ gewichtet wird.

$$V_{i,n} = \sum_{\substack{\text{f.a. } \vec{x} \ (x_i = 1) \text{ und } \sum_i x_i \leq n}} V_{i,\vec{x}} \cdot P_{i,\vec{x}} \qquad (i)$$

def $P_{i,\vec{x}}$ Zustandswahrscheinlichkeit von $\vec{x}$ unter der Bedingung, daß $x_i = 1$

$P_{i,\vec{x}}$ lösen wir auf in $P_{i,\vec{x}} = \prod_{r \neq i} p_r$, wobei

$$p_r = \begin{cases} \varrho_{r,n} & \text{für } x_r = 1 \\ 1 - \varrho_{r,n} & \text{für } x_r = 0 \end{cases} \text{ und Anwendung i hat einen Bediener}$$

$$\frac{\varrho_{r,n}^{x_r}}{x_r!} e^{-\varrho_{r,n}} \quad \text{für } x_r \leq n \text{ und Anwendung i hat unbeschränkt viele Bediener}$$

Im Falle, daß Anwendungen mit unbeschränkt vielen Bedienern vorhanden sind, gilt diese Auflösung nur dann exakt, wenn das Netzwerk der Anwendungen Produktform hat.

def $\varrho_{r,n}$ Verkehrsdichte für Anwendung r bei Last n

$\varrho_{r,n}$ ist offenbar auch die Wahrscheinlichkeit, daß Anwendung r tätig ist, wenn Anwendung r vom single-server-Typ ist.
Andererseits gilt:
$\varrho_{i,n} = \lambda_i \cdot V_{i,n}$

def λ_i mittlere Ankunftsrate der Transaktionen auf Anwendung i.

Multiplizieren wir die Gleichungen (i) auf beiden Seiten mit λ_i, so erhalten wir folgendes Gleichungssystem:

$$\varrho_{i,n} = \lambda_i \sum_{\substack{f.a.\ \vec{x}\ (x_i=1)\ \text{und}\ \sum_i x_i \leq n}} V_{i,\vec{x}} \prod_{r \neq i} p_r \qquad (ii)$$

oder allgemein: $\vec{\varrho}_n = G(\vec{\varrho}_n)$.

Das erhaltene Gleichungssystem ist multiplikativ.

Man kann beweisen, daß für das Gleichungssystem ein iteratives Lösungsverfahren $\vec{\varrho}_n^{(v+1)} := G(\vec{\varrho}_n^{(v)})$ dann konvergiert, wenn das betrachtete Warteschlangenetzwerk ergodisch ist. /DAUM81/

5. Implementation des Verfahrens

Die aus der Lösung des Gleichungssystems (ii) erhaltenen Approximationen für $\vec{\varrho}_n$ bzw. $V_{i,n}$ dienen dazu, um mit Hilfe bekannter Lösungsverfahren die mittlere Verweilzeit der Transaktionen im Netzwerk zu bestimmen. An Parametern werden zusätzlich zu den Workloads der Systemressourcen die relativen Ankunftsraten der Transaktionen auf die Anwendungen und die Streuungen der virtuellen Bedienzeiten benötigt. Wir haben ein Programm entwickelt, das auf der Ebene der Systemressourcen mit dem oben beschriebenen rekursiven Algorithmus nach Reiser arbeitet, und auf der Ebene der Anwendungen mit dem EPF-Algorithmus. /SHUM77/. Der EPF-Algorithmus approximiert Netwerke mit generell verteilten Bedienzeiten durch eine speziell gewählte Produktform. Wir gehen insofern bei der Berechnung der virtuellen Bedienzeiten nicht über die Annahmen des EPF-Algorithmus hinaus.

Das Konzept der virtuellen Bediener kann aber gleichermaßen auch in andere Verfahren integriert werden, z.B. in die Operational Analysis. /DENN77/

Für das iterative Lösungsverfahren zur Berechnung der $\vec{\varrho}_n$ wurde in der Praxis eine ausgezeichnete Konvergenz festgestellt. Ergebnis des Programms ist die mittlere Verweilzeit (Z_n) der Transaktionen in Abhängigkeit von der Belastung n. Damit kann man bei der Modellierung großer Computernetze die Verarbeitungsrechner und Netzknoten durch einfache Warteschlangen mit der mittleren lastabhängigen Bedienzeit Z_n substituieren.

Leider muß gesagt werden, daß der Rechenaufwand für dieses Verfahren exponentiell mit der Zahl der Anwendungen steigt, weil alle Lastkombinationen für die Analyse des unteren Netzwerks durchgerechnet werden müssen. Allerdings hat man bei weniger als etwa 10 Anwendungen im

System noch akzeptable Rechenzeiten.

6. Beispiele

Wir wollen nun ein praktisches Beispiel für das Konzept der virtuellen Bediener diskutieren.

Ein bestehendes Auskunftssystem besteht aus zwei Anwendungen, einer Anwendungen A, die die Kommunikation mit den angeschlossenen Bildschirmgeräten abwickelt, z.B. Blättern, Plausibilität, o.ä. Etwa 40 % der Transaktionen werden an Anwendung B weitergereicht, die die Plattenzugriffe durchführt und nach Bearbeitung der Transaktion diese wieder an Anwendung A zurückgibt. Anwendung B benutzt zwei verschiedene Zugriffsmethoden. Enthält die Transaktion einen Satzschlüssel, so wird ein Isam-Zugriff mittels Schlüssel durchgeführt. Enthält die Transaktion lediglich einen Suchstring, so wird ein flagged-isam-Zugriff mittels des Suchstrings durchgeführt. Für die Bedienzeit der Anwendung B wurde am realen System ein σ^2 von 18 gemessen. Kein Wunder, daß die Antwortzeiten nicht befriedigten und getunt werden sollte.

	Workload CPU	Platte	relative Ankunftsrate	Streuung σ^2
A	53,6	0	1,4	1
B	62,5	625	0,4	18

Tableau I   (Workload in msec)

An Tableau I erkennt man die geringe Zahl der Parameter, die das Modell vollständig beschreiben.

Die Parameter sind wie folgt zu interpretieren:
Zur Bearbeitung einer Transaktion nimmt Anwendung A die CPU für 53,6 msec in Anspruch, während Anwendung B die CPU zur Bearbeitung einer Transaktion 62,5 msec belegt und die Platteneinheit 625 msec. Auf eine Ankunft einer Transaktion in das Gesamtsystem kommen 1,4 Ankünfte auf Anwendung A und 0,4 Ankünfte auf Anwendung B.

Zur Verbesserung des Antwortzeitverhaltens wurden zwei Vorschläge gemacht:

1. Es sollten zwei Anwendungen vom Typ B parallel arbeiten. Die Auskunftsdatei sollte ebenfalls verdoppelt werden und parallel auf zwei Platteneinheiten geführt werden. (Tableau II)
2. Eine neue Anwendung S, von den Programmierern "Schwarzarbeiter" getauft, sollte die zeitaufwendigen flagged-isam-Suchprozesse durchführen und den gefundenen Schlüssel dann an Anwendung B zur weite-

Verarbeitung übergeben. (Tableau III)

	Workload CPU	Platte1	Platte2	relative Ankunftsrate	Streuung σ^2
A	53,6	0	0	1,4	1
B1	62,5	625	0	0,2	18
B2	62,5	0	625	0,2	18

Tableau II (Workload im msec)

	Workload CPU	Platte	relative Ankunftsrate	Streuung σ^2
A	53,6	0	1,4	1
B	33,0	330	0,4	1
S	1302,1	13021	0,0096	1

Tableau III (Workload in msec)

Diese drei Modelle wurden mit unserem Verfahren durchgerechnet. In Bild I ist die Gesamtverweilzeit der Transaktionen gegenüber der Zahl der im Gesamtsystem befindlichen Transaktionen (Last) aufgetragen.

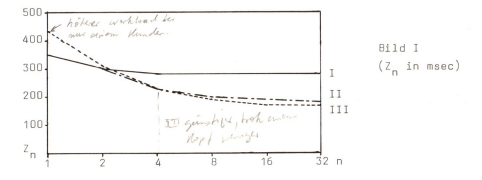

Bild I
(Z_n in msec)

Während bei geringer Last deutlich zum Ausdruck kommt, daß Modell III eine Mehrbelastung des Systems verursacht und Modell I und II synchron laufen, wird bei mittlerer und schwerer Last der Vorteil der Varianzreduktion durch den "Schwarzarbeiter" sichtbar. Nachdem die drei Modelle noch einmal unter Berücksichtigung von Paging durchgerechnet wurden und die erhaltenen Werte in ein Modell, bestehend aus Zentralsystem und 60 - 200 Datenstationen, hineingesteckt wurden, fiel auf Grund der günstigeren Antwortzeiten die Entscheidung für Modell III. Durch das Konzept der virtuellen Bediener konnten bei der Modellierung und Modellanalyse die Varianzen der Bedienzeiten berücksichtigt werden, was im konkreten Fall einen Plattentopf einsparte.

7. Ausblick

Mit der Entwicklung der Kommunikation verteilter Systeme setzen sich Schichtenkonzepte für die Systemsoftware und systemnahe Software mehr und mehr durch, insbesondere durch Normungsbestrebungen entlang des ISO-Schichtenmodells. Häufig haben einzelne Schichten eine eigene Warteschlangeverwaltung. Mitunter hat man es dann mit erheblichen Antwortzeitproblemen zu tun. Das Konzept der virtuellen Bediener könnte helfen, die komplizierten analytischen Probleme in den Griff zu bekommen.

Wir beabsichtigen, dieses Konzept weiterzuentwickeln, erstens den Gültigkeitsbereich des Verfahrens zu erweitern, und zweitens das Verfahren mit verschiedenen anderen Methoden der Netzwerksanalyse zu kombinieren, z.B. der Operational Analysis. /DENN77/

LITERATUR:

/DAUM81/   B.Daum: Virtual Servers in Queuing Networks, Veröffentlichung vorbereitet (<u>Computing</u>)

/DENN77/   P.Denning, J.Buzen: Operational Analysis of Queuing Networks, in: <u>Modelling and Performance Evaluation of Computer Systems</u>, Proceedings of the Third International Symposium, H.Beilner, E.Gelenbe (editors), North Holland, 1977, p.201-220

/REIS78/   M.Reiser: Mean Value Analysis of Queuing Networks, A New Look at an Old Problem, <u>ibm research report</u> RC 7228, 1978

/SHUM77/   A.Shum, J.Buzen: The EPF-Technique: A Method for Obtaining Approximative Solutions to closed Queuing Networks with General Service Times, in: <u>Modelling an Performance Evaluation of Computer Systems</u>, Proceedings of the Third International Symposium, H.Beilner, E.Gelenbe (editors), North Holland, 1977, p.151-172

/TZSCH78/   H.Tzschach: M-Vollständigkeit für Warteschlangesysteme, TH Darmstadt, Institut für theoretische Informatik, Forschungsbericht TI 3/78, Veröffentlichung vorbereitet in <u>Computing</u>

Modellierung des Paging-Verhaltens im
Teilnehmerbetrieb

H. Mühlenbein
GMD, 5205 St. Augustin 1, Postfach

1. Einführung

Die gesunkenen Hauptspeicherkosten haben die Konfiguration von Rechensystemen mit großen Speichern ermöglicht. Die ursprüngliche Bedeutung der Speicherverwaltung im Betriebssystem - die kostengünstige Aufteilung des Hauptspeichers auf die einzelnen Prozesse - hat sich daher etwas gewandelt. Die Aufgabe der Speicherverwaltung heute ist es, die virtuelle Adressierung mit all ihren Vorteilen den Benutzern zu ermöglichen. Dabei ist zu beobachten, daß die Größe der virtuellen Adreßräume der Benutzer schneller wächst als dies beim Hauptspeicher möglich ist. Ein Grund hierfür ist, daß immer mehr Datenbereiche virtuell adressiert werden. Damit stellt sich das Problem der Speicherverwaltung wieder als zentrale Aufgabe eines jeden Betriebssystems.

In dieser Arbeit wird die Speicherverwaltung des Siemens Betriebssystems BS2000 im Teilnehmerbetrieb analysiert. Die Speicherverwaltung des BS2000 beruht auf einer praktischen Implementierung des Working Set Prinzips (vgl. Denning (2)).
Anhand umfangreicher Messungen wird der funktionale Zusammenhang zwischen dem Speicherbelegungsfaktor S und der virtuellen Paging Rate VPFR dargestellt. Es ergeben sich Parallelen zu den Ergebnissen von Bard (1), der ähnliche Untersuchungen für das IBM-System VM/370 durchführte.

Ein wesentliches Ziel dieser Analysen war, ein globales Modell des Paging-Verhaltens zu entwickeln, welches Bestandteil eines Simulationsprogramms des BS2000 (6) werden sollte. Eine detaillierte Simulation des Paging-Verhaltens hat sich als viel zu aufwendig (bezogen auf die CPU-Zeit) erwiesen. Eine ähnliche Untersuchung ist für das IBM-System MVS in (7) durchgeführt worden, allerdings nur für den Stapelbetrieb.

2. Die Problematik des Working Set Dispatchers

Nach Denning (2) verwaltet ein Working Set Dispatcher den Hauptspeicher _fast optimal_. Bei genauer Bestimmung der Working Sets durch den _Working Set Detector_ aktiviert ein solcher Dispatcher jeweils nur so viele Prozesse, daß die Summe ihrer Working Sets in den Speicher paßt.
Das Hauptproblem dieses Dispatchers ist die Bestimmung des Working Sets. Wenn alle Prozesse den adäquaten Speicherplatz zugeteilt bekommen würden, d.h. ihren echten Working Set, dann bleibt in der Tat die Paging Rate der einzelnen Prozesse auf ein sinnvolles Maß beschränkt und damit auch die Paging Rate des Gesamtsystems.

Der Dispatcher des BS2000 ist eine praktische Implementierung eines Working Set Dispatchers. Er führt _keine_ Kontrolle darüber, ob die einzelnen Prozesse tatsächlich das erwartete vernünftige Paging-Verhalten zeigen. Diese fehlende Kontrolle führt zu einer Fülle von Problemen in einem Teilnehmerbetrieb. Als Beispiel sei das folgende Experiment angeführt. Bei diesem Experiment wurde während des normalen Teilnehmerbetriebes ein interaktiver Benchmark mit zwei bzw. vier simulierten Benutzern durchgeführt. Die simulierten Benutzer haben jeweils nach 20 Sekunden Denkzeit das Programm FORT2 ausgeführt. Das Programm FORT2 ist im Anhang erläutert.

Sim.Ben.	Reale Ben.	RT	PFR	VPFR
0	47	2.7	15	70
2	50	2.6	38	172
4	51	6.4	61	600

Tabelle 1: Paging Raten DVA 7.760, 3 MBytes
RT: = Antwortzeit; PFR: = Paging Rate
VPFR: = Paging Rate pro virtueller CPU-Sekunde

Die Steigerung von zwei auf vier simulierte Benutzer führt das System in einen Kollaps (Thrashing). Die virtuelle Paging Rate steigt von 172 auf 600.
Ähnliche Beobachtungen können immer wieder während des Betriebs gemacht werden. Programme mit großem Speicherbedarf und nicht lokalem Verhalten führen zu einer erheblichen Beeinträchtigung der Leistung des Systems.

Beispiele für solche Programme sind
- Sortier-Programme
- Array Manipulation
- Compiler Laufzeitsysteme (SIMULA, LISP etc.)

Eine eingehende Diskussion der Working Set Dispatcher kann im Rahmen dieser Arbeit nicht durchgeführt werden. Bei den heutigen Nutzungsformen von Rechensystemen mit IBM Architektur ist die Implementierung eines solchen Dispatchers auf jeden Fall schwieriger als von Denning (2) behauptet.

3. Der Dispatcher des BS2000

Eine genaue Beschreibung dieses Dispatchers ist bei Fogel (3) zu finden. Hier sollen nur die wesentlichen Aspekte kurz erläutert werden. Das BS2000 ermittelt die Zeit der letzten Referenz zu einer Seite, indem es bei Bedarf die Zugriffsbits der Seiten untersucht. Anhand des folgenden Verfahrens wird eine Abschätzung der Größe des Working Sets (PPC) durchgeführt.

Die Seiten, die einem Prozeß zugeordnet sind, sind in zwei Gruppen unterteilt:

a) Seiten, die während der Zeit $k * T$ benutzt wurden

b) Seiten, die zuletzt während der Zeit t mit $k * T \leq t < T$ benutzt wurden.

T ist hier die virtuelle Prozeßzeit, k eine Konstante kleiner 1. Die Zahl der dem Prozeß zugeordneten Seiten wird UPG genannt.

Wenn bei einem Prozeß ein Paging Fehler auftritt, werden folgende Aktionen durchgeführt:

1. Existieren Seiten, die während der Zeit T nicht benutzt wurden, so werden diese freigegeben und PPC = UPG gesetzt.
2. Falls PPC = UPG ist, wird versucht, eine Seite aus der Menge b) zu überschreiben (die LRU-Seite). Falls die Menge b) leer ist, wird eine Seite aus der Menge der freien Seiten genommen und PPC = PPC+1 gesetzt.
3. Falls PPC > UPG ist, wird zuerst versucht, eine freie Seite zu finden. Falls keine freie Seite mehr im Speicher ist, wird eine Seite aus der Menge b) genommen.

Falls nach dem Verfahren in 2 und 3 keine Seite ermittelt werden konnte, wird der Prozeß deaktiviert.
Eine Diskussion dieses Algorithmus, speziell die Begründung für den Faktor k, ist bei Smith (8) zu finden. Einige Probleme von älteren Versionen des BS2000 Dispatchers sind bei Fricke (4) erwähnt. Sehr detaillierte Messungen der BS2000 Speicherverwaltung sind von Meny (5) durchgeführt worden.

4. Analyse des Paging-Verhaltens im Teilnehmerbetrieb

Die Paging Rage einer Transaktion ergibt sich vereinfacht aus der Formel

(1) $\text{VPFR} = \sum^{N} (\text{PREF} - \text{PRECLAIM}) / \text{CPU-TIME}$

Hierbei bedeuten:
- N   := Zahl der Aktivierungen der Transaktion
- PREF   := Zahl der Seiten
- PRECLAIM := Zahl der im Hauptspeicher wiedergefundenen Seiten

Eine Abschätzung von N und PREF pro Transaktion ist einfach, die Ermittlung von PRECLAIM ist aus den folgenden Gründen schwierig:

1. Eine Transaktion kann im Hauptspeicher noch Seiten finden, die von der vorherigen Transaktion desselben Benutzers stammen.
2. Die residenten Seiten einer Transaktion werden dynamisch bestimmt. Bei geringer Speicherbelastung kann die Transaktion sich bei Bedarf ausdehnen.

Da es uns unmöglich war, PRECLAIM unter einfachen Voraussetzungen abzuschätzen, gingen wir zu einem sehr vereinfachten globalen Modell über. Die fundamentale Variable dieses Modells ist der Speicherbelegungsfaktor S. Die Bedeutung dieser Variablen ist schon von Bard (1) für das System VM/370 von IBM erkannt worden.
Bard definiert S als den Quotienten aus dem benötigten Speicherplatz zu dem vorhandenen. Bei N Benutzern mit einem durchschnittlichen Speicherbedarf von WT und einem Hauptspeicher der Größe M erhält man

(2) $S' = \dfrac{N * WT}{M}$

WT ist hierbei definiert als der zeitgewichtete Durchschnitt der Working Sets der Benutzer.

Die obige Definition des Speicherbelegungsfaktors erwies sich bei unseren Analysen als zu ungenau. Man sieht, daß S' nach (2) unabhängig von der Denkzeit der Benutzer ist. Nach unserem Verständnis sollte jedoch der Speicherbelegungsfaktor bei Benutzern, die im Durchschnitt z.B. 10 Sekunden denken, höher sein als bei Benutzern, die 50 Sekunden denken, wenn beide Benutzergruppen dieselben Transaktionen ausführen.

Zur Ermittlung von S betrachten wir den Speicherbedarf eines Benutzers in der Zeit T. In dieser Zeit führe der Benutzer j K(j) Transaktionen durch. Die einzelnen Transaktionen (i, j) haben eine Beantwortungszeit RT(i, j) und einen Speicherbedarf von W(i,j). Der Speicherbedarf dieses Benutzers in der Zeit T beträgt damit

$$(3) \quad VS(j) = \sum_{i}^{K(j)} W(i,j) \, RT(i,j)$$

Der Speicherbedarf aller Benutzer ergibt sich dann aus

$$(4) \quad VS = \sum_{j}^{N} \sum_{i}^{K(j)} W(i,j) \, RT(i,j)$$

In der Zeit T stehen M * T Hauptspeicherseiten zur Verfügung. Wir definieren den Speicherbelegungsfaktor S

$$(5) \quad S = \frac{VS}{M * T}$$

Mit dem durchschnittlichen Working Set

$$WT = \frac{VS}{\sum \sum RT(i,j)}$$

und der durchschnittlichen Antwortzeit RT

$$RT = 1/K \sum \sum RT(i,j)$$

erhält man

$$(6) \quad S = \frac{K}{T} * \frac{RT * WT}{M} = TR * \frac{RT * WT}{M}$$

TR ist die Transaktionsrate. Aufgrund des Antwortzeitgesetzes

$$(TT + RT) * TR = N$$

wobei TT die Denkzeit der Benutzer bedeutet, ergibt sich

(7) $\quad S = \dfrac{RT}{TT+RT} \times \dfrac{N \times WT}{M}$

Im Fall TT = 0 erhält man (2).

5. Der Zusammenhang zwischen der Paging Rate und der Speicherbelegung

Für Messungen standen die Rechensysteme Siemens 7.748 mit 2 Megabytes (DVA1) sowie Siemens 7.541 (DVA2) und Siemens 7.760 (DVA3) mit jeweils 3 Megabytes zur Verfügung.
Da die im Abschnitt 4 definierte Meßgröße WT nicht in der laufenden Betriebssystem-Version ermittelt werden konnte, wurden für die Messungen Dialogbenchmarks durchgeführt, bei denen der Speicherbedarf der verwendeten Programme exakt bekannt ist.
Die folgende Tabelle gibt die Ergebnisse für das Programm FORT1 wieder. Das Programm FORT1 hat einen Working Set von 40 Seiten während der Rechenphase und einen zeitgewichteten Speicherbedarf von 45 Seiten. Die Denkzeit der Benutzer beträgt im Durchschnitt 10 Sekunden.

DVA	Sim.Ben.	VPFR	S	P1(%)	(8), (9)
DVA1	10	11	0.85	87	11
DVA1	15	42	1.41	72	41
DVA1	20	96	1.96	50	96
DVA2	15	14	0.91	83	16
DVA2	20	30	1.26	72	32
DVA2	25	82	1.63	57	78
DVA3	15	17	0.73	88	17
DVA3	20	33	1.09	81	38
DVA3	25	109	1.54	54	108

Tabelle 2: Benchmark FORT1; P1: Auslastung der CPU im Benutzerstatus; (8),(9): berechnete Paging Rate

In allen Fällen ist eine erhebliche Abnahme des Durchsatzes (P1(%)) bei Steigerung der Belastung zu beobachten.

Die graphische Darstellung in Fig. 1 legt folgenden Ansatz nahe:

(8)   VPFR = I(S-1)   für S $\geq$ 1.25

Für S $<$ 1.25 muß ein nichtlinearer Ansatz gemacht werden. Der einfachste ist

(9)   VPFR = I * S ** 2 * 0.16   für S $<$ 1.25

Es wurde I = 100 für DVA1, I = 125 für DVA2 und I = 200 für DVA3 ermittelt. Diese Werte verhalten sich damit <u>exakt</u> wie die <u>CPU-Geschwindigkeiten der drei Rechensysteme</u>. Bei unserer Definition von S ist damit der <u>Quotient</u> aus I und der CPU-Geschwindigkeit eine konstante Größe und daher als eine systemunabhängige Beschreibung der Belastung anzusehen.

Aus Fig. 2 wird deutlich, daß auch der Ansatz

$$\log(1+\text{VPFR}) = aS + b$$

eine qualitativ richtige Schätzung der gemessenen Paging Rate liefert. Die Interpretation der Konstanten a und b ist hierbei jedoch schwierig.

Analog zu Bard wollen wir I als den <u>Paging Index</u> bezeichnen. Der Einfluß der Denkzeit auf das Paging-Verhalten ist in dem folgenden Experiment untersucht worden. Der einzige Unterschied zu dem vorherigen Benchmark besteht darin, daß die Denkzeit der Benutzer im Durchschnitt 50 Sekunden beträgt.

DVA	Sim.Ben.	VPFR	S	P1(%)	(8),(9)	(12)
DVA2	20	12	0.67	80	9	8.1
DVA2	30	42	1.36	70	45	
DVA2	35	300	2.16	17	145	
DVA3	15	14	0.09	50	0.3	10
DVA3	20	20	0.22	70	1.6	15
DVA3	25	25	0.40	80	5.1	18
DVA3	30	31	0.69	83	15.2	20
DVA3	40	158	1.85	45	170	

Tabelle 3: Benchmark FORT1; Denkzeit 50 Sekunden

Die mit der Formel (9) berechnete Paging Rate VPFR liefert bis N = 30 für die DVA3 viel zu kleine Werte. Weiter fällt auf, daß für einen großen Bereich, nämlich von N = 15 bis N = 30, die gemessene Paging Rate relativ konstant bleibt.

Die Erklärung hierfür ist, daß in diesen Fällen das Paging rein aus dem Page-In beim Starten einer Transaktion resultiert. Ein Deaktivieren einer laufenden Transaktion findet nicht statt. In diesem Fall muß VPFR nach (1) direkt abgeschätzt werden.

(10)   VPFR = PREFR - RECLAIMR = PAGEINR

Die Page-In Rate hängt ab von der Zahl der Seiten, die eine Transaktion referiert, der Größe des Hauptspeichers, der Zahl der Benutzer sowie deren Denkzeitverteilung.

Dieser Zusammenhang soll für den obigen Benchmark erläutert werden. Das Programm FORT1 referiert 60 verschiedene Seiten pro Transaktion. Die CPU-Zeit einer Transaktion beträgt 2 Sekunden, damit ergibt sich

$$PREFR = 30.$$

Die DVA3 hat 640 Seiten für das Paging zur Verfügung. Damit passen die Transaktionen von 10 Benutzern gleichzeitig in den Hauptspeicher. Für N = 10 ist daher

$$RECLAIMR = PREFR$$

Für N > 10 muß die Reclaim Rate abgeschätzt werden. Falls die Denkzeiten <u>konstant</u> sind, muß jede Transaktion alle referierten Seiten neu in den Hauptspeicher laden (worst case beim LRU-Prinzip).

Bei <u>Variation</u> der Denkzeiten kann es vorkommen, daß ein Benutzer eine neue Transaktion startet, wobei während seiner Denkzeit vom System nur k Transaktionen mit k < 10 bearbeitet worden sind. Diese Transaktion findet alle benötigten Seiten im Speicher wieder.

Zur Ermittlung der Reclaim Rate muß daher die Wahrscheinlichkeit p(N) abgeschätzt werden, mit der der obige Fall eintritt. Eine genaue Analyse dieses Problems kann hier nicht durchgeführt werden. Eine Abschätzung nach oben von p(N) kann man leicht erhalten mit

(11) $p(N) = \dfrac{10}{N}$ \qquad für N >= 10

Damit ergibt sich

(12)   VPFR = (1-p(N)) * PREFR

Die mit dieser Formel ermittelten Werte sind in Tabelle 3 unter der Spalte (12) eingetragen. In allen Fällen sind die berechneten Werte niedriger als die gemessenen. Eine genauere Analyse ergibt, daß bei gleichverteilten Denkzeiten genauer gilt

(13) $p(N) = \dfrac{10}{N} - a$

wobei a vom Quotienten aus Antwortzeit und Denkzeit abhängt.

Wenn weiter berücksichtigt wird, daß VPFR = 0, falls $\sum$ PREF $<=$ M, ergibt sich der folgende Zusammenhang

(14) $\text{VPFR} = \begin{cases} 0 & \sum \text{PREF} <= M \\ \text{MAX}(\text{PAGEINR}, I*S**2 * 0.16) & \text{für } S < 1.25 \\ I\ (S-1) & \text{für } S >= 1.25 \end{cases}$

Der Gültigkeitsbereich dieser Formel wird in dem nächsten Abschnitt überprüft.

6. Überprüfung des Paging-Modells

In diesem Abschnitt führen wir detailliert Meßergebnisse an, da wir glauben, daß ähnliche Experimente auch bei anderen Systemen sinnvoll sind. Diese Experimente sind als Härtetest der Speicherverwaltung zu verstehen. Eine Speicherverwaltung sollte auch bei diesem Test bestehen. Es ist falsch, eine Speicherverwaltung nur auf "Schönwetter"-Argumenten aufzubauen.

DVA	Sim.Ben.	VPFR	S	P1(%)	(14)
DVA2	5	0		71	0
DVA2	7	20	0.83	75	22
DVA2	9	52	1.18	66	44
DVA2	11	108	1.53	46	106
DVA2	13	352	1.92	15	184
DVA3	4	0		48	0
DVA3	6	18	0.48	73	20
DVA3	8	24	0.72	82	26
DVA3	10	62	1.09	68	61
DVA3	12	400	1.81	16	263

Tabelle 4: Benchmark FORT1; Speicherbedarf 100 Seiten pro Transaktion; I = 200 DVA2, I = 320 DVA3

Aus Tabelle 4 ist zu entnehmen, daß der BS2000 Dispatcher das System in das Thrashing führt. Die Paging Raten beim Thrashing werden durch die Formel (14) zu niedrig angegeben.

DVA	Sim.Ben.	VPFR	S	P1(%)	(14)
DVA2	5	60	0.49	50	40
DVA2	7	74	0.8	51	62
DVA2	9	155	1.24	29	147
DVA2	11	626	1.63	7.5	378
DVA3	5	76	0.36	43	64
DVA3	7	102	0.67	49	65
DVA3	9	187	1.15	32	190
DVA3	11	405	1.52	17	468
DVA3	13	1028	1.94	7	846

Tabelle 5: Benchmark FORT2; wechselnde Lokalitäten von jeweils 100 Seiten pro Transaktion; DVA2: I = 600; DVA3: I = 900

Bei diesem Benchmark wird das System in einen extremen Kollaps geführt. Die Ursache dafür liegt in dem Zusammenspiel zwischen dem Working Set Dispatcher und dem Zeitscheibenverfahren für die Hauptspeicherverwaltung des BS2000. Die Formel (14) liefert für N = 5 und N = 7 zu niedrige Werte. Die Erklärung hierfür ist, daß für diese Fälle nur eine untere Grenze der Page-In Rate einfach zu ermitteln ist.

Das wesentliche Ergebnis der bisherigen Messungen ist, daß der Paging Index I in etwa die <u>Paging Intensität</u> der Programme wiederspiegelt. Man hat I = 600 für FORT2 sowie I = 125 bzw. I = 200 für FORT1, je nach Größe des Working Sets. Eine direkte Ableitung von I aus den Programmen war uns nicht möglich.

Die folgende Tabelle gibt die Ergebnisse eines Benchmarks wieder, bei dem eine typische Dialoganwendung - die Bearbeitung von zwei Dateien mit einem Editor - simuliert wird. Bei dieser Anwendung werden von den Benutzern fünf verschiedene Transaktionen durchgeführt.

Sim.Ben.	VPFR	S	P1(%)	(14)
30	4.2	0.56	72	5.0
40	9.2	0.83	66	11.0
50	18.4	1.13	60	20.4
55	26.3	1.26	60	26
60	49.3	1.44	55	44

Tabelle 6: Benchmark EDOR4; DVA1: I = 100

Bei den Rechensystemen DVA2 und DVA3 trat wegen des großen Hauptspeichers kein Paging auf.
Der reale Teilnehmerbetrieb ist dadurch gekennzeichnet, daß viele

verschiedene Programme parallel ablaufen. Dieser gemischte Betrieb wird in dem folgenden Benchmark angenähert.
Bei diesem Experiment werden zwei Benutzergruppen simuliert; die eine Gruppe führt die Anwendung EDOR4 aus, die zweite Gruppe die Anwendung FORT2. Die Ermittlung der individuellen Paging Raten der einzelnen Gruppen im realen System war nicht möglich, da dieses umfangreiche Änderungen des Betriebssystems bedingt hätte.

DVA	Sim.Ben.	VPFR	S	P1(%)	(14)
DVA2	2	4	0.25	18.6	6
	10		0.12	46.4	0
DVA2	4	33	0.55	10.3	29
	20		0.38	49	2
DVA2	6	56	0.71	4.6	48
	30		0.59	44.6	6
DVA3	2	4	0.20	25.7	6
	10		0.07	41.9	0
DVA3	4	48	0.56	12	44
	20		0.30	45.5	2
DVA3	6	98	0.84	3.9	101
	30		0.49	40.5	6

Tabelle 7:   Benchmark FORT2/EDOR4

Bei der Berechnung von VPFR wurde die Formel (14) mit den Paging Indices verwendet, die bei den anderen Benchmarks ermittelt wurden. (I = 600 und 900 für FORT2 bei DVA2 bzw. DVA3 und I = 100 und 150 für EDOR4).
Die Summe der beiden Werte stimmt mit der gemessenen Paging Rate erstaunlich gut überein. Die einzelnen Werte geben daher das Verhältnis an, nach dem sich die globale Paging Rate zusammensetzt. Die individuellen virtuellen Paging Raten der Anwendungen kann man aus einem Gleichungssystem erhalten, bei dem die CPU-Nutzung (P1(%)) als Koeffizient eingeht.
Dieses Ergebnis ist ein weiteres Anzeichen dafür, daß der Paging Index nach unserer Definition eine systemunabhängige Eigenschaft der Programme ist.

7. Zusammenfassung und Ausblick

Der mit Gleichung (14) ermittelte Zusammenhang zwischen dem Speicherbelegungsfaktor S und der virtuellen Paging Rate liefert in vielen Fällen eine richtige Abschätzung der tatsächlichen Paging Rate. Im Überlastfall ergibt die Formel allerdings zu niedrige Werte. Unserer Meinung nach beruht dies auf Schwächen der implementierten Speicherverwaltung des BS2000. Zur Zeit wird untersucht, ob der Dispatcher des BS2000 so modifiziert werden kann, daß bei steigender Dialoglast die virtuelle Paging Rate des Systems nur linear ansteigt. Der lineare Anstieg erscheint uns notwendig zu sein, wenn man berücksichtigt, daß der Dispatcher nicht nur den Durchsatz maximieren sondern auch die Antwortzeiten minimieren soll. Zur Minimierung der Antwortzeiten müssen aber ständig länger laufende Transaktionen zugunsten von neuen Transaktionen aus dem Speicher ausgelagert werden. Damit erhöht sich die virtuelle Paging Rate dieser Transaktionen.

Literaturverzeichnis:

(1) Bard, Y.: A Characterization of VM/370 Workloads; Modelling and Performance Evaluation of Computer-Systems, H. Beilner and E. Gelenbe, eds. North-Holland, Amsterdam 1977 33-55

(2) Denning, P.J.: Working Sets Past and Present, IEEE Trans. on Softw. Engin. 6, 64-84 (1980)

(3) Fogel, M.H.: The VMOS paging algorithm, a practical implementation of the working set model; Oper. Syst. Rev. 8, 8-17 (1974)

(4) Fricke, H.: Zur Lastregelung in Betriebssystemen von Timesharing-Anlagen; Elektr. Rechenanl. 21, 120-125 (1979)

(5) Meny, R.: Leistungsanalyse und Leistungsoptimierung der BS2000 Speicherverwaltung; unveröff. Diplomarbeit IRA Karlsruhe (1980)

(6) Mühlenbein, H.: TOCS - ein Programmsystem zur Simulation von Rechensystemen; Informatik-Fachberichte 19 Springer 1979

(7) Petrella, A.; Farrey, H.: Simulating Working Sets under MVS; SIGMETRICS Perf. Ev. Rev. 9 (1) (1980)

(8) Smith, A.J.: A Modified Working Set Paging Algorithm; IEEE Trans. on Computers 25, 907-914 (1976)

Anhang

```
        PROGRAM FORT1
        DIMENSION A(1024,100)
1       READ(1,100,END=10,ERR=10) LOOP,NPAG
100     FORMAT(2I3)
        DO 3 I=1,LOOP
        DO 3 J=1,1024
        DO 3 K=1,NPAG
3       A(J,K) = 1.0
        GO TO 1
10      STOP
        END
        PROGRAMM FORT2
        DIMENSION A(1024,100)
        DIMENSION B(1o24,100)
1       READ(1,100,END=10,ERR=10) LOOP,NPAG
100     FORMAT(2I3)
        DO 5 L=1,2
        DO 3 I=1,LOOP
        DO 3 J=1,1024
        DO 3 K=1,NPAG
3       A(J,K) = 1.0
        DO 4 I=1,LOOP
        DO 4 J=1,1024
        DO 4 K=1,NPAG
4       B(J,K) = 1.0
5       CONTINUE
        GO TO 1
10      STOP
        END
```

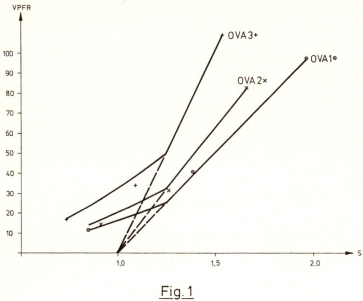

Fig. 1

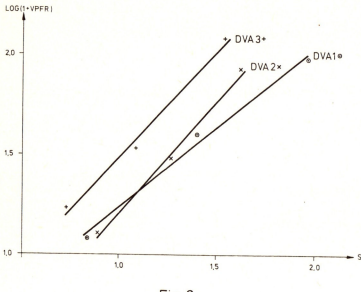

Fig. 2

Influence of Channel Loading

on

Computer System Performance

by

Rolf-Uwe Müller, Universität Stuttgart

and

Kuno M. Roehr, IBM Entwicklung und Forschung, Böblingen

Abstract

Computers have limited capabilities to handle simultaneous data traffic from many I/O devices. Especially for unbuffered I/O devices this may lead to loss of data, error interrupts, and costly error recovery procedures.

This paper uses some basic concepts from the state-of-the-art worst case analysis method to arrive at probability densities for individual channel loads. Total load sums are computed by combining individual loads using multiple, iterative convolutions. Final results of the analysis are probabilities of overruns and mean time between overruns.

In addition, an interactively operating channel configuration aid is described which incorporates the novel analysis methods and generates values for I/O interference, worst case load sums and estimates of mean time between overruns.

1. Introduction

General purpose computers of today have to provide facilities to handle a number of I/O operations at the same time. For instance, a disk file may have to be accessed while a tape has to be written, and cards are being read while characters are being printed, all operations occuring at the same time. These simultaneous operations may put a severe strain on the system resource handling I/O traffic.

This strain can be reduced by providing independent, parallel operating resources, generally called channels. In addition, buffering capabilities can be used for individual I/O devices, or groups of I/O devices, which will reduce the real time processing requirements of the channel. All these alternatives are costly and are only used if necessary to assure satisfactory overall system operation.

To save costs in many low to medium range computers of today the choice was made to implement a number of channel functions within the central processing unit. The main effects of this design decision are twofold: The CPU is no longer 100% of the time available for processing of normal machine instructions, and the simultaneous traffic from several I/O devices operating in parallel may cause mutual interference in the CPU. I.e., the CPU will be slowed down and some unbuffered I/O units may loose data, which in turn will lead to costly error recovery procedures.

Presently existing methods for checking viability of system configurations consider only worst case conditions. The answers obtained are limited to "yes", overruns can occur, or "no" overruns will not occur. No indication is being given how often overruns are expected.

Some data overrun interrupts may be tolerable, because recovery is often possible by use of additional computing time or operator intervention. The main question to be answered is how often do overruns occur: once every 5 months, or every 5 seconds?

The only safe way to assure satisfactory system behaviour was up to now to avoid the occurence of data overruns with certainty. The price to be paid was in many cases the inability to attach the desired number or type of I/O devices to the system. Consequently either more costly, newer devices had to be purchased or a larger CPU had to be procured.

This paper will outline methods of how to estimate I/O interference and mean time between data overruns. In addition, the implementation of these methods in an interactive configuration aid is described and early experiences with the tool are given. The main usage of the model will be for system planners to validate a choosen system configuration for I/O interference and data overrun. In addition, modifications of the model are planned to be used for optimizing future computer developments.

2. Description of Problem

In the following, channels are understood to be logically independently operating units having the task to carry out the data transfer between main storage and I/O units. Each channel has the ability to attach one or more control units via a standard I/O interface. A processor is generally able to attach several channels, a channel can service several control units, and a control unit can control several I/O units.

CHANNEL OPERATION

Once the processor has verified that a particular I/O path including device, control unit, and channel is free, the channel is given the task to carry out the I/O operation. During the time the channel is managing the I/O data transfer, the processor is logically disconnected and can execute another application program. If the data transfer is finished the channel will interrupt the processor and the previous program will be resumed.

Channel operation for a particular I/O data transfer begins with the receipt of a main storage starting address contained in the channel address word. From this main storage address the channel begins to fetch the first CHANNEL COMMAND WORD (CCW) from a chain of CCW's representing the channel program for the particular I/O data transfer. The channel command word contains the I/O command to be performed by the device, the number of bytes to be transferred and the main storage address for the first data byte. After having established the connection, the command will be transferred to the device and data transfer begins. During the data transfer the channel continuously updates the data address and transmits it together with the data to main storage. In addition, the channel counts the number of bytes being transferred and compares this count with the byte count specified in the command. As soon as this count is reached the particular I/O operation will be terminated by submitting an interrupt to the processor. If a flag bit in the channel command word indicated chaining, the next CCW will be fetched from main storage and the channel continuous its operation with the device, until all commands of a channel program have been executed.

CHANNEL IMPLEMENTATION

The System /370 channel architecture described above allows complete logical independence between instruction execution and I/O operations, and between several I/O operations occuring at the same time in parallel. This allows readily to also obtain complete physical independence if each channel is implemented via a separate physical unit. In the IBM series 370 model 125, for instance, separate I/O processors have been provided for attaching disks, tapes, communication lines, and for card I/O devices together with printers. In the new IBM series 4331-1 some simple channel functions are implemented in separate hardware adapters, while the channel functions of I/O initiation, address and count update, chaining, and termination are performed via microcode execution in the CPU.

Whatever physical implementation of the logical channel concept is choosen, there will always remain some channel functions that can be concurrently carried out on the same hardware. The proper degree of concurrency should be determined by system requirements and price-performance considerations. Too much concurrency will lead to performance degradation, too little will leave parts of the system under-utilized. The methods outlined in section 3 will help to find the optimum design point.

INFLUENCE OF CHANNEL LOADING

If the channels of a processor are heavily loaded, i.e., if many simultaneous I/O data transfers take place, three main effect may be noticed:

- Slow-down of CPU instruction processing

- Slow-down or faulty operation of I/O devices needing real time response from the CPU

- Data loss errors from unbuffered I/O devices needing immediate data service.

The slow-down of CPU instruction processing, often called I/O INTERFERENCE, can be due to memory contention between CPU and I/O channels or due to channel functions being handled by CPU micro instructions. Slow-down of CPU by I/O interference occurs gradually and can be easily estimated if the frequency of I/O activities is known.

Slow-down of I/O devices may occur if channel and CPU operation are delayed such that I/O reinstruct times don't occur in time to guarantee full speed I/O operations. Even faulty operations of some peripheral devices, needing real time response from CPU, may occur due to delayed CPU operation. This so called PROGRAM OVERRUN is limited to some special peripheral devices and can be readily analyzed by adding all possible delays, including I/O interference, in the loop from device to channel to CPU and back.

Data loss errors may occur on unbuffered I/O devices if the number of simultaneously required I/O services exceed the available channel capacity. This so called DATA OVERRUN may typically occur for unbuffered byte mode devices or communication adapters attached to the byte multiplex channel. Data overrun situations will cause error interrupts being given to the operating system. If retry is possible it will be initiated by the system or, for example in case of data overrun at a card reader, the device will be stopped and an error message will be displayed for the operator.

The following section will be used to further analyze the problem of data overruns, to describe previously used worst case analysis methods, and finally to introduce a new statistical estimation technique which allows to predict the frequency with which data overruns have to be expected for individual devices.

3. Estimation of Data Overruns

Data overruns, or the loss of data due to mutual channel interference of I/O traffic, does represent a serious hazard. Operation may be delayed to the point where frequent manual interventions make the system practically unusable. In the following one method will be outlined for selecting configurations which are free of overruns, and one in which overruns occur at a rate that can be tolerated. Latter method is new and allows generally to configure larger, less restrictive I/O configurations.

3.1 Analysis of Problem

A typical byte mode device, connected to the byte multiplex channel, needs to transfer 1 byte or a group of bytes at a time via the channel into the system. The channel time needed for such a transfer shall here be called 'DEVICE TIME' T_d, because the device is needing this time for its service. The length of T_d depends on the time the channel requires to service the byte transfer request and how long the dialog between channel and control unit is delayed by line delays and control unit turnaround times. Therefore, T_d is not a constant of the channel but has to be computed for each control unit connected to the system.

The frequency with which byte service is requested depends on the data rate R_d of the device. For many devices channel service for a byte has to be obtained before the next byte is arriving at the device. The time a device can wait for a byte to be completely serviced by the channel is generally called the 'WAIT TIME' T_w. For devices with a 1-byte buffer the waiting time is $T_w = 1/R_d$, R_d being the byte rate of the device. If more than one byte buffering is provided T_w may be correspondingly larger.

In addition to managing the data transfer, the channel is also needed during initiation, continuation due to command chaining, and during termination by interrupt. These services by themselves are not sensitive to interference, i.e., their delay will only cause minor slow downs without major disruptions. These services, however, may represent a load to channel services of other devices. A typical example of a channel load pattern is given in Fig.2 for a card reader.

To manage simultaneous channel service requests, priorities have to be assigned to the various devices and service requests. For devices connected to a byte multiplexer channel, e.g., priorities may be established by physically locating a device before or after other devices on an interface cable. Whoever is first in line receives a 'select out' signal first and blocks it from further propagation.

Burst mode data transfer has usually the highest priority and can delay all other activities. In addition, several microcode trap levels may be employed to separate various device adapter channel functions by priority.

Depending on the way priority levels are implemented, channel service may either be immediately interrupted by a higher priority device, or the lower priority device may be allowed to continue its present service phase before the higher priority device obtains channel service. In queueing theory these implementations are generally characterized as preemptive and non-preemptive priorities.

As consequence of a chosen priority implementation a device may have to wait a certain time for a lower priority device to finish, before it can obtain channel service. This waiting time is called PREVIOUS LOAD TIME Tv. For worst case channel analysis this time is assumed to last as long as the largest non-preemptive channel service for any device that can be attached to the channel. In the more realistic statistical analysis the previous load time is a random variable depending on the system configuration and the application running on the system.

Once a device has obtained channel service, it may still be interrupted by a device having a higher preemptive priority. Several interruptions of this kind may occur during channel service for a particular device. The sum of all these higher priority service times is called the PRIORITY LOAD TIME Tf. This priority load time depends on channel load patterns of all devices having higher priorities. For worst case channel analysis all the longest priority load time segments of each priority device are assumed to occur within the critical wait time Tw of the device being considered. In the here introduced statistical analysis the priority load time patterns are used to generate a statistical priority load time distribution.

In Figure 1 a graphical representation of possible channel loads is given. After having waited for previous loads, several priority channel loads may happen, before finally the device load times occur. In reality device load time elements may be intermixed with priority load elements. If the sum of previous load, priority load, and device load exceeds the device waiting time, or if $Tv + Tf + Td > Tw$, data overruns may occur.

3.2 Worst Case Computation

The worst case analysis method of the past, compare ref.1 and 2, proceeds as follows:

1. The longest previous load time Tv that can ever occur in the system, this is usually a command chaining time, is divided by the particular waiting time Tw of each device considered, to obtain the percentage previous load $Lv = 100 \times Tv/Tw$.

2. The device time Td, needed for data transfer channel service, is divided by the applicable waiting time Tw to obtain the percentage device load $Ld = 100 \times Td/Tw$.

3. The priority loads for all higher priority devices are computed by dividing the worst case aggregate priority load times Tf(i) that can occur during Tw, or $Lf(i) = 100 \times Tf(i)/Tw$ where i extends over all priority devices.

4. Individual priority loads Lf(i) occuring for a particular device are added to obtain the overall priority load, or $Lf = \sum_i Lf(i)$.

5. For each overrunnable device the sum of all percentage loads has to be added, or $loadsum = Lv + Ld + Lf$.

If the loadsum is smaller than or equal to 100%, overrun free operation is guaranteed. If the loadsum is larger than 100%, data overruns will occur. No information is obtained by the worst case method on how often overrun will occur.

Actual loadsum calculations can be simplified by use of tables containing for each device a previous load, a device load, and sets of priority load factors (see Ref.1 and 2).

3.3 Statistical Estimation

Instead of using worst case previous load values it is proposed here to use the individual probability density functions for previous loads and priority loads and to generate from these the probability density function of the sum of all loads involved. The resulting density function can then be used to find the probability of having an overrun by partial integration, which in turn will lead to an expression for the mean time between overruns.

Main a priori inputs to the system are the service time sequences $S_i(t)$ that each priority or previous load device i requires from the channel for initiation, chaining, data transfer, and termination. These service time sequences $S_i(t)$ have a value "zero" if no channel service is needed and a value of "one" if channel service is needed. The sequence and duration of channel service requests depends on the type of device, the type of channel implementation and on the rate with which the device is being operated (compare Fig.3).

3.3.1 Priority Load Density Functions

A particular priority device i does require a channel service time sequence $S_i(t)$ with period T_i. The priority load function F_i of this device, with respect to a device with a waiting time T_w, is obtained by convolving the waiting time window function $W(t)$, of width T_w

$$W(t) = 0 \quad\quad t < 0$$
$$W(t) = 1 \quad\quad 0 \leq t \leq T_w$$
$$W(t) = 0 \quad\quad t > T_w$$

with $S_i(t)$ and normalizing with respect to the waiting time window T_w

$$F_i(a) = (1/T_w) \sum_{t=0}^{t=T_i} S_i(t) \times W(t-a), \quad 0 \leq a \leq T_i$$

or in a more compact notation

$$F_i(a) = (S_i(t) * W(t)) / T_w$$

Where the symbol '*' represents the convolution operation used in filtering and probability theory. A graphical representation of generating the priority load function Fi is given in Fig.2.

The priority load function Fi(a) represents all possible priority channel loads device i can place on a particular waiting device having a critical waiting time window Tw. The variable 'a' represents all possible phase relationships between the service time sequence Si(t) and the waiting time window W(t).

The discrete probability density function Pi(Fi) for priority load values Fi is obtained from Fi(a) by dividing the range of Fi(a) into a finite number of equal size partitions and counting the relative frequency Pi of Fi(a) values within each of these partitions. Care should be taken to assure that the sum over all Pi's is equal to one, which is a necessary condition for Pi to qualify as probability density function. This procedure of generating the probability density function Pi(Fi) has to be repeated for all n associated priority devices, i=1...n.

3.3.2 Previous Load Density Functions

Previous load times occur at the waiting device, because lower priority devices may have to finish non-preemptive service phases. In contrast to the priority loads, the previous loads do not depend on the detailed, sequential channel service time sequence, but only on the length and frequency with which channel service has to be provided to previous load devices.

If a previous time Tv was encountered by the waiting device the remaining previous channel service time, the remaining previous load time tr is uniformly distributed, where $P(tr)=1/Tv$, $0 \leq tr \leq Tv$.

A convenient way to generate the previous load density function for a particular device proceeds as follows:

1. Find all possible remaining previous load times Tv from the channel service time sequence Si(t) by increasing the service-on points in Si(t) to a value corresponding to the length of the associated previous load time and drawing a straight line from these points Si(tj)=Tvj to the associated service-down points Si(tj + Tvj)=0 (see Fig.3). The effect of this straight line interpolation is that all possible previous loads from one Tvj occur with equal frequency.

2. Divide all ordinate points of the curve generated in (1) by the waiting time Tw to obtain the previous load function Vi(t). Vi(t) represents all possible previous channel loads device i can place on a particular waiting device having a critical waiting time window Tw.

3. Count the relative frequency with which previous load levels Vi(t) occur within the duration of Si(t). The result is the discrete probability density function Pi(Vi) for the load values Vi.

This procedure of generating the probability density function Pi(Vi) has to be repeated for all previous load devices.

3.3.3 Device Load

For each device being investigated for data overrun the device load D is a constant, deterministic quantity characterized by the ratio of the channel time needed for byte service Td and the critical waiting time Tw. Thus

$$D = Td/Tw.$$

For convenience and uniformity in the following notation a probability density for D is defined as P(D), having the value of 1 at D.

3.3.4 Total Load Sum Density Function

The total load sum consists basically of three contributions:

- Loads occuring from higher priority devices, F
- A load occuring from the device itself, D
- Loads occuring from lower priority devices, V.

The total random load sum is then

$$L = F + D + V.$$

If the probability density functions of F, D, and V are known, the probability density function of the load sum L becomes by convolution

$$P(L) = P(F) * P(D) * P(V)$$

where independence between F, V, and D is assumed. Since P(D) = 1, the device load will not contribute to the shape of P(L), but will change the scale of the abscissa.

There remains to find the aggregate probability density functions P(F) and P(V) from all priority load devices and all previous load devices.

DENSITY FUNCTION P(F)

The probability density functions Pi(Fi) for individual devices i have been found in 3.3.1. Since the random priority loads Fi are additive, the density for a random load from n independently operating priority devices is

$$P(F) = P(F_1 + F_2 + \ldots + F_n)$$
$$P(F) = P_1(F_1) * P_2(F_2) * \ldots * P_n(F_n)$$

where the star '*' represents again the convolution operator introduced in 3.3.1 (compare, e.g., Ref.3).

DENSITY FUNCTION P(V)

The density functions Pi(Vi) for individual previous load devices i have been found in 3.3.2. If more than one previous device is present, the frequency of individual previous load times will be increased, while the frequency of a zero previous load time will be decreased accordingly. For the numerical evaluation of combining several previous loads a special operator 'O' is defined such that

$$P(V) = P_1(V_1) \text{ O } P_2(V_2) \text{ O } \ldots \text{ O } P_n(V_n).$$

The computational rule associated with this operator is:

1. Add all values of Pi(Vi), i = 1 ... n, that correspond to the same previous load value V, or

$$Ps(V) = \sum_i Pi(Vi(V)), \quad 0 \leq V \leq V_{max}$$

2. Adjust in the obtained function Ps(V) the value for V=0 such that the sum of Ps(V) becomes equal to 1. This implies generating the wanted function P(V) from two parts.

$$P(V) = Ps(V), \quad 0 < V \leq V_{max}$$

and

$$P(V) = 1 - \sum_{V > 0} Ps(V), \quad V = 0$$

The same operator 'O' can also be used to combine the priority loads from several devices operating sequentially on the same channel (e.g., DASDs or magnetic tapes operating in burst mode).

3.3.5 Mean Time Between Overruns

In the previous section 3.3.4 the probability density function P(L) for the load L occuring on an specific overrunnable device was obtained from the individual load contributions from other devices. Here it will be shown how this load L affects the time between successive overruns.

In Fig.4 an example of the discrete density function P(L) is given. Overruns will occur if the total load L, which is normalized with respect to Tw, has non-zero probability values for L 1. The probability of having an overrun is

$$Po = P(L\ 1) = \sum_{L=1}^{\infty} P(L) - P(L=1).$$

The mean time between two successive overruns MTBO is inversely proportional to the probability Po of having an overrun, and also inversely proportional to the average rate Ra at which the waiting device expects byte service. Therefore

$$MTBO = 1/(Po \times Ra).$$

This mean time between overruns has to be computed for each device which is expected to produce overruns, i.e., where the worst case load sum computed in 3.2 exceeded 100%.

4. Implementation of Data Overrun Estimator

DOVE is an interactive APL-program and stands for <u>d</u>ata <u>ov</u>errun <u>e</u>stimator. Three DOVE runs are possible:

1. the I/O-INTERFERENCE calculation gives the degree of CPU slow-down per I/O-device

2. the LOADSUM calculation selects those devices which are expected to overrun under worst case conditions

3. the OVERRUN PROBABILITY calculation gives for a single device the meantime between (two) overruns.

In this chapter the overrun probability calculation will be outlined only, since I/O-interference and loadsum method are sufficiently described in 2, 3.1, and refs. 1 and 2.

DOVE is an analytical tool using probability calculations. All I/O-devices are assumed to be operated independently from each other, whenever there is no exclusivity between them.

INPUT

For loadsum calculations a user has to enter only the type of the attached I/O-devices. For overrun and I/O-interference calculation additional parameters for each device are needed containing type and number of channel usages, such as number of SIOs per second, number of records/blocks per SIO or number of bytes transferred per SIO. Normally all the other information, like device data such as device load, data rate etc., are stored in a small DOVE data base and therefore no additional user input is necessary.

The input is used to build up a channel service time sequence and an activity ratio for each device. For unbuffered byte mode devices the service time sequence is already stored in DOVE. The activity ratio gives the fraction of time the device works according to the service time sequence. The remaining time the device stays inactive, see ref.4.

For calculation of previous load and priority load density functions activity ratios and service time sequences are needed as input, together with the wait time of the waiting device.

OVERRUN CALCULATION

Two basic functions and two basic operations are executed:
First the previous load density function, second the priority load density function, both generating load distributions for a single I/O-device. The convolution combines load density functions of devices which may operate at the same time. The previously defined "O" operation combines load density functions of devices which cannot operate at the same time (compare 3.3.4).

EXAMPLE

Following configuration is installed:

priority	I/O-device		adapter/channel
high	disc 1	d1	disc adapter
	disc 2	d2	
medium	tape 1	t1	tape adapter
	tape 2	t2	
low	card reader	cr	
	card punch	cp	byte mpx
	printer 1	p1	
	printer 2	p2	

At each disc/tape adapter one device may operate at the same time only. At the byte MPX channel all devices can be driven independently of the others. Card reader and card punch are overrunable. The two printers are buffered and therefore not overrunable.

If we select the card punch cp for overrun calculation d1, d2, t1, t2, cr are priority loads while p1 or p2 are previous loads. In DOVE a priority parser builds up a priority sequence of the I/O devices.

Priority loads: (d1 o d2) * (t1 o t2) * cr

Previous loads: (p1 o p2)

or without brackets in postfix notation:

(1)   d1, d2 o t1, t2 o * cr *

(2)   p1, p2 o

This notation allows simple and straight forward calculations by use of stacks. In this example all previous and priority load calculations are done with the waiting time of the card punch CP.

The priority parser routine is highly processor dependent. Therefore, each type of processor needs a special parsing routine. The subsequent control routine using the post fix input is the same for all types of processors.

DOVE TECHNICAL DATA

In the timing table below the CPU times needed for calculation on an APL system IBM /370-158 are given. The values are averages and highly dependent on number and type of attached I/O-devices.

Run	Calc. time	remarks
I/O-Interference	0.5 sec	total configuration
loadsums	10 sec	
data overrun	90 sec	per overrunable device

The storage table below shows the workspace storage needed for DOVE overrun calculations.

DOVE program	80 kB	statically
data	15 kB	
temporary	50 kB	dynamically
total required	145 kB	

5. Preliminary Results Using DOVE

Many model runs have been done for verification purposes. I/O-interference values are exactly the same as calculated by hand according to the manual, loadsums are usually somewhat lower. The differences result from the fact that the model is able to calculate all priority loads more exactly for an individual wait time and not for fixed wait time intervals as used in the manual. Therefore, model loadsum values seem to be more realistic.

To get a feeling about reliability of DOVE overrun results, measurements were done to compare measured overrun frequencies with calculated values. For practical reasons only short MTBOs have been measured and compared. For this purpose a system configuration was choosen, which was expected to cause high overrun frequency when operating its I/O-devices with maximum I/O-transfer rates. Preliminary indications are as follows:

(1) measured MTBO values are equal or larger than calculated ones

(2) the difference between measured values and calculated ones are in the range of factor 1 to 3.

In assessing the capabilities of the model it should be remembered that no exact absolute overrun frequencies are needed but reliable assertions about the expected time range: seconds, minutes, hours or multiple of days.

6. Conclusions

DOVE overrun results enable system engineers to install system configurations with typically higher worst case loadsums than in the past. Knowing the expected overrun frequency, there exists no longer the need to avoid data overruns at unbuffered, but retryable I/O-devices with certainty. Even worst case loadsums in the range of 130 percent do little harm, since they usually cause meantimes between overruns of more than 1000 hours. This makes it feasible to configure typically 2 additional overrunable I/O-devices without having to install a faster CPU (see ref.(4) chapter 5/7).

7. Outlook

The definition of further goals for DOVE depends on the considered purpose. DOVE is of special interest mainly for two groups of users: First the system engineer. He needs overrun predictions to decide whether a planned system installation can be proposed to a customer or not. Second, development engineers, having to find optimum overall system designs.

IMPROVEMENTS FOR FIELD SERVICE PURPOSE

A difficulty in using DOVE for field problems is that input parameters are sometimes not known. In many cases the customer or SE is able to estimate the number of transactions occuring via terminal per time. But it may be impossible or very difficult to predict SIO-rates or data transfer block lengths a terminal transaction or the paging traffic required from direct access storage devices. These numbers are highly software dependent.

A possible solution would be to imbed DOVE into a system model which is able to realize influence and behaviour of used software components. Then only high level input parameters would have to be entered, such as number of cards read, number and type of terminal transactions, software used, etc. Another, easier way is to use worst case default values as input parameters, which lead to worst case MTBO factors.

IMPROVEMENTS FOR SYSTEM DEVELOPERS

DOVE runs are of special interest for future computer designs. To get a feeling of dependencies between design alternatives and MTBOV factors it would be helpful having a DOVE facility to evaluate design alternatives. The difficulty in installing such a DOVE option is to find out which parts of the system to be modeled have to be definable and which can be fixed.

References

1. Baird, Douglas P., Evaluation of Byte Multiplexer Channels, TR 00.2118, Pok. Lab. Nov. 6, 1970

2. IBM 4331 Processor Model Group 2 Channel Characteristics, GA 33-1535

3. Parzen, Emanuel, Modern Probability Theory and its Applications, Wiley 1960

4. Rolf-Uwe Müller, Der Einfluß des E/A Datenverkehrs auf den Durchsatz eines Rechners mit vielfach ausgenutztem Rechnerkern. Diplomarbeit, Institut für Informatik, Universität Stuttgart, 1.9.1980

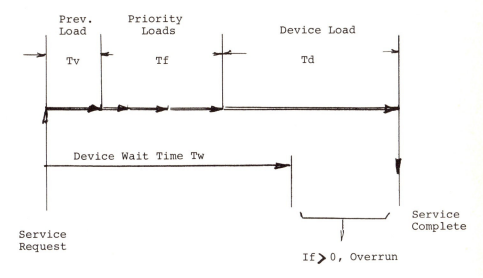

Fig.1: Channel Loading Considerations

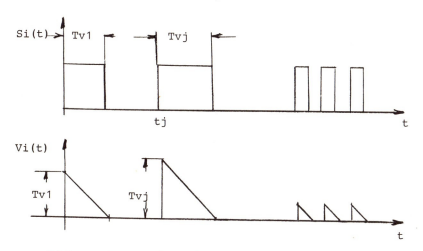

Fig.3: Generation of Previous Load Function Vi(t)

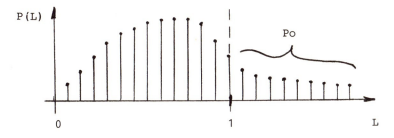

Fig.4: Probability Density Function P(L)

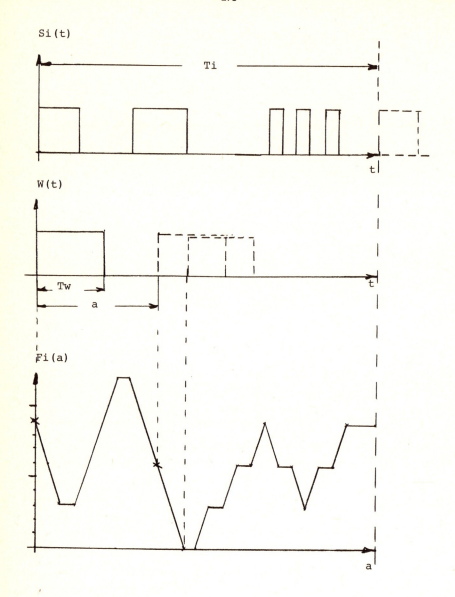

Fig.2: Generation of Priority Load Function Fi(a)

Leistungsmessung von Datenbanksystemen
- Modellbildung, Interpretation und Bewertung-

W. Effelsberg, T. Härder[*] A. Reuter, J. Schultze-Bohl
Fachbereich Informatik, TH Darmstadt

1. Einführung

Die Entwicklung und Benutzung eines so komplexen Software-Produktes wie eines DBMS setzt detaillierte Kenntnisse seines dynamischen Verhaltens in Abhängigkeit von verschiedenen Lastcharakteristiken, der Auswirkungen der grundlegenden Entwurfsentscheidungen sowie der wichtigsten Parameter für das Leistungsverhalten voraus. Die Ergebnisse von Performance-Untersuchungen an Datenbanksystemen sind also sowohl für den Systementwickler von Bedeutung, als auch für den Datenbankadministrator und den Anwendungsprogrammierer. Darauf wird in diesem Papier näher eingegangen. Nun sind die Resultate von Messungen, wie sie in /EHRS81/ beschrieben werden, nicht unmittelbar für eine der genannten Zielgruppen benutzbar, da die Menge des dabei anfallenden Zahlenmaterials erst mit Hilfe von Bewertungsmodellen interpretierbar wird. Es ist allerdings nicht möglich, für ein DBMS ein geschlossenes Interpretationshilfsmittel zu entwickeln, das alle relevanten Aspekte zu berücksichtigen erlaubt, und demnach für alle an Leistungsmessungs-Ergebnissen Interessierten in gleicher Weise zu benutzen ist. Ein großer Teil dieser Arbeit wird sich daher mit der Frage beschäftigen, wie Meßwerte aus
- Einzelmessungen der Ausführungszeiten von DML-Befehlen,
- Einbenutzer-Messungen der Ausführungszeiten von Transaktionen,
- Messungen der Ausführungszeiten, Behinderungen usw. im Mehrbenutzerbetrieb.
so aggregiert werden können, daß daraus zuverlässige Aussagen über Leistungsengpässe, Optimierungsmöglichkeiten, die Größen kritischer Parameter usw. abzuleiten sind. Das setzt voraus, daß für die jeweils untersuchten Teilaspekte hinreichend genaue Modelle des dynamischen Systemverhaltens entwickelt werden.
Im Rahmen eines Forschungsprojektes "Leistungsmessung und Vorhersage des Betriebsverhaltens beim Datenbanksystem UDS", das an der TH Darmstadt in Zusammenarbeit mit der Firma Siemens von 1977 bis 1980 durchgeführt wurde, sind viele dieser Zielvorstellungen zur Modellierung des Leistungsverhaltens von Datenbanksystemen verfolgt und zu einem großen Teil realisiert worden. Die vorliegende Arbeit gibt eine Übersicht über die allgemeine Vorgehensweise, die Art und Genauigkeit der entwickelten Modelle und die Anwendbarkeit der darauf beruhenden Auswertungsverfahren.
In /EHRS81/ werden die Methoden zur Erstellung von DB-Meßumgebungen, die Meßwerkzeuge usw. ausführlich beschrieben.

[*] Fachbereich Informatik, Universität Kaiserslautern

2. Modellbildung und Interpretation

Die Ergebnisse der Einzelmessungen wurden unter zwei Gesichtspunkten zusammengefaßt und ausgewertet:

- *Prüfung der Systemfunktionen:* Anhand der an den externen und internen Meßpunkten aufgezeichneten Meßdaten konnte überprüft werden, ob die einzelnen Komponenten des DBMS (z.B. Zugriffspfadverwaltung, Sperrverwaltung, Sicherungskomponente usw.) korrekt arbeiten, ob sie unter Verwendung geeigneter Algorithmen implementiert wurden, und ob die verschiedenen Systemteile korrekt zusammenarbeiten. Diese Untersuchungen schlagen sich in zahlreichen Vorschlägen zur Verbesserung der vorliegenden Implementierung nieder /ER79/, /HR80/, /Re8o/. Wir wollen diesen Aspekt hier nicht weiter berücksichtigen.
- *Bestimmung der Leistungscharakteristik des Systems:* Hier ging es darum, aus den Meßergebnissen diejenigen Parameter zu ermitteln, die die Leistungsfähigkeit des Datenbanksystems bestimmen, um so dem Anwender Hilfsmittel für die Leistungsvorhersage und damit die optimale Parametrisierung seiner Installation zur Verfügung zu stellen. Die Resultate dieser Untersuchungen werden im folgenden kurz zusammengefaßt:

Die Leistungsfähigkeit eines DBMS kann je nach den besonderen Anforderungen des Benutzers unterschiedlich gemessen werden. Bei vorwiegend stapelorientierter Verarbeitung ist der Durchsatz ausschlaggebend, bei dialogintensiven Anwendungen entscheidet dagegen die mittlere Antwortzeit. Darüber hinaus können auch der Speicherbedarf, die Verfügbarkeit usw. Kriterien für die Leistungsfähigkeit sein. Eine Diskussion dieser Problematik findet sich in /SB80/. Die Messungen im Rahmen dieses Projektes galten, wie schon im vorigen Kapitel deutlich wurde, ausschließlich den Ausführungszeiten einzelner DML-Befehle bzw. ganzer Transaktionen, d.h. sie galten dem erzielbaren Durchsatz. Für eine Berücksichtigung der Dialogaspekte fehlte insbesondere eine geeignete DC-Komponente.

Eine erste Sichtung der Meßergebnisse förderte folgende (im Sinne einer systematischen Zusammenfassung) zunächst entmutigende Erkenntnisse zutage:
- Die Ausführungszeiten der DML-Befehle sind von einer großen Zahl von Parametern abhängig: Puffergröße, Kanalbelegung, Anordnung der zur Datenbank gehörenden Dateien, Speicherungsstrukturen usw; darüber hinaus haben aber auch die Werteverteilungen der in der DB gespeicherten Daten, die Art und Reihenfolge der zu verarbeitenden Daten und der Füllgrad der Datenbank einen bestimmenden Einfluß. Diese Tatsache ist nicht völlig neu; ähnliche Ergebnisse wurden bereits in /WH76/, /Hä79a/ und anderswo mitgeteilt.
- Die Ausführungszeit eines DML-Befehles ist - abgesehen von den obigen Systemparametern - sehr wesentlich von der Art der unmittelbar zuvor ausgeführten Befehle (sei es von derselben oder einer anderen Transaktion), von seiner DML-Umgebung also, abhängig.

Ein Suchbefehl etwa, der bis zum Auffinden des Resultat-Satzes einige Seiten lesen muß, kann relativ schnell ablaufen, wenn die benötigten Seiten nur eingelesen werden müssen; stehen dagegen durch einen voraufgegangenen Änderungsbefehl modifizierte Seiten im DB-Puffer, so müssen diese vor dem Ersetzen zurückgeschrieben werden, was zu Lasten des Suchbefehls geht.

- Die Ergebnisse von Messungen an nur einigermaßen komplexen Schema-Strukturen sind meist nicht mehr verstehbar bzw. durch nachvollziehende Interpretation zu erklären.

Das führte zum Aufbau einfachster Meßdatenbanken und -transaktionen sowie zum Konzept der im vorigen Kapitel beschriebenen Schemabausteine als Mittel zur Synthese komplexer Schemata aus einfachen und somit analytisch hinreichend genau beschreibbaren Elementen.

- Die für den Durchsatz und die Antwortzeiten maßgeblichen Behinderungen paralleler Transaktionen im Mehrbenutzerbetrieb lassen sich - zumindest bei realen Datenbanken, die nicht mit Zufallszahlen gefüllt wurden - nicht durch stochastische Modelle nachbilden.

Der Grund liegt darin, daß Zugriffskollisionen nicht mit gleicher Wahrscheinlichkeit auf allen Seiten einer Datenbank vorkommen können, sondern daß es prädestinierte Stellen gibt, die entweder durch das logische Schema bestimmt werden (z.B. Sätze, in denen Kontensummen mitgeführt werden), die sich aus der Art der Speicherungsstrukturen ergeben (z.B. Wurzelseiten von B^x-Bäumen) oder die in der besonderen Werteverteilung der jeweiligen Datenbank begründet sind.

Aus all diesem folgt, daß es nicht möglich ist, für ein Datenbanksystem eine Handvoll "goldener Zahlen" zur Leistungsbeschreibung anzugeben (etwa: "Ein STORE-Befehl dauert im Mittel x msec."), sondern daß eine große Zahl von Umgebungsparametern bekannt sein müssen, bevor eine Leistungsvorhersage bzw. ein Installationsentwurf gemacht werden können. Um nun trotzdem sinnvolle Verallgemeinerungen der Meßergebnisse vornehmen zu können, wurden die zu berücksichtigenden Parameter in Gruppen zusammengefaßt, derart, daß gewisse, allgemeingültige Aussagen für alle innerhalb der jeweiligen Gruppe möglichen Parameterkombinationen abgeleitet werden können. Die folgenden Abschnitte, in denen die Resultate dieser Generalisierungsbemühungen dargestellt sind, werden allerdings zeigen, daß die Möglichkeiten zur Aggregation der vielen Einflußgrößen in wenige abstrakte Parameter sehr begrenzt sind.

2.1 Analytische Modelle für einzelne DML-Befehle

Der erste Schritt bestand darin, die bei der Prüfung der Systemfunktionen gewonnenem Einsichten in die Realisierung der DML-Befehle zur Formulierung analytischer Modelle zu nutzen, die eine Vorhersage der Ausführungszeiten jedes Kommandos ermöglichen. Dazu mußten allerdings eine Reihe vereinfachender Annahmen gemacht werden:

- Modelle können nur für die 5 Strukturprimitive entwickelt werden /EHRS81/.
- Es müssen idealisierende Annahmen über Werteverteilungen, Zugriffshäufigkeiten usw. gemacht werden.
- Es muß Einbenutzerbetrieb unterstellt werden.
- Der Benutzer muß folgende Parameter vorab angeben: Größe und Ladereihenfolge des Datenbankausschnittes; Kanalbelegung; Puffergröße, Anzahl, Reihenfolge und Verteilung der auszuführenden Befehle; Art der zu verwendenden Speicherungsstrukturen.
- Bei der Beschreibung der Abfolge der Befehle sind nur n-fache Wiederholungen eines Befehlstyps oder einer Sequenz von zwei Befehlen (z.B. FIND, ERASE) möglich; die analytische Nachbildung komplexer Transaktionen mit bedingten Verzweigungen ist wegen der i.a. nicht bekannten Werteverteilungen, die den Programmablauf bestimmen, nicht sinnvoll.

Die Modelle für die verschiedenen DML-Befehle in UDS auf den 5 Schemabausteinen wurden in einem Programmpaket zusammengefaßt (/Rb79/,/KM80/), das im Dialog die nötigen Parameter vom Benutzer erfragt und als Ausgabe die Ausführungszeit der gewünschten Befehle in Abhängigkeit von der Zahl der ausgeführten Operationen tabellarisch und grahisch darstellt. Die verwendeten Modelle wurden in umfangreichen Meßreihen an verschiedenen Testdatenbanken validiert. Die dabei erreichte Prognosegenauigkeit ist in Bild 2.1 zusammen mit den zur Berechnung erforderlichen Parametern dargestellt.

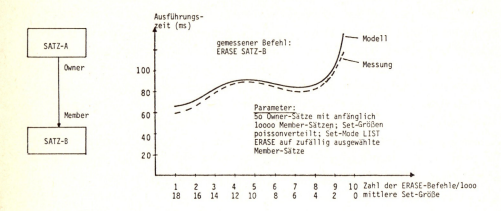

Abb. 2.1: Ergebnisse eines analytischen Modells für einen DML-Befehl auf einem Schemabaustein

2.2 Ableitung allgemeiner Aussagen über Speicherungsstrukturen

Ein anderer Ansatz bestand darin, eine der wichtigsten Entscheidungen des Datenbankverwalters bei der Einrichtung einer neuen Datenbank, nämlich die Auswahl einer angemessenen Speicherungsstruktur, zu unterstützen, indem durch theoretische Überlegungen, wie sie auch bei der Entwicklung der Modelle angestellt wurden, und die durch Messungen überprüft werden konnten, möglichst allgemeingültige, anwendungsunabhängige Eigenschaften der in UDS verfügbaren Speicherungsstrukturen isoliert wurden.

In /EHR80a/ und /EHR80b/ sind die wichtigsten Zusammenhänge als qualitativ formulierte Regeln zusammengefaßt, von denen eine etwa lautet:
Eine Set-Struktur sollte nur dann als Zeigerkette implementiert werden, wenn die Setausprägungen klein und die Member-Sätze in physischer Nachbarschaft gespeichert sind.
Eine vollständige Aufzählung des Regelkatalogs ist hier nicht möglich. Um zu überprüfen, inwieweit diese Regeln, angewendet auf eine konkrete Datenbank, das tatsächliche Verhalten hinreichend genau beschreiben, wurde eine aus 6 Transaktionen bestehende Transaktionslast für das in Bild 2.2a gezeigte Schema im Rahmen eines Fortgeschrittenenpraktikums mit über 7o verschiedenen Speicherungsstrukturen gemessen und anschließend statistisch ausgewertet /Gr80/. Dabei wurde folgendermaßen vorgegangen: Unter Zugrundelegung des Schemas und der Transaktionen wurde mit Hilfe der o.g. Faustregeln für jeden Befehl und jeden Satz- bzw. Set-Typ, den er berührt, eine Rangfolge für die möglichen Speicherungsstrukturen festgelegt, und die in den Messungen verwendeten Speicherungsstrukturen gemäß der Rangfolge mit 1,2,.... skaliert. Zwischen diesen Variablen und den für die Befehle gemessenen Zeiten wurden Rangrelationen berechnet, die als Gütemaß für die Voraussagegenauigkeit der Entwurfsregeln aufgefaßt werden können. In Bild 2.2 sind einige der Korrelationsergebnisse zusammengestellt, und man sieht, daß selbst für sehr komplexe Befehle, wie z.B. das ERASE mit seiner Vielzahl impliziter Folgeaktionen, die Übereinstimmung zwischen erwarteter und beobachteter "Güte" der Speicherungsstrukturen sehr hoch ist.

2.3 Heuristische Optimierung von Speicherungsstrukturen

Die positiven Ergebnisse dieser statischen Untersuchungen waren Anlaß dafür, ihre Regeln selbst und ihre Anwendung zu "rationalisieren", d.h. in ein Programm einzubringen, das ähnlich wie das in 2.1 geschilderte im Dialog mit dem Benutzer die erforderlichen Parameter erfragt und als Ergebnisse eine der geplanten Anwendungen möglichst gut angepaßte Speicherungsstruktur liefert. Die vom Anwender bereitzustellenden Angaben umfassen hier:

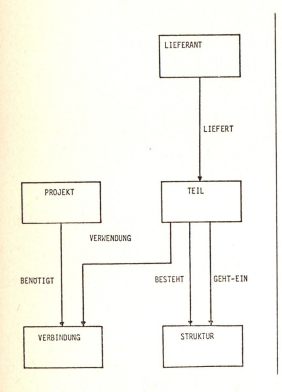 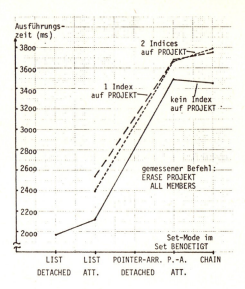

Abb. 2.2a: Schema der Meßdatenbank zur Variation der Speicherungsstruktur (SSL)

Abb. 2.2b: Resultat der statistischen Auswertung der Variation der Speicherungsstruktur

- Beschreibung des logischen Schemas; hier wird das gesamte Schema beschrieben und nicht, wie für Zwecke der analytischen Modellierung, nur die Strukturprimitive.
- Beschreibung des Füllungsgrades der Datenbank und Angaben über evtl. vorhandene Cluster (nach Satztypen, innerhalb von Setausprägungen usw.).
- Beschreibung der geplanten Transaktionslast; hier können nur einzelne Befehle und ihre Häufigkeiten, nicht jedoch Kommandofolgen angegeben werden. Eine größere Genauigkeit ist wegen der sehr groben Beschaffenheit der dem Verfahren zugrunde liegenden Regeln auch nicht erforderlich.

Die wesentlichen Vereinfachungen, auf denen dieses Entwurfshilfsmittel beruht, sind folgende:
- Die Aussagen gelten nur für den Einbenutzerbetrieb.
- Es wird keine Vorhersage der Ausführungszeiten von DML-Befehlen mehr gemacht, sondern für eine gegebene Last eine "gute" Speicherungsstruktur bestimmt.
- Die Aussagen gelten nur für das in der Beschreibung festgelegte, statische Bild der Datenbank. Mögliche Änderungen der Größe und Struktur (z.B. durch eine große Zahl neu eingespeicherter Sätze) werden nicht berücksichtigt.

Eine erste Validierung der mit diesem Verfahren erzielbaren Speicherstruktur-Vorschläge an entsprechenden Vergleichsmessungen zeigt, daß die so ermittelten Speicherungsstrukturen zumindest bei einfachen Datenbanken und Transaktionslasten jeweils zu den besten 20% der gemessenen Varianten gehören.

2.4 Bestimmung von Meßinvarianten in Datenbanksystemen

Viele der Vergleichsmessungen mit verschiedenen Speicherungsstrukturen konnten nur an kleinen Datenbanken (2000-5000 Sätze) gemessen werden, da sonst der Zeitaufwand für das bei jeder neuen Speicherungsstruktur erforderliche Neugenerieren, Laden usw. die verfügbare Rechenzeit weit überschritten hätte. Es lag daher nahe, an einem Beispiel exemplarisch zu untersuchen, inwieweit die an kleinen Datenbanken gewonnenen Aussagen hinsichtlich der relativen Qualität von Speicherungsstrukturen auch bei großen noch Gültigkeit haben. Zu diesem Zweck wurden für ein einfaches Schema aus 4 Satztypen und 4 Sets /EHR80a/ zehn verschiedene Transaktionen definiert, von denen ein Teil unabhängig von der Größe der Datenbank stets dieselbe Zahl von DML-Befehlen ausführte, während andere mit steigender DB-Größe mehr Befehle erzeugten (z.B. von der Art FIND DUPLICATE). Die Datenbank wurde in sechs Größen, von ca. 2000 bis ca. 80000 Sätzen Umfang, mit vier sehr verschiedenen Speicherungsstrukturen generiert, und auf jeder Version jeder Größe wurden die zehn Transaktionen nacheinander mit vier verschiedenen Größen des DB-Puffers im Einbenutzerbetrieb ausgeführt. Ein Beispielergebnis dieser äußerst zeitaufwendigen Meßreihe ist in Bild 2.3 wiedergegeben. In einem Koordinatensystem aus Puffer- und Datenbankgröße ist das Verhältnis der Ausführungszeiten aller zehn Transaktionen zwischen zwei Speicherungsstrukturen aufgetragen; der Durchmesser der Kreise ist dem Verhältnis proportional. Die monotone Abhängigkeit dieses Quotienten von den beiden betrachteten Parametern ist gut zu erkennen.
Eine detaillierte Darstellung der Ergebnisse findet sich in /Me80/. Insgesamt deutet diese Untersuchung darauf hin, daß Meßergebnisse, die an kleinen Datenbanken mit kleinem DB-Puffer gewonnen wurden, die Verhältnisse bei großen Datenbanken mit großem Puffer hinreichend genau beschreiben.

2.5 Bestimmung der Einflußgrößen im Mehrbenutzerbetrieb

Da aus den eingangs schon genannten Gründen eine analytische oder auch nur heuristische Modellierung der *zusätzlichen Aspekte* des Mehrbenutzerbetriebes in realen Datenbanksystemen wenig aussichtsreich erschien, wurden diese Messungen an einer realen Datenbank und nicht - wie in den oben beschriebenen Fällen - an synthetischen Meßdatenbanken vorgenommen. Grundlage hierfür war eine mit ADABAS realisierte Anwendung, die in /HI80/ dargestellt ist, und die mitsamt allen die "charakteristische" Last bestimmenden Transaktionen auf UDS umgestellt wurde. Die so nachgebildete Datenbank wurde mit Testdaten gefüllt, deren Werteverteilung weitgehend der Realität entsprach. Zur Messung mit Hilfe des in /EHRS81/ beschriebenen Last-Schedulers

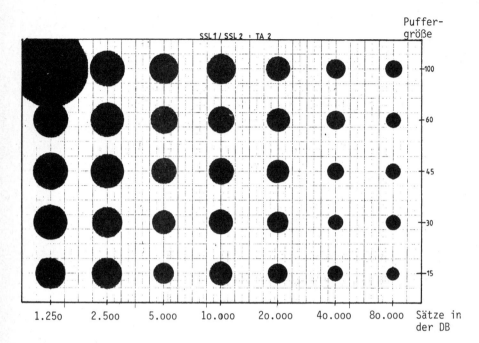

Bild 2.3 Verhältnisse der Laufzeiten einer Transaktion (TA2) bei zwei
Speicherungsstrukturen (SSL1, SSL2) in Abhängigkeit von der
Puffer- und Datenbankgröße

wurden verschiedene Transaktions-Mix-Typen definiert (von hauptsächlich aus Lesetransaktionen bestehenden Lasten über Mischlasten bis zu solchen, die überwiegend Änderungstransaktionen umfassen), und unter Variation der das Verhalten des Systems im Mehrbenutzerbetrieb bestimmenden Parameter wie: Puffergröße, Anzahl der parallel ablaufenden Transaktionen, Anzahl der gleichzeitig verfügbaren Datenbankprozesse ("Subtasks") im Hinblick auf den maximal erzielbaren Durchsatz untersucht. Dabei wurden alle in /EHRS81/ vorgestellten Meßwerkzeuge eingesetzt. Einige der Resultate dieser Untersuchungen sind in Abb. 2.4 dargestellt.

Wegen der grundsätzlichen Schwierigkeit, hinreichend präzise und umsetzbare Richtlinien für das Systemverhalten im Mehrbenutzerbetrieb zu formulieren, soll versucht werden, dies zumindest für bestimmte *Anwendungsklassen*, wie z.B. Auskunftssysteme, Bestellsysteme, Lagerhaltungssysteme usw. zu tun.
Voraussetzung hierfür ist, daß:

- die Anwendungssysteme hinreichend genau definiert werden und im Hinblick auf
  die sie charakterisierenden Leistungskriterien eine hohe Trennschärfe aufweisen,

- wegen des zunehmenden Einsatzes von DB-Systemen im Dialog, d.h. in einer
  DC-Umgebung, auch die Eigenschaften des TP-Monitors in die Leistungsanalysen
  einbezogen werden /Hä79b/.

Beide Aufgaben haben sich im Lichte der Ergebnisse dieses Forschungsprojektes als lohnende Themen künftiger Untersuchungen gezeigt.

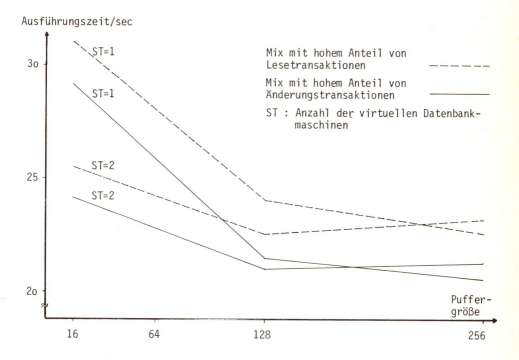

Abb. 2.4 : Einflußgrößen für den Durchsatz im Mehrbenutzerbetrieb

3. Bewertung von Meßwerkzeugen und Modellen

In /EHRS81/ werden verschiedene Meßverfahren zur Leistungsanalyse von Datenbanksystemen im Einbenutzerbetrieb und im Mehrbenutzerbetrieb vorgestellt und die Erzeugung von synthetischen und realen Meßumgebungen diskutiert. Bei der Durchführung von Datenbankmessungen fallen stets große Mengen von Meßdaten an, deren Interpretation oft nur mit Hilfe geeigneter Verfahren möglich ist. Solche Interpretationsverfahren werden in Kapitel 2 dieser Arbeit beschrieben, wobei auch die Erstellung von Modellen als besonders detailliertes Hilfsmittel zur Interpretation erwähnt wird. Es steht somit ein umfangreiches Instrumentarium zur Leistungsanalyse von Datenbanksystemen zur Verfügung.

Die beiden wichtigsten Zielgruppen, für die die genannten Analyseverfahren entwickelt wurden, sind DBMS-Hersteller und DBMS-Anwender; beim Anwender lassen sich noch Datenbankadministrator (DBA) und Anwendungsprogrammierer unterscheiden. Da sie sehr unterschiedliche Anforderungen an Analysemethoden haben, ist es sinnvoll, für Hersteller und Anwender die Nützlichkeit der einzelnen Methoden getrennt zu bewerten, um beiden Gruppen eine einfache Auswahl geeigneter Methoden zu ermöglichen. Alle in dieser Arbeit erwähnten und im Projekt "Leistungsanalyse UDS" erprobten Methoden sind in Abb. 3.1 zusammenfassend dargestellt.

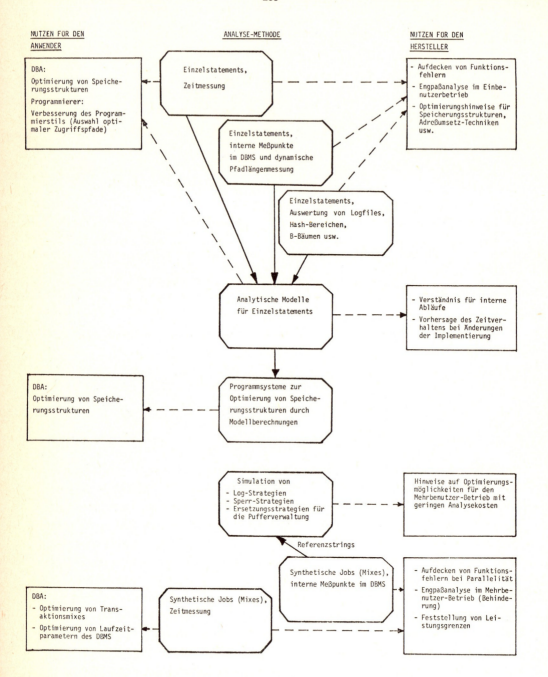

Abb. 3.1: Methoden zur Leistungsanalyse von Datenbanksystemen und ihre Nützlichkeit für DBMS-Anwender und DBMS-Hersteller

3.1 Analyseverfahren für den DBMS-Entwickler

Die wichtigsten Ziele von Leistungsanalysen beim DBMS-Entwickler sind
- Verständnis des dynamischen Verhaltens des DBMS
- Lokalisierung von Leistungsengpässen (z.B. CPU-bound vs. I/O-bound)
- Ermittlung von Leistungsgrenzen des DBMS (z.B. maximale Transaktionsrate).

Als Nebeneffekt ergeben Leistungsanalysen häufig Hinweise auf Funktionsfehler; dies sind im Gegensatz zu Leistungsengpässen Implementierungsfehler, die zu falschen Datenbank-Inhalten bei Änderungsoperationen oder zu falschen Ergebnissen bei Abfragen führen (z.B. falsche Sortierfolge). Neben reinen Meßverfahren sind auch Modelle für den DBMS-Hersteller von Interesse, da sie die Leistungsfähigkeit von Implementierungsalternativen vorhersagen können, ohne daß die Fertigstellung des gesamten Systems mit der modifizierten Komponente abgewartet werden muß.

Nach den Erfahrungen im Projekt "Leistungsanalyse UDS" ist es sinnvoll, mit sehr einfachen Messungen zu beginnen, da für große Schemata und komplexe Transaktionsmixes die Meßergebnisse nur schwer interpretierbar sind. Es ist etwa folgende Vorgehensweise denkbar:

a) Zeitmessungen einzelner DML-Befehle im Einbenutzerbetrieb. Auf diese Weise kann festgestellt werden, *ob* unerwartet lange Ausführungszeiten auftreten. Sie weisen auf die Existenz unvermuteter Leistungsschwächen hin. Die DML-Befehle sind für möglichst einfache Schema-Bausteine zu untersuchen. Treten dabei unerwartete Ausführungszeiten auf, so können detailliertere Analysemethoden gemäß b) eingesetzt werden.

b) Aufzeichnung interner Ereignisse im DBMS, dynamische Pfadlängenmessung und Analyse von Datenbeständen (Logfiles, Hash-Bereiche, B-Bäume). Als Beispiel für interne Ereignisse im DBMS seien logische und physische Seitenreferenzen und Modulaufrufe genannt, deren Aufzeichnung und Auswertung sich bei der Leistungsanalyse von UDS immer wieder als nützlich erwiesen haben. Zeigt sich dabei in einer Komponente der DBMS eine besonders hohe CPU-Belastung, so kann durch einen Trace aller durchlaufenden Maschineninstruktionen (dynamische Pfadlängenmessung) die Ursache genauer lokalisiert werden. Zur Optimierung von Speicherungsstrukturen, die als Engpaß erkannt wurden, können besondere Auswertungsprogramme dienen, z.B. zur Untersuchung von Hash-Bereichen und B-Bäumen. Die Analyse von Logfiles ermöglicht eine Optimierung der Log-Strategie, die in vielen Fällen der Hauptgrund für ineffiziente Änderungsoperationen ist.

c) Erstellung von analytischen Modellen für Einzelstatements. Auf der Grundlage der Meßergebnisse für einzelne DML-Statements lassen sich Formeln entwickeln, die das Zeitverhalten einzelner DML-Statements in Abhängigkeit von der Meßumgebung (z.B. Setgrößen, Speicherungsstrukturen usw.) präzise vorhersagen (vgl. Abschnitt 2.1 und 2.2). Solche analytischen Modelle fördern das Verständnis für interne Abläufe und ermöglichen die Vorhersage des Zeitverhaltens bei

Änderungen der Implementierung; sie lassen sich weiterhin in ein Programmsystem zur automatischen Optimierung von Speicherungsstrukturen einbringen, das dem Datenbankadministrator des DBMS-Anwenders zur Verfügung gestellt werden kann.

d) Zeitmessung und Aufzeichnung interner Ereignisse im Mehrbenutzerbetrieb. Sobald alle Details über die interne Bearbeitung von einzelnen DML-Statements bekannt sind, müssen Messungen im Mehrbenutzerbetrieb durchgeführt werden, um Funktionsfehler bei Parallelität und Leistungsengpässe durch gegenseitige Behinderung aufzudecken und die Leistungsgrenzen des realisierten DBMS festzustellen. Für Mehrbenutzer-Messungen ist der Einsatz von synthetischen Jobs sinnvoll, um wiederholbare Transaktionslasten erzeugen zu können. Neben Zeit- und Durchsatzmessungen hat sich die Aufzeichnung von logischen Seitenreferenzstrings als nützlich erwiesen; solche Strings dienen als Eingabe für die

e) Simulation von Log-Strategien, Sperr-Strategien und Ersetzungsstrategien für die Systempuffer-Verwaltung. Simulation auf der Basis von realen Referenzstrings liefert zuverlässige Aussagen über Implementierungsalternativen bei geringen Analysekosten.

Alle genannten Verfahren helfen dem DBMS-Entwickler, Detailwissen über interne Abläufe zu erwerben; solches Detailwissen ist Voraussetzung für die Beseitigung von Leistungsengpässen.

3.2 Analyseverfahren für den DBMS-Anwender

Beim Anwender von Datenbanksystemen sind vor allem zwei Personengruppen mit der Leistungsfähigkeit des eingesetzten DBMS befaßt: Datenbankadministratoren und Anwendungsprogrammierer. Sie interessieren sich nicht für Implementierungsdetails des DBMS; ihre Hauptaufgabe besteht vielmehr darin, die an der Anwender-Schnittstelle wählbaren Parameter des Systems zu optimieren. Auf diese Weise können sie das "general purpose DBMS" des Herstellers an ihre spezielle Umgebung anpassen und damit die Effizienz des vorgegebenen Systems steigern.

Der *Datenbankadministrator* hat vor allem folgende Optimierungsmöglichkeiten:
- Auswahl der günstigsten Speicherungsstrukturen für die geplanten Transaktionsprogramme
- Auswahl der günstigsten Laufzeitparameter für das DBMS (Puffergröße, Maximalzahl paralleler Transaktionen usw.)
- Zusammenstellung von optimalen Mixes aus Retrieval- und Update-Transaktionen
- Wahl einer für das Sicherheitsbedürfnis der Anwendungsumgebung angemessenen Strategie für Logging und Recovery; Definition der durchzuführenden Zugriffskontrollen (technischer Datenschutz)

Im Gegensatz zum DBMS-Hersteller interessiert sich der DBA nicht für Interna des eingesetzten Systems. Für ihn sind daher nur solche Analysemethoden geeignet, die

Ergebnisse liefern, die aus der Sicht des DBMS-Benutzers interpretierbar sind. Es sind dies inbesondere

a) Zeitmessungen von Einzelstatements. Meßreihen für Einzelstatements unter Variation von Speicherungsstrukturen helfen dem DBA bei der Auswahl optimaler Strukturen.

b) Zeitmessungen mit synthetischen Jobs (Mixes). Der Einsatz synthetischer Jobs ermöglicht wiederholte Messungen mit identischer Mehrbenutzer-Transaktionslast. Sie können insbesondere zur Optimierung von Transaktionsmixes (Retrieval/Update) und Laufzeitparametern des DBMS (Puffergröße, maximale Parallelität usw.) herangezogen werden.

Neben diesen Meßwerkzeugen kann der DBA bei der Auswahl von Speicherungsstrukturen auf Modelle und Ergebnisse von Modellberechnungen zurückgreifen, wie sie in Kapitel 2 beschrieben wurden. Dabei sind insbesondere Programmsysteme zur Bewertung von Speicherungsstruktur-Alternativen anhand von Modellen zu nennen (/GG77/,/KM80/). Eine Weiterentwicklung solcher Systeme wird vielleicht eines Tages zur automatischen Auswahl optimaler Speicherungsstrukturen für eine gegebene Transaktionslast und ein gegebenes logisches Schema führen (vgl. Abschnitt 2.3 sowie /Bl80/).

Der *Anwendungsprogrammierer* hat bei allen hierarchischen und Netzwerk-Datenbanksystemen mit prozeduralen Datenmanipulationssprachen einen erheblichen Einfluß auf die Laufzeit der Transaktionsprogramme, da er die zu benutzenden Zugriffspfade auswählt. Die Konsequenzen seiner Entscheidungen sollten ihm durch Messungen deutlich gemacht werden:

a) Zeitmessungen im Einbenutzerbetrieb geben dem Programmierer die Möglichkeit zur lokalen Optimierung seines Transaktionsprogramms unter Berücksichtigung der Speicherungsstrukturen, die der Datenbankadministrator festgelegt hat.

b) Messungen im Mehrbenutzerbetrieb helfen bei der Beurteilung der gegenseitigen Behinderung paralleler Transaktionen. Beispielsweise wird der Programmierer durch die Ergebnisse solcher Messungen motiviert, die Anzahl und Dauer von Sperren auf Datenobjekten, die er explizit oder implizit setzt, zu minimieren, um parallele Transaktionen nicht zu blockieren.

Der Schwerpunkt der Analyseverfahren beim DBMS-Anwender liegt bei reinen Zeitmessungen, da sie sehr einfach einzusetzen sind und kein Detailwissen über interne Strukturen und Algorithmen des DBMS erfordern.

Zusätzlich können vom DBMS-Hersteller bereitgestellte DBMS-interne Meßverfahren eingesetzt werden, deren Ergebnisse durch Auswertungsprogramme in eine dem Anwender verständliche Form gebracht werden müssen. Diese Vorgehensweise ist analog zur Leistungsanalyse von Betriebssystemen mit Hilfe von Software-Monitoren.

4. Zusammenfassung

Im Rahmen des Projektes "Leistungsanalyse UDS" wurden an der TH Darmstadt Methoden zur Messung und Interpretation des Leistungsverhaltens von Datenbanksystemen entwickelt und erprobt. Der Einsatz von Meßwerkzeugen und die Erzeugung von Meßumgebungen wurden in /EHRS81/ zusammenfassend beschrieben. Diese Arbeit behandelt Verfahren zur Interpretation von Meßergebnissen, wobei insbesondere auch auf analytische Modelle eingegangen wird. Alle Meß- und Interpretationsverfahren werden im Hinblick auf ihre Nützlichkeit für DBMS-Hersteller und DBMS-Anwender bewertet. Es wird zur Leistungsanalyse von Datenbanksystemen ein schrittweises Vorgehen vorgeschlagen; beginnend mit einfachen Meßumgebungen (Einzelstatements, einfache Schemabausteine) können mit zunehmendem Verständnis für das Leistungsverhalten des DBMS immer detailliertere Meß- und Interpretationsverfahren eingesetzt werden.

Die Untersuchungen am Datenbanksystem UDS zeigten deutlich die Notwendigkeit eines Repertoires von verschiedenartigen Analyse-Hilfsmitteln, die vom DBMS-Hersteller und vom DBMS-Anwender in Abhängigkeit von seiner jeweiligen Problemstellung angewendet werden können. Zur Zeit wird an der Entwicklung weiterer Meßwerkzeuge zur Analyse des Mehrbenutzerbetriebes gearbeitet; zugleich werden Untersuchungen des Leistungsverhaltens von DB/DC-Systemen vorbereitet, bei denen eine optimale Abstimmung von Datenbank- und Datenkommunikationssystem angestrebt wird.

Literatur

BL80   H.M. Blanken: Automatic Generation of Storage Structures for a DBTG Database System, in: Proc. International Conference on Data Bases, S.M. Deen and P. Hammersley (eds.), Heyden, London, 1980, pp.99-118.

EHR80a   W. Effelsberg, T.Härder, A.Reuter: An Experiment in Learning DBTG Database Administration, in: Information Systems, Vol. 5, No.2 (1980), pp.137-147.

EHR80b   W. Effelsberg, T. Härder, A. Reuter: Measurement and Evaluation of Techniques for Implementing COSETs - A Case Study, in: Proc. International Conference on Data Bases, S.M. Deen and P. Hammersley (eds.), Heyden, London, 1980, pp. 135-159.

EHRS81   W. Effelsberg, T. Härder, A. Reuter, J. Schultze-Bohl: Leistungsmessung von Datenbanksystemen - Meßmethoden und Meßumgebung, Tagungsband "Messung, Modellierung und Bewertung von Rechensystemen", Jülich, Februar 1981, Informatik-Fachbericht, Springer-Verlag, 1981.

ER79   W.Effelsberg, A. Reuter: Performance-Handbuch UDS-V2 (BS1000). Interner Bericht, Forschungsgruppe Datenverwaltungssysteme I, TH Darmstadt, September 1979.

GG77   T.J. Gambino, R. Gerritsen: A Database Design Decision Support System, in: Proc. 3rd VLDB Conference, Tokio, 1977, pp.534-544.

Gr80	S. Gräber: Performance-Vergleich von SSL-Varianten für UDS-BS1000. Studienarbeit, Forschungsgruppe Datenverwaltungssysteme I, TH Darmstadt, 1980.
Hä79a	T. Härder: Leistungsanalyse von Datenbanksystemen, in: Angewandte Informatik, Bd. 21, Nr.4, April 1979, S. 141-150.
Hä79b	T. Härder: Datenkommunikationssysteme. Manuskript zu einer Vorlesung an der TH Darmstadt im WS 79/80, Forschungsgruppe Datenverwaltungssysteme I.
Hi80	Hessisches Institut für Bildungsplanung und Schulentwicklung (Hrsg.): Beratung in der Schule (Projekt-Abschlußbericht), Wiesbaden, 1980.
HR80	T. Härder, A. Reuter: Abhängigkeiten von Systemkomponenten in Datenbanksystemen, in: Proc. GI-Jahrestagung 1980, Saarbrücken, Informatik-Fachberichte, Bd. 33, Springer-Verlag, 1980, S. 243-257.
KM80	K. Küspert, K. Meyer-Wegener: Entwurf und Implementierung eines Systems zur Performance-Vorhersage von UDS durch mathematische Modelle. Diplomarbeit, Forschungsgruppe Datenverwaltungssysteme I, TH Darmstadt, 1980.
Me80	V. Messerschmidt: Bestimmung von Modellinvarianten für DBS-Messungen. Diplomarbeit, Forschungsgruppe Datenverwaltungssysteme I, TH Darmstadt, 1980.
Rb79	J. Rehbein: Kostenmodelle für Modifikationsoperationen in einem Datenbanksystem. Diplomarbeit, Forschungsgruppe Datenverwaltungssysteme I, TH Darmstadt, 1979.
Re80	A. Reuter: Anmerkungen zum Datensicherungskonzept in UDS-BS2000. Technischer Bericht, Forschungsgruppe Datenverwaltungssysteme I, TH Darmstadt, Juli 1980.
SB80	J. Schultze-Bohl: Optimierung des Betriebsverhaltens über Lastanalyse und selektive Aktivierung. Technischer Bericht, Forschungsgruppe Datenverwaltungssysteme I, TH Darmstadt, 1980.
WH76	H. Wedekind, T. Härder: Datenbanksysteme II. Bibliographisches Institut, Reihe Informatik, Band 18, 1976.

Diese Arbeit wurde vom Bundesminister für Forschung und Technologie (Förderkennzeichen 081 5186) und von der Siemens AG unterstützt.

Modellierung und Leistungsbewertung eines Betriebssystems durch Simulation

S. Trosch
Siemens AG
Otto-Hahn-Ring 6
8000 München 83

Zusammenfassung:

Das Time-sharing Betriebssystem BS2000 arbeitet mit virtuellem Speicher und unterstützt Teilnehmer- und Batch-Tasks sowie Teilhaberprozesse. Mit dem Programm ASIBS2 wurde ein Modell zur Simulation dieses Betriebssystems entwickelt. Es bildet die Bearbeitung einer beliebigen vorgegebenen Last durch eine vorgegebene Anlagenkonfiguration nach. Das Modell eignet sich für Performance-Vorhersagen (Auslastung der DVA, Durchsatz), zur Bestimmung von Engpässen im System und zur Ermittlung einer optimalen Systemkonfiguration. An verschiedenen Stellen des Modells wurde der tatsächliche Ablauf im BS2000 vereinfacht dargestellt, da entweder genauere Daten prinzipiell nicht verfügbar sind (z.B. Paging) oder eine genauere Simulation zu wesentlichen Laufzeitverlängerungen des Programms führen würde. Die Simulationsergebnisse wurden zur Validierung mit zahlreichen gemessenen Ergebnissen verglichen.

1. Einführung und Zielsetzung

Die optimale Dimensionierung bestehender oder zukünftiger DV-Systeme ist ein sehr schwieriges Problem, da das Systemverhalten bei gegebenem Lastprofil von einer großen Zahl freier Parameter wie Arbeitsspeicherausbau, Prozessorleistung, Peripherie, DFÜ-Leitungen und Strategien des Betriebssystems abhängt. Die Abhängigkeiten dieser Parameter sind dabei kaum überschaubar. Leistungsmessungen zur Ermittlung einer optimalen Systemkonfiguration sind zeitaufwendig und teuer, bei geplanten Systemen auch nicht möglich. Bisher existieren keine brauchbaren analytischen Verfahren zur Beschreibung eines Modells eines Betriebssystems. Zur Leistungsvorhersage wurde für das Siemens Betriebssystem BS2000 daher ein Simulationsmodell entwickelt.
Die Vorteile der Simulation sind:

* Die Methode ist auch für hochkomplexe Systeme geeignet.
* Sie ist für beliebige Konfigurationen und Anwendungen einsetzbar.
* Es besteht die Möglichkeit, schlechte Performance-Eigenschaften früh zu erkennen und durch gezieltes Experimentieren zu beseitigen.
* Es sind Vorhersagen für noch nicht existierende Systeme möglich.

Ein Nachteil der Simulation ist, daß die Ergebnisse von der Realität abweichen können, da im Modell Vereinfachungen enthalten sind. Diese können notwendig sein, um die Rechenzeit der Simulationsläufe niedrig zu halten oder weil benötigte Daten prinzipiell nicht verfügbar sind. Der Einsatz eines Simulationsmodells ist in den folgenden Fällen möglich:

* Ermittlung des Systemverhaltens bei Parameteränderung.
* Leistungsvorhersage für zukünftige Anwendungen bei bestehenden Systemen.
* Auswirkungen von Systemänderungen vorhersagen.
* Ermitteln der optimalen Konfiguration für bestehende Anwendungen nach den möglichen Kriterien:
    ** maximaler Durchsatz
    ** minimale Antwortzeiten
    ** min. Hardwareausstattung für bestehende Anwendungen.
* Hardware Tuning:
    ** Engpässe und Überkapazitäten erkennen und beseitigen,
    ** Systemoverhead feststellen und reduzieren.
* Software Tuning:
    ** Ermittlung und Analyse der Antwortzeiten.
    ** Analyse der Ein-/Ausgaben und Belastung der Geräte.
* Analyse des DFV-Netzes.

2. Das Simulationsmodell

Das BS2000 ist ein Betriebssystem mit virtuellem Speicher für interaktive und nicht-interaktive Prozesse. Der virtuelle Speicher befindet sich auf einer Trommel oder Platte und wird bei Bedarf stückweise in den Arbeitssspeicher geladen (Paging). Das System arbeitet mit eine Zeitscheibentechnik, d.h ein Task erhält eine maximale Zeit, die er den Prozessor belegen darf. Dadurch können mehrere Tasks gleichzeitig auf der Anlage ablaufen, ohne daß einer den Prozessor monopolisiert. Zentraler Teil des Betriebssystems BS2000 ist das Organisationsprogramm, welches in die Komponenten
* Ablaufteil
* Datenverwaltungssystem
* Testhilfen

unterteilt ist. Für die Strategien des BS2000 ist nur der Ablaufteil wichtig. Dieser wurde für die Modellbildung in die Komponenten
* Speicherverwaltung   (Memory management)
* Auftragssteuerung   (Job scheduling)
* Prozeßverwaltung   (Task management)
* E/A-Steuerung
* DFV-System

unterteilt und bei der Simulation berücksichtigt.
Jeder Prozeß durchläuft während er sich im Modell befindet eine Reihe von Servern, die entweder Systemkomponenten sind oder diese beanspruchen (z.B. Platten, Kanäle, Drucker usw.). Diese Server werden von einer Transaktion (Benutzer- oder Systemtask) für eine bestimmte Zeit belegt, während der verschiedenen Aktionen durchgeführt werden (z.B. Verbrauch von CPU-Zeit, Plattenpositionierung, Datentransfer). Nach Beendigung dieser Aktionen wird der Server freigegeben und die Transaktion mit neuen Aufträgen an einen anderen Server weitergeleitet.

2.1. Auftragssteuerung

Ankommende Batch-Jobs warten in einer Warteschlange und werden von der Auftragessteuerung nach bestimmten Kriterien (Priorität, verfügbarer Speicher, vorgesehene Rechenzeit) eingeplant, d.h. in Tasks umgewandelt. Außerdem überwacht die Auftragssteuerung den Spoolout und übernimmt die Dateiverwaltung.

2.2 Prozeßverwaltung

Die Prozeßverwaltung koordiniert mit bestimmten Algorithmen die Prozeßabläufe im Betriebssystem. Zentrale Komponente ist der Task Scheduler.

2.2.1 Task Scheduler

Im BS2000 bestimmt der Task Scheduler maßgeblich die Methoden, die zur Überwachung der einzelnen Systemkomponenten benutzt werden. Der Task Scheduler ist hauptsächlich für die folgenden Gebiete verantwortlich:
* Beginn und Beendigung von Tasks.
* Aktivierung und Deaktivierung von Tasks.
* Kontrolle des Weges der Tasks und Einreihen in die Systemwarteschlangen für Ein-/Ausgabe, Paging und Zeitscheibenablauf.

2.2.1.1 Systemwarteschlangen

Der Task Scheduler überwacht 13 Warteschlangen, von denen ein Teil nicht benutzt wird, ein weiterer Teil für die Simulation ohne Belang ist. Der Transport der Tasks zwischen den Warteschlangen wird von Pend- und Unpend-Routinen durchgeführt. Diese Routinen werden aufgerufen, wenn die Bearbeitung der Tasks bei einem Server abgeschlossen ist (z.B. Prozessorfreigabe wegen abgelaufener Zeitscheibe oder fehlender Seite im Arbeitsspeicher, I/O beendet, Terminal-Eingabe beendet). Der Pend-Mechanismus entfernt einen Task (weiter) von der Prozessorwarteschlange während der Unpend-Mechanismus einen Task näher an die Prozessorwarteschlange transportiert. Ein Task wird in der Zielwarteschlange nach vorgegebenen Prioritätskriterien eingeordnet. Die Warteschlangen können in die drei Kategorien aktiv (Q1-Q4), inaktiv-bereit (Q5,Q6) und inaktiv-nicht bereit (Q7-Q13) unterteilt werden. Tasks in aktiven Warteschlangen besitzen Arbeitsspeicherseiten, können den Prozessor benutzen und Ein-/Ausgabe- und Pagingoperationen ausführen. Tasks in den inaktiv-bereiten Warteschlangen warten auf Aktivierung und besitzen keine Arbeitsspeicherseiten.
Die simulierten Systemwarteschlangen sind:

- Q1 Prozessorwarteschlange. Der Task mit der höchsten Priorität erhält jeweils den Prozessor.
- Q3 Page Wait Queue. Tasks warten darauf, daß eine nicht im Arbeitsspeicher befindliche Seite nachgeladen wird.
- Q4 Peripheral I/O Queue. Tasks warten auf Beendigung einer Ein-/Ausgabe.

Q5   Interactive Tasks Ready Queue. Interaktive und Systemtasks warten auf Aktivierung (d.h. Zuteilung freier Arbeitsspeicherseiten).
Q6   Batch Tasks Ready Queue. Batch-Tasks warten auf Aktivierung.
Q10 General Wait Queue. Wird im Modell nur für ankommende Batch-Jobs benutzt.
Q11 Warteschlange für inaktive Systemtasks.
Q12 Warteschlange für lange Ein-/Ausgaben. Hier warten Tasks auf Terminal-Ein-/Ausgabe und Tasks aus Q4, deren Realzeitscheibe abgelaufen ist.

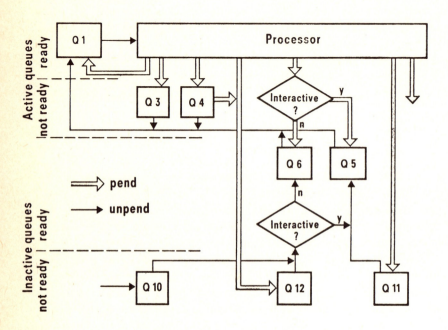

Bild 1   Systemwarteschlangen im BS2000

2.2.1.2 Time Slicing

Im Modell sind drei verschiedene Zeitscheiben implementiert: Mikro-, Makro- und Realzeitscheibe. Spätestens nach Ablauf einer Mikrozeitscheibe muß ein Task den Prozessor freigeben und wird in die Q1 mit neuer (niedrigerer) Priorität eingereiht.
Nach Ablauf einer Makrozeitscheibe wird ein Task deaktiviert falls in Q5 oder Q6 Tasks auf Aktivierung warten und die freigebenen Seiten werden diesen zur Verfügung gestellt.
Tasks, die in Q4 auf Beendigung einer Ein-/Ausgabe warten, werden nach Ablauf ihrer Realzeitscheibe deaktiviert und erhalten ein Pend nach Q12.

2.2.1.3 Aktivierung und Deaktivierung

Zur Aktivierung der in Q5 und Q6 wartenden Tasks stehen zwei Algorithmen zur Verfügung, die den freien Arbeitsspeicher diesen Tasks zuteilen. Dabei kann das Aktivierungsverhältnis von interaktiven zu nicht-interaktiven Tasks vorgegeben werden oder eine maximale Seitenzahl für diese beiden Tasktypen.
Aktive Tasks werden in den folgenden Fällen deaktiviert und der von ihnen belegte Arbeitsspeicher freigegeben:
* Ablauf der Makrozeitscheibe.
* Ablauf der Realzeitscheibe.
* Speichermangel bei Seitenanforderung (Ein Task setzt einen Page Read-Auftrag ab und keine freie Seite ist verfügbar).
* Deaktivierung bei Warten auf Börse (Terminal I/O).

2.3 Speicherverwaltung

Im BS2000 gibt es zwei verschiedene Tasktypen. Residente Tasks sind stets vollständig im Arbeitsspeicher, während nicht-residente Tasks sich im virtuellen Speicher befinden und bei Bedarf stückweise in den Arbeitsspeicher geladen werden. Benötigt ein nicht residenter Task eine Seite, die sich nicht im Arbeitsspeicher befindet, wird der Task zur Durchführung des Page Reads in die Q3 gebracht. Nachdem die Seite in den Arbeitsspeicher gelesen worden ist, erhält der Task wieder ein Unpend nach Q1.
Nach Deaktivierung eines Tasks werden seine Arbeitsspeicherseiten freigegeben und können benutzt werden, um andere Tasks zu aktivieren. Seiten, die vom Task nicht verändert worden sind, werden der Read Only Queue zugeordnet, während veränderte Seiten der Read Write Queue zugeordnet wwerden. Diese Seiten müssen in den virtuellen Speiche rückgeschrieben werden, bevor sie von einem anderen Task benutzt werden können. Im Modell kann das Verhältnis Read Only zu Read Write Seiten für jeden Task vorgegeben werden.

2.3.1 Paging

Jeder Task benötigt zum Ablauf eine bestimmte Anzahl von Seiten im Arbeitsspeicher (Working Set). Wird eine nicht im Arbeitsspeicher befindliche Seite nachgeladen, so wird der Working Set um eine Seite erhöht oder eine seit midestens 3000 Befehlen nicht angesprochene Seite überschrieben (LRU-Mechanismus). Durch die g-bit Clearing Routine kann der Working Set wieder vermindert werden. Dabei werden Seiten, die seit mindestens 12000 Befehlen nicht mehr angesprochen wurden, vom Working Set entfernt.
Im Modell können die einzelnen Seiten nicht exakt verfolgt werden. Es kann daher nicht entschieden werden, ob eine Seite des Working Sets überschrieben oder entfernt werden kann. Weiter kann auch nicht vorhergesagt werden, ob eine von einem Task angeforderte Seite sich im Arbeitsspeicher befindet oder nicht. Für jeden Task wird daher im Modell ein mittlerer Working Set definiert und eine mittlere Pagingrate für jeden Simulationslauf vorgegeben. Der Working Set wird bei jedem Paging jeweils um eine Seite erhöht und bei der Deaktivierung wieder vermindert. Der mittlere Working Set kann durch eine Verteilungsfunktion (gleichverteilt, normal, exponentiell) definiert werden.

2.4 Kommunikationssystem

Über die Kommunikationssteuerung wird der Datenverkehr zwischen Zentraleinheit und Terminals abgewickelt. Der Datenfluß läuft dabei von der Zentraleinheit über einen Bytemultiplexkanal zum Vorrechner und über Vollduplexleitungen und Knotenrechnern zu den Terminals. Zentrale Komponente ist die Zugriffsmethode BCAM (Basic Communication Access Method), die als Systemtask organisiert ist und zwischen Q1 und Q4 pendelt. BCAM hat je eine Schnittstelle zu Kanal und Benutzertask.
Der Kanal und BCAM verwalten je zwei Warteschlangen für ankommende und abgehende Nachrichten. Alle 200 ms werden die Nachrichten in der Kanalsendewarteschlange in die BCAM-Eingangswarteschlange übertragen, wobei die Übertragungsdauer von der Länge der Nachricht abhängt. Durch einen asynchronen Kanalinterrupt erhält BCAM ein Unpend nach Q1, verteilt die Nachrichten an die in Q12 wartenden Tasks und beendet durch ein Unpend nach Q5 deren Wartezustand.
Anschließend werden alle Nachrichten aus der BCAM-Sendewarteschlange in die Kanaleingangswarteschlange übertragen und vom Vorrechner weiterverarbeitet.
In der Börsenwarteschlange warten Aufträge an Teilhaberanwendungen, bis sie durch einen freien Task bearbeitet werden können.

2.5 DFV-System

Das DFV-System bildet das DFV-Netz ab und steuert die Übertragung
der Nachrichten. Das Netz besteht aus Prozessorknoten, Leitungen,
Terminals und einem Vorrechner als Schnittstelle zum Host. Im Modell
sind sternförmige Netze (ein- oder mehrstufig) und vermaschte Netze
zulässig. Es können maximal 128 Terminals mit unterschiedlichen Leitungsgeschwindigkeiten angeschlossen werden, die in beliebigen getrennt ausgewerteten Gruppen angeordnet sein können.
Die Behandlung der Nachrichten in den Netzknoten und die Bestimmung
der Verweilzeit geschieht durch eine analytische Funktion, die aus
einer gesonderten Simulation eines Netzknotenrechners (Siemens TRANSDATA) gewonnen wurde. Weiter werden die Nachrichtenwege durch die
Netzknoten bestimmt und das Benutzerverhalten an den Terminals simuliert (Denkzeit).

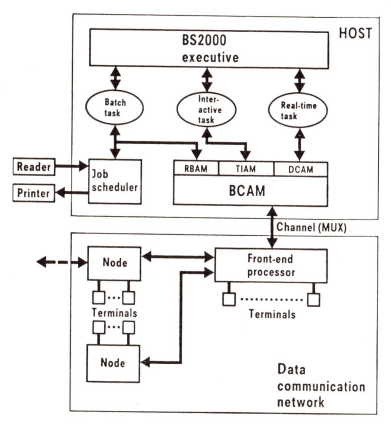

Bild 2   BS2000 Anwendung

3 Simulationsmethode

Unabhängig von der Struktur des Modells kann die Simulation nach zwei verschiedenen Methoden durchgeführt werden, der ereignisorientierten oder der periodenorientierten Methode. Bei der ereignisorientierten Simulation wird davon ausgegangen, daß das Modell zu bestimmten Zeitpunkten (zufallsabhängig oder berechnet) Veränderungen seines Zustands erfährt, während zwischen diesen Zeitpunkten sein Zustand konstant bleibt. Ausgehend vom bestehenden Zustand wird das nächstfolgende Ereignis bestimmt und die Simulationsuhr um die sich ergebende Zeitdifferenz vorgestellt. Bei gleichzeitig eintretenden Ereignissen sind dabei Prioritätskriterien für die Reihenfolge der Behandlung notwendig. Jedes neue Ereignis wird seinem errechneten Zeitpunkt und seiner Priorität entsprechend in die Liste der eingeplanten Ereignisse eingetragen.

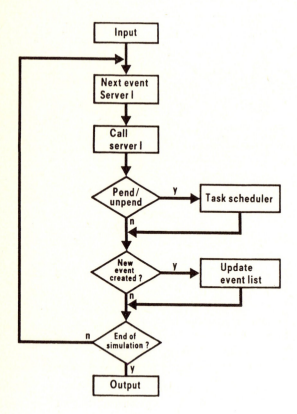

Bild 3   Ereignisorientierte Simulation

Bei der periodenorientierten Simulation wird die Zeit in äquidistante
Intervalle unterteilt, deren Länge als Periode bzw. Simulationstakt
bezeichnet wird. Am Ende einer Periode werden alle Systemkomponenten
(Server) abgefragt, ob ein Ereignis eingetreten ist. Die damit verbundene Zustandsänderung wird ausgeführt und am Ende des Abfragezyklus
die Simulationsuhr um eine Periode vorgestellt. Die Prioritätsreihen-
folge entspricht bei diesem Verfahren der Abfragereihenfolge.

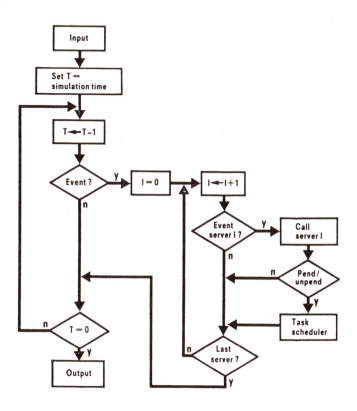

Bild 4   Periodenorientierte Simulation

Bei der Wahl der Simulationsmethode war ein wesentlicher Gesichtspunkt,
die CPU-Zeit der Simulationsläufe möglichst niedrig zu halten, um auch
komplexe Systeme bearbeiten zu können. Um die Ereignisverwaltung genau
dem Modell anzupassen, wurde bei der Modellerstellung keine der bekannten Simulationssprachen sondern FORTRAN verwendet. Dabei ist der Pro-

grammieraufwand für die ereignisorientierte und die periodenorientierte
Simulation annähernd gleich. Entscheidend für die Wahl eines der beiden
Verfahren war daher ihr dynamisches Verhalten gegenüber einer vorgegebenen Ereignisdichte. Sind im Modell k Server vorhanden, umfaßt bei der
periodenorientierten Simulation der Abfragezyklus in jeder Periode
diese k Komponenten, wobei die Zahl der tatsächlich auftretenden Ereignisse zwischen 0 und k liegen kann. Bei der ereignisorientierten
Version wird für jedes auftretende Ereignis ein Teil des Abfragezyklus
durchlaufen (Einordnen des Ereignisses in die Ereignisliste). Wenn m
die mittlere Dauer zwischen zwei Ereignissen ist, ausgedrückt in Perioden der periodenorientierten Simulation, dann ist nach einer Faustregel von Conway, Johnson und Maxwell die periodenorientierte Simulation vorzuziehen, wenn m < k-1 gilt. Bei 12-15 Systemkomponenten (je
nach Zahl der Platten und Kanäle) und einem mittleren Ereignisabstand
von 30-50 ms ist die periodenorientierte Simulation bis zu Periodenlängen unter 5 ms vorzuziehen. Da ursprünglich eine Periodenlänge von
20 ms, für einige Fälle 10 ms, gefordert war, wurde eine erste periodenorientierte Modellversion erstellt.
Erhönte Anforderungen an die Genauigkeit führten später dazu, daß die
kleinste zu simulierende Zeiteinheit von 10 ms auf 10 µs reduziert
wurde. Bei Periodenlängen unter 1 ms führt aber die periodenorientierte Simulation zu längeren Laufzeiten als die ereignisorientierte
Simulation. Daher wurde schließlich eine ereignisorientierte Version
des Modells erstellt.

3.1 Programmaufbau

Die Unterprogramm-Moduln des Simulationsprogramms ASIBS2 lassen sich
in verschiedene Klassen aufteilen. Im Hauptprogramm wird jeweils das
nächste Ereignis des Simulationslaufes ermittelt und die Verwaltung
der Ereignisliste (Neueinträge, Sortieren, Ändern) durchgeführt. Sämtliche auftretenden Ereignisse betreffen Systemserver, im Allgemeinen
deren Freigabe. Die erste Klasse der Unterprogramme umfaßt alle Server (Prozessor, Platten, Kanäle, Trommeln, Bytemultiplexkanal, DFV-Leitungen, Leser, Drucker, Neuankunft von Jobs und Realzeitscheibenverfolger). Diese Moduln werden vom Hauptprogramm aus aufgerufen.
Der Transport der Tasks zwischen den Systemkomponenten erfolgt durch
Pend- und Unpend-Moduln. Zur dritten Klasse gehören Moduln zum Belegen der Server und zur Bestimmung der Bearbeitungszeit. Weiter gibt
es Moduln zur Betriebsmittelverwaltung (Aktivierung, Deaktivierung,
Paging), Datenfernübertragung (BCAM) und Hilfsroutinen (Einordnen
in Warteschlangen, Verteilungsfunktionen).

3.2 Programmablauf

In einem Vorlauf zur Simulation erfolgen Eingabe sämtlicher Daten und Initialisierung. Weiter werden die ersten Ereignisse und ihre Zeitpunkte ermittelt und in die Ereignisliste eingetragen. Im Hauptlauf wird die Simulationsuhr auf den Zeitpunkt des ersten Ereignisses der Ereignisliste weitergeschaltet. Der verursachende Servermodul wird anschließend aufgerufen und es wird entweder der nächste Ereigniszeitpunkt bestimmt und die vorgesehenen Aktionen durchgeführt (Jobankunft, Bytemultiplexkanal, DFÜ-Leitungen, Realzeitscheibenverfolger) oder der Server freigegeben (Platten, Bänder, Kanäle, Prozessor, Terminals). Der freigegebene Task verzweigt dann in einen Pend- oder Unpendmodul und wird in eine andere Systemwarteschlange nach dem jeweils geltenden Prioritätskriterium eingereiht. Falls der zu dieser Warteschlange gehörende Server frei ist, kann er vom Task belegt werden, wobei die Belegungsdauer bestimmt wird und der Freigabezeitpunkt in die Ereignisliste eingetragen wird. Für den freigegebenen Server wird ein in der zugehörenden Warteschlange wartender Task ausgewählt, der den Server erneut belegen kann. Der Simulationslauf ist beendet, wenn der Zeitpunkt des nächsten geplanten Ereignisses außerhalb des simulierten Zeitintervalls liegt. In einem anschließenden Auswertungslauf werden die gesammelten Daten verarbeitet, aufbereitet und ausgegeben.

3.3 Validierung

Es ist typisch für ein Simulationsmodell, daß sich Ergebnisse nur bedingt auf Richtigkeit überprüfen lassen. Bei komplexen Modellen ist es nicht möglich, die Abläufe manuell nachzuvollziehen, um die Ergebnisse zu vergleichen. Es besteht daher nur die Möglichkeit, bestimmte Systemkonfigurationen und Workloads zu messen und mit den Simulationsergebnissen zu vergleichen. Diese sollten gleich oder den gemessenen wenigstens hinreichend ähnlich sein. Es ist vor allen Dingen wichtig, daß die Ergebnisse tendenziell übereinstimmen. Das Modell ist dann zur Ermittlung von optimalen Dimensionierungen geeignet. Wenn z.B. die minimale Antwortzeit als Optimalitätskriterium angesehen wird, ist die Verteilung der Antwortzeiten aussagefähiger als der Mittelwert, da es oft mehr darauf ankommt Minima und Maxima zu ermitteln. Das Simulationsmodell wurde mit mehreren Konfigurationen und Workloads getestet, für die Messergebnisse mit dem Softwaremonitor COSMOS vorlagen. Die Ergebnisse zeigten eine gute Über-

einstimmung zwischen Meß- und Simulationsergebnissen. Lediglich in
der Nähe von Extremwerten (zu niedriger Arbeitsspeicherausbau, CPU-
Auslastung von nahezu 100 %) zeigten sich größere Abweichungen. Diese
sind auf die Vereinfachungen bei der Nachbildung des Pagingverhaltens
zurückzuführen. Bei knappem Speicher steigt die Pagingrate steil an
bis zur Systemüberlastung, was im Modell nicht mehr exakt nachgebildet werden kann.

Die Rechenzeiten der Simulationsläufe betrugen je nach Sytemkonfigu-
ration und Workload 30 - 100 % der zu simulierenden Zeitdauer.

3.4 Beispiel

Für eine zur Validierung benutzten Systemkonfiguration und Anwenderlast sollen einige Ergebnisse miteinander verglichen werden.

Systemkonfiguration: Prozessorleistung 450 kOps
                       Arbeitsspeicher 1536 kB
                       5 Platten (2 Paging, 3 Daten)
                       2 Blockmultiplexkanäle
                       50 Terminals, direkt verbunden mit Vorrechner.

Arbeitslast: Teilhaberprogramme mit Ladefaktor 3,
                       Terminal-Eingabe 50 Zeichen
                       55000 Befehle
                       15 Plattenzugriffe a 2048 B
                       Terminal-Ausgabe 250 Zeichen.

Die Ankunftsrate der Aufträge ist so gewählt, daß eine maximale
Transaktionsrate erreicht werden soll.

Ergebnisse:	gemessen	simuliert
Max. Transaktionsrate	3.1	2.7
Mittl. Antwortzeit	16.0 s	16.9 s
CPU-Auslastung	86.7 %	77.8 %
Auslastung Kanal 1	9.0 %	8.7 %
Kanal 2	9.0 %	14.5 %

In diesem Beispiel ist die simulierte Kanalauslastung zu hoch, d.h.
die Kanäle sind wegen Vereinfachungen bei der Simulation zu lange
durch I/O-Operationen belegt. Entsprechend sinkt dadurch im Modell

die maximale Transaktionsrate und damit auch die CPU-Auslastung, während die mittlere Antwortzeit etwas ansteigt. Verbesserungen im Modell können zu einer besseren Übereinstimmung führen.
Die Belegung der Systemkomponenten kann für jeden Simulationslauf graphisch ausgegeben werden. Der Zeitraum und die Systemkomponenten können für jede Ausgabe beliebig gewählt werden.

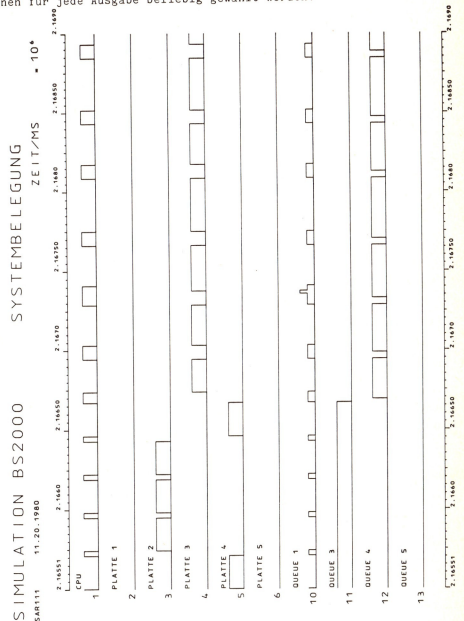

Bild 5   Belegung der Systemkomponenten

Ebenfalls sind graphische Ausgaben möglich, um die Entwicklung des Systemverhaltens bei Variierung eines Parameters darzustellen. Im folgenden Beispiel wurde der Ablauf bei gleicher Anwenderlast, gleicher Systemkonfiguration aber wechselnder Terminalzahl (5,10,20,30, 40,50) simuliert.

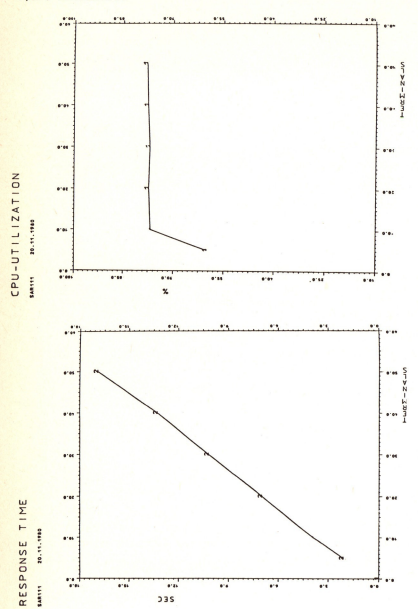

Bild 6   Systemverhalten bei variabler Terminalzahl

PARAMETRISIERTES SIMULATIONSMODELL BS 2000

Kurt U. Hellmold
Friedrich-Alexander-Universität Erlangen-Nürnberg
Institut für Mathematische Maschinen
und Datenverarbeitung IV
Martensstraße 3, D-8520 Erlangen
Germany

Zusammenfassung

Es wird ein parametrisiertes Modell vorgestellt, das die Eigenschaften des Betriebssystems BS 2000 simuliert.
Bei der Beschreibung des modularen Modellaufbaus und der Warteschlangenorganisation wird speziell auf die Besonderheiten des virtuellen Speicherkonzeptes eingegangen. Abschließend werden ausgewählte Simulationsergebnisse diskutiert, die insbesondere das Pagingverhalten des BS 2000 verdeutlichen.

1. Einleitung

Bei der Planung und dem Entwurf von Programmsystemen für Rechenanlagen ist die Vorhersage des Leistungsverhaltens von großer Bedeutung /1/. Hierzu gehören beispielsweise:

* Garantie von Reaktionszeiten
* Bestimmung des Laufzeitverhaltens von Programmen
* Auslastung der Betriebsmittel
  (CPU, Speicher, Kanäle, periphere Geräte)

Im Hinblick auf dieses Ziel wurde ein Simulationsmodell mit Hilfe des Simulators GPSS-FORTRAN /2/ erstellt, das eine Rechenanlage unter dem Betriebssystem BS 2000 /3/ nachbildet. Das Modell BS 2000 berücksichtigt:

* den Aufbau des Anwender-Programmsystems
* die Betriebsmittelausstattung
* die Eigenschaften des Betriebssystems.

Das Simulationsmodell ist vollständig parametrisiert. Das bedeutet, daß der Aufbau des Modells entsprechend der jeweiligen Aufgabenstellung durch Eingabedaten festgelegt wird. Auf Grund dieser Eingabedaten wird ein ablauffähiges Simulationsmodell erzeugt, das die gewünschten Untersuchungen durchführt. Es ist für den Benutzer nicht erforderlich, den Aufbau des Simulationsprogrammes selbst zu kennen. Der modulare Aufbau ermöglicht es dennoch, in kurzer Zeit einen gründlichen Einblick in die Modellstruktur zu gewinnen. Anhand der ausführlichen Protokollierungsmöglichkeiten vermittelt das Ablaufgeschehen im Modell einen schnellen und praxisbezogenen Einblick in die Betriebssystemproblematik.

Die Handhabung des Simulationsmodells BS 2000 wird durch eine Kommandosprache /4/ unterstützt, mit deren Hilfe sämtliche Eingabedaten in leicht verständlicher Form in das Modell übertragen werden.
Die Kommandos sind in vier Klassen untergliedert:

* Eingabekommandos.
  Darunter werden alle Kommandos verstanden, die den Aufbau des Simulationsmodells beschreiben.
* Programmkommandos.
  Sie dienen zur Beschreibung des Benutzer-Programmsystems.
* Protokollkommandos.
  Sie ermöglichen die gezielte Protokollierung des Simulationslaufes und der Modelldaten.
* Simulationskommandos.
  Hiermit wird der Simulationslauf gestartet und beendet.

Das Verhalten der Rechenanlage wird hinsichtlich der drei folgenden Gegebenheiten überwacht:

* Auslastung der Betriebsmittel
* Warteschlangenverhalten (mittlere Wartezeit/maximale Warteschlangenlänge)
* Verhalten der Benutzerprogramme.

Für jedes Benutzerprogramm kann die Reaktions- und Verweilzeit bestimmt werden.

2. Aufbau des Modells

Für den Modellaufbau stellt sich eine Rechenanlage als Menge von Betriebsmitteln dar, um die sich die Tasks (Prozesse) bewerben. Das Betriebssystem übernimmt hierbei die Aufgabe des Verwalters, der den Programmen die Betriebsmittel auf gerechte und effiziente Weise zuteilt.

Eine für dieses Modell typische Anlagenkonfiguration besteht beispielsweise aus der Zentraleinheit ZE 151 der Siemens-Anlage 4004, an die ein Multiplexkanal mit 26 Terminals und einem Drucker sowie sechs Selektorkanälen mit insgesamt zwei Trommel-, zwölf Platten-, und acht Bandspeichergeräten angeschlossen sind. Über den Multiplexkanal können noch weitere Ein/Ausgabegeräte angeschlossen werden.

Im Modell ist jede Betriebsmittelart durch einen eigenen Programmmodul repräsentiert, der den Ablauf der betriebsmittelspezifischen Auftragsbearbeitung festlegt.

Die Tasks lassen sich als eine Folge von Aufträgen beschreiben, die
mit Hilfe der angeforderten Betriebsmittel auszuführen sind. Diese
Auftragsfolge wird vom Benutzer mit Hilfe der Programmkommandos in
eine Liste, dem Fahrplan, eingetragen. Dabei können auch Angaben gemacht werden, ob Wiederholungen oder Auslassungen von Auftragsfolgen
erforderlich sind.

Die Tasksteuerung überwacht den Taskablauf und veranlaßt, daß die
Aufträge entsprechend dem vorgegebenen Fahrplan in der richtigen
Reihenfolge zu den Modulen Prozessor, Platte, Trommel usw. weitergeleitet werden. Im Taskzeiger wird festgehalten, wie weit der Fahrplan bereits durchlaufen wurde.

Der Umfang der jeweiligen Aufträge wird vor der Bearbeitung auf
Grund einer Verteilungsangabe, die der Benutzer den Taskdaten hinzugefügt hat, errechnet.

3. Module und Warteschlangen des BS 2000

Im Modell BS 2000 können von einer Task unmittelbar an fünf Module
Aufträge gerichtet werden. Sie müssen sich dort in Warteschlangen
einreihen, falls das Betriebsmittel noch anderweitig belegt ist.

* Modul Prozessor   Warteschlange: Q1
* Modul Trommel   Warteschlange: Q3
* Modul Platte   Warteschlange: Q4
* Modul Drucker   Warteschlange: Q4
* Modul Terminal   Warteschlange: Q12

Das Betriebsmittel Arbeitsspeicher wird durch die Module Aktivieren
und Deaktivieren verwaltet. Die Module übernehmen die Aufgabe, einer
Task Speicherbereiche zuzuteilen bzw. zu entziehen. Steht kein
Speicherplatz mehr zur Verfügung, muß sich die Task in die Warteschlange Q5 bzw. Q6 (für batch bzw. interaktive Tasks getrennt) einreihen und warten bis wieder genügend Platz frei wird.

Im BS 2000 können vier Situationen auftreten, in denen Speicherplatz
aufgegeben werden muß:

1. Der letzte Auftrag einer Task wurde beendet.
2. Die Task meldet sich am Terminal zurück.
   (In der relativ langen Denkpause des Terminalbedieners sollen
   andere Tasks den Speicherplatz nutzen).
3. Eine Task hat die CPU zu lange in Anspruch genommen
   (Makrozeitscheibe abgelaufen).

4. Eine Task muß zu lange auf die Ausführung ihres E/A-Auftrages warten (E/A-Zeitscheibe abgelaufen).

Nach den Situationen 2-4 erfolgt die Speicherzuteilung erst wieder, wenn die Task auf Grund des Aktivierungsalgorithmus aus der Warteschlange Q5/Q6 entnommen wird.

4. Speicherverwaltung und Paging

Eine Besonderheit des BS 2000, die das Verhalten der Anlage wesentlich beeinflußt und auf die daher näher eingegangen wird, stellt das virtuelle Speicherkonzept dar.
Grundlage dafür ist die Unterteilung des Speichers und der Taskprogramme in gleiche Einheiten: in die sogenannten Kacheln und Seiten. Jeder Task wird jeweils nur soviel Speicherplatz (Kacheln) zugewiesen, damit die häufig benötigten Seiten des Programms eingelagert werden können. Dadurch wird ein flüssiger Programmablauf erreicht, obwohl nicht alle Seiten des Programmes im Arbeitsspeicher zur Verfügung stehen.

Bei diesem Vorgehen ergeben sich drei wesentliche Aufgaben:

1. Man muß feststellen, wieviele und welche Seiten des Programmes häufig benötigt werden. Im BS 2000 ist hierfür ein aufwendiger Algorithmus implementiert, der auch das dynamische Verhalten der Task berücksichtigt. Die häufig benötigten Seiten - das Working-Set - werden für jede Task in der Taskqueue geführt und genügen der Bedingung, daß alle Seiten während der letzten 12000 Instruktionen angesprochen wurden.

2. Man muß feststellen, wann beim Taskablauf eine noch nicht eingelagerte Seite angesprochen wird. In diesem Fall wird die Taskbearbeitung durch einen Pagefault-Interrupt zunächst unterbrochen und ein Auftrag zum Einlagern der benötigten Seite erteilt (Demand Paging).

3. Man muß feststellen, ob bei einem Pagefault noch eine freie Kachel vorhanden ist, bzw. welche Seite ausgetauscht werden soll. Freie Kacheln werden in der Page-Queue geführt, mit dem Vermerk, welche Seite welcher Task die Kachel zuletzt belegt hatte. Außerdem wird notiert, ob der Inhalt der Kachel gegenüber dem Original auf dem externen Datenträger verändert worden ist, weil dann diese Daten vor der Neuzuteilung dieser Kachel gesichert werden müssen.

Ist keine freie Kachel vorhanden, wird die Seite aus dem Working-
Set der Task geopfert, die am längsten nicht mehr angesprochen
wurde (Least Recently Used). Es gilt hier zur Vermeidung von Sei-
tenflattern die Bedingung, daß die Seite während der letzten
3000 Instruktionen nicht referenziert worden sein darf. Ist dies
nicht der Fall, unterbleibt der Seitenaustausch und die Task wird
deaktiviert.

Im Simulationsmodell bereitet die Nachbildung des Pagefaultverhaltens
Schwierigkeiten, weil der dynamische Taskablauf und damit auch die
Seitenreferenzfolge der Tasks im einzelnen nicht bekannt ist.

Auf Grund der Meßergebnisse an einer Anlage 4004/151 /5/ bietet es
sich an, die Größe des Working-Sets (Anzahl der häufig benötigten
Seiten) einer Task durch eine Verteilung zu approximieren, die um
einen Mittelwert leicht schwankt.

Die Aktivierung einer Task hat zunächst das unmittelbare Einlagern
des Working-Sets zur Folge. Während des Taskablaufes werden dann in
unregelmäßigen Abständen Seiten des Working-Sets ausgetauscht. Die
Zeitpunkte werden aus einer Verteilung ermittelt, die den Anlagen-
meßwerten nahekommt.

Die Buchführung der freien Kacheln in der Pagequeue übernimmt im
Modell ein eigenes Unterprogramm. In der Pageliste sind für die frei-
en Kacheln die Tasks eingetragen, denen zuletzt diese Kachel zugeteilt
war. Ein Vermerk wird für den Fall gesetzt, daß die Daten durch
Schreibvorgänge verändert wurden. Beim Aktivieren einer Task wird
die Pageliste auf wiederverwendbare Seiten hin durchsucht. Dies ist
ein - durch Messungen belegter - Prozentsatz der wiedergefundenen
Seiten, die einmal zu der Task gehörten und deren Einlagerung somit
erspart bleibt.

Beim Deaktivieren muß die Task alle eingelagerten Seiten aufgeben,
wobei die Freivermerke in der Pageliste eingetragen und ein bestimmter Prozentsatz der Seiten mit einem Schreibvermerk gekennzeichnet werden.

5. Overheadfaktoren

Um die Genauigkeit des Modells zu wahren, mußten zwei weitere Gegebenheiten berücksichtig werden:

1. Jeder Datentransfer belastet auch spürbar die Prozessorleistung,
   da im Cycle-Stealing-Verfahren gearbeitet wird. Im Modell werden
   die Bearbeitunszeiten entsprechend der momentanen Kanalbelastung

korrigiert.

2. Der Verwaltungsaufwand, den das Betriebssystem mit sich bringt, läßt sich allgemein in einem Overheadfaktor zusammenfassen, mit dem sämtliche Tasks belastet werden.

6. Ablaufprotokollierung

Besonders im Hinblick auf Ausbildungszwecke ist eine detaillierte Protokollierung des Ablaufgeschehens möglich. Sämtliche Aktivitäten der Betriebsmittelmodule - auch diejenigen, die das Paging betreffen - lassen sich gezielt innerhalb eines vorgebbaren Zeitintervalls ausdrucken.
Noch aufschlußreicher sind die Taskprotokolle, die den Bearbeitungsablauf einer Task festhalten. Sie vermitteln den Überblick, wann die Task in welcher Warteschlange aus- bzw. eingereiht und welcher Bearbeitung sie zugeführt wird. Somit läßt sich das Systemverhalten durch den Taskablauf und das Warteschlangengeschehen vor den Modulen in anschaulicher Form studieren.

7. Auswertung der Simulationsdaten

In vorgegebenen Intervallen und natürlich am Ende des Simulationslaufes können die bis dahin gesammelten Daten ausgewertet und ausgedruckt werden. Insbesondere interessieren die mittlere Wartezeit bzw. die mittlere Warteschlangenlänge vor:

* dem Prozessor   (Warteschlange Q1)
* den Trommeln   (Warteschlange Q3)
* den Platten   (Warteschlange Q4)
* dem Terminal   (Warteschlange Q12)

wobei die mittlere Wartezeit beim Terminal als Reaktionszeit des Benutzers vorgegeben ist.

Weiterhin werden folgende Größen gemessen:

* Mittlere Verweilzeit der Batch Tasks
* Mittlere Verweilzeit der Spoolout Tasks
* Mittlere Antwortzeit der Dialog Tasks
* Mittlere Antwortzeit einer gewählten Dialoganfrage
* Mittlere Anzahl der aktivierten Tasks

sowie die Auslastungsgrade der Betriebsmittel:

* Speicher
* Prozessor
* Trommelkanäle
* Plattenkanäle

und die Pagefaultrate/Sekunde.

Die Dialogantwortzeiten lassen sich weiter entsprechend ihrer I/O- und CPU-Intensität graphisch in Balkendiagrammen darstellen.

8. Konfidenzintervalle

Konfidenzintervalle sind ein wichtiges Hilfsmittel, wenn es darum geht, die Genauigkeit eines Schätzwertes darzustellen. Um Fehler bei der Interpretation der gewonnenen Daten zu vermeiden, muß man sich darum bemühen, festzustellen, wie sehr die Daten ungünstigstenfalls vom angestrebten wahren Wert abweichen.

In der Statistik kann es jedoch keinen sicheren Schluß von einer Stichprobe auf die Grundgesamtheit geben. Die Praxis erfordert andererseits - schon wegen der physikalischen Unschärfen - keine 100%-igen Angaben über den worst-case Fall. Im allgemeinen darf man zufrieden sein, wenn man einen Zahlenbereich definieren kann, der den exakten Wert mit einer vorgebbaren Wahrscheinlichkeit einschließt. Dieses sogenannte Konfidenzintervall ist für alle statistischen Mittelwerte des Modells nach einem Verfahren, das in /7/ beschrieben ist, ermittelt worden, um die Aussagekraft der Simulationsdaten zu festigen. Insofern ist auch sichergestellt, daß die daraus gezogenen Schlußfolgerungen nicht durch statistische Ausreißer provoziert wurden.

Für den Fall, daß ein Konfidenzintervall zu groß ist, um einen vermuteten Effekt zu bestätigen, kann durch eine längere Simulationsdauer die Anzahl der Stichproben soweit erhöht werden, bis das Intervall hinreichend klein geworden ist, um ein eindeutige Aussage machen zu können.

Als Beispiel sind am Schluß für die Antwortzeiten der Dialogtasks und für die mittlere Anzahl der aktiven Tasks die halben Intervalllängen mit angegeben. Der wahre Wert liegt hier mit einer Wahrscheinlichkeit von 97,5% innerhalb dieser Toleranzgrenzen.

9. Untersuchungen am Modell BS 2000

Das Verhalten des BS 2000 ist mit Hilfe des Modells unter den verschiedensten Anlagen- und Lastkonfigurationen getestet worden /6/. Als Vergleichsmaßstab wurde eine Anlage Siemens 4004/151 gewählt, die mit 26 Terminals, 3 Batcheingabestationen, 2 Trommelspeichern, 12 Plattengeräten, einem Drucker und einem Speicher mit 1024 Kbyte Speicherkapazität ausgerüstet war.

Für die Lastangabe wurden die Meßwerte der genannten Anlage, bei der Dialogbetrieb vorherrscht, zu Grunde gelegt. Es wird davon ausgegangen, daß alle Terminals und Eingabestationen in Anspruch genommen werden. Der Drucker wird durch eine eigene Spoolout-Task belegt.

Da besonders der Einfluß des virtuellen Speicherkonzeptes gezeigt werden soll, wird sich die Erörterung der Ergebnisse auf folgende Modifikationen der Standardkonfiguration beschränken:

* Speicherkapazität   1024 / 2048 / 768 Kbyte
* Anzahl Trommelgeräte   2 /   1 /   0 (Plattenpaging)
* Prozessorleistung   100 / 200   Prozent

Die Auftragslast ist in allen Fällen unverändert.

Die an der Anlage gemessenen Werte zeigten eine befriedigende Übereinstimmung mit den Simulationsdaten. Die Abweichungen bewegten sich innerhalb der 10% Grenze. Die entsprechenden Zahlenangaben stehen in der zweiten Spalte der Ergebnistabelle.

a) Standardkonfiguration

Es fällt auf, daß allen Tasks sofort Speicherplatz zugeteilt werden kann, da die Warteschlangen Q5 und Q6 während der gesamten Simulationsdauer leer waren. Bei einer Speicherauslastung von ungefähr 50% genügt die Kapazität offenbar auch für Spitzenbelastungen. Daß von den 30 Tasks nur durchschnittlich 8.5 aktiv sind, ist auf die lange Denkpause der Terminalbediener zurückzuführen, denn von den 26 Dialogtasks stehen im Mittel 21.5 in der Warteschlange Q12, wobei mit einer mittleren Antwortzeit der Dialogtasks von etwa 2 Sekunden zu rechnen ist. Die Auslastung der Selektorkanäle erscheint mit 35% bzw. 13% sehr niedrig. Man muß aber berücksichtigen, daß bei 100%-iger Geräteauslastung bei der Trommel 50% und bei der Platte 66% der E/A-Zeit mit Such- und Positioniervorgängen verbraucht wird, in denen kein Transfer möglich ist. Die Pagefaultrate besagt, daß durchschnittlich

35.5 Seiten pro Sekunde eingelagert werden mußten.

Wird die Arbeitsspeicherkapazität auf 2048 Kbyte verdoppelt, ergeben sich Werte, wie sie in der dritten Spalte der Tabelle aufgelistet sind.

b) Speicherkapazität 2048 Kbyte

Als Widerspruch erscheint zunächst die Tatsache, daß die Anzahl der aktiven Tasks von 8.5 auf 6.5 und die Prozessorauslastung geringfügig um 1.5% absinkt. Zur Erklärung genügt ein Blick auf die Daten der Warteschlange Q3. Dort befinden sich die Tasks, die Seiten von der Trommel in den Arbeitsspeicher ein- (bzw. aus-) lagern müssen. Die Länge der Q3 hat deutlich - um 72% -, die Wartezeit - um 40% - abgenommen. Die Ursache für den Rückgang der Pagingvorgänge liegt darin, daß wesentlich mehr Seiten beim Aktivieren einer Task wiedergefunden werden - also nicht einzulagern sind. Der Speicher ist jetzt groß genug, um nahezu sämtliche - momentan benötigten und nicht benötigten - Seiten aller Tasks zu fassen, so daß rund 96% der Seiten des Working-Sets beim wiederholten Aktivieren der Task verwendet werden können. Daß die Tasks schneller bearbeitet werden, drückt sich vor allem in der etwa halben Antwortzeit der Dialogtasks von 1.1 Sekunden aus. Die mittlere Anzahl der aktiven Tasks sinkt demzufolge ab, weil nun noch mehr Dialogtasks in der Q12 (ca. 23.5) auf eine neue Eingabe des Bedieners am Terminal warten.

Eine weitere Verdoppelung der Speicherkapazität bringt erwartungsgemäß keine nennenswerte Änderung des Ablaufgeschehens.

Auch eine Verringerung des Speicherangebotes auf 768 Kbyte erbringt überraschenderweise keine signifikanten Abweichungen gegenüber dem Standardmodell.

c) Speicherkapazität 768 Kbyte

Auffallend ist hier, daß den Tasks nicht immer sofort Speicherplatz zugeteilt werden kann, so daß auf eine Aktivierung in Q5 bzw. Q6 im Mittel 50 ms gewartet werden muß. Demzufolge wird auch die Antwortzeit um etwa diesen Betrag vergrößert. Wie zu erwarten, steigt die Anzahl der Pagingvorgänge (Q3), da weniger Seiten beim Aktivieren wiedergefunden werden. Insgesamt steht ja jetzt weniger Speicherplatz zum Aufbewahren der nicht mehr benötigten Seiten zur Verfügung.

Fällt in der Anlage ein Trommelgerät aus, müssen alle Pagingaufträge von der anderen Trommel durchgeführt werden.

d) Ein Trommelgerät

Dadurch entsteht an dieser Stelle ein stark leistungsmindernder Engpaß, der sich durch den Stau in der Warteschlange Q3 vor der Trommel bemerkbar macht. Trotz völliger Auslastung der Trommel steigt die Wartezeit in der Q3 auf das Vierfache an, so daß insgesamt 13.5 aktivierte Tasks den Arbeitsspeicher belegen und damit anderen Tasks gelegentlich kein Platz zugeteilt werden kann (Wartezeiten in Q5 und Q6). Wegen der häufigen und längeren Wartezeiten beim Paging, ist der Prozessor um 13% weniger ausgelastet und es warten weniger Tasks am Terminal in der Q12. Als Konsequenz steigt die mittlere Antwortzeit der Dialogtask um das 1.5-fache auf fast 5 Sekunden an.

Noch drastischer zeigt sich dieser Engpaß, wenn statt der Trommeln 2 Plattengeräte für das Paging eingesetzt werden.

e) Keine Trommelgeräte (Plattenpaging)

Die längeren Zugriffszeiten bei den Platten bewirken ein weiteres Anwachsen der Warteschlange Q3, verbunden mit einer geringeren Nutzung der anderen Betriebsmittel. Die mittlere Antwortzeit der Dialogtasks verdreifacht sich sogar.

Schließlich interessiert die Frage, ob ein Prozessor mit der doppelten Arbeitsgeschwindigkeit eine nennenswerte Leistungssteigerung erwirken kann.

f) Prozessorleistung 200%

Aufgrund der Ergebnisse läßt sich dies nur bedingt bejahen. Die mittlere Antwortzeit der Dialogtask sinkt lediglich um ca. 10% auf 1,8 sec. ab, während der Prozessor nur zu 52% ausgelastet ist, da der interne Ablauf sehr stark von der Arbeitsweise der E/A-Geräte mit bestimmt wird. Es lohnt sich also nicht sehr, das ausgewogene Leistungsverhältnis der Betriebsmittel zugunsten einer Komponente zu verschieben.

10. Ergebnistabellen

Wartezeiten der Warteschlangen

W S	STD	ASP 2048 KB	ASP 768 KB	ANZ TRO 1	ANZ TRO 0	CPU 200 %
Q 1	48.5	44.0	49.7	36.2	22.6	15.1
Q 3	82.8	49.5	89.6	320.9	451.6	94.7
Q 4	109.0	108.6	110.4	111.6	188.9	107.1
Q 5	0.0	0.0	41.5	19.5	133.4	0.0
Q 6	0.0	0.0	64.0	42.6	95.5	0.0
Q12	8449.3	8220.4	8204.7	8373.3	8495.0	8268.8

Wartelängen der Warteschlangen

W S	STD	ASP 2048 KB	ASP 768 KB	ANZ TRO 1	ANZ TRO 0	CPU 200 %
Q 1	2.3	2.2	2.3	1.5	0.7	0.9
Q 3	2.9	0.8	3.3	9.1	10.9	3.7
Q 4	3.6	3.8	3.4	3.1	3.7	4.2
Q 5	0.0	0.0	0.1	0.1	0.3	0.0
Q 6	0.0	0.0	0.0	0.0	0.0	0.0
Q12	21.7	23.3	21.4	17.4	15.2	21.9

Auslastung der Betriebsmittel

BTM	STD	ASP 2048 KB	ASP 768 KB	ANZ TRO 1	ANZ TRO 0	CPU 200 %
CPU	84.2	82.8	83.7	71.3	43.8	52.4
ASP	59.0	26.2	79.3	76.0	84.9	58.4
TRO	34.6	15.9	36.9	50.0	0.0	38.8
PLA	13.0	13.9	12.3	10.8	27.0	15.5

Mittlere Antwortzeit der Dialogtasks (MAD)
Mittlere Anzahl der aktiven Tasks (MAT)
Mittlere Anzahl der Pagefault/Sec. (MAP)

BTM	STD	ASP 2048 KB	ASP 768 KB	ANZ TRO 1	ANZ TRO 0	CPU 200 %
MAD	1959.3	1094.7	1990.8	4764.9	6487.5	1782.1
MAT	8.8	6.8	9.0	13.6	15.3	8.7
MAP	35.4	37.8	41.1	30.6	26.0	47.5

Konfidenzintervalle für:

Mittlere Antwortzeit der Dialogtasks (MAD)
Mittlere Anzahl der aktiven Tasks (MAT)

BTM	STD	ASP 2048 KB	ASP 768 KB	ANZ TRO 1	ANZ TRO 0	CPU 200 %
MAD	1959.3	1094.7	1990.8	4764.9	6487.5	1782.1
+/-	76.2	86.9	80.6	88.3	9.0	70.6
MAT	8.8	6.8	9.0	13.6	15.3	8.7
+/-	0.3	0.2	0.3	2.1	0.9	0.2

11. Literaturangaben

/1/ Schmidt, B.: Rechnermodelle
Die Simulation von Rechenanlagen mit GPSS-FORTRAN
R. Oldenburg-Verlag, München-Wien 1978

/2/ Schmidt, B.: GPSS-FORTRAN
Einführung in die Simulation diskreter Systeme mit Hilfe von GPSS-FORTRAN
Informatik Fachberichte Band XVI, Springer-Verlag 1978

/3/ Messerer, M.: Das Betriebssystem BS 2000.
Beschreibung der Ablaufsteuerung, Speicherverwaltung, Dateiorganisation und Ein/Ausgabesteuerung
Studienarbeit, Universität Erlangen-Nürnberg, IMMD IV, 1977

/4/ Eichhorn, E.: Entwicklung einer Kommandosprache zur leichteren Handhabung des Simulationsmodells BS 2000
Studienarbeit, Universität Erlangen-Nürnberg, IMMD IV, 1980

/5/ Siemens Arbeitsbericht Nr. 20/77 Dienststelle E TDV 11
Einsatz des Simulators GPSS-FORTRAN am Beispiel der Simulation einer DVA 4004/151 (BS 2000) (Aktenzeichen EDTV/7703)

/6/ Hopf, F.: Untersuchung der Eigenschaften des Betriebssystems BS 2000 mit Hilfe eines bereits bestehenden Simulationsmodells
Studienarbeit, Universität Erlangen-Nürnberg, IMMD IV, 1980

/7/ Fishman, G.S.: Concepts and methods in discrete event simulation
John Wiley & Sons, New York 1975

REALISTISCHE WARTESCHLANGENMODELLE FÜR GROSSRECHNER DER TYPE CYBER-70 UND -170

Dipl.-Ing. Krzysztof Kostro

Institut für Angewandte Informatik
und Systemanalyse
Technische Universität Wien

Zusammenfassung

Dieser Beitrag zeigt, wie die Leistung eines Großrechners mit Hilfe von Warteschlangenmodellen analysiert und verbessert werden kann. Dabei wird der gesamte Modellierungsprozeß - vom Modellaufbau und Messen bis zur Analyse des Warteschlangennetzes - am Beispiel von Rechnern der Type CYBER 74 und CYBER 172 dargelegt. Als Lösungsmethode wird die, 1978 von Reiser und Lavenberg eingeführte und 1980 von Chandy und Sauer modifizierte Mittelwertanalyse verwendet. Beispiele von Tuning und Leistungsvorhersage für CYBER-Maschinen mit Hilfe von Warteschlangenmodellen werden gegeben, wobei gezeigt wird, daß die Modellergebnisse mit den Meßergebnissen sehr gut übereinstimmen.

1. Einführung

Methoden zur Lösung von Warteschlangenmodellen für Computersysteme sind in den letzten 5 Jahren stark entwickelt worden. Das größte Interesse galt dabei zweifellos den "lokal balancierten" Netzen (product form Netzen) /Bask 75/, die zur Beschreibung von den heutigen EDV-Systemen weitgehend ausreichen und in effizienten Lösungsalgorithmen resultieren. Die Berechnung von geschlossenen Warteschlangennetzen mit der "product form"-Lösung wurde 1978 mit der Einführung der Mittelwertanalyse durch Reiser und Lavenberg /Reis 79/ drastisch vereinfacht. Obwohl die lokal balancierten Netze oft nur eine Annäherung des modellierten Systems sind, wurde schon in vielen Fallstudien gezeigt, daß sie sehr robust sind, und auch dann mit den realen Systemen gut übereinstimmende Werte liefern, wenn einige theoretische Annahmen nicht eingehalten werden /Spra 80/. Außerdem ist es oft nicht sinnvoll, eine Anlage genau zu modellieren oder zu simulieren, da schon größere Fehler durch eine schwankende Last und

Meßfehler verursacht werden. Dieser Beitrag zeigt am Beispiel der Fallstudie für die Maschinen CYBER 74 und CYBER 170-720 der Firma CDC, die an der TU Wien installiert waren bzw. sind, wie die Leistung eines großen Computersystems verbessert und vorhergesagt werden kann. Dabei wird ausgeführt, wie das Modell erstellt, vereinfacht und verifiziert werden soll. Da die realen Computersysteme oft die Annahmen der existierenden Lösungsmethoden nicht erfüllen, ist es besonders wichtig, während des Modellierungsprozesses die richtige Approximation zu treffen. Es wird gezeigt, wo bei den CYBER-Modellen solche Vereinfachungen getroffen werden können und welche Ungenauigkeiten sie mit sich bringen. Einige Problemstellungen, die unmittelbar aus der Praxis erwachsen, werden mit Hilfe von Modellen gelöst, wobei gezeigt wird, daß die Meßergebnisse an realen Anlagen mit den Modellwerten sehr gut übereinstimmen.

2. Das modellierte System

Wir wollen hier eine kurze Beschreibung des modellierten Systems geben, da die Architektur und das Betriebssystem von CYBER-Maschinen einige Sonderlösungen aufweisen /SPRM 79/. Die ursprüngliche Konfiguration der Anlage an der TU Wien (als mit der Leistungsbewertung begonnen wurde) war: CYBER-74 Zentraleinheit (etwa 3 Mio. Instr./Sek.) mit 10 peripheren Prozessoren (PP), 96 K 60-Bit-Worte Zentralspeicher, 6 Platten- und 4 Bandeinheiten. Alle Plattenwerke waren über eine Plattensteuereinheit angeschlossen und konnten im "half tracking" Verfahren (jeder zweite Sektor) gelesen und beschrieben werden. Dieses System kann maximal auf zwei CPU's, 20 PPU's und 128 K Speicher ausgebaut werden. Zusätzliche Plattensteuereinheiten und Peripherie sind möglich.

Das zweite System, das wir ebenfalls modelliert haben, ist CYBER 170-720 mit Doppelprozessor, die vor kurzem die alte CYBER-74 ersetzt hat. Dieses System verfügt, im Gegensatz zur CYBER-74, über keine parallelen Recheneinheiten in der CPU, und eine CPU ist, je nach Last, um 2 bis 3 mal langsamer als die der Cyber 74. Außerdem hat sie schnellere PP's und Plattencontroller, wodurch sich das "full tracking"-Verfahren beim Lesen und Beschreiben der Platten anwenden läßt. (Die ganze Spur kann auf einmal gelesen bzw. beschrieben werden.) Sonst ist die Architektur dieser Maschine anderen CYBER-Anlagen ähnlich. Die CYBER 170-720 an der TU-Wien wurde mit 2 CPU's, 20 PP's, zwei Plattencontroller und 128 K Zentralspeicher konfiguriert.

Die beide erwähnten Anlagen liefen unter dem Betriebssystem NOS/BE. Da die meisten Betriebssystemfunktionen und die Ein/Ausgabe von den PP's ausgeführt werden, ist der CPU Overhead klein (etwa 10 %). Dieses System kennt kein paging - Programme im Zentralspeicher werden ganz ausgetauscht (swapping) wenn sie ihre Aufgabe erfüllt haben, bzw. von einem Programm mit höherer Priorität suspendiert werden. Da dabei oft sehr große Programme auf die Platte ausgelagert werden müssen, beeinflußt dies das Systemverhalten entscheidend. Zu einer Besonderheit dieses Betriebssystems gehört der sog. "stack processor", von dem alle Platten-E/A Anforderungen angenommen, in eine Warteschlange eingereiht und durchgeführt werden. Die Seek/Transfer Überlappung kann als Systemparameter gewählt werden.

Die Last an der TU-Wien ist eine typische Universitätslast mit vielen Übersetzungen und vielen sehr kurzen Programmen. Es sind im Schnitt 15 interaktive Terminals aktiv.

3. Modellerstellung und Modellparameter

Bei der Erstellung des Warteschlangenmodells für ein Computersystem sollen drei Bedingungen erfüllt werden:

a) Das Modell muß dem realen System möglichst gut entsprechen.
b) Die Meßdaten für die Modellparameter sollen verfügbar sein.
c) Das Modell soll mit der verfügbaren Lösungsmethode (Algorithmus, Programm) mit einem sinnvollen Aufwand gelöst werden können.

Es muß also ein Kompromiß zwischen der Genauigkeit des Modells einerseits und dem Aufwand an Messungen und Rechenzeit für die Berechnung des Modells andererseits geschlossen werden. Es sollen die Vorteile eines analytischen Modells gegenüber einem Simulationsmodell wahrgenommen werden: kleinerer Meßaufwand für ein vereinfachtes System und kleinerer Berechnungsaufwand. Analytische Methoden, die eine breitere Klasse von Warteschlangennetzen behandeln und die Zustände der Markov-Prozesse direkt berechnen, sind von der nötigen Rechenzeit her mit Simulation vergleichbar und besitzen daher nicht diese Vorteile.

Eine gute Kenntnis des Betriessystems wird bei der Modellerstellung notwendig. Wichtig sind vor allem der Jobfluß im System, wie die Aufträge abgesetzt werden, und wo Warteschlangen entstehen. Am besten ist es, ein möglichst umfangreiches Modell zu entwickeln, welches dann vereinfacht werden kann. In Abbildung 3-1 wird ein allgemeines Warteschlangenmodell für die CYBER-74 dargestellt. Dieses Modell ist nicht sehr detailliert (vergl. dazu /Brow 75/) und kann von jedem Systemanalytiker, der seine Maschine gut kennt, erstellt werden. Jedes swap wie auch jedes PP-Programm benutzen ebenfalls das I/O-System, was aber der Einfachheit halber nicht abgebildet wird.

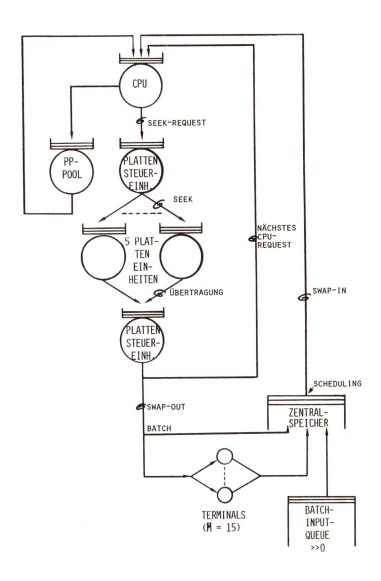

Abb. 3-1: Allgemeines Warteschlangenmodell für die
CYBER 74 an der TU-Wien

Wir wollen ein möglichst einfaches Modell analysieren, und das einfachste Modell, mit dem die allgemeine Leistung des Systems ermittelt werden kann, ist das zyklische Warteschlangennetz, welches durch Weglassen der Batch- und Terminalwarteschlagen entsteht. Diese Warteschlangen können vernachlässigt werden, falls die Berechnung der Antwortzeiten nicht verlangt wird. Wenn sie nicht leer sind, befindet sich im geschlossenen System aus der Abb. 3-2 eine (durch die Größe des Speicherplatzes) begrenzte Anzahl von Jobs, die durch Messungen ermittelt werden kann. Die swaps sollen dabei nicht außer Acht gelassen werden, denn sie spielen für das Systemverhalten eine große Rolle. Sie werden daher zu der Programm-Ein/Ausgabe dazugezählt.

Das Modellieren von PP's bereitet besondere Schwierigkeiten, weil es außerordentlich aufwendig ist, Meßdaten über die Bedienungszeiten zu bekommen. Die meisten PP-Programme führen Aufgaben durch, die direkt mit der Systemverwaltung zusammenhängen (Intercom, Dateienverwaltung) und es werden oft gleichzeitig andere Betriebsmittel beansprucht (wie etwa beim swapping). Eine Ausnahme bildet dabei die Band-Ein/Ausgabe, die ausschließlich von einem PP durchgeführt wird. Glücklicherweise stellen die PP's keinen Engpaß dar. Wie den Meßdaten entnommen wurde, entsteht in höchstens 10 % der Fälle eine Warteschlange vor diesem Betriebsmittel. Die PP's können also vernachlässigt werden, vorausgesetzt, daß die Anzahl der Jobs im zyklischen Warteschlangensystem um jene Jobs verringert wird, die einen PP aber kein anderes Betriebsmittel benötigen.

Jeder Job im Zentralspeicher befindet sich in einem der folgenden Zustände:

1. Rechnet (CPU)
2. Wartet auf CPU
3. Wartet auf das Abschließen einer E/A- oder PP-Anforderung (recall)
4. Wird geswapt
5. Wird aus anderen Gründen suspendiert (storage move, zu viele PP-calls)

Die Anzahl der Jobs, die sich in dem vereinfachten zyklischen System befinden, besteht aus Jobs, die in Zuständen 1, 2, oder 3 sind. Sie kann mit einem Softwaremonitor gemessen werden. Wenn man diese Anzahl mit der Anzahl der abgesetzten E/A-Requests vergleicht, kann man feststellen, daß die Anzahl der Programme, die ausschließlich einen PP benötigen, sehr klein und daher vernachlässigbar ist (vorausgesetzt die Band Ein/Ausgabe ist nicht stark).

In dem Modell von Abb. 3-1 tritt die Plattenkontrolleinheit zwei mal auf: bei der Seek-Anforderung und bei der Übertragung. Da ein solches Warteschlangennetz den Annahmen der product form nicht entspricht, müssen wiederum Vereinfachungen getroffen werden. Die Seek-Anforderung beansprucht die Steuereinheit fast überhaupt nicht, sie verzögert aber den gesamten Seek. Da diese Anforderung eine höhere Priorität hat, wird die Verzögerung von der mittleren Übertragungszeit an der Plattensteuereinheit und deren Auslastung abhängen, und kann abgeschätzt werden. Genaue Überlegungen für solche Abschätzungen sind bei Browne et. al /Brow 75/ zu finden.

Wir reduzieren also das Modell so, daß es mit unserem Softwarepaket analysiert werden kann. Solch ein vereinfachtes Modell ist in Abb. 3-2 dargestellt.

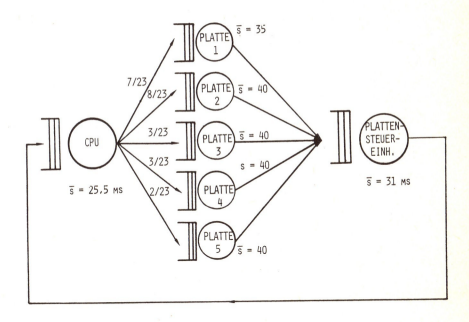

Abb. 3-2: "product form"-Modell für CYBER-Maschinen

Außer den besprochenen Vereinfachungen liegen diesem Modell noch andere Ungenauigkeiten zugrunde. Zum Beispiel schließt das Modell die Möglichkeit einer gleichzeitigen E/A und Positionierung auf ein und derselben Platteneinheit nicht aus. Diese Ungenauigkeiten sind klein und der Fehler kann abgeschätzt werden; solche Ausführungen gingen jedoch über den Rahmen dieses Artikels hinaus. Wir wollen nun erklären, wie die Modellparameter ermittelt werden können. Diese Angaben sind zum Teil anlagenspezifisch und beziehen sich auf Systemeinzelheiten. Es gibt wenig Meßinstrumente (Monitore) für die CDC-CYBER Maschinen; die wenigen, die über VIM (Benutzerorganisation) verfügbar sind, liefern keine Parameter für Warteschlangenmodelle /Kost 79/. Dennoch können die Modellparameter mit relativ wenig Aufwand mittels Dayfileanalyse und einem selbstgeschriebenen Softwaremonitor ermittelt werden. Mit der Dayfileanalyse kann der Betriebsmittelverbrauch (CPU-Zeit, I/O-Zeit) in einem beliebigen Zeitabschnitt, auch nach Jobklassen, gemessen werden.

Die Architektur von CYBER-Maschinen erlaubt es, einen PP zur Messung von Systemaktivitäten einzusetzen. Ein entsprechendes Programm kann von einem erfahrenen Systemanalytiker mit einem Aufwand von etwa 3-4 Mannwochen implementiert werden. Solche Monitore fragen normalerweise Systemtabellen in fixen Zeitabschnitten ab, und geben die Ergebnisse als Dayfilemeldung aus.

Folgende Größen sind für die Ermittlung der Modellparameter notwendig:

- Multiprogramminggrad
  Er kann durch Abfragen der Zustände 1, 2 und 3, wie früher beschrieben, aus dem CPSTAT byte im Control Point Area ermittelt werden.

- Anzahl der I/O requests pro Sekunde
  Um diese Größe zu ermitteln, wird es notwendig, einen Code in das 1SP (1SQ) Programm einzufügen, welcher die I/O-Anforderungen (pro Platteneinheit) zählt, und die Ergebnisse in einem reservierten CM-Bereich (installation area) abspeichert.

- Anzahl der swaps pro Sekunde
  Ein Wort in der SCHPT (Scheduler Performance Table) enthält den entsprechenden Zähler.

- Anzahl der freien PP´s
  Die Anzahl der PP´s soll kontrolliert werden, um die Zulässigkeit von früher beschriebenen Approximationen festzustellen.

Die CPU-Auslastung kann ebenfalls mit dem Monitor gemessen werden. Dagegen ist die Messung der Plattensteuereinheit-Auslastung mit dem Monitor ungenau und soll daher aufgrund der I/O-Aktivität der Jobs und swap-Aktivität ermittelt werden.

Aus den Messungen mit dem PP-Monitor kann also die Anzahl der E/A-Anforderungen pro Sekunde für jede Platte ermittelt werden:

Platte	1	2	3	4	5	6
Anzahl der Anforderungen	7	8	3	3	2	0

Die Gesamtanzahl der Anforderungen beträgt 23 in der Sekunde. Die Messungen ergeben auch 1.4 swaps (swap-in und swap-out) in der Sekunde, d. h. 23 - 1.4 = 21.6 E/A-Anforderungen für die Benutzerprogramme. Da die mittlere CPU-Auslastung inklusive System 55 % beträgt, dauert ein mittlerer CPU-request 1000 ms * 0.55/21.6 requests = 25,5 ms. Aus dem Accounting ist es bekannt, daß in 4 Stunden 2223 Sektoren übertragen werden, was bei half-tracking 3084 E/A-Sekunden in 4 Stunden oder 215 ms in der Sekunde entspricht. Dazu muß 8.35 * 21.6 = 180 ms für Positionierung von 21.6 requests addiert werden, was 395 ms in der Sekunde an der Controller Zeit für Benutzerjobs ergibt.

Aus den 1.4 swaps/Sek. und den 10181 Worten für ein durchschnittliches Swapfile berechnen wir 10181 Worte = 159 Sektoren (/64) = 13.2 Spuren (/12) was 221 ms Übertragungszeit entspricht (Umdrehungszeit 16.7 ms.). Inklusive 1/2 Umdrehungszeit (8.35 ms) beträgt die Controller-Zeit für swapping 230 ms. Die gesamte Controller-Zeit beträgt daher 321+385 = 716 ms/Sekunde. Daraus ergibt sich die mittlere Bedienungszeit für E/A-Anforderungen von 716/23 = 31 ms. Die mittlere Seek-Zeit (Bedienungszeit der Plattenwerke) beträgt nach Angaben des Herstellers 30 ms. Auf diese Zeit soll die Wartezeit vor dem Controller bei der Seek-Initialisierung von 10-15 ms aufgeschlagen werden. (Mittlere Übertragung dauert 31 ms, der Controller ist etwa 80 % busy). Da die Systemplatte kürzere Seek-Zeiten hat, beträgt die Bedienungszeit 35 ms.

4. Berechnen des Warteschlangenmodells

Unter Warteschlangenmodellen haben solche mit "product form"-Lösung ganz besondere Bedeutung. Während die Lösung von linearen Gleichungen, die aus der Beschreibung des Warteschlangennetzes mit Markovprozessen resultieren, bei einem komplexen Netz sehr aufwendig, wenn nicht gar unmöglich wird, können die Netze, die die Gleichung:

$$P(S_1, S_2, \ldots, S_M) = (P_1(S_1)\ P_2(S_2)\ \ldots\ P_M(S_M))/G$$

erfüllen, mit Hilfe von speziellen Algorithmen sehr schnell analysiert werden. Dabei ist $P(S_1,S_2,\ldots,S_M)$ die Wahrscheinlichkeit, daß ein Netz von M Warteschlangen sich im Zustand $<S_1,S_2,\ldots,S_M>$ befindet; $P_i(S_i)$ sind die Wahrscheinlichkeiten für die Zustände der einzelnen Warteschlangen, und G ist eine Normalisierungskonstante. Die Klasse von Netzen, die diese Gleichung erfüllen, wurde in der letzten Zeit erweitert /Bask 75/, /Reis 75/ und umfaßt Netze mit folgenden Warteschlangentypen: FIFO (first come, first served) mit exponentiell verteilten Bedienungszeiten, PS (processor sharing), IS (infinite server) und LCFSPR (last come, first served preemptive resume) mit beliebiger Bedienungszeitverteilung. Die Netze können geschlossen, offen oder gemischt sein, mehrere Jobklassen (chains) werden zugelassen.

Es existieren viele Algorithmen, mit denen die Leistungsgrößen ermittelt werden können /Chan 75/, /Reis 75/, /Zaho 79/ und Softwarepakete zur Berechnung von Warteschlangennetzen werden kommerziell angeboten /Saue 79/.

Die Lösung von geschlossenen product form Netzen wurde durch die Einführung der sog. Mittelwertanalyse durch Reiser und Lavenberg /Reis 78/, /Reis 80/ drastisch vereinfacht. Mittelwertanalyse ist ein rekursives Verfahren, welches den Zustand des Netzes bei Population n+1 auf Basis des Zustandes bei Population n berechnet. Chandy und Sauer haben zuletzt die Mittelwertanalyse so modifiziert, daß es in einem sehr klaren Algorithmus resultiert, welcher sogar auf einem Taschenrechner implementiert werden kann /Chan 80/.

Chandy und Sauer berechnen explizit die Normalisierungskonstanten G für jede Population. Der Algorithmus basiert auf folgender rekursiven Formel (hier nur für Server mit fixer Bedienungsrate) /Chan 80/:

$$G(n) = (\sum_m l_m(n))/n$$
$$l_m(n) = u_m(G(n-1)+l_m(n-1))$$
$$l_m(0) = 0$$

wobei n die Population des Warteschlangennetzes, und $l_m(n)$ die Länge der Warteschlange bei der Station m und Population n sind. u_m ist die relative Auslastung der Station m, die aus dem relativen Fluß r_m und der mittleren Bedienungsrate s_m resultiert.

$$u_m = r_m s_m$$

Die relativen Flüsse r_m können aus den Verzweigungswahrscheinlichkeiten im Netz berechnet werden.

Der von Chandy und Sauer vorgeschlagene Algorithmus kann für geschlossene Netze mit einer Jobklasse und drei verschiedenen Servertypen (fixe und warteschlangenabhängige Bedienungsrate sowie Infinite Server) mit einem Aufwand von etwa 2 Tagen implementiert werden. Etwas aufwendiger ist die Erweiterung zu mehreren Jobklassen und offenen Netzen. Wenn ein komplettes Softwarepaket auf Basis von diesen Algorithmen mit komfortabler interaktiver Ein/Ausgabe für Warteschlangennetze erstellt werden soll, liegt der Aufwand bei etwa 2 Mannmonaten.

5. Anwendung der Modelle zum Tuning und Leistungsvorhersage

Wir wollen nun zeigen, wie das Modell aus der Abb. 3-2 praktisch eingesetzt werden kann und wie groß die Fehler sind, verglichen mit Messungen an realen Systemen.

Alle Berechnungen wurden mit Hilfe des Programmpaketes durchgeführt, welches im Kapitel 4 besprochen worden ist. Der Programmausdruck besteht aus der Modellbeschreibung (Modellparameter) und Modellergebnissen (statistics). In Abb. 5-1 ist der Programmausdruck für das Modell aus der Abb. 3-2 beschrieben. Die Spalten "corresponding chain" und "corresponding server" sind für unsere Modelle irrelevant. (Sie dienen zur Beschreibung eines "multiple chain" und "multiple class" Modells). CAP gibt die Serverkapazität für warteschlangenabhängige Server an, die aus mehreren Bedienstationen bestehen. "Relative flow" wird aus den routing-Wahrscheinlichkeiten des Modells berechnet. M.Q.T. bedeutet mittlere Wartezeit (inklusive Bedienung), M.Q.L. mittlere Warteschlangenlänge (inklusive Bedienstation). Population ist die Anzahl der Jobs, die im geschlossenen System von Abb. 3-2 zirkulieren. Durch die Vergrößerung des Speicherplatzes kann die Population vergrößert werden (und damit normalerweise der Durchsatz).

In Abb. 5-1 ist die Modellauswertung des ursprünglichen Systems der TU-Wien abgebildet. Der gemessene Multiprogramming-Wert betrug damals 3.5 und somit hat z. B. die modellierte CPU-Auslastung einen Wert zwischen 0.534 und 0.611. Anhand Tabelle 5-3 können die gemessenen und modellierten Werte verglichen werden. Der große Fehler bei der Warteschlangenlänge wird wahrscheinlich dadurch verursacht, daß die Swaps tatsächlich länger dauern als das Modell beschribt (es wurde das Mittel aller E/A-Requests genommen) und dadurch warten im realen System mehr Programme bei dem E/A. Diese Vermutung wird durch den kleineren Fehler bei dem System mit zwei Plattencontrollern bestätigt.

```
        *  Q S Y S  *                        19.40.35. 80/10/22  PAGE :  1
CYBER-74 DES IEZ VOR DEM TUNING
C L A S S -  A N D   S E R V E R D A T A
============================================
```

NAME	CORRESP. CHAIN	CORRESPONDING SERVER	M.SERV. CAP	M.SERV. TIME	RELAT. FLOW
CPU	SINGLE	CPU	1	0.025	1.000
DISK1	SINGLE	DISK1	1	0.040	0.304
DISK2	SINGLE	DISK2	1	0.045	0.348
DISK3	SINGLE	DISK3	1	0.045	0.130
DISK4	SINGLE	DISK4	1	0.045	0.130
DISK5	SINGLE	DISK5	1	0.045	0.087
CONTROLLER	SINGLE	CONTROLLER	1	0.031	1.000

STATISTICS FOR CLASS :   CPU
==============================

POPULATION SINGLE	M.Q.L.	M.Q.T.	THROUGHPUT	UTILIZ.
2	0.530	0.032	16.552	0.422
3	0.817	0.039	20.951	0.534
4	1.111	0.046	23.974	0.611
5	1.405	0.054	26.092	0.665
6	1.692	0.061	27.602	0.704
7	1.970	0.069	28.698	0.732
8	2.235	0.076	29.504	0.752

STATISTICS FOR CLASS :CONTROLLER
==================================

POPULATION SINGLE	M.Q.L.	M.Q.T.	THROUGHPUT	UTILIZ.
2	0.672	0.041	16.552	0.513
3	1.086	0.052	20.951	0.649
4	1.550	0.065	23.974	0.743
5	2.063	0.079	26.092	0.809
6	2.621	0.095	27.602	0.856
7	3.221	0.112	28.698	0.890
8	3.861	0.131	29.504	0.915

Abb. 5-1: CYBER 74 des IEZ vor dem Tuning

Es kann leicht modelliert werden, welche Auswirkungen die Erweiterung des Systems um eine zweite Plattensteuereinheit (Engpaß!!) haben würde - eine entsprechende Modellberechnung findet sich in Abb. 5-2 (hier und in weiteren Abbildungen wird aus Platzgründen auf die Modellbeschreibung verzichtet). Der Multiprogramminggrad stieg durch die gleichzeitige Erweiterung des Zentralspeichers (auf 128 K) auf 4.5 Jobs, sodaß die Leistungsgrößen in Abb. 5.2 zwischen 4 und 5 abzulesen sind. Da diese Erweiterungen als Folge von Leistungsbewertung an der TU-Wien tatsächlich durchgeführt wurden, können die Modellergebnisse mit den Meßwerten wiederum verglichen werden (Tabelle 5-3). Zu bemerken ist, daß die Parameter für dieses Modell aus den Messungen an dem alten System stammen; geändert wurden lediglich die Routing-Wahrscheinlichkeiten und die Kapazität der Plattensteuereinheit (CAP (controller)=2), da die beiden Steuereinheiten eine gemeinsame Warteschlange besitzen. Durch diese Erweiterung wurde eine Durchsatzverbesserung um 50 % (bei geringen Ausbaukosten) erzielt!

```
STATISTICS FOR CLASS :    CPU
==================================

!POPULATION!STATISTICS                                      !
! SINGLE  ! M.Q.L.  ! M.Q.T.  !THROUGHPUT! UTILIZ. !
!   3     ! 1.095   ! 0.042   ! 26.055   ! 0.664   !
!   4     ! 1.624   ! 0.053   ! 30.396   ! 0.775   !
!   5     ! 2.233   ! 0.067   ! 33.375   ! 0.851   !
!   6     ! 2.918   ! 0.082   ! 35.394   ! 0.903   !
!   7     ! 3.671   ! 0.100   ! 36.744   ! 0.937   !

STATISTICS FOR CLASS :CONTROLLER
==================================

!POPULATION!STATISTICS                                      !
! SINGLE  ! M.Q.L.  ! M.Q.T.  !THROUGHPUT! UTILIZ. !
!   3     ! 0.850   ! 0.033   ! 26.055   ! 0.404   !
!   4     ! 1.059   ! 0.035   ! 30.396   ! 0.471   !
!   5     ! 1.242   ! 0.037   ! 33.375   ! 0.517   !
!   6     ! 1.398   ! 0.039   ! 35.394   ! 0.549   !
!   7     ! 1.527   ! 0.042   ! 36.744   ! 0.570   !
```

Abb. 5-2: CYBER 74 mit der zweiten Plattensteuereinheit

Modell	Meßgröße	Modellwert	Meßwert	Fehler
CYBER 74 (Abb. 5.1)	Durchsatz (E/A-Anforderungen pro Sek.)	21-24	23	2 %
	CPU-Auslastung	0.53-0.61	0.55	4 %
	CPU-Warteschlange	0.8 -1.1	0.7	30 %
CYBER 74, zwei Plattencontroller (Abb. 5.2)	Durchsatz (E/A-Anforderungen in der Sekunde)	30-33	32	1 %
	CPU-Auslastung	0.77-0.85	0.82	1 %
	CPU-Warteschlange	1.6-2.2	1.6	18 %

Tab. 5-3: Vergleich zwischen den Modellergebnissen und den Meßwerten

Es kann weiters geprüft werden, ob sich mit einer dritten Plattensteuereinheit eine weitere Verbesserung erzielen läßt. Aus der Abb. 5-4 ist sichtbar, daß diese Erweiterung eine etwa 3 %-ige Verbesserung bringen würde und damit nicht sinnvoll ist.

STATISTICS FOR CLASS : CPU

POPULATION	STATISTICS				
SINGLE	M.Q.L.	M.Q.T.	THROUGHPUT	UTILIZ.	
3	1.110	0.042	26.429	0.674	
4	1.674	0.054	31.108	0.793	
5	2.336	0.068	34.259	0.874	
6	3.087	0.085	36.292	0.925	
7	3.914	0.104	37.550	0.958	

STATISTICS FOR CLASS : CONTROLLER

POPULATION	STATISTICS				
SINGLE	M.Q.L.	M.Q.T.	THROUGHPUT	UTILIZ.	
3	0.819	0.031	26.429	0.273	
4	0.974	0.031	31.108	0.321	
5	1.087	0.032	34.259	0.354	
6	1.169	0.032	36.292	0.375	
7	1.224	0.033	37.550	0.388	

Abb. 5.4: CYBER 74 mit drei Plattensteuereinheiten

Da die bisherige CYBER 74 Anlage der TU Wien gegen zwei CYBER 170-720 mit Doppelprozessor ausgetauscht werden sollte, hatten wir uns die Frage gestellt, wie der Durchsatz der neuen Maschinen bei gleicher Last aussehen werde. Die CPU's von CYBER 74 und CYBER 170-720 unterscheiden sich so grundsätzlich in der Architektur, daß kein direkter Geschwindigkeitsvergleich möglich ist. Die CYBER 74 verfügt über 10 parallele Recheneinheiten und diese Parallelität kann von gut optimierten Programmen (es gibt z. B. Optimierungsoptionen bei Übersetzern) besser ausgenutzt werden. Daher schwankt der Geschwindigkeitsfaktor CYBER 74/CYBER 170-720 bei Einprozessormaschinen zwischen 2 und 3. Bei starkem interaktiven Betrieb und vielen Kompilationen wird er eher bei 2 liegen. Wenn man diesen Geschwindigkeitsfaktor annimmt, kann die Leistung der CYBER 170-720 (Abb. 5-5) vorhergesagt werden. Die Bedienungszeit der CPU vergrößert sich von 23 auf 46 ms. Die schnelleren Plattensteuereinheiten (full tracking) verkleinern die mittlere Bedienungszeit (Positionierung und Übertragung) von 31 auf 20 ms. Die Ergebnisse zeigen, daß die Leistung der CYBER 74 und der CYBER 170-720 annähernd gleich ist. Bei der CYBER 170-720 wird jedoch durch entscheidend kürzere swap-Zeiten (full-tracking) der verfügbare Speicherplatz implizit erhöht, was zu etwas höherem Durchsatz führen wird (Multiprogramminggrad=5). Tatsächlich haben die Benchmarks, die im Zuge der Rechnerauswahl durchgeführt wurden, gezeigt, daß der Durchsatz der CYBER 170-720 im Tagesbetrieb um 10 % höher ist.

STATISTICS FOR CLASS : CPU

POPULATION	STATISTICS			
SINGLE	M.Q.L.	M.Q.T.	THROUGHPUT	UTILIZ.
3	1.455	0.057	25.593	0.653
4	2.042	0.067	30.593	0.780
5	2.715	0.080	33.958	0.866
6	3.471	0.096	36.125	0.921
7	4.300	0.115	37.461	0.955

STATISTICS FOR CLASS : CONTROLLER

POPULATION	STATISTICS			
SINGLE	M.Q.L.	M.Q.T.	THROUGHPUT	UTILIZ.
3	0.521	0.020	25.593	0.256
4	0.641	0.021	30.593	0.306
5	0.733	0.022	33.958	0.340
6	0.801	0.022	36.125	0.361
7	0.848	0.023	37.461	0.375

Abb. 5-5: CYBER 170-720-DP , CPU-Faktor 74/170-720 = 2

Ein weiteres Beispiel für den Einsatz dieser Modelle ist die Beantwortung einer Frage, die unmittelbar der Praxis entspringt: "Im Nachtbetrieb beträgt der CPU Faktor CYBER 74/CYBER 170-720 3. Wieviele CYBER 170-720-DP ersetzen eine CYBER 74 im Nachtbetrieb?"

Die Abbildungen 5-6 und 5-7 enthalten die entsprechenden Modellergebnisse für CYBER 74 und CYBER 170-720-DP im Nachtbetrieb. Die Modellparameter entsprechen der Nachtlast (Meßwert für CYBER 74). Es ist sofort ersichtlich, daß bei dem Multiprogramminggrad 4 eine CYBER 74 von 1.45 der CYBER 170-720-DP ersetzt werden kann.

```
STATISTICS FOR CLASS :     CPU
================================

!POPULATION!STATISTICS                                          !
! SINGLE ! M.Q.L.  !  M.Q.T. !THROUGHPUT!  UTILIZ. !
!   4    ! 2.537   !  0.116  !  21.792  !   0.937  !
!   5    ! 3.446   !  0.152  !  22.659  !   0.974  !
!   6    ! 4.403   !  0.191  !  23.028  !   0.990  !

STATISTICS FOR CLASS :CONTROLLER
================================

!POPULATION!STATISTICS                                          !
! SINGLE ! M.Q.L.  !  M.Q.T. !THROUGHPUT!  UTILIZ. !
!   4    ! 0.572   !  0.026  !  21.792  !   0.272  !
!   5    ! 0.606   !  0.027  !  22.659  !   0.283  !
!   6    ! 0.622   !  0.027  !  23.028  !   0.288  !
```

Abb. 5-6: CYBER 74 im Nachtbetrieb

```
STATISTICS FOR CLASS :     CPU
================================

!POPULATION!STATISTICS                                          !
! SINGLE ! M.Q.L.  !  M.Q.T. !THROUGHPUT!  UTILIZ. !
!   4    ! 3.164   !  0.211  !  14.999  !   0.967  !
!   5    ! 4.134   !  0.269  !  15.367  !   0.991  !
!   6    ! 5.125   !  0.331  !  15.470  !   0.998  !

STATISTICS FOR CLASS :CONTROLLER
================================

!POPULATION!STATISTICS                                          !
! SINGLE ! M.Q.L.  !  M.Q.T. !THROUGHPUT!  UTILIZ. !
!   4    ! 0.258   !  0.017  !  14.999  !   0.127  !
!   5    ! 0.265   !  0.017  !  15.367  !   0.131  !
!   6    ! 0.267   !  0.017  !  15.470  !   0.131  !
```

Abb. 5-7: CYBER 170-720-DP im Nachtbetrieb
CPU-Faktor 74/170-720 = 3

Da die Zeit für die Berechnung solcher Modelle im Bereich von wenigen Sekunden liegt, sind Versuche mit mehreren Modellvarianten im interaktiven Betrieb sehr einfach. Hier liegt zweifellos die Stärke von analytischen Methoden gegenüber Simulation, wo ein Modell mühsam erstellt werden muß und für die Auswertung Rechenzeit in der Größenordnung von Minuten notwendig ist.

6. Schlusswort

Die beschriebenen Warteschlangenmodelle für die CYBER-Anlagen weisen eine überraschende Genauigkeit auf und eignen sich sehr gut für Zwecke wie Planung des Hardwareausbaus bei einer gegebenen Last. Bei der Neuanschaffung von Maschinen derselben Type können sie kostspielige Benchmarks ersetzen.

Eine detaillierte Modellierung würde zwar zu genaueren Ergebnissen führen, aber gleichzeitig einen Aufwand bedeuten, der in Anbetracht der möglichen Verbesserungen als nicht lohnend erscheint. Dagegen sind diese Modelle für die Leistungsvorhersage bei sich ändernder Last noch nicht ausreichend, und müßten erweitert werden. Da man in der Regel mit einer inhomogenen Last zu tun hat, wird man bei der Modellierung verschiedene Jobklassen (wie z. B. kleine Batch-Jobs, große Batch-Jobs, interaktive Jobs) darstellen wollen. Die Methode selbst /Chan 80/ kann für mehrere Jobklassen (multiple chains) erweitert werden, die Messungen für ein solches Modell sind allerdings etwas komplizierter. An einem Mehrklassenmodell für die CYBER-Anlagen wie auch an Meßmethoden und Modellen für das neue Betriebssystem NOS arbeiten wir derzeit. Wenn das einfache Modell von Abb. 3-2 als Submodell im Modell von Abb. 3-1 eingesetzt wird, können unter Anwendung von hierarchischer Dekomposition /Saue 80/ Antwortzeiten von interaktiven Jobs berechnet werden.

Literatur

/Bask 75/ Baskett, F., Chandy, K.M., Muntz R.R. and Palacios-Gomez F.: "Open, Closed and Mixed Networks of Queues with Different Classes of Customers", J. ACM, Vol. 22, No. 2, April 1975.

/Brow 75/ Browne, J. C., et al.: "Hierarchical Techniques for the Development of Realistic Models of Complex Computer Systems", Proc. of the IEEE, Vol. 63, No. 6, June 1975.

/Chan 75/ Chandy, K.M., Herzog, U. and Woo, L.S.: "Parametric Analysis of Queuing Networks", IBM, J. R&D, Vol.19, No.1, Jan. 1975.

/Chan 80/ Chandy, K. M. and Sauer, C. H.: "Computational Algorithms for Product Form Queuing Networks", Proc. 7-th IFIP International Symposium on Computer Performance Modelling, Measurement and Evaluation, Toronto, 1980.

/Denn 78/ Denning, P.J. and Buzen, J.P.: "The Operational Analysis of Queuing Network Models", ACM Computing Surveys, Vol. 10, No. 3, Sept. 1978.

/Kost 79/ Kostro, K., Kerner, H. und Beyerle, W.: "EDV- Leistungsbewertung durch Messen - Endbericht", TR DA 80/01/02, Institut für Digitale Anlagen, TU Wien, Juli 1979.

/Reis 75/ Reiser, M. and Kobayashi, H.: "Queuing Networks with Multiple Closed Chains: Theory and Computational Algorithms", IBM J. R&D, Vol. 19, No. 3, May 1975.

/Reis 78/ Reiser, M. and Sauer, C.H.: "Queuing Network Models: Methods of Solution and Their Program Implementation", in: "Current Trends in Programming Methodology", Vol.III, Chandy,K.M. and Yeh, R., eds., Prentice-Hall, Englewood Cliffs, N.J., 1978.

/Reis 79/ Reiser, M.: "Mean Value Analysis of Queuing Networks, a New Look at an Old Problem", Proc. of the 4th International Symposium on Modelling and Performance Evaluation of Computer Systems, Vienna, 1979.

/Reis 80/ Reiser, M. and Lavenberg, S. S.: "Mean-Value Analysis of Closed Multichain Queuing Networks", Journal of ACM, Vol.27, No. 2, April 1980.

/Saue 79/ Sauer, C.H. and MacNair, E.A.: "Queuing Network Software for Systems Modeling", Software-Practice & Experience, Vol.9, No.5, May 1979.

/Saue 80/ Sauer, C. H. and Chandy, K. M.: "Approximate Solution of Queuing Models", in: Computer, Vol. 13, No. 4, April 1980.

/Spra 80/ Spragins, J.: "Analytical Queuing Models", in: Computer, Vol. 13, No. 4, April 1980.

/SPRM 79/ NOS/BE Version 1 System Programmers Reference Manual, CDC, 1979, (Revision J).

/Zaho 79/ Zahorjan, J.: "An Exact Solution Method for the General Class of Closed Separable Queuing Networks", in: Proc. 1978 Conference on Simulation Measurement and Modelling of Computer Systems, Boulder 1979.

GENERALIZED QUEUEING APPROXIMATION TECHNIQUES FOR ANALYSIS OF COMPUTER SYSTEMS

D. A. Protopapas[*]
ITT/Advanced Technology Center
Shelton, Ct. 06484/USA

ABSTRACT

The accuracy of response time approximation methods for G/G/1 and G/G/c queueing systems is investigated. It is shown that, for $E_m/E_k/c$ queues, approximating the squared coefficient of variation of interdeparture times and then applying Marshall's relation yields the most accurate results. This technique, which has been used by operations researchers (and is not known to have been used in the analysis of computer systems to date), is subsequently generalized for G/G/1 and G/G/c queueing systems.

INTRODUCTION

The GI/G/1 queue (i.e., independent arrivals, and generally distributed arrival and service times) is not analytically tractable unless at least one of the distributions involved (arrival or service) is exponential. Exponentially distributed interarrival times yield an M/G/1 queue, where performance measures can be determined thru the well known P-K formula. An analytic expression for the service distribution is not required; only the squared coefficient of variation of service times, c_s^2, need be known.

The dual to M/G/1 queue, i.e. G/M/1, is also mathematically tractable [1,7,9]. However, the arrival distribution must be known in analytic form, and in most applications, numerical solution of a non-linear equation is necessary, in order to derive performance measures. In [8] Hillier discusses theoretical results, due to Heffer and Yu, allowing analysis of multiserver queues with Erlang distributions ($E_m/E_k/c$). Unfortunately, this theory is very involved and extensive, making its application unrealistic, even in cases where the cost of numerical computations can be justified.

Unlike GI/G/1 queues, analytical expressions of performance measures for GI/G/c queues are not available when arrival times are exponentially distributed. Cases where both arrival, and service distributions are exponential, are treated in Gross [7]. Surprisingly, GI/M/c queues are analytically tractable, except that performance determination requires, like the GI/M/1 case, solution of a non-linear equation thru numerical analysis. Finally, Saaty [20] gives expressions for mean waiting times in M/D/c systems, in terms of (non-converging) infinite series, which therefore are hard to apply, unless the number of servers is very large.

Thus, with the exception of the special cases of the M/G/1 and M/M/c queues, and some simple cases of the G/M/1 and GI/M/c queues, derivation of performance measures of G/G/1, GI/G/c queueing systems necessitates resorting to approximation techniques. Alternatively, in the literature, suitable exponential assumptions are made very often in order to simplify systems analyses. However, such assumptions may lead to large errors, and therefore misleading results, when not justifiable.

In this paper we investigate the accuracy of existing approximation techniques by comparing their predictions with known exact results for $E_m/E_k/1$ and $E_m/E_k/c$ queues. We then, extend the approximation which was developed specifically for Erlang queues to single and multi-server queues with generally distributed arrival and service times.

APPROXIMATIONS FOR THE G/G/1 QUEUE

Bounds on the mean waiting time, W_Q, in a G/G/1 queue, are found in [7,10,13]. The results reported include lower bounds, some upper bounds applying only to special cases of the G/G/1 queue, and Kingman's upper bound which applies to all G/G/1 queueing systems. Here, we consider only the latter, since the remaining types of bounds are of limited interest in the analysis of computer systems. The upper bound due to Kingman is also known as heavy traffic approximation and requires only knowledge of the first two moments of arrival and service times:

$$W_Q \leq \lambda [(\sigma_a^2 + \sigma_s^2)]/[2(1-\rho)] \qquad (1)$$

where σ_a^2, σ_s^2 are the variances of the interarrival and service times respectively, λ the mean arrival rate, and ρ the utilization factor. Alternatively, we rewrite (1) in terms of the corresponding squared coefficients of variation:

$$W_Q \leq \left\{ \rho/[\mu(1-\rho)] \right\} (c_a^2/\rho^2 + c_s^2)/2 \qquad (2)$$

Kingman's bound becomes tighter as $\rho \to 1$, and may therefore be used as an approximation to W_Q under heavy traffic conditions.

An approximation technique, based on diffusion theory, is developed by Kobayashi in [11]. In diffusion techniques, in general, a discrete stochastic process, corresponding to the number of customers in the system, is replaced by a continuous process. Kobayashi makes certain assumptions, and then solves the diffusion equation to obtain:

$$L = \rho/(1-\hat{\rho}) \qquad (3)$$

$$\sigma_R^2 = [\hat{\rho}(2-\hat{\rho}) + c_s^2(1-\hat{\rho})^2]/[\mu^2(1-\hat{\rho})^2] \qquad (4)$$

where

$$\hat{\rho} = \exp[-2(1-\rho)/(\rho c_a^2 + c_s^2)] \qquad (5)$$

σ_R^2 is the variance of response times, and L the number of customers in the system. The accuracy of this method is studied by Reiser and Kobayashi in [18] concluding that its predictions improve as c_s^2 and ρ approach unity, i.e. for exponential service distribution and heavy traffic conditions.

Finally, a third method, described by Rosenshine in [19], is based on Marshall's relation [13] concerning the variance of interdeparture times, σ_D^2, in a GI/G/1 queue:

$$\sigma_D^2 = \sigma_a^2 + 2\sigma_s^2 - (2/\lambda)(1-\rho)W_Q \qquad (6)$$

In [19], σ_D^2 is approximated using an equation attributed to Fraker, and is then substituted in Eq. (6) to determine the queue waiting time, W_Q. Fraker's approximation to σ_D^2, as reported in [19], is:

$$\sigma_D^2 = 1/(n\lambda^2) + (n-1)/(n\mu^2) + [(1-\rho)(n-1)]/(mn\mu^2) - (m-1)/(m\mu^2) + [0.5(1-\rho)(m-1)(n-1)]/(m^2n\mu^2) + [2(1-\rho)(m-1)(n-1)]/(mn^2\mu^2) \qquad (7)$$

where, $1/n = c_a^2$ and m the order of the Erlangian service time distribution. It is noted that Eq. (7) assumes Erlang service times, and that in [19] this Eq. is applied making the same assumption. However, using simulated results from [15] we can show that Eq. (7) can be used successfully for GI/G/1 queues too. Replacing $1/n$ by c_a^2, $1/m$ by c_s^2, and after some algebraic manipulations, we get

$$c_D^2 = (1-\rho^2)c_a^2 + \rho^2 c_s^2 + \rho^2(1-\rho)(1-c_a^2)[c_s^2 + (1-c_s^2)(c_s^2/2 + 2c_a^2)] \qquad (8)$$

Finally, another approximation referred to as symmetrical conjecture in [6] and derived independently in [16] is:

$$W_Q = \{\rho/[\mu(1-\rho)]\}(c_a^2+c_s^2)/2 \qquad (9)$$

Assessment of alternative techniques

To avoid the dependence on the service rate μ, we compare the various approximation techniques on the basis of queue lengths L_Q, rather than queue waiting times. Using Little's formula [7], Kingman's bound can be written

$$L_Q \leq [\rho^2/(1-\rho)](c_a^2/\rho^2+c_s^2)/2 \qquad (10)$$

Similarly the symmetrical approximation becomes

$$L_Q = [\rho^2/(1-\rho)](c_a^2+c_s^2)/2 \qquad (11)$$

Finally, we express Eq. (6) in terms of the respective squared coefficients of variation, instead of variances, to obtain for Marshall's relation

$$L_Q = (c_a^2 + 2\rho^2 c_s^2 - c_D^2)/[2(1-\rho)] \qquad (12)$$

We now plot L_Q in terms of $(c_a^2+c_s^2)/2$. Since, the latter is the average of the arrival and service squared coefficients of variation, we call it <u>index of randomness</u> (IR) of the associated queueing system. "Exact" results shown in Figures 1 thru 4 are from simulations reported in [5] by Fischer ($E_m/M/1$), Hillier's tables [8] ($E_m/E_k/c$), or calculations thru the P-K formula (M/G/1).

Figures 1, and 2 show that Kingman's upper bound may be used as an approximator only when traffic is heavy (a known fact from the literature), but, even then, its predictions are less accurate compared to those of the remaining methods. Its accuracy, also, decreases as we approach near exponential distributions, while the opposite is true for the other approximation methods.

The accuracy of Kobayashi's diffusion approximation improves for heavy traffic and near exponential distributions, which is in agreement with the results reported in [18]. However, we observe that it fails to predict that for IR constant queues are longer when $C_a > C_s$. While the latter has not been proved mathematically in queueing theory [21], it holds for dual $M/E_k/1 - E_k/M/1$ queues, as shown thru simulations by Fischer in [5], and is also predicted by Kingman's bound, and results thru Marshall's relation (Fig. 3,4). For IR>0.5 predictions thru the symmetrical approximation (dashed line) are more accurate than those of the diffusion approximation, while for IR<0.5 the opposite is true. However, since the impact on response time increases with IR, the diffusion approximation is less accurate on the overall.

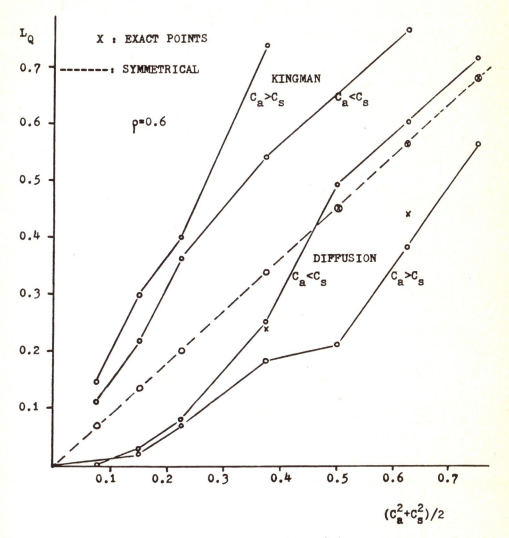

Fig. 1. L_Q vs. index of randomness in GI/G/1 queue for $\rho=0.6$, using different approximation methods.

When two "exact" points are shown for the same value of IR in Figs. 1 to 4, the upper one corresponds to an M/G/1 queue, while the lower to its dual G/M/1 queue. As seen the symmetrical approximation (SA) represented by dashed lines, becomes exact for M/G/1 queues. Since, for IR constant queue lengths are longer for the respective M/G/1 queue, provided distributions are non-hyperexponential, the SA is an upper bound under these conditions. This is also seen in Figs. 3, 4, where more "exact" points are shown. Its overly pessimistic predictions for small values of IR and ρ, do not impact severly on response times, since under such conditions queue lengths are comparatively small.

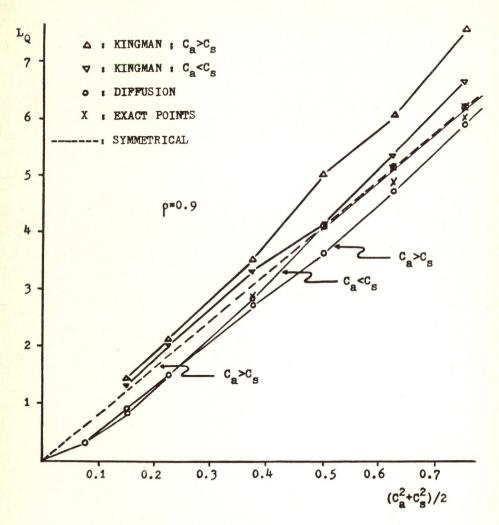

Fig. 2. L_Q vs. index of randomness in GI/G/1 queue for $\rho=0.9$, using different approximation methods.

As shown in Figs. 3, 4, and Table I, approximations to L_Q thru Marshall's relation are more accurate than those thru the SA for low traffic while under heavy traffic conditions the two techniques provide about the same accuracy. The relative response errors, $e=\Delta W_R/W_R$, introduced by the approximations, are calculated from

$$e=\Delta L_Q/(L_Q+\rho) \qquad (13)$$

which is proven easily using Little's formula. Table I shows that errors introduced by the SA are worst for exponential service times. This is expected since the SA provides "exact" results for exponential arrival times and queue lengths are longer for $C_a>C_s$. Hence, these errors represent worst case ones under fixed IR. Both methods yield very sat-

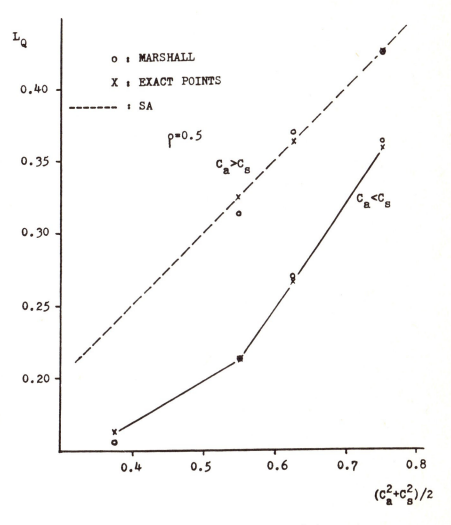

Fig. 3. L_Q vs. index of randomness in GI/G/1 queue for $\rho=0.5$, using Marshall's relation.

isfactory results under heavy traffic conditions, and therefore the computationally trivial SA method is preferable under such conditions. Under medium traffic conditions approximation thru Marshall's relation yields very accurate results at the expense of some computational complexity. Since Marshall's relation itself is an exact one, obviously, errors are due to those introduced in approximating C_D^2 from Eq. (8).

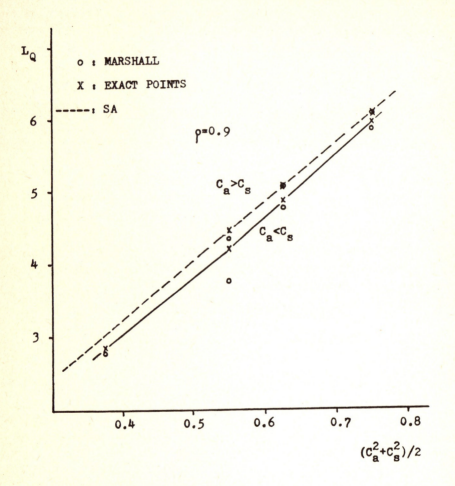

Fig. 4. L_Q vs. index of randomness in GI/G/1 queue for $\rho=0.9$, using Marshall's relation.

TABLE I

Results from Eqs. (11), (12), Compared with Exact Results

$\rho = 0.5$

QUEUE	L_Q			% Error	
	SA	MA	Exact	SA	MA
$M/E_2/1$	0.375	0.375	0.375	0.0	0.0
$E_2/M/1$	0.375	0.313	0.309	8.2	0.5
$M/E_4/1$	0.312	0.320	0.3125	0.0	0.9
$E_4/M/1$	0.312	0.219	0.216	13.4	0.4
$M/E_{10}/1$	0.275	0.264	0.275	0.0	-1.4
$E_{10}/M/1$	0.275	0.163	0.1623	17.1	0.0
$E_4/E_2/1$	0.187	0.106	0.112	12.3	-1.0

$\rho = 0.9$

$M/E_2/1$	6.075	6.075	6.075	0.0	0.0
$E_2/M/1$	6.075	5.850	5.930	2.1	-1.2
$M/E_4/1$	5.062	5.010	5.062	0.0	-0.9
$E_4/M/1$	5.062	4.760	4.845	3.8	-1.5
$M/E_{10}/1$	4.455	4.340	4.455	0.0	-2.1
$E_{10}/M/1$	4.455	3.765	4.194	5.1	-8.4
$E_4/E_2/1$	3.037	2.770	2.853	4.9	-2.2

APPROXIMATIONS FOR G/G/c QUEUES

We use results tabulated by Hillier [8] to gain some insight into the dependence of L_Q on $1/k$, for $M/E_k/c$ queueing systems. Fig. 5 shows that the latter is a linear relationship in the two-server case ($M/E_k/2$), suggesting that

$$L_Q = L_{Q(M/M/c)} (1+1/k)/2 \tag{14}$$

which certainly holds true for c=1 (see P-K formula). Generalization of Eq. (14) yields

$$L_Q = L_{Q(M/M/c)} (1+C_s^2)/2 \tag{15}$$

While the limited number of cases tabulated in [8] does not allow verification of Eq. (14) for c>5, Martin in [14] supports that simulations show Eq. (15) to hold in general.

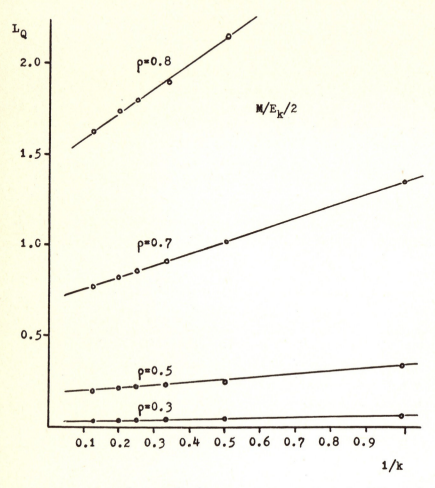

Fig. 5. L_Q vs. $1/k$ in $M/E_k/2$ queue for $\rho=0.3, 0.5, 0.7, 0.8$.

For $E_m/E_k/c$ queues Hillier [8] suggests use of

$$L_Q = L_{Q(M/M/c)} (1/m + 1/k)/2 \qquad (16)$$

which we may generalize for GI/G/c queues to

$$L_Q = L_{Q(M/M/c)} (c_a^2 + c_s^2)/2 \qquad (17)$$

Kingman's upper bound to waiting times in G/G/c queues is found in [10], which we rewrite for L_Q and in terms of c_a^2, c_s^2 :

$$L_Q \leq [\rho^2/(1-\rho)][c_a^2/\rho^2 + c_s^2/c + (c-1)/c^2] \qquad (18)$$

Finally, Eq. (12) for GI/G/1, deduced from Marshall's relation, can be generalized [19] to

$$L_Q = L_{Q(M/M/c)} (C_a^2/\rho^2 + 2C_s^2 - C_D^2/\rho^2)/2 \qquad (19)$$

"Exact" queue lengths, L_Q, from [8], and queue lengths calculated from Eqs. (17), (18), are plotted in Fig. 6, in terms of the index of randomness. It is seen that Kingman bound's behavior is similar to that for GI/G/1, except that for near exponential distributions it is now converging, and therefore is more accurate as a heavy traffic approximation in multi-server queues. Hillier's approximation (HA), as expressed by Eq. (16), provides reasonably accurate predictions in the range 0<IR<1.

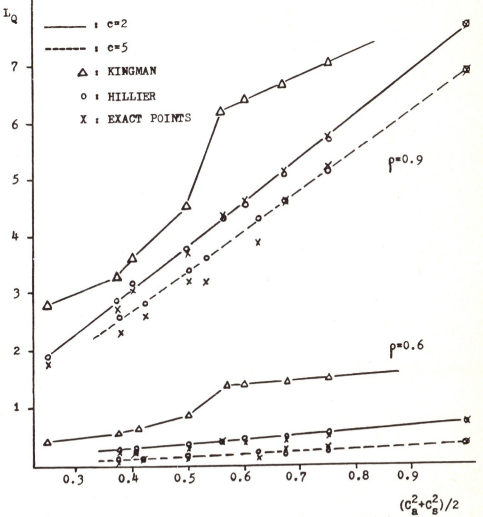

Fig. 6. Kingman and Hillier approximations for GI/G/c queues compared with exact results.

Tables II, III tabulate relative response errors introduced by HA and the approximation thru Marshall's relation, for two- and five-server queues. Like the GI/G/1 case results thru Marshall's relation are very accurate, as are those thru HA for heavy traffic. Once again, for light traffic, if accuracy is necessary, approximation thru Marshall's relation is preferred. It is noted that in both methods larger errors correspond to cases with exponential service distributions and they result always in overestimation of L_Q, rather than underestimation, which is more desirable when errors occur in practical applications.

TABLE II

Results from Eqs. (17), (19), Compared with Exact Results in a Two-Server System.

$\rho=0.6$

QUEUE	c_D^2	L_Q			% Error	
		HA	MA	Exact	HA	MA
$M/E_2/2$	0.820	0.506	0.506	0.515	-0.8	-0.8
$M/E_3/2$	0.760	0.450	0.450	0.461	-1.0	-1.0
$M/E_5/2$	0.712	0.405	0.405	0.418	-1.3	-1.3
$M/E_8/2$	0.685	0.378	0.380	0.394	-1.6	-1.4
$E_2/E_2/2$	0.581	0.337	0.262	0.267	8.1	-0.6
$E_3/E_2/2$	0.485	0.281	0.195	0.193	11.1	0.3
$E_4/E_2/2$	0.434	0.253	0.165	0.158	12.5	0.9
$E_4/E_4/2$	0.328	0.169	0.095	0.095	10.6	0.0

$\rho=0.9$

$M/E_2/2$	0.595	5.755	5.823	5.773	-0.3	0.8
$M/E_3/2$	0.460	5.119	5.116	5.139	-0.3	-0.4
$M/E_5/2$	0.352	4.600	4.604	4.630	-0.5	-0.5
$M/E_8/2$	0.291	4.297	4.317	4.350	-1.0	-0.6
$E_2/E_2/2$	0.546	3.837	3.619	3.686	3.3	-1.5
$E_3/E_2/2$	0.520	3.200	2.953	3.000	5.1	-1.2
$E_4/E_2/2$	0.506	2.878	2.624	2.660	6.1	-1.0
$E_4/E_4/2$	0.294	1.920	1.710	1.750	6.4	-1.9

TABLE III

Results from Eqs. (17), (19), Compared with Exact Results in a Five-Server System.

$\rho = 0.6$

QUEUE	c_D^2	L_Q			% Error	
		HA	MA	Exact	HA	MA
$M/E_2/5$	0.820	0.269	0.265	0.280	-1.7	-1.7
$M/E_3/5$	0.760	0.236	0.236	0.252	-1.9	-1.9
$E_4/M/5$	0.628	0.221	0.168	0.118	14.3	7.0
$E_{16}/M/5$	0.535	0.118	0.122	0.075	16.7	7.0
$E_2/E_2/5$	0.581	0.177	0.137	0.120	7.9	2.4
$E_3/E_2/5$	0.485	0.148	0.102	0.078	10.3	3.5
$E_4/E_2/5$	0.434	0.133	0.087	0.060	11.1	4.1

$\rho = 0.9$

QUEUE	c_D^2	HA	MA	Exact	HA	MA
$M/E_2/5$	0.595	5.145	5.145	5.190	-0.7	-0.7
$M/E_3/5$	0.460	4.576	4.573	4.630	-1.0	-1.0
$E_4/M/5$	0.918	4.290	4.031	3.908	7.9	2.5
$E_{16}/M/5$	0.898	3.636	3.322	3.191	10.9	3.2
$E_2/E_2/5$	0.546	3.430	3.235	3.236	4.7	0.0
$E_3/E_2/5$	0.520	2.860	2.640	2.606	7.2	1.0
$E_4/E_2/5$	0.506	2.572	2.346	2.296	8.6	1.6

CONCLUSION

Comparison with "exact results shows that the symmetrical approximation and the technique using Marshall's (and Fraker's) relation, are more accurate than the diffusion approximation; when applied to $E_m/E_k/1$ systems. The method based on Marshall's relation yields more accurate predictions than the symmetrical approximation, but, at the expense of some additional computational complexity. Since, Marshall's relation holds for GI/G/1 queues, in general, and Fraker's relation provides satisfactory results for these queues, the method based on these two relations can be extended to all GI/G/1 systems.

Although developed for GI/G/1 queues only, Marshall's and Fraker's relations produce sufficiently accurate results for multi-server

Erlangian queues, too; and this technique may be extended to GI/G/c systems.

Generalized queueing approximation techniques are a more realistic alternative to suitable exponential assumptions which are usually not justifiable. These techniques are particularly instrumental in the analysis of computer systems modeled by open networks of queues. Such models, for instance, are used in [17] to study the performance of various multiprocessing organizations.

REFERENCES

1. A. Allen, "Probability, Statistics, and Queueing Theory with Computer Science Applications", Academic Press, New York, 1978.
2. P. Burke, "The Output of a Queueing System", Operat. Res., 4, Dec. 1956, 699-704.
3. P. Burke, "Output Processes and Tandem Queues", Proc. PIB MRI Symp. on Comput. Comm. Networks and Teletraffic, PIB Press, Brooklyn, N.Y., 1972, 419-428.
4. K. Chandy, and C. Sauer, "Approximate Methods in Analyzing Queueing Network Models of Computer Systems", Comput. Surv., 10, 3 (Sept. 1978), 281-317.
5. M. Fischer, "The Waiting Time in the E_k/M/1 Queueing System", Operat. Res., 22, 4, 1974, 898-902.
6. S. Calo, "Bounds and Approximations for Moments of Queueing Processes", Ph.D. Thesis, Dept. of EE, Princeton Univ., April 1976.
7. D. Gross, and C. Harris, "Fundamentals of Queueing Theory", Wiley, N.Y., 1974.
8. F. Hillier, and F. Lo, "Tables for Multiple-Server Queueing Systems Involving Erlang Distributions", Tech. Rep. No. 31, Dept. of OR, Stanford Univ., Dec. 28, 1971, Stanford, CA.
9. L. Kleinrock, "Queueing Systems, Vol. I: Theory", Wiley, N.Y., 1975.
10. L. Kleinrock, "Queueing Systems, Vol. II: Computer Applications", Wiley, N.Y., 1976.
11. H. Kobayashi, "Application of the Diffusion Approximation to Queueing Networks, Part I: Equilibrium Queue Distributions", JACM, 21, 2 (April 1974), 316-328.
12. H. Kobayashi, "Modeling and Analysis: An Introduction to System Performance Evaluation Methodology", Addison-Wesley, Reading, MA., 1978.
13. K. Marshall, "Some Inequalities in Queueing", Operat. Res., 16 (1968), 651-665.
14. J. Martin, "Systems Analysis for Data Transmission", Prentice-Hall Englewood Cliffs, N.J., 1972.
15. D. Paulish, and E. J. Smith, "The Modeling of Message Switches in Store-and-Forward Computer Communication Networks", Rep. POLYEE/EP 75-007, Polytechnic Inst. of N.Y., June 1975.

16. D. Protopapas, "Multi-microprocessor/Multi-microcomputer Architectures: Their Modeling and Analysis", Ph.D. Thesis, Dept. of EE, Polytechnic Inst. of N.Y., May 1980.
17. D. Protopapas, "Task Level Queueing Models for Multiprocessor/Multicomputer Systems", Proc. Intern'l Conf. on Circuits and Computers, 1980, 733-736.
18. M. Reiser, and H. Kobayashi, "Accuracy of the Diffusion Approximation for Some Queueing Systems", IBM Journal of R.&D., March 1974, 110-124.
19. M. Rosenshine, and J. Chandra, "Approximate Solutions for Some Two-Stage Tandem Queues; Part 1: Individual Arrivals at the 2nd Stage", Operat. Res., 23, 6 (Nov.-Dec. 1975), 1155-1166.
20. T. Saaty, "Elements of Queueing Theory", McGraw-Hill, N.Y., 1961.
21. D. Stoyan, "Bounds and Approximations in Queueing thru Monotonicity and Continuity", Operat. Res., 25, 5 (Oct. 1977), 851-863.

AN ANALYSIS OF MESSAGE BUFFERING IN MULTIPROCESSOR COMPUTER SYSTEM

J. Martyna
Institute of Informatics
Jagiellonian University of Cracow
31-501 Cracow, Poland

ABSTRACT

In this paper, the message buffering in multiprocessor system with I/O devices is presented. The equilibrium distribution of probability of buffers' numbers in the system is determined. Finding of busy periods for the number of buffer units allows to assign processors utilization in the system and next to define control points for demanded parallelism degree, utilization factor of processors, etc. Through analysis of storage reservation methods and analysis of storage area behavior the optimal length of messages and number of messages depending upon buffer assignment schemes is determined. The effectiveness of message buffering is appointed. The utilization of storage area and its probability of overflow is defined. The choice of the optimal size of buffer in multiprocessor system as a result of this analysis is presented.

1. INTRODUCTION

One of the most important function of multiaccessed computer system is message buffering organization. The messages in computer system are sent or received from terminals, and they are devoted to users programs. Speeds of processors, speeds of line transmissions, capacity of storage are associated with accepted buffering method. Choice of suitable methods depends upon finding the number and the size of buffer units, which keeps periodical income or outcome messages, configuration of the system, admitted operating system, frequency, message length distribution and storage reservation method.

The criterions and methods contributed to the difficulty and important problem, particularly to the real time system, which works in boundary of optimal utilization. Adjustment of adequate storage reservation methods and choice of the optimal size of buffer units constitute difficulties, which are met by the system designers. It is obvious, that the better processors utilization is connected with admission of longer messages, included in number of buffer units. But it causes increasing expenditure of storage and peripheral storage areas. The buffer units with the small area size decrease loss of storage area, by giving unnecessary headings enlargement of messages and buffer units.

In this paper the complex analysis of messages buffering in multiprocessor system is presented. The main purpose of this analysis is the treatment of the method for the choice of optimal size of the buffer units and the messages by accepted assumptions. Using the queueing theory in this work, we calculate the utilization of processors, which permit to find the optimal number of buffer units. The customers in so assumed queueing model of multiprocessor system [MART 79] are not jobs, but the buffer units. These analysis for a single processor system prepared at first Price in [PRIC 75], studying the processor utilization in relationship of distribution of interarrival times of buffer units.

Analysis with comparison of block assignment strategies in [SCHU 72] and analysis of storage reservation methods in [GAVE 71, SEID 79] allows to find the optimal size of buffer units depending on their organization. The study of storage area, nearing to [ŁACN 75, WOO 79] gives the effectiveness criteria for the methods of message buffering.

2. UTILIZATION PERFORMANCE OF MULTIPROCESSOR SYSTEM CONSIDERING MESSAGE BUFFERING

We consider a multiprocessor system with the buffer pool having a finite set of moving communication buffers, further defined as buffer units. We make the following assumptions about the system:

(1) The system can hold at most a total of K jobs, including the jobs in service, and each job has a maximum f_k ($1 \leqslant k \leqslant K$) files open;
(2) Each of the buffer units may be assigned as for arbitrary job, as well as for a new created file, associated with the single

I/O devices.

For the simplicity we will assume an identical size of the buffer units. Each of processing jobs or batch processing of jobs must be assigned empty or partially empty buffer unit. We assume that the jobs are independent and exponentially distributed with the mean $1/\mu_{ik}$. The interarrival times are the services times for the full or empty buffer unit for the open file on the I/O devices. Therefore for i-th processor there are interarrival times independent and exponentially distributed with the mean $1/\lambda_{ik}$.

The problem with admission of scheduling algorithms to the buffer units is that it may require us to preempted processing of the current buffer units and begin processing of another buffer unit for the same job. Therefore we assume LCFS scheduling algorithm with preemption for each job in a sequence as required. We assume that each of k-th jobs serviced by the individual processor takes advantages of n_k buffer units. For each job there may be open f_k files and each job can have access to $f_k + n_k - 1$ buffer units, where l is a number of processors in multiprocessor system.

We accept as a model of multiprocessor computer system with the I/O devices the hierarchical queueing network of service stations [MART 78a, 78b, 79], which we will analyse by means of the methods described in [BASK 75]. The customers in so presented model are the buffer units. The number of accessible buffer units for the k-th job, taking into consideration a processing level composed of l-processor units connected only through the main memory is

$$\mathbf{y}_1 = \begin{bmatrix} f_{11}+n_{11}-1, & f_{12}+n_{12}-1, & \ldots, & f_{1K}+n_{1K}-1 \\ f_{21}+n_{21}-1, & f_{22}+n_{22}-1, & \ldots, & f_{2K}+n_{2K}-1 \\ f_{l1}+n_{l1}-1, & f_{l2}+n_{l2}-1, & \ldots, & f_{lK}+n_{lK}-1 \end{bmatrix} , \quad (2.1)$$

where
n_{ik} is the number of accessible buffer units for the k-th job processed in the i-th processor unit ;
l is the number of processor units.

The number of buffer units for the remained level of systems is given by

$$\mathbf{y}_j = \begin{bmatrix} n_{11}, & n_{12}, & \cdots, & n_{1K} \\ n_{21}, & n_{22}, & \cdots, & n_{2K} \\ & & & \\ n_{l_j 1}, & n_{l_j 2}, & \cdots, & n_{l_j K} \end{bmatrix}, \qquad (2.2)$$

where $2 \leqslant j \leqslant H$, $1 \leqslant i \leqslant l_j$, $1 \leqslant k \leqslant K$, and l_j is the number of service stations for the j-th level, H is the total number of all levels. The number of buffer units in individual levels of the system is define [BASK 75] by

$$\mathbf{y} = [\mathbf{y}_1, \mathbf{y}_2, \ldots, \mathbf{y}_j, \ldots, \mathbf{y}_H], \quad 1 \leqslant j \leqslant H. \qquad (2.3)$$

Then, the equilibrium distribution in so presented model of systems determine the probability of numbers of buffer units in individual levels, and is given by

$$P(\mathbf{y}) = C \cdot g_1(\mathbf{y}_1) g_2(\mathbf{y}_2) \cdots g_H(\mathbf{y}_H), \qquad (2.4)$$

where

$$g_1(\mathbf{y}_1) = \prod_{i=1}^{l_1} \binom{n_i}{n_{i1} \, n_{i2} \cdots n_{iK}} \prod_{k=1}^{K} \left(\frac{1}{\mu_{ik}} \right)^{n_{ik}} \qquad (2.5)$$

$$g_j(\mathbf{y}_j) = \prod_{i=1}^{l_j} \binom{n_i}{n_{i1} \, n_{i2} \cdots n_{iK}} \prod_{k=1}^{K} \left(\frac{p_{ik}}{\lambda_{ik}} \right)^{n_{ik}} \qquad (2.6)$$

and p_{ik} is the probability of transitions between the k-th job and i-th open file.

2.1. SINGLE PROCESSOR UNITS

We consider a case in which a degree of parallel access to buffer units is not greater than the number of processor units. We assume l identical processor units, each capable of performing only one job at a time. We suppose that there are K jobs. Each job may have several files open. The pool of buffer units is associated with each job. On the other hand any buffer unit can be also used with any one file.

The processor service time can be obtained as a time between succesive requests for empty or partially empty buffer units. We suppose, that the incoming jobs have independent and exponentially distributed processing requirements with the mean $1/\mu_{ik}$. The processor units are scheduled using the algorithm LCFS with preemption. The interarrival times are independent and exponentially distributed with the mean $1/\lambda_{ik}$, and they constitute the service to full or empty buffer unit for a file which is connected with I/O device.

The described system is the two-level multiple-server Poisson-Exponential queue, defined as the M/M/l queueing system. A busy period for the M/M/1 queueing system may be defined as a mean time-interval during which the number of buffer units is reduced by one.

Definition

A busy period for the M/M/1 queueing system is a mean interval
$$T_j = \min \left[t: \begin{array}{l} j \text{ buffer units in the system at time } 0^+ \\ (j-1) \text{ buffer units in the system at time } t \end{array} \right]$$
where integer $j \geq 1$.

Lemma. For the M/M/1 queueing system, the distribution of a busy period for the processing of j buffer units has the following expected mean value :

(a) $\quad B_j \sim T_1 \quad\quad\quad$ for $j > 1$, $\quad\quad\quad\quad\quad\quad\quad\quad\quad\quad$ (2.7)

(b) $\quad E[B_j] = E[A]/(1 - \lambda E[P_1]) \quad\quad$ for $j = 1$, $\quad\quad\quad\quad$ (2.8)

(c) $\quad E[B_j] = E[P_j] + \lambda E[P_j] E[T_{j+1}] \quad\quad$ for $1 \leq j < l$, $\quad\quad$ (2.9)

where $E[A]$ is the expected service time of first arrivals in a busy period ; $E[P_j]$ is the expected service time of j simultaneous Poisson processes, each with the rate μ.

Proof. (a) For $j > 1$, each of the l processors is active throughout the duration of busy periods. Therefore, l from among j incoming buffer units has distributions with the mean value λ identical to mean value of distribution cumulative arrival and performed processes.

(b) Assenting to truth [OMAH 78; and others] that the distribution of busy periods in an M/M/1 queueing system is the same as that of busy period in the M/M/1 system with arrival rate λ and mean service time $1/(1\mu)$, we have the above result.

(c) After [CONW 67] the expected value of busy periods for j buffer units, giving j Poisson arrival process is

$$E\left[e^{-sT}\big| A=a,\ J=j,\ T_1=t_1,\ \ldots\ T_j=t_j\right] = \exp\left\{-s(a + \sum_{i=0}^{j} t_i)\right\}$$

The Laplace-Stieltjes Transform (LST) gives the following

$$E\left[e^{-sT}\big|A=a,\ J=j\right] = e^{-sa}\left[\eta(s)\right]^j.$$

Assuming that this distribution make j Poisson arrival processes with expected value λa, we obtain

$$E\left[e^{-sT}\big|A=a\right] = e^{-sa}e^{-\lambda a}\sum_{j=0}^{\infty}\left[\lambda a\eta(s)\right]^j/j! = e^{-a\left[s + \lambda - \eta(s)\right]}.$$

By integration we have

$$\eta(s) = E\left[e^{-sT}\right] = \int_0^\infty e^{-a\left[s + \lambda - \eta(s)\right]} dG(s),$$

$$\eta(s) = \gamma(s + \lambda - \lambda\eta(s)),$$

where $\gamma(s)$ is the LST for the distribution of P_i. The first moment for T_k is directly founded by calculation $\eta'(0)$. Hence, we obtain the result of (2.9). Q.E.D.

Assuming that the utilization of the processor units is the quotient of the busy period of the performed buffer unit to that busy and the mean idle time [JAIS 68 ; Eq.(4.13)] we have

$$u = E[B_J]/(E[B_J] + 1/\lambda), \qquad (2.10)$$

where λ is the arrival rate of the buffer units.

Example 1

We consider the multiprocessor system with a finite number of buffer units. We assume that the total number of buffer units is equal to j, the size of buffer units is equal to b, and the average speed of individual processors is $s = 5 \cdot 10^5$ [operation/sec]. We define the busy period (as we did in Eqs. (2.8) and (2.9)) as

$$E[B_j] = \begin{cases} E[P_j] + E[P_j]E[T_{j+1}] & \text{for } 1 \leqslant j < 1, \\ E[A]/(1 - \lambda \cdot E[P_1]) & \text{for } j = 1, \\ j \cdot b/s \cdot 1 & \text{for } j > 1. \end{cases}$$

We can determine the mean utilization of processors' levels as the function of size of the buffer units for the arrival rate of buffer

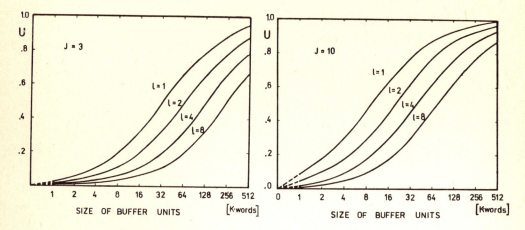

Fig. 1. Mean processors utilization u versus size of buffer units, for different values of J ; a) J = 3, b) J = 10

units $\lambda = 5 \left[sec^{-1}\right]$, and for the total number of buffer units equal to 3, 10. Respective values are shown on fig. 1a and 1b. The above method permits to fix the number of control points, connected with the buffer units [SCOP], which are active at this moment.

2.2. MULTIPLIED PROCESSOR UNITS

We assume that each of the l processor units may execute at the same time w_i jobs, where w is the degree of parallel running and i ($1 \leqslant i \leqslant l$) is the number of processor units. To simplify this, we also suppose that each job may have one file associated with seperated I/O devices. Therefore, in the multiprocessor system with multiplied processor units may be parallely executed $\sum_{i=1}^{l} w_i$ jobs with $\sum_{i=1}^{l} \sum_{k=1}^{w_i} J^k$ buffer units.

In our analysis of multiprocessor systems with multiplied processor units we accepted after [OMAH 78] as a model of multichannel service system, with unequal channel-service-rates. We assume that with each degree of parallel execution is corresponding to k-th channel with service rate μ_k ($1 \leqslant k \leqslant w$). These channels are ordered such that $\mu_1 \geqslant \mu_2 \geqslant \ldots > \mu_w$. We suppose also that it is possible to have instantaneous switching of channels and that, when k jobs are simultaneous in the service, the first k channels will be servicing jobs. A new incoming job receives the highest available service rate. When the service ends in the channel with μ_k rate, it is instantaneously occupied through the job serviced with the rate μ_{k+1}.

The LST for the distribution of random variable P_k, denoted by the mean service time for the k-th job associated with k-th channel [OMAH 78], is given by

$$\delta_k(s) = \left\{ \sum_{r=r}^{k} \mu_r \right\} / \left\{ s + \sum_{r=r}^{k} \mu_r \right\}, \quad 1 \leq r \leq k, \; 1 \leq k < w. \quad (2.11)$$

The busy period of $\sum_{k=1}^{w_i} J^k$ processed buffer units, denoted here as $E[B_G]$, for a single job executed by one multiplied processor unit is given by

$$E[B_G^{(k)}] = 1 / \left\{ \sum_{r=r}^{k} \mu_r \right\}, \quad 1 \leq k < w, \; 1 \leq w \leq r. \quad (2.12)$$

To extend the above result for the w_i-th degree of parallelism and the i-th processor unit we obtain

$$E[B_G^{(w_i)}] = \sum_{k=1}^{w_i} E[B_G^{(k)}] / w_i. \quad (2.13)$$

Hence, for the l processor units we have

$$E[B_G] = \left(\sum_{i=1}^{l} E[B_G^{(w_i)}] \right) / l. \quad (2.14)$$

The utilization of multiplied processor units (in multiprocessor system), considering the processing of the buffer units by them is analogous to Eq.(2.10) and given by

$$u = E[B_G] / (E[B_G] + 1/\bar{w}\lambda), \quad (2.15)$$

where $\bar{w}$ is the mean degree of parallelism or multiprogramming, is the arrival rate of the buffer units.

Example 2

The multiprocessor computer system is composed of multiplied processor units. Assuming that the size of buffer units is constant and the amount 32 K words, we can find the utilization as a function of multiprogramming for the system with 1, 2, 4, 8 processor units by using Eq.(2.15). The results for the given number of buffer units (J = 5, J = 20) are presented on fig. 2a and 2b.

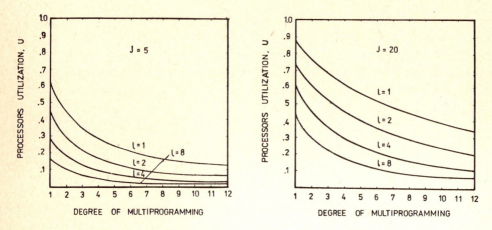

Fig. 2. Mean processors utilization u versus degree of multiprogramming for different values of J ; a) J = 5, b) J = 20

For the system with both one programmed processor unit and four programmed processor units, buffer units increase four times. This gives increase by 20 % of utilization of one programmed processor unit and 33 % increase of utilization of four programmed processor units.

3. ANALYSIS OF STORAGE RESERVATION METHODS

The most often used methods of storage reservation are following : the instantaneous assignment and the preassigned completion [SCHU 72]. Analysis of these methods in nodes of teleprocessing networks is described in works [ŁACN 76, SEID 79]. This paper presents the analysis of storage reservation methods for multiprocessor system with simultaneous finding of the optimal number of messages in buffer units. We assume in this analysis of messages assignment schemes the following: the instantaneous assignment, preassigned completion, and maximum completion.

The scheme with instantaneous assignment requires the reservation of the time needed storage currently with sent messages [SCHU 72, ŁACN 76, SEID 79]. Reserved buffering areas is the multiple of the integer number of messages length and is contained in buffer unit with preassigned completion within buffer unit which is attached to I/O devices. The scheme with preassigned completion within buffer unit based on reservation of buffering areas for a single message, overtaking its transmission. In both above methods release of buffer units will happen at the end of this transmission [SCHU 72, MILL 72]. The scheme with maximum completion is based on reservation of buffering area within buffer unit, which is equal to the longest number of messages to this time [ŁACN 76, SEID 79].

The probability Q_i which defines the activity state for i-th I/O device [COX 62] is given by

$$Q_i = E[A]/(E[A] + E[S]) \qquad (3.1)$$

where $E[A]$, $E[S]$ are the average times of activity states and idle states.

The storage area within buffer unit for the above mentioned methods are respectively $\beta_1 = 0$, $\beta_2 = c + d$, $\beta_3 = K_{max}$; where d is the length of messages, c is its heading, K_{max} is the maximum number of messages, which can appear. After [SCHU 72] we can quote one of the most important theorems in renewal theory.

<u>Theorem</u>. If the message is generated by i-th auxiliary devices with the average length d_i', variance σ_i^2, than the average time spent in buffer unit to the time of its transmission or processing is given by

$$m_i = (d_i' + \sigma^2/d)/2 \qquad . \qquad (3.2)$$

In the special case, for Poisson distribution of interarrival times, mean value is equal to variance, therefore $m_i = d_i'$.

The reserved buffering area for i-th auxiliary device may be approximated by value cm_i/d, which is the average half length of useless last message and is defined as

$$L_i(d') = Q_i(d/2 + cm_i/d + \beta) + (1 - Q_i)\beta \qquad . \qquad (3.3)$$

Considering all auxiliary devices, which are active, we have

$$L(d') = \sum_{i=1}^{N} L_i(d') \qquad . \qquad (3.4)$$

Differentiation with respect to b and next minimization of $L(d')$ gives for homogeneous auxiliary devices $m_i = m$ (because $l_i = 1$, $\sigma_i = \sigma$) and $Q_i = Q$ (i=1, 2, ... , N). It allows for finding of the optimal size of this message for the individual method of reservation. This is given by the following :

$$d_{opt} = \begin{cases} c + [2cm]^{\frac{1}{2}} & (3.5a) \\ c + [2cmQ/(Q+2)]^{\frac{1}{2}} & (3.5b) \\ c + [2cmQ/(1+2K_{max})]^{\frac{1}{2}} & (3.5c) \end{cases}$$

These results (3.5a) and (3.5b) are obtained for the first time in [GAVE 71] and [SCHU 72].

For known number of processors in multiprocessor system and average speed of processors may be found the number of buffer units giving the best utilization of processors. This yields toward giving the optimal number of messages within buffer unit for assumed time cycle of activity of auxiliary device, namely

$$z_{opt} = L(d')/\xi^j E[B_j] \cdot d_{opt} , \qquad (3.6)$$

where ξ^j is equal to 1, 2 or j, according to linear, stack or loop organization of buffer units.

The optimal number of messages contained within buffer unit define at the same time the size of buffer unit, which is given by

$$b' = g + z_{opt} \cdot d' , \qquad (3.7)$$

where g is the heading of buffer units and is accepted according to Eq.(3.5).

4. THE STUDY OF STORAGE BEHAVIOR

In below mentioned analysis, the binomial distribution of the number of submitted messages is accepted. We also assumed that the messages have identical length and are generated by the I/O devices, which are in the activity state with probability Q_i. We suppose also that the number of submitted messages is the random variable with the binomial distribution

$$P(X = v) = \binom{N}{v} p^v (1-p)^{N-v} , \qquad v = 0, 1, \ldots, N , \qquad (4.1)$$

where N is the number of I/O devices, p is the probability of message sending in interval during T, accepted cycle of systems.

The number of buffer units filled to capacity in the cycle of work is the random variable and is given by

$$Y = X(\mod b), \qquad (4.2)$$

where b is the size of that part of buffer units which keeps the messages. We suppose that each of the buffer units can hold maximum z messages. The length of messages is d. The distribution of the random variable Y is the complex binomial distribution and is given by

$$P(Y=n) = \begin{cases} \sum_{i=1}^{N} \binom{N}{i}\binom{n-1}{i-1} p^i (1-p)^{N-i} & \text{for } n = 1, 2, \ldots \\ (1-p)^N & \text{for } n = 0. \end{cases} \qquad (4.3)$$

The mean value and the variance of this distribution are defined as the following:

$$E[Y] = N \cdot p \qquad (4.4)$$

$$\sigma^2[Y] = N^2 p \qquad (4.5)$$

When the mean value of incoming messages in a single cycle is given as $\overline{v}_i$, then we also have

$$E[Y] = \lceil \overline{v}_i d/z \rceil, \qquad (4.6)$$

where $\lceil x \rceil$ denotes the smallest integer greater than or equal to x.

Knowing the average number of messages leaving the storage in an interval duration we define the overflow of buffer units as

$$P_r = (\overline{v}_i - \overline{v}_o)/\overline{v}_i. \qquad (4.7)$$

We assume that the storage is in statistical equilibrium, therefore the average number of leaving messages is equal to the average number of incoming messages, namely

$$\overline{v}_o = \sum_{n=0}^{M-1} n p_a + M \sum_{n=M}^{R} p_o. \qquad (4.8)$$

We must define p_a as the probability of the message arrival before filling of buffer unit and p_o as the probability of the message arrival when buffer unit is fullfilled by R messages.

Now we define for the l single processor units the probability of buffer unit overflow, which is given by

$$P_r = 1 - \left(\sum_{n=0}^{l-1} np_a + l\sum_{n=1}^{R} p_o \right) / Np \qquad (4.9)$$

The mean traffic rate of buffer units which are used in the main memory is given by

$$\rho_T = E[Y] \cdot b'/l \quad , \qquad (4.10)$$

where $b' = b + c$ is the size of buffer units.

The utilization of storage is defines according to [CHOW 77]

$$u = 1 - E[B_j]E[Y] \cdot b' / ST \quad , \qquad (4.11)$$

where S is the total size of storage area and T is the length of the time cycle.

5. CHOICE OF THE OPTIMAL SIZE OF BUFFER UNITS IN MULTIPROCESSOR SYSTEM

The following method of finding of the optimal size of buffer units, as distinquished from the method in [SCHU 72]. This method includes organizations and number of buffer units, giving maximum utilization of processor units. The concept of this method was used to determine the size of buffering area in communication processor [CHOW 77]. Here, this method is generalized for multiprocessor system with the single homogeneously addressed main memory.

Outline of this method is following :

1. For defined capacity of main memory, the accepted method of storage reservation, and probability of activity state for I/O devices is determined in accordance with the Eq.(3.5) the optimal length of messages.

2. From (2.10) or (2.15), the number of buffer units giving the maximum utilization of processor units, knowing their numbers, speeds, etc.

3. The optimal number of messages is given for buffer assignment schemes, number of buffers and optimal length of messages.

4. The efficiency of designed buffering area is studied. By known ρ_T - the mean traffic rate of buffer units, is determined in agreement with (4.7) the number of fractional message loss. If the fractional message loss is higher than an allowable limit, project will be corrected.

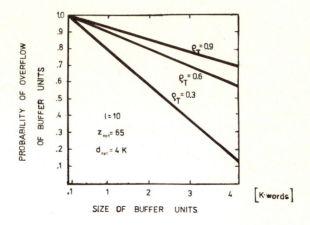

Fig. 3. Probability of overflow of buffer units versus size of buffer units for different values of mean traffic rate

Example 3

We consider as an example of multiprocessor system with a single main memory the CDC 6600 computer system. The parameters of this system are following: the number of peripheral processor units 10, average speeds of peripheral processor units $s = 0.1 \cdot 10^6$ [operation/sec]. From (3.5) we obtain the optimal length of messages, which is $d_{opt} = 3978$ words ($c = 400$ words, $m = 16 \cdot 10^3$). From Eq.(2.15) we find the number of buffer units, giving the best utilization of peripheral processors. The optimal number of messages by known optimal length of messages and assumed loop organization of buffer units is equal to $z_{opt} = 65$ ($N = 25$, $E[B_j] = 10$). For the CDC 6600 computer system the probability of overflow of buffer units of this system gives the number of fractional messages loss indepenednd of ϱ_T - the mean traffic rate of buffer units. It is shown fig. 3.

6. CONCLUSIONS

The assumption about the multilevel structure of queueing network as the model of multiprocessor computer system [MART 79] permits to determine the equilibrium distribution of buffer units in the system. To establish the utilization of processors as a function of number of buffer units allows for choice of the optimal number of buffer units and control points. The analysis of storage reservation methods make possible designing software for multiprocessor system.

REFERENCES

BASK 75   F.Baskett, K.M.Chandy, R.R.Muntz, F.G.Palacios : Open, closed and mixed network of queues with different classes of customers, JACM 22, 2, 248-260, 1975.

BROW 74   J.C.Browne, K.M.Chandy, R.M.Brown, T.W.Keller, D.Towsley : Hierarchical techniques for development of realistic models of complex computer systems, in "Computer Architectures and Networks", E.Gelenbe, R.Mahl (Eds.), North-Holland, Amsterdam, N.Y., 483-500, 1974.

CHOW 77   W.M.Chow, L.Woo : Buffer performance analysis of communication processors during slowdown at network control, IBM J. Res. & Devel. 21, 3, 264-272, 1977.

CONW 67   R.W.Conway, W.L.Maxwell, L.W.Miller : Theory of Scheduling, Addison-Wesley, Reading, Massachusetts, 1967.

COX 62   D.R.Cox : Renewal Theory, London, 1962.

GAVE 71   D.P.Gaver Jr., P.A.Lewis : Probability models for buffer storage allocation problems, JACM 18, 2, 186-198, 1971.

JAIS 68   N.K.Jaiswal : Priority Queues, Academic Press, N.Y., 1968.

LACN 76   J.Lacny : An analysis of buffering techniques in nodes of teleprocessing nets, (in Polish), Archiwum Automatyki i Telemechaniki, T. XXI, 1, 89-104, 1976.

MART 78a J.Martyna : On the diffusion approximation of hierarchic queueing network systems, Podstawy Sterowania, 8, 3, 351-370, 1978.

MART 78b J.Martyna : The study of job routing behavior in operating system, (in Polish), Podstawy Sterowania, 8, 4, 445-453, 1978.

MART 79   J.Martyna : Balance problems of processing capacity in the hierarchical queueing network, (in Polish), Podstawy Sterowania, 9, 2, 105-124, 1979.

MILL 72   D.L.Mills : Communication software, Proc. IEEE, 60, 11, 1333-1344, 1972.

OMAH 78   K.Omahen, V.Marathe : Analysis and applications of the delay cycle for the M/M/c queueing system, JACM 25, 2, 283-303, 1978.

PRIC 75   T.G.Price : Probability models of multiprogrammed computer systems, Ph. D. Thesis, Stanford Univ., Stanford, Ca., 1975.

SCHU 72   G.D.Schultz : A stochastic model for message assembly buffering with a comparison of block assignment strategies, JACM 19, 3, 483-495, 1972.

SCOP   Scope Reference Manual, Models 72, 73, 74, Version 3.4. Control Data Corp. 60307200, 1971.

SEID 79   J.Seidler : Analysis and Synthesis of Computer Communication Networks, (in Polish), PWN, Warszawa, 1979.